本书为2011年教育部人文社科研究一般项目
（2014JXZ1473 ）研究成果

云南大学西南边疆少数民族研究中心文库·民族法学系列

陈永邺　洪宜婷　著

法律起源
与国家法的形成

以西南少数民族的神话
等文本为例

The Origin of Law and the
Formation of Ancient Regional
Local Regime's law

Taking the Chinese Southwestern Minority Groups
Mythological Texts as Example

社会科学文献出版社
SOCIAL SCIENCES ACADEMIC PRESS(CHINA)

# "云南大学西南边疆少数民族研究中心文库"编委会

# 禀承优良传统 创建一流学科

## ——"云南大学西南边疆少数民族研究中心学术文库"总序

　　作为教育部人文社会科学重点研究基地，云南大学西南边疆少数民族研究中心（以下简称"西边中心"）承担着建设中国西南边疆民族研究高地的任务和创建全国民族学一流学科的使命。自2001年以来，西边中心禀承云南大学的优良学术传统、依托本校民族学学科，按照"开放、合作、竞争、流动"的原则，整合校内社会学、法学等相关学术资源，汇聚国内外研究力量，深耕中国西南研究并开拓东南亚研究，以深入细致的田野调查回应国内外学术前沿论题及国家和地方的重大战略，推动学科理论方法的创新、政策措施的完善、社会治理能力的提升和优秀文化的传承，引领云南大学相关学科和边疆院校民族学学科的发展。

　　为了让读者了解"云南大学西南边疆少数民族研究中心学术文库"的背景，现将云南大学民族学学科及其相关学科做一个简略介绍。

## 一　优良的学术传统

　　云南大学的民族学、人类学和社会学学科创建于20世纪30年代末。1938年，校长熊庆来聘请曾任清华大学社会学系主任的吴文藻教授来校工作。1939年，社会学系正式成立，吴文藻担任系主任。同时获得洛克菲勒基金资助，建立云南大学－燕京大学社会学实地调查工作站（因曾一度迁往昆明郊区呈贡县的魁星阁，故学界称之为"魁阁")。吴文藻先生广延英才,先后汇聚了费孝通、许烺光、陶云逵、史国衡、胡庆钧、王康、李有义、田汝康、谷苞等学者。组织一系调查研究,产生了《云南三村》《祖荫下》《芒市边民的摆》《汉夷杂区经济》《昆厂劳工》《内地女工》等一系列实地研究成果。与此同时,在京师大学等北京高校和中央研究院历史语言研究所求学的云南籍纳西族学者方国瑜先生返回云南大学,创办西南文化研究室,编辑出版《西南边疆》杂志和"国立云南大学西南文化研究丛书"。以吴文藻先生为代表的结构 – 功能学派和以方国瑜先生为代表的中国历史学派汇聚于此,建构起了既具中国特色又有全球视野的学科高地,奠定了云南大学社会学、民族学与人类学悠久而优秀的学术传统。

在中国民族学与人类学恢复重建过程中,云南大学于 1981 年获批中国民族史博士授权,成为全国最早招收博士研究生的机构之一;1987 年获批设立人类学本科专业,是中国率先恢复人类学专业的高校之一。

20 世纪 90 年代中期以来,云南大学的民族学实现了跨越式发展,先后获批教育部人文社会科学重点研究基地——云南大学西南边疆少数民族研究中心、国家级重点学科、一级学科博士授权点、民族学博士后科研流动站,组织实施了一系列的田野调查和学科平台建设,培养出一批又一批优秀人才,形成具有凝聚力、创新力和影响力的学术团队,成为中国民族学、人类学的学术重镇,打造了国内一流、国际知名的学科。

## 二 多维的学科平台

经过近八十年的积累与发展,云南大学民族学已形成以西边中心为枢纽、以多个机构为支撑的功能齐全、优势互补、密切合作的学术平台。

人类学博物馆:2006 年建成,占地 4154 平方米,展览和接待服务面积近 2000 平方米,现有藏品 2000 多件,设有"民族艺术"

"云南民族文化生态村""云南大学人类学和民族学七十年回顾展"等专题展览，开展文化遗产传承保护活动与研究。

影视人类学实验室：云南大学于1998年与德国哥廷根科教电影研究所合作启动中国民族志电影摄制专业人才培养项目，于2006年建成影视人类学实验室（包括2个电影演播及讨论区域、20个视频点播终端、1个资料室和1个电影编辑室），从事影视人类学的影片拍摄制作与人才培养，征集、整理与存储民族学、人类学影视资料，组织每周一次的观摩与讨论民族志电影的"纪录影像论坛"。

云南省民族研究院：中共云南省委、省政府2006年批准设立的全省两个重点研究院之一，承担整合全省民族问题研究资源，调查研究云南民族问题和民族地区发展，特别是研究"民族团结进步边疆繁荣稳定示范区"建设的重大理论和现实问题的任务。

边疆文化多样性传承保护及其对外传播与产业化协同创新中心：于2011年获准成立的省级协同创新中心，通过整合相关高校及科研机构、各个学科、企业等的资源，促进文化多样性传承保护的研究与实践、中华文化的对外传播和文化创新产业开发，正在探索与推进"互联网＋民族文化"的民族文化传承传播模式。

边疆民族问题智库：2014年底获批为省级高校智库，围绕边疆民族问题治理、民族关系调适及民族地区发展等重大现实问题展开调查研究，为维护边疆稳定和民族团结进步提供决策咨询。

云南大学民族学与社会学学院：2016年1月由原云南大学民族研究院和公管学院社会学系合并组建，为云南大学实体性教学科研机构，内设综合办公室、人类学系、社会学系、社会工作系、民族学研究所、宗教文化研究所、民族史研究所、边疆学研究所、图书资料室等机构，承担本科生、硕士研究生、博士研究生的培养和科学研究等任务。

### 三　进取的学术团队

学术队伍建设遵循"各美其美、美人之美、美美与共、天下大同"的学科理念，禀承"魁阁"时期维护学术共同体的优良传统，践行云南大学"会泽百家、致公天下"的校训，力戒文人相轻、自我封闭、师门相斥等学界陋习，围绕建设方向明确、结构合理、团结协作、勇于探索的团队建设目标，建构学者之间的互动机制、共享机制和协作机制，培育学术队伍的进取意识、合作精神和创新能力，促进学者的共同发展和团队的整体发展。

目前，云南大学民族学队伍已经成为国内学界为数不多的具有突出的凝聚力、创新力和整体实力的学术团队，获得省级学术创新团队称号 2 个、省级民族学课程群优秀教学团队称号 1 个，担任国内外重要学术期刊编委 4 人次，享受国务院政府特殊津贴专家 2 人次，担任国务院学科评议组专家和国家社会科学基金会评委各 1 人。

### 四　鲜明的研究特色

云南大学的民族学长期坚持立足西南边疆、强调团队合作、重视田野工作、回应重要问题、开拓学术前沿的学术发展道路，不断推出问题意识明确、调查扎实深入、原创意义突出的科研成果。

以中国西南和东南亚为重点研究区域。由于地处西南边疆，创建之初云南大学民族学与人类学，就以中国西南为重点研究区域，产出了一系列与国际学术界对话的重要成果。此后，这一传统得到发扬光大，不断推出具有时代特征、创新价值的研究成果，近年推出了"中国西南民族志丛书""少数民族社会文化变迁丛书""非物质文化遗产的田野图像""边疆研究丛书"等系列成果。2009 年开始，为了改变中国民族学、人类学仅以国内为调查研究对象而缺乏海外研究、中国社会科学的国外研究主要以文献资料为依据的状况，同时为了适应全球化进程的深化和"中国崛起"的现实需要，并回应西方人类学重视海外"异文化"调查研究的学科脉络，云南大学人类学、民族学积极开拓东南亚新领域，组织 50 多位师生奔赴越南、缅甸、老挝、泰国等国家开展田野调查，推出"东南亚民族志丛书"，探讨中国西南与东南亚的族群互动、民族与国家、民族的认同与建构、社会文化的国家建构等前沿性论题。

学科核心内容的全覆盖和多个领域的领先优势。云南大学民族学、人类学的学术研究覆盖文化与生态、生计模式与经济体制、婚姻家庭与亲属制度、信仰与仪式、政治组织与习俗法、语言与文化、社会文化变迁、民族理论与民族政策、中国民族史、边疆问题、现代性与全球化等诸多领域，在中国西南民族史、生态人类学、经济人类学、艺术人类学、民族政治学、法律人类学、象征人类学、民族文化产业等领域具有突出优势，推出了"中国民族家庭实录""生态人类学丛书""经济人类学丛书""艺术人类学丛书""中国西南民族文化通志"等系列研究成果以及有较大影响的《中华民族发展史》《刀耕火种——一个充满争议的生态系统》《资源配置与制度变化》《民族文化资本化》《现代人类学》等著作。在教育部 2013 年颁发的第六届高等学校优秀成果奖（人文社会科学）中，云南大学民族学、人类学获得 4 项，其中一等奖 1 项、二等奖 1 项、三等奖 2 项，是"民族学与文化学"类获奖最多的高校。

研究方法创新的探索与推进。为了改变恢复重建之后的中国民族学、人类学对学科基本方法——田野调查重视不够，民族学、人类学许多师生缺乏田野调查经历和知识，"书斋"的民族学或"摇椅上的人类学家"盛行的状况，云南大学于 1999 年底至 2000 年初组织了"跨世纪云南少数民族调查"，该调查参与师生达 130 多人、调查范围覆盖人口在 5000 人以上的 25 个云南省少数民族。

2003 年再次组织"新世纪中国少数民族调查",调查范围扩大到全国 55 个少数民族(含台湾高山族),出版了系列调查报告,重新确立了田野调查作为民族学、人类学的核心研究方法和学生训练的必备环节的地位。同时,探索常规化和长期性开展田野调查的路径,2003 年开始在云南少数民族农村建立调查研究基地,为教师的长期跟踪调查和学生的田野调查方法训练奠定了基础,进而推动了当地少数民族撰写"村民日志"与拍摄影像的实践,回应国际人类学界后现代人类学方法论的讨论和"让文化持有者发出自己的声音"的学术实验,出版"新民族志实验丛书",探索与实践"常人民族志"方法。此后,一方面,推进从民族研究向民族学研究的转化,开展既具有明确的前沿意识、问题意识,又具有细致深入的田野调查的民族志研究;另一方面,探索超越小型社区或小群体调查研究传统范式的路径,开展适应历史上早已存在的跨族群、跨区域,甚至跨文明的社会文化互动和全球化时代开放社会的区域研究、跨国研究、跨文明研究和"多点民族志"研究。

《西南边疆民族研究》入选"中文社会科学引文索引(CSSCI)来源集刊"。创办于 2003 年的专业学术集刊《西南边疆民族研究》刊载民族学与人类学的理论论文、民族志文本、田野调查报告和学术评述等类型的研究成果,受到学界关注与重视,所刊登的部分成果被多种学术文摘、复印资料转载或引用,从 2008 年起连续入选"中文社会科学引文索引(CSSCI)来源集刊"。此外,还主办英文集刊《中国西南民族学与人类学评论》(*Review of Anthropology and Ethnology in Southwest China*)。

## 五 规范的人才培养

云南大学民族学、人类学建立了从本科、硕士到博士的完整的人才培养体系,按照知识的完整性、理论的系统性、视野的开阔性、方法的实作性、思维的探索性的人才培养目标,用正确的舆论导向引领人、用浓厚的学术氛围养育人、用严肃的纪律规范人、用严谨的实作训练塑造人的人才培养思路，制定人才培养方案和规章制度，设计教学内容和教学方法，强化田野工作、问卷调查和影视人类学拍摄等实作训练，培养了一批又一批理论基础和田野调查扎实、开拓精神和创新意识突出的优秀人才。

民族学专业本科采取小规模的精英培养模式。实行规范的导师制，按照双向选择的原则，每位指导教师每届指导 1～3 名学生，担负学生本科阶段的学习、思想、生活、田野调查和论文写作等指导任务，带领学生进入田野，吸纳学生参与科研工作。除了常规课程设置和课堂教学之外，还设置了影像拍摄技术、短期田野考察、田野工作实训、问卷调查实训等实作能力培养课程；在学术报告会、学术沙龙和学术会议之外，专门开设了以本科生为受众主体的"魁阁讲坛"；编辑印制以刊发本科生调查报告及其他类型文章为主的刊物《田野》，培育学生的思考与探索精神。近年来，近半数本科生获准主持校级及以上科研项目，其中包括省级和国家级项目，有许多学生获得各种类型的奖励和荣誉，超过半数的本科毕业生通过推荐免试和报考两条路径进入国内外著名高校攻读研究生，进入国家机关、事业单位及其他机构的毕业生获得良好评价和较好发展。

硕士研究生以学术素养和科研能力的培育为重点。除了国务院学位办颁布的民族学一级学科目录下属的五个二级学科硕士、博士授权和人类学学位授权之外，获准自主增设了民族法学、民族生态学、民族政治学、民族社会学、世界民族与民族问题、民族文化产业等二级学科，研究方向覆盖民族学学科的各个领域和诸多重要的学术前沿问题。课堂教学内容突出理论的前沿性和方法的探索性，教学方法重视学习的自主性和师生的互动性，田野调查强调时间的长期性和参与的深入性，论文写作要求问题的明确性、论述的严谨性和资料的丰富性，通过严格的学年论文、开题报告会、预答辩、匿名评审和答辩等环节确保培养质量。

教材建设和课程建设成效显著。两位学科带头人分别担任马克思主义理论研究与建设工程教育部重点教材《中国民族史》和《人类学概论》编写的首席专家，一批学者参与了国家级重点教材编写工作；"中国少数民族文化概论""中国少数民族的生态智慧"等课程成为省级精品课程。

"全国民族学与人类学田野调查暑期学校"是云南大学民族学、人类学研究生培养模式创新并已实现常规化的项目。教育部于 2008 年批准云南大学实施"教育部研究生教育教学创新计划"项目"全国民族学与人类学田野调查暑期学校"，于 2009 年暑期开始实施，至今已开办 5 期。暑期学校面向国内外高校的硕士研究生、博士研究生和青年教师，每期学员规模为 150 人左右。除了来自中国大陆高校的学员之外，每年都有来自中国香港、中国台湾、欧美、澳大利亚、东南亚、南亚等地区和国家高校的学员。每期持续时间为 20 天左右，其中，课堂培训 5 天左右，邀请国内外著名专家授课；田野工作 10 天左右，到云南少数民族农村开展调查。暑期学校已在国内外高校产生了巨大影响，部分学员将暑期学校田野调查点作为其学位论文的研究对象，比利时鲁汶大学已把暑期学校计入其研究生培养学分。

## 六　广泛的交流合作

云南大学民族学、人类学学科与国内外学术界有广泛而密切的学术交流和长期而深入的学术合作。

学者互访频繁。近年来，我们采取"请进来、派出去"的措施推进学术交流合作，每年邀请来云南大学访问与讲学的国外民族学、人类学专家在 20 人次左右，其中包括美国后现代人类学代表人物马库斯（George E. Marcus）、中国台湾"中央研究院"院士黄树民和王明珂、日本著名人类学家渡过欣雄、韩国人类学学会原会长全景秀等一批国际知名专家。同时，每年应邀到北美、欧洲、澳洲、日本、韩国、东南亚、南亚以及中国台湾、中国香港访问与参加国际学术会议的专家在 20 人次左右。

主办与承办高端学术会议。近年来，主办或承办了"国际人类学与民族学联合会第十六次大会""全球化与东亚社会文化——首届东亚人类学论坛""中国西南与东南亚的族群互动国际学术会议"等一系列大规模、高层次的学术会议，每年举办国际学术会议 2 次左右，其中，"国际人类学与民族学联合会第十六次大会"为国际人类学与民族学联合会（IUAES）首次在中国举办的学术大会，来自全球 116 个国家和地区的 4000 多名学者齐聚云南大学，参加了主旨发言、专题会议、名家讲座、人类学影片展映、学术展览、文化考察等系列活动，议题涉及文化、种族、宗教、语言、历史、都市、移民、法律、社会性别、儿童、生态环境、旅游、体育等 36 个领域和学科，仅学术专题会议就达 217 场之多。云南大学民族学、人类学学科的教师不仅承担了大量的筹备工作和会务工作，而且有 8 人次担任了专题会议主席、32 人次提交了论文并做学术演讲。

积极争取国际学术话语权。云南大学民族学、人类学努力争取国际学术话语权，于 2009 年与韩国、日本等国学者共同发起"东亚人类学论坛"并已在中国昆明、日本京都和韩国乌龙县成功举办了三次会议，又于 2011 年与韩国、日本等国学者共同发起"东亚山岳文化研究会"，已在韩国、中国和日本成功举办了四次会议。

推进科学研究的国际合作。与日本国立民族学博物馆合作开展"中国西南边境的跨国流动与文化动态"项目研究，举办了国际学术研讨会，研究成果分别以中文和日文结集出版；与泰国清迈大学合作开展的"昆（明）-曼（谷）公路的人类学调查与研究"项目已经启动。

长期稳定的国际交流合作机制已经形成。目前，与比利时鲁汶大学、泰国清迈大学、英国女王大学、台湾政治大学、台湾大学、韩国岭南大学、联合国大学、新西兰坎特伯雷大学等近 30 所高校签订了学术交流合作协议，实施了一系列的互派教师、合作培养研究生、共同举办学术会议与开展科学研究等合作项目。

中国高等教育的重大发展战略"双一流"建设近期将正式启动，云南大学按照"一流学科"的建设目标全力推进民族学的学科建设，其中的部分调查研究成果将汇入"云南大学西南边疆少数民族研究中心学术文库"并交由社会科学文献出版社出版。该文库是云南大学民族学"一流学科"建设成果的展示窗口，更是云南大学民族学与学界及社会的交流与讨论平台。恳请学界名家、青年才俊和各界有识之士垂意与指教，以共襄中国民族学的发展大业！

何　明

2017 年 8 月 20 日草于昆明东郊白沙河畔寓所

# 目　录

# 绪　论

## 第一节　选题的缘由及研究价值

法之起源问题是早期法律社会学家、法律人类学家和法制史学家关注的热点问题，因为世界上几乎所有的族群、王朝以及近代化国家在其历史发展的各个不同时期和阶段都会不同程度地形成某种有关正义、公平、安全、自由的法律概念及法制范畴，尽管这些概念和范畴的具体内容和表述方式不尽相同。本著述意在法律社会学的语境下探讨中国西南少数民族法之起源的问题以及历史中某些地方性政权出现过的类似于我们今天所说的"国家法"的形成及其规律。

在有关"法律逻辑普适性"的问题上，毋庸讳言，本著述套用现代法律体系中的概念和分类，主要是为了研究方便。在国外，专家学者们也常从民族社会文化史的角度进行"套用"，格拉克曼分析认为：经过英语法理学提炼的概念和范畴比部落法律语言更适用于民族志的撰写。在他看来，只有当同一术语涵盖不同法律制度的概念时，才有可能讨论各个制度中概念的差异以及跨制度的共同因素。① 不过，与格拉克曼相反，博汉南强调作为文化的法律独一无二的特性，认为只有采用未被翻译的土著术语才能"精确地报告人们的观念和制度"。与以上二位的观点不同，穆尔提倡应该尽量选择一些"中性"词汇来描述其他民族的法律，减少比

_____

① 　张冠梓：《法人类学的理论、方法及其流变》，《国外社会科学》2003 年第 5 期。

较研究中的误解和曲解，同时涵盖尽可能大的法律领域。可以理解，这里穆尔所谓的"中性"词汇较少有特指的成分，它们在不同文化中均具一定的普适性。在中国，实际上据我们了解，在西南少数民族地区，还没有以现代术语称呼的私法、公法、刑法、民法、法律文书、法律契约、法律债务等法律类型的划分，有的只是不同区域、具体而灵活地对"法"这一术语的"泛称"，例如在彝语中称"法"为"节威"、哈尼语中为"佳木"、佤族话中为"阿佤理"，等等，各有不同的称谓。

由于历史传统使然，很多中国的专家学者，尤其是法史学者多注重运用汉文史料来研究法律问题。为了尽量接近研究问题的源头，我们将研究对象设定于西南少数民族地区，运用大量已被翻译成汉语的少数民族的神话故事、史诗歌谣、民间传说等文本从法社会学、法人类学与法史学的视野来研究法之起源与"国家法"形成问题，从一定意义上讲，也是在谈论这些地区的少数"民族"或者"族群"① 与正义、公平、安全、自由等法律概念及范畴有关的法律社会现状及其法律历史。如果从现实意义及理论层面来说，这种研究的价值大概有以下几点。

### 1. 补充和完善法律社会学有关法之起源的理论观点

首先，法律社会学虽然尚未确立其作为一门独立社会科学的名称、对象、方法以及体系，但如同南北问题② 所象征的那样，在

---

① 我们在这里没有必要大费周章来区分"民族"与"族群"的定义。简单地说，按照 T. H. 埃里克森的观点："民族"与"族群"二者其实都是靠解释自己与"他者"的关系来区别标志，简单地说，"民族"更倾向于从政治边界进行解释，"族群"则强调文化边界。此外，民族主义像族群意识一样强调自身文化的相似，而且通过暗示划出相对于其他民族的边界，其他民族因此变成外界。参见〔挪〕T. H. 埃里克森《族群性与民族主义：人类学透视》，王亚文译，敦煌文艺出版社，2002，第 102 ~ 152 页。

② "南北问题"从地区概念上讲，是指南半球的发展中国家和北半球的发达国家或地区之间的问题；从经济概念上讲，是指发达国家和发展中国家之间经济发展不平衡、经济关系不平等等问题。因此，这既是一个经济问题，也是一个政治和法律问题。

这里着眼于法在文化上的差异，将法当作文化的一种形态来重新检讨，通过反省当今中国少数民族政策的一元法律观，为中国政府提供对少数民族治理政策和方法的多元性参考，从现代意义上来说，这还是令人期待的。

其次，法之起源的问题作为早期人类学家关注的热点问题，其理论和研究方法却没有离开进化论的框架，鉴于前期研究的缺陷和资料的缺乏，这个问题现在已经较少有人关注了。而运用神话等文本重新解释法之起源和"国家法"形成的问题在学界更鲜见，一般来说，除了"宗教、禁忌、习惯"三种因素外，法律的起源是否还有其他更多渠道，显然是一个值得进一步深入研究和思考的问题。在我国，法人类学者虽然多集中于对少数民族习惯法的研究，但研究成果大多是对少数民族习惯法资料的搜集、整理及汇编，较为成熟的理论体系正在形成之中，而诸如马林诺夫斯基的"是什么力量构成了原始人时期的法律和秩序"这样深层次的思考更是没有学者触及。① 本研究除以神话等文本分析法的起源问题之外，对初民社会的法律、秩序，以及早期国家法的根源和构成因素亦尝试做出深层次的探讨。

### 2. 反思当前中国少数民族的问题和政策

中国是个多民族统一的国家，但是，我们不能忽视，由于我国各少数民族的历史、社会状况、自然条件不一样，各民族在发展过程中，亦会形成并保持与本民族文化相协调的民族文化。

各个少数民族源远流长的历史造就了中华民族文化的多元现象，各个少数民族的法律文化共同构成了中华法系的内容和特色，"规范多元和法文化多元是一种普遍的社会现象"，② 由此带来了国家治理政策的多元选择以及法律制度的多元视阈，就如历史上出

① 吴大华：《论法人类学的起源与发展》，《广西民族大学学报》（哲学社会科学版）2006 年第 6 期。

② 张晓辉：《规范多元与中国法治建设的路径选择——兼论民间防火规范的价值》，《中国西部科技》2005 年第 23 期。

现过中央王朝政府对少数民族边疆地区的羁縻制度、土司制度等。显然，在当前讨论法律多元现象及民族区域自治制度时，我们不能忽略各个少数民族法之起源的复杂性特征。因为借由探究这些问题，可以帮助我们的政策制定者了解根源于少数民族心理的法的特性、凝聚一个少数民族的法的作用，为推动少数民族地区治理政策的有效运行提供一个参考。

**3. 推动神话故事、史诗歌谣、民间传说三类少数民族文本的普及和阅读**

少数民族的神话故事、史诗歌谣、民间传说等文本是少数民族广大人民群众在漫长的历史长河中，克服自然界的种种困难和磨难，凭着自己的勤劳和智慧，以自己的方式创造的本民族辉煌灿烂的文化，它们是留给后人的宝贵精神财富。从少数民族引人入胜的神话故事、古朴生动的韵文诗歌中，我们能够体会到少数民族先民无穷无尽的想象力和创造力。① 而从他们独特的充满伦理道德、生活智慧的世界观、人生观和价值观中和对自然的尊崇中，我们也可以体会到这些文本保存的古老风俗与传统及其中散发着的永恒的艺术魅力。

# 第二节　基本概念与论著题解

## 一　"西南少数民族"释义

从人群范围来说，"西南少数民族"主要是指生活在中国西南部的少数民族。值得一提的是，在 36 个西南少数民族中，云南占据着 25 个份额，因此成为其中的重要组成部分。

从地理上看，所谓"西南地区"包括青藏高原东缘的高山、狭谷地带及云贵高原的大部分地区。方国瑜先生认为："西南地区

---

① 纳张元：《来自苍茫天地间的隔世之音——对彝族史诗"创世纪（天地人）"的一种解读》，《民族文学研究》2010 年第 2 期。

的范围，即在云南全省，又四川省大渡河以南，贵州省贵阳以西，这是自汉至元代我国的一个重要政治区域——西汉为西南夷，魏晋为南中，南朝为宁州，唐为云南安抚司，延到元代为云南行省——各时期疆界虽有出入，而大体相同。"① 由于地处中国西南一隅，从地形地貌特点来看，这些地区自古以来就山重水复道路险阻，无舟楫车马的便利，在地理环境与自然资源上也错综复杂、姿态万千。例如从地形来看，就有高山、纵谷、丘陵、平原交错，因而环境资源相当丰富。著名的山脉包括青藏高原及其向南延伸的地带，如西面的高黎贡山、怒山、雪盘山、清水朗山、点苍山等，西南面的老别山、邦马山、无量山、哀牢山等，东部的乌蒙山、梁王山等一系列山脉组成的滇东高原，构成了与内地的天然地理屏障。又例如从水系来看，著名的河流包括雅努藏布江、澜沧江、怒江、元江等大江巨流，自北而南，贯穿了西南部的崇山峻岭，金沙江则自西向东形成南北天堑。总之，生活在此地的人们，分为许多大大小小不同的"民族"，以农、牧、渔、猎、采集等生产生活方式来维生。

从历史源头来讲，"西南少数民族"主要源于先秦时期的氐羌、百越和百濮系统。在新石器时代后，洱海、滇池两大区域曾出现过青铜器文明。到秦汉时期，当中原人初接触本地时，文献就记载当地有滇、夜郎两个王国，还有昆明、嶲、邛都、笮都、靡莫，以及被泛称为氐、羌、夷等"种类繁多"的生活于此的人群。而考古发掘中滇王墓的出土，部分地说明了当时的情况。例如一个出土的铜鼎上铸有进贡的场景：带着不同货物、礼品的人，在服饰、发型与须髭方面，都有些差别。汉代史学家司马迁总称他们为"西南夷"，并以生计、聚落与发式将他们分为数类。唐宋时期，皇帝以"羁縻"政策为主，在本地出现了南诏（公元

---

① 方国瑜：《中国西南历史地理考释·略例》，中华书局，1987，第1页。又见于王文光、龙晓燕《中国西南民族关系研究散论》，《思想战线》2001年第2期。

738~902 年）与大理（公元 937~1252 年）两个王国。元灭大理后，中央王朝政府建立起土司制度，授官衔予各地大小统治阶层，以世袭制度维持稳定。到了明清时期，土司制度与州县制度（即我们常说的流官制度）结合，土司直接治民，但须听命于州县，因而，中央王朝对西南地区的掌控加强了。也是在明清时期，由于种种原因，大量汉族移民进入西南地区，封建王朝认为可以开始取消当地的土司，改由州县直接管辖。但事实上，"改土归流"政策一直未能彻底实行，有些地区——例如红河两岸的彝人、哈尼人、瑶人，西双版纳的傣人——直到民国时期仍统于地方土司、头人之手。近代以来，"西风东渐"，西方殖民主义列强企图经中南半岛或西藏，将其统治延伸至中国西南民族边区。经过多年的探测、传教与研究活动，这些地区的部分民族逐渐笼罩在了西方基督教文化的氛围之中。在如此多元的历史文化背景之下，原来"种类繁多"的西南地区各少数民族，在集团认同与文化法律意识上呈现多元混杂的现象。随着西方"民族主义"、"民族建构"（nation-building）和全球一体化的进一步影响，20 世纪 20 年代以来，许多国内外的民族学者，例如民国时期的黎光明、凌纯声等人，美籍学者葛维汉（D. C. Graham）等人，中国当局教育部委派的"大学生暑期边疆服务团"以及语言学者闻宥、民族学者胡鉴民等，深入高山峡谷做调查，皓首穷经，从各民族体质、语言与文化的特点、历史演变轨迹方面进行了较为细致的区分。当然，这种探索多少也有些想象与建构的成分在内。但是，他们的调查和研究，亦成为中华人民共和国政府于 20 世纪 50 年代至 80 年代，推动广泛而深入的民族识别与民族调查的基础。于是，根据体质、语言、文化与历史数据，在斯大林民族理论及政策的指导下，① 西

---

① 根据斯大林对民族的定义："民族是人们在历史上形成的有共同语言、共同地域、共同经济生活以及表现于共同的民族文化特点上的共同心理素质这四个基本特征的稳定共同体。"它是中国民族识别的理论基础。参见《斯大林全集》（第 11 卷），人民出版社，2002，第 286 页。

南地区被识别、区分出 36 个不同的少数民族。加上全国范围内的少数民族，共"出现"了我们迄今所知的 55 个少数民族。

值得强调的是，在中国的 55 个少数民族当中，就有 36 个居住在西南地区。从语言属系来看，分别有汉藏语系、南亚语系和阿尔泰语系三类，其中汉藏语系包括：①藏缅语族的藏语支（藏族）、羌语支（普米族）、彝语支（彝族、哈尼族、傈僳族、拉祜族、纳西族、基诺族）、白语支（白族）、景颇语支（景颇族、怒族、独龙族）、阿昌语支（阿昌族）；②壮侗语族的壮傣语支（壮族、傣族、布依族）、侗水语支（水族）；③苗瑶语族的苗语（苗族）、瑶语支（瑶族）。此外，属于南亚语系孟高棉语的还有佤语支（佤族、德昂族）、布朗语支（布朗族、克木人）。属于阿尔泰语系的有蒙古族、满族等少数民族。也就是说，本论著所指的"西南少数民族"主要包括：彝族、白族、哈尼族、壮族、傣族、苗族、回族、傈僳族、拉祜族、佤族、纳西族、瑶族、景颇族、藏族、布依族、阿昌族、普米族、蒙古族、怒族、基诺族、德昂族、满族、水族、独龙族、布朗族等。

## 二 "文本"释义

本论著所说的文本（text）是指二手文献，意为"已完成的、已出版的"。显然，与田野调查中正在收集的口述资料相比，二者不同之处在于：文本是作为完全固定的东西提供给我们的，而田野资料本身还带有不稳定性，尚需要时间来整理和发表。它们一个是停止的、成形的资料，另一个是正在形成中的。①

本论著研究的文本范围除神话故事外，还包括史诗歌谣、民间传说等形式的文本，它们都是我们的分析对象。作为广义的分析单位，无论是神话故事，还是史诗歌谣、民间传说，在文化人

---

① 明显的区别是，不同于民族史学者把历史文献、口述资料或文化现象作为研究取向的方法，我们研究资料的范围要小得多。

类学中，一般被认为是人类童年时期"集体的梦"，因为作为"人类和动物尚未完全区分开来时期的一种历史"的最朴素的记录，它们提供了人类思维模式的原型，提供了全人类的各种文化产生过程中所共同遵循的运作机制的深层结构。① 根据弗洛伊德（Feud）的说法，它们还是"无意识没有时间概念"的。列维·斯特劳斯认为："神话的本质就在于，当它面临着一个问题的时候，总是把这个问题当作是其他领域内（诸如宇宙论的、物理学的、道德的、法学的、社会的，等等）所可能提出的问题的'同形物'去加以思考，并从整个总体去考虑。"②

如果我们赞同以上这些文本是"无意识没有时间概念"的观点，那么，我们也可以把它们当作法律的"同形物"加以看待。其中，创作者在开始阶段或者在最后修改时产生的这种或那种的犹豫，对于我们来说就是无所谓的事情。因为既然愿望总是通过新词汇不断地重复同样的事情，那其中的愿望总是会在属于自己的时间里得到表述，因为这些文本也是一种"法律本相"的表征或再现（representation）。探讨这种"法律本相"的问题，研究数量众多的西南少数民族的神话故事、史诗歌谣、民间传说，就是通过研究这些文本所反映的社会"情境"及特点，进一步探讨它们呈现的宗教、禁忌、习惯如何具有法的性质，又如何成为法律之源的问题。③ 这里可以先举一个例子来加以说明：在哈尼族的"苦扎扎节由来"的神话中，故事讲述了哈尼人在平时的生产活动

① 高宣扬：《结构主义人类学大师——李维史陀》，载黄应贵主编《见证与诠释——当代人类学家》，台北正中书局，1992，第260页。

② 转引自高宣扬《结构主义人类学大师——李维史陀》，载黄应贵主编《见证与诠释——当代人类学家》，台北正中书局，1992，第262页。（Claude Levi-Strauss/Didier Eribon，De Presetet de Loin，Paris.，1988，p. 194.）

③ 更进一步说，本书以"神话"等文本作为分析的对象，不同于以往我们对于历史的认知。众所周知，近来的民族史研究者或人类学家认为"历史是一种建构"，将神话、传说、诗歌、正史等历史文本作为一种反映历史心性的产物，目的在于从各类文本的"表征"中探讨族群建构此类文本的意图与社会"本相"。

中与各种大小动物的矛盾和冲突。① 我们的研究不仅仅为了讲述和分析纷争的过程和原因，还要探讨神话文本背后隐藏的一系列"司法诉讼"等法律现象，以及探讨这些现象是在什么样的社会情境之下，逐渐演变成今日规范人们生产生活的诸如"习惯法"这类问题。

而从研究对象来看，西南少数民族有着已被翻译成汉文的数量巨大、内容极其丰富的神话故事、史诗歌谣、民间传说等文本。虽然它们在表现手法、表现内容、表现形式等方面有着很多差别，但都基本涉及天地形成、人类起源、事物发端、祖先迁徙、族群战争、社会制度、英雄业绩、生产生活方式、价值观念、宗教信仰和仪式、婚姻家庭、财产继承、土地占有和分割等方面的内容。仅举史诗歌谣为例，较有名的创世方面的史诗歌谣就有：纳西族的《创世纪》（又称《崇班图》），瑶族的《密洛陀》，壮族的《布洛陀》，彝族的《梅葛》、《查姆》、《阿细人的歌》，苗族的《古歌》，水族的《开天立地》，布依族的《赛胡细妹造人烟》，哈尼族的《俄色密色》、《十二奴局》，阿昌族的《遮帕麻与遮米麻》，白族的《开天辟地》等。此外，少数民族英雄史诗，除藏族的

---

① 有关哈尼族"苦扎扎节由来"的神话故事最少有两个版本。第一个版本又有两种类似的传说，在神话古歌《窝果策尼果》第十五章"奇虎窝玛策尼窝"（十二月风俗歌）中，第一种说法请参考第103页的相关内容。另外一种讲述跟第一种古歌的唱述基本是一致的："远古时，牛马、虎豹和老鹰到天神烟沙那里控告人类，说人类役使它们，追杀它们，请求烟沙大神给人类以惩罚。但是猫狗家燕喜鹊等又到烟沙大神那里为人类辩护，说人对它们又爱护又关心，请求烟沙不要惩罚人类。烟沙大神调查了一番，知道双方说的都有道理，就告诉它们到六月二十四日那一天去惩罚人类和奖赏人类，燕鹊们把这个消息告诉了人。聪明的人到了六月二十四日那天砍树做成磨秋，在秋轴上抹上红色，两个人爬在秋杆上飞快地旋转，一面转一面叫。烟沙大神看见了，就对牛马虎豹老鹰说：'看看，看看，人们已经受到惩罚了，他们上不沾天下不着地，被钉在木头上了。看看，他们痛得叫了，血也淌出来了！'牛马虎豹等看看果真如此，就满意了。从此，人们每到六月二十四日这日就要过苦扎扎、打磨秋，免得大神烟沙又因虐待牛马虎豹等来惩罚人类。"见哈尼族神话古歌《窝果策尼果》第十五章"奇虎窝玛策尼窝"，载西双版纳傣族自治州民族事务委员会编《哈尼族古歌》，云南民族出版社，1992。

《格萨尔王传》外，蒙古族的《江格尔》、《格斯尔传》、《勇士谷诺干》、《宝木额尔德尼》、《英雄希林嘎拉珠》等也很有名，其中影响最大的是《江格尔》、《格斯尔传》，与《格萨尔王传》并称为我国"三大史诗"，哈尼族的《阿波仰者》等英雄史诗也很有名。就迁徙史诗来看，较有名的有哈尼族的《哈尼阿培聪坡坡》、《雅尼雅嘎赞嘎》、《哈尼先祖过江来》，拉祜族的《根古》、《找魂歌》，瑶族的《信歌》、《查亲访故古根歌》，苗族的《爷觉力岛之歌》、《根支耶劳往东迁》、《格炎爷老和格池爷老歌》、《爷操披操歌》、《苗族迁到乌撒歌》、《格乌爷老和挪爷老歌》、《嘎梭卯歌》、《格池爷老歌》、《根孜则利和则劳诺司居孜劳迁徙的故事》，同时，彝、纳西、景颇、傈僳、怒、白、哈尼等民族都有《指路经》等。①

以上三类文本对于众多无文字记载的少数民族来说，既是其先民千百年来实践知识和感性经验的宝贵累积，也是后人了解这些人群的远古祖先如何改造自然、创造历史、建立社会秩序和法律制度的重要依据。既然法律的形成，是人类从自然向文化过渡的标志之一，那么借由对这些文本的分析，完全可以抽丝剥茧出其中隐含的禁忌、宗教、习惯等"法的成分"，帮助我们了解人类初期"社会法"的起源、运作、根植于初民思维结构中的法律秩序的内在要素，以及人类如何从自然向文化过渡的情况，从而揭示诸多"法律本相"的问题。

## 第三节　研究内容回顾及评述

本书的研究文献回顾，包括两部分内容："对神话故事、史诗歌谣、民间传说等文本的研究回顾"以及"对法律起源的研究文献回顾"。

---

① 请仔细阅读第一章第二节"西南少数民族史诗歌谣的版本和分类"。

（一）对神话故事、史诗歌谣、民间传说等文本的研究回顾

需要强调的是，本著述对神话是从广义的角度理解的，除神话文本外，也把史诗歌谣、民间传说等文本都包括进来了。对它们进行研究时，这些文本的内容固然重要，但是，它们之所以能够引起研究者的重视，更多的还是因为学者研究问题的需要以及学术理论阐释的需要。这些文本能够流传下来，主要不是单纯因为其中讲述的故事，很多这样的文本的内容过于"荒诞"，在有了文字及现代传媒记载工具以后，它们会逐渐从人类认知与理性思考的领域退出。但是，我们不能忽视的是：这些文本是一系列意义及符号系统的表达，例如作为研究者，可以借此探讨符号的功能与早期人类社会心理之间的关系，建构其符号象征的意义等问题。

### 1. 对神话故事的研究回顾

自博厄斯关于美洲印第安社会以及神话的研究发表后，人类学家就常认为特定族群的神话与其社会文化有着充分的关联。作为人类最早的幻想性口头散文作品和人类童年时期的产物，所谓神话，一般来说，多数叙述了人类原始时期，也就是人类演化初期所发生的单一或多重的故事。

早期神话学的研究主要以发现神话与社会文化间的关联为主要目的的，虽然在神话中什么事情都可能发生，发展叙事完全可以不依照逻辑性与连续性进行，任何特征都可以加诸在任何人物、事项上，任何关系都可能出现在神话内容中。正如法国著名的人类学家列维·斯特劳斯指出的那样：如果对语言的诸多表达方式加以比较，就诗歌而言，再好的翻译也会严重地曲解原意；但是，对神话而言，再差的翻译也能将其价值保留下来。换一种说法就是：神话所要表达的意义以及传递的信息，并不在于其表面的语句或具体的内容，而是经由其中的结构要素来完成。不过，从世界各个不同地区所搜集到的神话来看，它们竟呈现令人惊讶的类似性，让我们不得不承认神话中存在某种普遍的一致性。值得一

提的是，这种一致性或类似性并不是文化接触彼此学习的结果，我们对它们的研究，要从神话在人类心灵中的运作程序来找答案。列维·斯特劳斯也指出：神话学研究最主要的"并不是人如何在神话之中思考，而是要研究神话如何在人们心灵中运作，而人们却不知道这件事"。实际上，是神话透过人来说话、思考，而不是人自发地创造了神话。

此外，在论及神话的意义时，列维·斯特劳斯还指出："神话的无意识的意义（这是神话试图解决的问题）和神话用来达到目的（即情节）的有意识的内容之间必须有而且确实有一种一致性。不应把这种一致性始终看作镜中映象，它也可以是一种'转换'。"① 总之，神话有下列两个基本命题："首先，神话的'意义'不可能存在于构成神话的各种孤立的要素之中，它天生就存在于那些孤立的要素的组合方式中，而且必须考虑到这种组合所具有的转换潜力。其次，神话的语言显示出特殊的性质，它高于一般语言的水平。"② 日本学者山口八郎在《日本与中国神话的比较》一文中，通过对日中民族有关太阳的神话进行考察和比较，分析了日本与中国西南民族，特别是与彝族有关太阳信仰的异同，探讨了中日神话乃至古代文化可能存在的渊源。③

近几年，中国国内外学者对神话的研究情况大概是这样的。陈娜、张开焱在《近三十年中国各少数民族创世神话研究述评》中认为，"20 世纪中国少数民族创世神话经历了起步、发展和沉寂期后，在改革开放后取得了新的进展。近三十年的少数民族的创

---

① 〔法〕列维·斯特劳斯：《结构人类学》，谢维扬、俞宣孟译，上海译文出版社，1995，第 229～230 页。

② 〔英〕特伦斯·霍克斯：《结构主义和符号学》，瞿铁鹏译，上海译文出版社，1987，第 38 页。又见于陈香兰《索绪尔与结构主义形成》，《太原大学学报》2005 年第 2 期；彭兆荣《兄妹婚神话结构之分解与整合》，《贵州大学学报》（社会科学版）1988 年第 2 期。

③ 山口八郎、刘金才：《日本与中国神话的比较》，《贵州民族学院学报》2003 年第 6 期。又见于王玲《西南少数民族民间文学与日本学者之研究》，《西南民族大学学报》（人文社科版）2007 年第 9 期。

世神话研究经历了三个发展时期：一是少数民族创世神话史料整理时期，二是少数民族创世神话理论方法探寻期，三是少数民族创世神话全面繁荣期"①。崔文峰在《中日创世神话的异同性比较》中就中日"创世神话"的异同做了一个类型学上的比较，提出中日神话所蕴含的不同民族特质和民族心理，他认为，一个民族的神话，通常蕴含着民族性格最深刻的萌芽，它会一直影响和支配着民族精神后来的一切发展。② 葛苑菲在《我国少数民族创世神话考略》一文中，对我国少数民族创世神话做了一个考察和探究，他认为，创世神话在整个神话中占据重要的地位，许多神话都是从创世神话变化和发展起来的。就其思维方式、内容及价值而论，它可以说是人类最初的"百科全书"。③ 徐晓光在《清浊阴阳化万物》一文中探讨了日本、中国内地及西南少数民族天地形成与"气"生神话、化生神话与"贵左"观念、胎生神话与母体分解发散等神话情节及相互之间的联系与影响，认为由于日本与中国西南地区自然环境有很多相同之处，也会有相同的文化现象。④ 中国学者在这方面的研究文献还有：学位论文——《南方少数民族自然生人型创世神话研究》（2007），《基于功能主义视角解读法律起源——以中国少数民族创世神话为例》（2009）；期刊论文——《中国少数民族神话的体系和分类》（载《民族文学研究》1984 年第 2 期），《人类的两次起源——中国西南少数民族的创世神话》（载《民族文学研究》1999 年第 1 期）等近百篇。

---

① 陈娜、张开焱：《近三十年中国各少数民族创世神话研究述评》，《内蒙古民族大学学报》（社会科学版）2010 年第 2 期。
② 崔文峰：《中日创世神话的异同性比较》，《安徽文学》2009 年第 1 期。又见于邓晓芒、肖书文《东西方四种神话的创世说比较》，《湖北大学学报》（哲学社会科学版）2001 年第 6 期。
③ 葛苑菲：《我国少数民族创世神活考略》，《新疆职业大学学报》2010 年第 2 期。
④ 徐晓光：《清浊阴阳化万物》，《贵州民族学院学报》（哲学社会科学版）2007 年第 1 期。

### 2. 对史诗歌谣的研究回顾

史诗是继神话之后出现的一种古老的民间叙事体长诗，一般采用韵文或韵散相间的"说唱体"格式。它们并不是哪一个时代的某一个天才诗人的作品，而是创造它的那个族群的远古祖先集体智慧的结晶，后又经过多个世代的传唱、补充加工才逐渐形成的，所以，史诗是伴随着某个族群、人群或民族的历史一起生长的。就类型来说：有的是对某一个族群在发展的某个阶段或者是对天地万物及人类形成的解说，有的则唱叙某个族群在其形成发展的重要阶段出现过的迁徙、战争等重大事件，有的赞颂族群英雄创下的光辉业绩。从某种意义上来说，它们往往是某族群或某民族在特定时期的一部形象化的创业史、生活史。①

一般来说，史诗篇幅巨大，内容丰富，主要用诗的语言记叙有关天地形成、人类形成的传说及人类早期的社会生活，讲述的主要是有关民族迁徙、民族战争等人类重大历史事件，并歌颂民族英雄的光辉业绩。中国学者，例如王苹、王华北在《少数民族古籍史诗概览》中较综合地介绍了我国少数民族的史诗歌谣和英雄史诗，以及其产生的历史背景、特点和内容，使读者进一步了解到中国少数民族的史诗概貌；他们同时提出史诗的产生与神话有着密切关系的观点：史诗是在神话世界观的基础上产生的，史诗中对自然和人本身所做的种种解释，是由当时十分低下的生产水平以及人们"万物有灵"的思想观念决定的。史诗中有浓重的神话传说色彩，甚至有些早期的史诗简直就可以被看作韵文形式的神话和传说。史诗所描写的多是人与神的斗争，神与人的行为常常是交相混杂的，人可以变幻身形，甚至可以死而复生等。② 李子贤在《从创世神话到创世史诗——中国西南地区产生创世史诗

---

① 王苹、王华北：《少数民族古籍史诗概览》，载中国民族图书馆编《民族图书馆学研究》（三），2006，第 568 页。

② 王苹、王华北：《少数民族古籍史诗概览》，载中国民族图书馆编《民族图书馆学研究》（三），辽宁民族出版社，2006，第 568 页。

群落的阐释》中提出"我国南方尤其是西南少数民族地区产生的创世史诗群落，是世界罕见的文化奇观。史诗歌谣产生的基础之一是创世神话。在世界很多地区和民族那里，为什么并未在创世神话的基础上形成史诗歌谣呢？除创世神话之外，史诗歌谣的形成还有其必备的基础条件及其历史动因"① 的观点。覃乃昌在《我国南方少数民族创世神话创世史诗丰富与汉族没有发现创世神话创世史诗的原因——盘古神话来源问题研究之八》一文中认为："我国南方尤其是华南珠江流域古人类起源早，而且没有因战争或自然灾等发生烟灭或整体性的迁移，其考古学文化呈现出整体性和前后承传的序列状态，相应地，这一地区的原住民族的神话特别是创世神话丰富并呈现出整体性、系列性的特征。"② 纳张元在《来自苍茫天地间的隔世之音——对彝族史诗〈创世纪（天地人）〉的一种解读》中说："《创世纪（天地人）》中关于天地万物的诞生和早期人类演化的神话，反映了彝族先民朴素的唯物观念和辩证思想，展现了彝族先民开天辟地、创世立业、生活劳动的广阔图景。"③

此外，这方面的研究文献还有：学位论文——《德昂族创世史诗"达古达楞格莱标"文化内涵探析》（2009），《"布洛陀经诗"的民间信仰文化内涵解读》（2008），《彝族史诗"查姆"与阴阳五行观念》（2008），《少数民族哲学文献史料的若干问题初探》（2006）等；期刊论文——《从少数民族民间史诗看艺术类型的演进——原始艺术哲学考释之二》（载《民族艺术研究》2003年第1期），《中国南方民族创世史诗与神话的体系化》（载《民族

① 李子贤：《从创世神话到创世史诗——中国西南地区产生创世史诗群落的阐释》，《百色学院学报》2010 年第 2 期。
② 覃乃昌：《我国南方少数民族创世神话创世史诗丰富与汉族没有发现创世神话创世史诗的原因——盘古神话来源问题研究之八》，《广西民族研究》2007 年第 4 期。
③ 纳张元：《来自苍茫天地间的隔世之音——对彝族史诗〈创世纪（天地人）〉的一种解读》，《民族文学研究》2010 年第 2 期。

艺术研究》2006 年第 1 期）等二三十篇。

### 3. 对民间传说的研究回顾

民间传说是指在民间以口头、文稿等形式流传的神话传说，似可归入"神话故事"范畴内，但是，由于其叙事体裁自由幅度过大，还可独立成一种文本类型，它们也是叙述范围最为宽广、民间影响最久远的文本类型。另外，我国西南各少数民族的民间传说文本光从数量上来说也很巨大，例如光是哈尼族就有《烟本霍本》、《俄色密色》、《查牛色》、《毕蝶、凯蝶、则蝶》、《俄妥奴祖》、《雪紫查勒》、《厄朵》、《塔婆罗牛》、《艾玛突》、《天地人鬼》、《阿培阿达埃》、《葫芦里走出人种》、《为什么鸡叫太阳就出来》、《人鬼分家》等几百篇。这方面的资料文献读者还可参考：赵官禄等编《哈尼族叙事长诗集》（中国民间文艺出版社，1989），刘辉豪、阿罗编《哈尼族民间故事选》（上海文艺出版社，1982），谷德明编《中国少数民族神话选》（中国民间文艺出版社，1987），陈建宪《中国民俗通志》（民间文学志，上、下）（山东教育出版社，2006）等。

## 二　对法律起源的研究文献回顾

从法律社会学的角度来说，法的范围不单指由国家制定的法律，还包括不同社会领域中存在的各种指导和约束人的规范和行为。从一定意义而言，社会领域中的种种指导和约束人的规范和行为之所以存在，乃源自社会群体对某种秩序的需求。博登海默认为：自然界中有序模式的普遍性以及运作的规律性彰显的正是这种秩序需求的外在因素，法律秩序的内在要素则深深地根植于人类的思维结构当中。① 我们以中国西南少数民族的神话史诗等文本为分析依据，专门从法律社会学、法律人类学的角度探讨法之

---

① 〔美〕E. 博登海默：《法理学：法律哲学与法律方法》，邓正来译，中国政法大学出版社，2004，第 227～240 页。

起源的问题，从内容上讲，这是一个全新的课题。国内外法学界
对这个问题的观点，大致有以下三种。

### 1. 认为法律起源于宗教的观点

通过阅读西南少数民族的神话史诗可以知道，宗教是这些地
区人群社会生活的重要内容。著名的英国法律史专家梅因说："每
一种法律体系在确立之初，总是与宗教典礼和仪式密切相联系。"
作为对神秘主宰的崇拜、畏惧和信仰，宗教也是这些地区社会文
化风俗教化之根源。无论如何，对这些地区不同族群的远古祖先
们来说，他们在行为处事过程中制定出来的各种规矩，都受着一
系列宗教信仰观念的影响，例如自然崇拜是佤族最初的崇拜形式，
他们认为一切事物都有灵魂，即使死了几百年、上千年的祖先，
他的灵魂还时时和后人在一起，时时保护着每个人。① 傣族除崇拜
祖先神以外，还认为日、月、天、地、山、水、田、鱼塘和树木
等，自然万物皆灵。② 哈尼族以"昂玛突"为代表的祖先崇拜不但
在今日哈尼族的价值观念里根深蒂固，从崇拜对象的性别来看，
其主要是对哈尼族父系祖先神的崇拜。③ 其中，对各种动植物和自
然事物的崇拜（或称自然宗教），伴随着神灵信仰、祖先崇拜和带
有图腾特征的原始膜拜相混杂并共存于其宗教文化之中，为我们
展示出异彩纷呈的宗教文化大观。

休谟曾说："最初的宗教思想不是产生于对自然作用的沉思，
而是产生于他们对生活事务的一种关切，产生于连续不断地左右
他们精神的希望和恐惧。"④ 正是那些源自神话史诗的宗教信仰内
容体现出来的价值观念和人生观、世界观成为此后村寨社会制度、

---

① 云南省编辑委员会编《佤族社会历史调查》（二），云南人民出版社，1983，
第159页。

② 江应樑：《傣族史》，四川民族出版社，1983，第442~448页。

③ 陈永邺：《欢腾的圣宴——哈尼族长街宴研究》，云南大学出版社，2009，第
76页。

④ 〔英〕布尔·莫利斯：《宗教人类学》，周国黎译，今日中国出版社，1992，第
191页。

婚姻家庭制度建立的理论之源，例如瑶族在村寨政治制度的议定、建立过程中，往往先通过民主选举的方式决定头人，再以一些歃血饮酒的仪式来确认规则的有效性，以表示要共同遵守。① 新中国成立前，西双版纳傣族地区的封建政权拥有自上而下的严密社会组织，最高统治者宣慰使（召片领）的司署设在景洪城以东的景岱，曾有宫室等建筑。召片领认为全区所有土地、山林、江河、矿藏都是他一人所有，全体人民都是他的奴隶。领地上的农民，按规定"种田要出负担"。民谚说：只要生长在领主的土地上，就要向领主"买水吃、买路走、买地盖房子"。② 此外，有些民族的一些节日祭祀过程，还有着不同程度的规范和要求，哈尼族祭寨神时所用的牺牲的数量、颜色、摆放等就有明确的规定，人们在占卜打卦的时候也要遵守专门的程序和规矩等。

人类学对这些宗教现象如何理解呢？著名的精神分析学派始祖弗洛伊德（Freud）曾提出了自己的见解，他提出在宗教界，由于上帝是父亲形象的投射，宗教仪式是一种强迫性神经官能症的观点。③ 甚至，弗洛伊德不但把宗教仪式看作一种幼稚、神经症和非理性的活动，并且认为神话里的教义是一种幻觉，随着科学影响的扩大会消失。我们暂且不管其仪式的神经官能症理论正确与否，仅从其父亲投射理论来看，应该说还是有一些道理的，这也可以作为我们对法律起源于宗教，尤其是起源于宗教仪式观点的一种参考。也就是说，在仪式中，人们对待由各种神圣观念衍生出来的具有法律性质的各种规范、制度的感情就好像对待自己的祖父或父亲那样有着一种矛盾的情结，这种矛盾的心理情结具体表现为对法律正义形象诸多的"神圣"及其象征——例如基督教

---

① 广西壮族自治区编辑组编《广西瑶族社会历史调查》（第五册），广西民族出版社，1986，第45页。

② 曹成章、张元庆：《傣族》，民族出版社，2004，第55页。

③ 〔奥〕弗洛伊德：《图腾与禁忌》，文良文化译，中央编译出版社，2005，第206页。

的耶稣、伊斯兰教的天主，以及我国西南地区各个少数民族信仰中的各种大小神灵——有着既敬又畏的情愫。

总而言之，在西南少数民族的神话故事等三种文本中，具有法性质的规范、章程的产生和形成背后都隐藏着这样或那样深层次的宗教因素，宗教的影响甚至使村民们平时的生产、狩猎、生活都带着明显的规范性，例如佛教成为傣族全民性的宗教，支配着人们生产、生活的方方面面。在过去，彝族、哈尼族、瑶族的小伙子有上山狩猎的习惯，所获猎物不论男女老幼、强弱与否，都始终遵循着"见者有份"的原则共同分享，这种扶持互助的习惯之养成正是来自传统宗教仪式中的共享原则。① 由于宗教所产生的"规范性"，伯尔曼才说："法律必须被信仰，否则它将形同虚设；没有宗教的法律会退化成机械的法条主义。"②

### 2. 认为法律起源于禁忌的观点

首先，世界著名的人类学家弗雷泽、涂尔干、弗洛伊德、列维·斯特劳斯等人类学家曾经对"乱伦禁忌"进行过翔实的研究。例如在《金枝》一书中，弗雷泽指出原始民族习俗中的某些禁忌成分都是顺势巫术或模拟巫术的结果，它们是原始民族根据"相似生相似"的巫术原理推论出来的一种求福纳吉的宗教祭礼。涂尔干认为，相信人死后灵魂仍会续存，当然这种续存在一定程度能引起人们的恐惧，但正缘于此，才有诸多的禁忌以及驱魔避邪仪式与之相配合。在《乱伦禁忌及其起源》一书中，涂尔干提出"乱伦禁忌的最初表现形式是外婚制"的观点，令人信服地解释了外婚制的起源正是原始人的"taboo"（禁忌）。所以，作为族群外婚制的重要依据，我们熟知的"乱伦禁忌"早已成为一种几乎为所有社会承认和接受的，具有权威性的近乎难以撼动的婚姻规则，

---

① 例如按规定，哈尼族过年时村寨的每一户人家都能平均分得一份神圣的"份肉"（或称"生轰"）。

② 〔美〕伯尔曼：《法律与宗教》，梁治平译，中国政法大学出版社，2003，第3页。

它应该是一条早已具有了法的基本特征的古老规范。

我国学者徐金龙先生从神话史诗中发现：在乱伦禁忌产生的时代，神话是人类唯一的阐释标准和知识体系。乱伦神话的普遍性与现实社会生活中对乱伦的忌讳形成了强烈的对比，它为人们研究乱伦禁忌的问题提供了丰富翔实的资料。① 而莫金山、陈建强认为，盘瑶石牌律中的"同姓不婚制"、"共祖不过五代不婚"、"姊妹二代不婚"，便是由生育（乱伦）禁忌演变而成的习惯法。原始禁忌和习惯蕴含着石牌法最一般的规定，逻辑地构成石牌律的前身。② 有学者指出，在德昂族的婚姻中，忌同姓婚姻，是唯恐婚姻不幸福和不美满。③

其次，德国著名学者冯特进一步研究后也认为，塔布（taboo，即禁忌）是人类最古老的无形法律，它的存在通常被认为是远比神的观念和任何宗教信仰的产生还要早。④ 我们觉得，在神话史诗中，作为适应社会和人类生活产物的"禁忌"（这种古老的具有法基本特征的古老规范），它们的出现，最初是为了避免遭到来自神圣世界的惩罚。

我国学者张晓辉等认为，早期法律是沿着从禁忌到习俗，再从习俗到法律的轨迹发生的。禁忌植根于人们的生活体验，它最初依靠自然界对人类的恩赐和惩罚产生的神秘力量得以保持，当鬼神观念产生后，禁忌进而和鬼神观念结合，成为具有强大心理威慑力和社会舆论压力的行为规范。⑤ 韩轶在《从禁忌到法律——

① 徐金龙：《乱伦禁忌的神话学探视——读楚云先生的〈乱伦与禁忌〉》，《广西师范学院学报》（哲学社会科学版）2004 年第 4 期。
② 莫金山、陈建强：《从瑶族石牌律看法律的起源》，《广西民族研究》2009 年第 2 期。
③ 杨忠德：《德昂族禁忌种种》，《华夏地理》1993 年第 3 期。
④ 〔奥〕弗洛伊德：《图腾与禁忌》，文良文化译，中央编译出版社，2005，第 22 页。
⑤ 张晓辉、卢保和：《论哈尼族的习惯法及其文化价值》，《思想战线》1993 年第 4 期。又见于张晓辉《傣族早期法律初探》，载张晓辉等编《少数民族习惯法研究》，云南大学出版社，1998，第 103 页。

法起源的社会学考察》中认为，禁忌是原始社会最早也是唯一具备法的基本要求的规则形式，从逻辑上推演，禁忌是法在原始社会的表现形式，是法在形成阶段的最初形式。[①] 就此，白兴发在《彝族禁忌的起源及演变试探》中提出，彝族禁忌是在彝族先民巫术观的支配下产生的，源于彝族的自然崇拜、图腾崇拜、祖先崇拜和神灵崇拜。彝族原始社会的禁忌具有神秘性、全民性和自发性的特点，古代社会彝族传统禁忌向着神圣化和世俗化两个方向分化，近现代随着人口的增加以及外来文化的冲击影响，彝族传统禁忌逐渐宽松乃至消失。[②] 根泉在 2004 年的学位论文《蒙古饮食禁忌探析》中研究了蒙古饮食禁忌的形成、内容和功能，指出蒙古饮食禁忌的形成不仅与灵魂崇拜、图腾崇拜、巫术信仰及宗教观念相关联，而且与人们在生产生活过程中所积累的经验有着直接的关系，[③] 等等。[④]

最后，在神话史诗中，禁忌内容几乎是所有族群举行仪式活动时须遵循的严规戒律，宗教仪式过程的神圣性也要求排除任何与之相对立的世俗的东西。这样的例子可以说比比皆是。例如全民信仰南传上座部佛教的傣族规定仪式期间不杀生、不说诳语、不玩女人、不吸烟喝酒等。傣族祭祀寨神的过程叫"灵批曼"，由召曼（寨主）负责组织群众，形成举行仪式时本村社成员不许外出、其他村社成员也不许进来的禁忌规定。[⑤] 此外，德昂族的言语

① 韩轶：《从禁忌到法律——法起源的社会学考察》，《法制建设》2006 年第 6 期。
② 白兴发：《彝族禁忌的起源及演变试探》，《云南民族学院学报》（哲学社会科学版）2003 年第 3 期；谷颖：《满族萨满神话研究》，东北师范大学博士学位论文，2010。
③ 根泉：《蒙古饮食禁忌探析》，内蒙古师范大学硕士学位论文，2004。
④ 具有相似研究观点的论文还有：唐丽沙：《宗教禁忌的起源与基本特征》，《重庆科技学院学报》（社会科学版）2010 年第 9 期；李国明：《佤族禁忌的起源及演变初探》，《楚雄师范学院学报》2006 年第 2 期；陈伟妮：《禁忌及其对原始艺术之影响关系研究》，广西师范大学硕士学位论文，2007。
⑤ 岩香宰：《说煞道佛：西双版纳傣族宗教研究》，云南人民出版社，2006，第 69 页。

禁忌规定不能在竹楼内大声喧哗或唱山歌，祭鬼树时不能讲话。作为村民求吉避祸的一种仪式，彝族、哈尼族在祭寨神时为避免不吉利或凶恶事物的袭扰，形成不准本民族妇女参加以及主持祭仪的人必须由儿女双全、妻子健在、没有受过枪伤或兽伤、为人正直的老人担任等规范[①]。

由此可知，神话中的禁忌早已非专为个别人而设定适用，加上它们具有惩罚性和强制性，早已被族群整体奉为至上的神圣准则。

### 3. 认为法律起源于习惯的观点

我们知道，人类学是以研究"人"为目的的学科，研究范畴包括人及其所创造的文化。谈到文化，众所周知文化具有法律的属性。例如，对有关"文化"一词，著名的古典进化论学派（Evolution）代表人物泰勒把它概括为："文化或文明是这样一个复合的整体，其中包括知识、信仰、艺术、道德、法律以及人作为社会成员可以习得的一切能力和习惯。"[②] 在这里，泰勒把社会成员的"能力"和"习惯"作为文化的重要内容来看待。

正所谓"十里不同风，百里不同俗"，一般认为，习惯的形成大概有气候、地理、风俗、生产方式等诸多方面的影响因素。不过，"习惯"或"习俗"一词，虽然在马林诺夫斯基看来，应从社会中个人心理需要的层次来探求，才能解释其所蕴含的意义。但是，法律社会学奠基者，英国的梅因则认为，一个特定社会从其初生时代和在其原始状态时就已经采用的一些惯例，一般是一些在大体上最能适合于促进其物质和道德福利的惯例；如果它们能保持完整性，直至新的社会需要培养出新的惯行，则这个社会几

---

[①] 陈永邺：《欢腾的圣宴——哈尼族长街宴研究》，云南大学出版社，2009，第95页。

[②] 〔英〕爱德华·泰勒：《原始文化》，连树声译，上海文艺出版社，1992，第12页。

乎可以肯定是向上发展的。① 奥斯丁在对实在法进行研究后指出，"习俗"或"习惯"其实是一种"实在的道德规则"，② 是一种对习惯的习惯性遵守，因为二者都与人们的生活和生产活动密切相关，具有稳定性，主要通过口头进行传播和承袭（尤其对于无文字记录的民族来说），并以共同的价值利益取向和社会舆论监督实行。我国学者对少数民族神话及现实社会中的很多婚恋"习俗"，例如同宗不婚、姨表不婚、姑舅表优先婚、"共妻共夫制"、"公房制"、"转房婚"等做过很多的分析和探讨，大体认为正如奥斯丁所说的那样，它们有着丰富的内涵和功能，其中蕴含当事人双方的权利和义务等要素。

国内还有学者指出，从各少数民族的神话史诗中，可见早期的"习俗"、"习惯"甚至于后来的"习惯法"，似乎最早产生于原始民族的宗教禁忌，以满足不同层次人们的心理需求。这种观点似乎可以从梅因在《古代法》一书的导言中提出的观点得到验证，他说："毫无疑问，早期的判决，不论是国王的或是祭祀的，不论是纯粹世俗的或是幻想为神灵所启示的，在确定习惯的形式、范围以及方向上，确有很大的影响。同时，一切证据似乎都说明，最古时期的司法职能被认为是以发现现存的法律为其主要目的。③ 法国的布律尔更进一步指出，还未产生文字的原始社会必然生活在习惯法制度下。"④

实际上，"法律起源于习惯"这样的观点是随着 15 世纪地理

---

① 〔英〕梅因：《古代法》，沈景一译，商务印书馆，1996，第 11 页。又见于高其才《习惯法与少数民族习惯法》，《云南大学学报》（法学版）2002 年第8 期。
② 〔美〕E. 博登海默：《法理学——法律哲学与法律方法》，邓正来译，中国政法大学出版社，2004，第 127 页。
③ 〔英〕梅因：《古代法》导言，沈景一译，商务印书馆，1996。又见于焦应达《古代北方民族法律起源探析》，《内蒙古民族大学学报》（社会科学版）2010年第 3 期。
④ 〔法〕亨利·莱维·布律尔：《法律社会学》，许钧译，上海人民出版社，1987，第 49 页。

大发现，许多西方的学者、旅游者和政府官员收集了许多不同地区族群的神话传说，在"奇风异俗"的基础上才逐渐出现的，例如对婚姻习惯法的研究，是摩尔根深入北美洲印第安人居留地做调查后，在收集了有关印第安人的生活方式、宗教信仰、风俗习惯、社会组织结构等民族志资料后，在《人类家庭的血亲和姻亲制度》这本巨著的撰述中展开的，他的研究奠定了现代亲属称谓制度、婚姻家庭制度等习惯法研究的基础。而诸如摩尔根提出的"氏族从习惯到法权习惯再到成文法的发展规律"等观点，受到了马克思的赞同，马克思肯定了摩尔根的下述思想：希腊人、罗马人、希伯来人最初的法律——在文明时代开始以后——主要只是把他们前代体现在习惯和习俗中的经验的成果变为法律条文。① 国内学者，例如高金榜在《法的起源探源——再论马克思主义的法起源观》一文中认为，法作为一种社会性的具普遍约束力的社会规范，是具强制力的公共意志的体现，不是从来就有的，也不是在原始蒙昧时代产生的，而是在社会进化到原始母系氏族社会时才出现的。尽管那时的法是不系统不完善不成文的原始社会习惯或原始习惯，但从本质上讲，它们已经具备了法的全部特征。这些社会性的、具普遍约束力的、强制性的、公意的原始社会规范或原始习惯的出现就是法产生的标志。② 吴大华在《论法人类学的起源与发展》一文中说，以对法人类学的起源与发展进行探讨，寻求法律多元的根据，提出法人类学的分析框架与方法，展望法人类学的发展前景，为中国语境下的法人类学探求发展之道。③ 此外，吴大华教授还总结出：民族习惯法上的研究论文主要有《神

---

① 陈湘文：《马克思关于法律起源和法律生成的理论演进》，《常熟理工学院学报》（哲学社会科学版）2007 年第 7 期。

② 高金榜：《法的起源探源——再论马克思主义的法起源观》，《中国地质大学学报》（社会科学版）2003 年第 6 期。又见于孙西河《浅论法的起源》，《广东技术师范学院学报》2007 年第 4 期。

③ 吴大华：《论法人类学的起源与发展》，《广西民族大学学报》（哲学社会科学版）2006 年第 6 期。

判论》（邓敏文，1991）、《论法的成长》（张冠梓，2000）、《孟连宣抚司法规》（刀永明、刀建民、薛贤，1986）、《青海藏区部落习惯法资料集》（张济民，1993）、《中国习惯法论》（高其才，1995）、《凉山彝族习惯法案例集成》（海乃拉莫、曲木约质，1998）、《古代蒙古法制史》（奇格，1999）、《中国少数民族法制史》（徐晓光，2002）、《民族法律文化散论》（吴大华，2004），等等。① 在著述方面，除了《法理学》的传统观点外，国内学者多从侧重各个不同少数民族社会文化史的角度进行分析：例如方慧与胡兴东在《中国少数民族法制通史》（第一、二卷），高其才先生在《中国习惯法论》、《瑶族习惯法》、《中国少数民族习惯法研究》，徐中起先生在《少数民族习惯法研究》，王学辉先生在《从禁忌习惯到法起源运动》等专著中，都对此专门进行过分析，提出过不少相似的看法。

值得一提的是，日本著名法学家穗积陈重在研究世界各地神话及"神判法"时亦持法律起源于习惯的观点，其名言：裁判亦有不依神托仅依古老之法之发现者。又所谓神托裁判，其实多依据惯习，顺从惯习者，神则直之，反是则曲之。他又说："惯习者，有原始社会之强制力；无论为神、为君、为民举不能完全离惯习之支配。"② 以"神判法"判案在西南少数民族中普遍流行，例如傣族除全民信仰佛教外，仍保留着先民古越人"巫风很盛"的传统，如果在审问过程中不能判定嫌疑人是否犯罪，"最后就是念经、祭神，烧着水或煮着开水，把东西放到开水里面或火里面，使犯罪的人用手去取、请神来审查，以鉴别谁是好人、谁是坏人。这是自古以来的规矩，不这样做，会使犯罪的人成了习惯"③。佤

① 吴大华：《论法人类学的起源与发展》，《广西民族大学学报》（哲学社会科学版）2006 年第 6 期。
② 〔日〕穗积陈重：《法律进化论（法源论）》，陶汇曾等译，中国政法大学出版社，2003，第 16 页。
③ 云南省编辑委员会编《傣族社会历史调查》（三），云南民族出版社，1983，第 27 页。

族魔巴是对本民族历史、传说、文化习俗和道德规范最了解的能人，一般在审理偷盗争议时都要请魔巴看鸡卦决定曲直，久之便形成了具有法性质的习惯（即习惯法）。[1]

我国学者在论述原始法源自初民的惯习时也经常引用穗积陈重的观点，杜文忠对神话史诗及民族志资料中的很多神判法、巫术仪式与原始生活习俗的关系进行过一番仔细的考证，并认为初民社会的万物有灵观是最原始的宗教信仰，从其中派生的图腾崇拜、巫术仪式导致了最早的审判机制——神判的产生。[2] 基于此，曾宪义甚至说，法律的形成，实质上是氏族习惯向奴隶制习惯法的质变过程。[3] 而叶英萍、李春光在《论神明裁判及其影响》的"摘要"中提出，神判是一种法文化现象，在世界许多民族和地区都曾普遍存在。神判的方式多样，内容丰富，原始社会宗教巫术仪式和原始生活习俗是神判的重要来源。他们还认为，神判实质上是一种纠纷解决机制，程序公开、审罚合一、野蛮与文明融为一体、无公诉与私诉之分、标准的不确定性与结果的确定性并存以及原始宗教色彩浓厚是神判的基本特征。结论就是：神判对审判制度、诉讼制度以及西方国家诉讼的程序至上和宣誓证据有重要的影响，在法律的起源和发展方面，神判的作用也是不可小视的。[4] 此外，焦应达在《古代北方民族法律起源探析》一文中说，萨满教对法律起源的意义不仅仅在于它为法律提供了一个最初的形态，还应该包括比单纯的禁忌更具有强制力的一种方式，最明显的表征为"神判"，它更好地融合了宗教与原始法律。他还认定，神判曾普遍存在于世界各民族特定的历史阶段，在一些民族

---

① 云南省编辑委员会编《佤族社会历史调查》（一），云南人民出版社，1983，第 71 页。

② 参见杜文忠《神判起源考略》，《思想战线》2002 年第 6 期；叶英萍、李春光：《论神明裁判及其影响》，《法学家》2007 年第 3 期。

③ 曾宪义主编《中国法制史》，北京大学出版社，2004，第 18 页。

④ 叶英萍、李春光：《论神明裁判及其影响》，《法学家》2007 年第 3 期。

中，至今仍有深远的影响……萨满神判种类基本包括氏族之间族盟誓神判、选酋神判和杂类神判三种方式，萨满在神判中发挥着不可替代的重要作用……萨满教神判方式的确是法律起源时期规范得以建立的重要途径，民族国家的建立为萨满教国家祭祀地位的确立创造了条件。① 相似的观点还有很多，这里仅做简单的列举。

总之，上述三种对法怎样起源的解释虽然互有争论，但差别仅在于宗教、禁忌、习惯这些影响因素孰先孰后的问题。例如作为人类社会发展最初的一些法律形态，有学者认为三者应该是相继出现的，它们不是一个必然的模式。因此，我们可以肯定的是，法的起源与宗教、禁忌和习惯都有密切的关系。由于初民的思想并非如现代社会的人类那样细化，他们最初的习惯或法律必然会与原始的崇拜、宗教、艺术、道德等社会意识形态混沌地交织在一起。正如前面提及的那样，作为人类童年时期"集体的梦"和"人类和动物尚未完全区分开来时期的一种历史"的最朴素的记录，神话故事等文本能够提供我们对人类思维模式原型的了解，提供我们对全人类各种文化产生过程中共同遵循的运作机制的深层结构的认识。因为神话的本质就在于：当它面临着一个问题的时候，总是把这个问题当作其他领域内所可能提出问题的"同形物"去思考，并从整体去考虑。② 可以说，我们的研究，是为了帮助大家从宗教、禁忌、习惯等法的成分中，了解初民社会中法的起源、法的运作，以及根植于初民思维结构中法律秩序的内在要素和人类从自然向文化过渡时期法变迁的过程。

---

① 焦应达：《古代北方民族法律起源探析》，《内蒙古民族大学学报》（社会科学版）2010 年第 3 期。

② 转引自高宣扬《结构主义人类学大师——李维史陀》，载黄应贵主编《见证与诠释——当代人类学家》，台北正中书局，1992，第 262 页。（Claude Levi-Strauss/Didier Eribon, De Presetet de Loin, Paris, p. 194, 1988.）

# 第四节　研究方法、核心观点及论著结构设计

## 一　研究方法

### 1. 文本学的描述和评价方法

应用文本学的描述和评价方法，这种尝试一般只能局限于对"不同版本"多少有点累赘的材料做介绍。由于人们并不是按照别的什么标准来选择诸如神话、史诗与传说的"不同版本"，只是按照一种说明问题的技巧把它们进行分类。在我们看来，这些"不同版本"只是创作人士为描述关于"法"的这样或那样的特征才出现的，而我们则要对之做出进一步的分析和诠释。

### 2. 符号学与结构主义的研究方法

索绪尔说："单个语言符号不表示任何东西，每一个语言符号表达的意义至少比该符号在它本身和其他符号之间指出的差别要丰富得多，当语言完全占据我们的灵魂，不再为处在运动中的一种思想留出一点位置时，语言就超越'符号'而走向意义。"[①] 卡西尔指出"人是创造符号的动物"，人类所创造的文化，包括宗教、神话、语言、历史、艺术、哲学等，都是通过符号的记载被广泛传播的。[②] 索绪尔还得出结论：语言符号所具有的意义，正如一个脚印表示一个人的身体和运动的力量一样。

不过，结构主义者否认有客观社会规律的存在，反对采用经验主义的研究方法，反对从具体事物出发，反对以客观事实为基础去总结规律。他们认为结构是先天具有的，是主观赋予客观现象的结果。因此，结构主义侧重于结构与功能间的密切关系，从

---

① 〔瑞〕索绪尔：《普通语言学教程》，高名凯译，商务印书馆，2009，第 40 页。
② 〔德〕恩斯特·卡西尔：《人论》，甘阳译，西苑出版社，2003，第 44 页。

结构是功能的基础、功能使结构变成具体的存在出发，试图揭示社会本身的内在关系，以说明某些普遍性的社会现象。① 虽然结构主义能够指出某些程序的决定性特征，这些特征决定如何"浅描"，尤其是决定如何揭示虚拟化的内涵和进一步构建意义，但是符号学使得有关这些结构过程的分析变得更加活跃，例如符号学大师法国的莫里斯·梅洛·庞蒂认为："文化不给予我们绝对透明的意义，意义的发生没有完成。我们只是在确定我们的时间的符号背景中，沉思我们有充分理由称之为我们的真理的东西。我们仅仅与符号的结构打交道，而符号的意义不能单独地被确定，并且只不过是符号相互包含、相互区分的方式，除非我们从一种含糊的相对主义中得到忧郁的安慰，因为这些方法中的任何一个方法确实是一个真理，将在未来更广义的真理中得救……"②

我们也认同，通过强调对有关文本作品分析的形式程序的描述，通过把要研究的"文本"作为有意义的结构的产生地点来研究，就能够使得作为体系设计的文本之功能得到发挥。同时，神话等"文本"也是同语言符号一样，正像索绪尔所说的那样，随着人们完全投入语言中去，语言符号就具有了能指和所指的双重特征。由于把意义当作已知的，这种已知的意义是语言符号给予我们的抽象形象，它最终要求我们在转瞬之间做出确定的认同。当语言符号不模仿思维，而是被思维拆开和重建时，它们是表意的。

### 3. 比较的方法

比较法是被学界普遍使用的研究方法，恰如社会人类学家费孝通先生通过比较云南的禄村、易村、玉村与沿海的江村 20 世纪 30 年代的稻谷产量之不同（分别是每亩 60 担、36 担、52 担、40

---

① 夏建统：《点起结构主义的明灯》，中国建筑工业出版社，2001，第 68 页。
② 〔法〕莫里斯·梅洛·庞蒂：《符号》，姜志辉译，商务印书馆，2003，第 49 页。又见于冯文《论梅洛－庞蒂的身体－语言观及其对翻译研究的启示》，《四川师范大学学报》（社会科学版）2009 年第 2 期。

担），得出云南的村寨一般都比沿海地区的更多产①的结论。这种方法在研究法律的起源问题时也可以被加以利用，例如对于不同的文本资料，从纵向与横向的角度，通过比较西南少数民族与不同地区、不同国家、不同族群的类似问题（例如与日本阿伊努人或与中国台湾原住民的比较），以凸显不同族群法律的性质、内涵、功能、价值、意义与法律起源的差异与特点等。

## 二 核心观点

法律社会学是一门关于法律理论及制度反思的学科，作为法律社会学的研究对象，法律的起源及政治制度史能有效地反映人类的社会结构以及人与人之间关系的本质。作为社群一种普遍的思考样式，一般地说，"法"或"法律"有"自下而上"与"自上而下"两种生成模式。例如格雷和博登海默所说的"正义标准、推理和思考事物本质的原则、衡平法、道德信念、社会倾向和习惯法等非正式渊源"② 就属于前者，它们主要通过"自下而上"的途径生成，也就是说，这是一种首先主要来源于人的价值观念、社会生产生活之中的禁忌、习惯等渠道，通过"对话"或人们之间的"互动"形成的"法"。反之，"立法机关颁布的法令、司法先例、公共政策、专家意见等正式渊源"，即今天的"成文法"，来源于国家机关授权颁布的"控制或命令"，其生成显然主要是"自上而下"的路径。

溯其根源，以"自下而上"的路径形成的"法"，也正是我们在"研究内容回顾及评述"那节中所提到的那三种看法：①认为法律起源于宗教的观点；②认为法律起源于禁忌的观点；③认为

---

① 费孝通：《江村经济》，上海世纪出版集团，2005，第388、400、506页。
② 〔美〕E. 博登海默：《法理学——法律哲学与法律方法》，邓正来译，中国政法大学出版社，2004，第457页。

法律起源于习惯的观点。对此我们持基本赞同态度，但会进一步从法律社会学的视野，以西南少数民族的神话等文本资料为源泉，进行更深入、更持久和更翔实的探讨、诠释和演绎。另外，古代区域性地方政权"国家法"的形成也具有相似的历史和制度因素。

# 第一章　研究资料的确定和
# 材料的规格

　　本著述用到的材料，主要包括西南少数民族的神话故事、史诗歌谣、民间传说三种文本（text）。就研究资料的性质来说，正如前面提到的那样，这里所说的神话故事、史诗歌谣、民间传说等文本是指二手文献，它们是"已完成的、已出版的"资料。与田野调查中正在收集的"口述资料"相比，"文本"的不同之处在于：它们是作为完全固定的东西提供给我们的，而"口述资料"本身还带有不稳定性，尚需要时间来整理和发表。也就是说，它们一个是"停止"、成形的资料，另一个是正在进行中的。① 不过，为了研究的目的，也增加了一些民族志资料作为补充。

　　就规格而言，本著述意图把所涉及的主要分析材料从类型、名称、出版（或发表、编印、收藏）单位和时间、讲述内容等方面做尽可能多的介绍，以做一个必要的说明。

## 第一节　西南少数民族神话故事的
## 版本和分类

　　首先，就神话故事的版本而言，可以把它们简单分成：公开出版或发表的、未公开出版或发表（包括内部油印、私人收藏）

---

① 不同于民族史学者把历史文献、口述资料或文化现象作为研究取向的方法，我们所用的研究资料的范围看起来似乎要小得多，但是，这些"文本"数量异常丰富，内容博大而精深。

的两类。公开出版或发表的这些单位或机构包括：民族出版社、云南民族出版社、贵州民族出版社、云南人民出版社等。未公开出版或发表（包括内部油印、私人收藏）的神话故事文本主要是由各地州文联、宣传部、文化局、教育局、文化馆、文学集成办公室、民委等部门刊印或油印以及由私人保存的未刊稿。

其次，就神话故事的范畴或类型而言，可以把它们大体分为：有关天地造人方面的神话故事、有关图腾膜拜方面的神话故事、有关英雄祖先方面的神话故事、有关大神信仰方面的神话故事、有关宗教节日仪式方面的神话故事及其他。

## 一　有关天地造人方面的神话故事

①彝族：例如《造天造地造人》、《开天辟地（一）》、《蜘蛛撒经线》、《独眼人、直眼人和横眼人》、《六气造化天地》、《冬德红利诺》、《妮比尔立柱顶天》、《百家姓的来历》、《彝族竹篾笆与山花》、《苍蝇的金顶和老牛的粗心》、《山峰的由来》、《哥织天妹织地》、《尼苏夺节》、《天地起源》、《少数民族分支》、《小燕喜住新居的故事》、《龙女造人》、《彝族青年不准锯葫芦》、《不灭的太阳和月亮》、《日食月食的传说》、《修天补地》、《七姊妹星》、《人为什么会死》、《大米为什么变成了小米》、《养子楞楞》、《创世纪》等。其中，与《创世纪》类似的神话故事还有：《葫芦里出来的人》、《复先（伏羲）兄妹配人烟》、《阿霹刹、洪水和人的传说》、《浑水湮天》、《洪水冲天》、《两兄妹造人烟》、《兄妹成亲》、《人类的起源》、《洪水淹天的故事》、《兄妹传人》、《兄妹创人烟》、《兄妹成婚》、《三兄弟和洪水淹天》、《人种是怎样传下来的》、《二次洪水与阿卜笃慕》、《金龟老人传人类》等。

②白族：例如《开天辟地》、《点血造人》、《兄妹成亲和百家姓的由来》、《氏族来源的传说》、《人种与粮种》、《日月从哪里来》、《天狗追仙草》、《寻找光明》、《苍山飞人》等。

③哈尼族：例如《天、地、人和万物的起源》、《修天补地》、

《造天造地》、《补天的兄妹俩》、《地球为什么凸凹不平》、《豪尼人的祖先》、《葫芦出人种》、《兄妹传人》、《人类的由来》、《男女成婚传后人》等。

④壮族：例如《布洛陀称万物》、《布洛陀不让万物像人能说话》、《布洛陀分生殖器》、《布洛陀教炼铜铸铜器》、《布洛陀教咤变怪》、《布洛陀教特康射太阳》、《布洛陀教取签占卜》、《天为什么这样高》、《从宗爷爷造人烟》、《人祖的来源》、《禽畜分工》等。

⑤傣族：例如《英叭神创世》、《英叭开天辟地》、《玛哈腊造天造地》、《混散造天造地》、《布桑戛西与雅桑戛赛》、《金葫芦生万物》、《变扎贡帕》、《大地的由来》、《大力士犁地》、《洪水泛滥》、《月食的传说》、《日食和月食的由来》、《青蛙吃月亮与青蛙吃太阳》、《射太阳的故事》、《谷子的由来》、《贺相国国王》、《人说话的起源》等。

⑥苗族：例如《造化天地的传说》、《造天造地》、《阳雀造日月》、《盘昂与九个太阳和九个月亮》、《两兄弟测天量地》、《洪水滔天》、《造人烟的传说》、《木鼓传人烟》、《兄妹传人种》、《雷的传说》、《人为什么会死》、《火的来源》、《沙地古眯找粮种》、《人和犬换生殖器》等。

⑦回族：例如《洪水漫天》、《努海船》、《鸽子脚为什么是红的》、《龙的传说》、《金牛下凡》、《为民担忧的蝙蝠》、《进龙宫》等。

⑧傈僳族：例如《猕猴变人》、《明补扒》、《木布帕捏地球》、《万物寿命的来历》、《创世传说》、《太阳和月亮》、《天地人的来历》、《公鸡请太阳》、《洪水》、《来刹与比刹》、《兄妹配偶》、《繁衍人类的故事》、《洪水滔天和兄妹成家》、《葫芦生人》、《不同民族的由来》、《天地分离的神话》、《鸡窝星的传说》、《粮食种子的由来》等。

⑨拉祜族：例如《牡帕密帕的故事》、《造天造地》、《厄雅莎雅造天地》、《阿娜、阿罗造天地》、《人类的来源》、《天地日月的

来历》、《巨树遮天与洪水泛滥》、《传人种》、《洪水后幸存的两兄妹》、《兄妹合婚的故事》、《刻木造人》、《蜂桶葫芦传人种》、《人和雪的传说》、《苦聪人为什么自称锅搓》、《年、月、日的来历》、《庄稼的来历及其传说》、《大米的传说》、《谷子的来历》等。

⑩佤族：例如《人类的祖先》、《太阳、月亮和星星的由来》、《堆做天下万物之王》、《洪水的故事》、《家养的禽畜都是女人牵来的》、《佤族从前为什么没有文字》、《谷子的来历》等。

⑪纳西族：例如《洪水滔天的故事》、《各民族是一母生》、《四个部族的由来》、《人为什么有智慧》、《丁巴什罗》、《俄英杜努》、《阿萨命姐妹买光阴》、《分寿岁》、《乌鸦和癞蛤蟆》、《九个太阳和十个月亮》、《祭天的由来》、《狗用舌头吃水的来历》、《人的寿命和穿裙子、穿裤子礼的来历》等。

⑫瑶族：例如《伏羲兄妹》、《兄妹造人烟》、《开天辟地的传说》、《山瑶的来历》、《令公的传说》、《玉皇鼓》等。

⑬景颇族：例如《创世纪·造天造地》、《创世纪·姐弟成亲》、《创世纪·驾驭太阳的母亲》、《开辟神话》、《人类从哪里来》、《景颇人学种谷子》、《取火的故事》等。

⑭藏族：例如《大地和人类的诞生》、《女娲娘娘》、《人类的起源》、《人的手指为什么长短不齐》等。

⑮布依族：例如《河口布依族迁徙的传说》、《敬老节的来历》、《灶君的来历》等。

⑯阿昌族：例如《遮帕麻与遮米麻》、《兄妹成婚》、《九种蛮夷是一家》、《人类的来历》、《大地为什么会震动》等。

⑰普米族：例如《土箭射日》、《杀鹿人》、《直呆南木》、《开天辟地》、《太阳、月亮和星星》、《格松巴悟治太阳》、《毡裙的传说》、《日食的传说》、《洪水滔天》、《巴松吉的四个儿子》、《洪水滔天》等。

⑱蒙古族：例如《元及毛和蒙古塔》、《木天王的来历》、《崩石细令》、《委宫封神》、《梁三哥哥》、《鲁班和旃班》等。

⑲怒族：例如《始祖的传说》、《女始祖》、《创世纪》、《刮风打雷的由来》《高山和平地的由来》、《洪水泛滥》、《怒族没有文字的传说》等。

⑳基诺族：例如《阿嫫腰白造天地》、《俄节阿鲁的来历》、《一轮十三天的由来》、《敬献祖先的来历》、《会飞的谷子》、《白发老人当月老》、《稻谷籽种的来历》等。

㉑德昂族：例如《葫芦王》、《衮思艾和妈勒嘎》、《人类的起源》、《人类和民族的来源》、《大火和洪水》、《祖先创世纪》、《茶叶的起源》等。

㉒满族：例如《爱新觉罗氏起源的传说》等。

㉓水族：例如《空心竹的来历》、《祖先的来历》、《五谷的来历》等。

㉔独龙族：例如《大蚂蚁把天地分开》、《嘎美和嘎莎造人》、《天地是怎样分开的》、《洪水泛滥》、《雪山之神》、《尼响》、《创火人》、《人和野兽的故事》、《聪明勇敢的朋更朋》、《撞棕树的传说》等。

㉕布朗族：例如《天和地的起源》、《帕雅因、帕雅捧、帕雅天造人》、《帕雅因与十二瓦席》、《布桑西和雅桑赛》、《人类的由来》、《兄妹成婚衍人类》、《布朗人的来历》、《天公地母》、《蚂蟥与谷种》、《岩多取火种》、《布朗族没有文字的缘由》、《帕雅戈的传说》等。

## 二　有关图腾膜拜方面的神话故事

①彝族：例如《虎氏族》、《虎公虎母造万物》、《羊望婆罗树》、《祭黑龙》、《母猪龙》、《白龙爱干净》、《石阿鼾》、《大蟒》、《牟定三月会的传说》、《犀牛井的传说》、《马头神人》、《不灭的太阳和月亮》、《通天树》、《星星和月婆婆》、《白牛土主》、《祭马缨花山神》、《祭火神节》、《牛王节》、《虎神石的来历》、《撒尼的蜘蛛图腾及传说》、《芭蕉树》、《鸡的传说》、《龙家人为

什么不吃水牛肉》、《龙树》、《祭龙节的传说》、《铜鼓的由来》、《天狗吃月亮》、《公鸡帽》、《黑牡牛的故事》、《裘领》、《小黑龙》等。与《小黑龙》类似的还有：《祭黑龙》、《小黑龙上门》、《朵枯小黑龙的传说》、《小黑龙与卖姜人》、《黑龙潭的传说》等。

②白族：例如《虎氏族的来历》、《石母》、《二猎神怒斩母猪龙》、《干黄鳝变真龙》、《龙母神话》、《灰龙、金鸡治黑龙》、《赤须龙保护玉白菜》、《灵姑与龙郎》、《青龙潭的传说》、《给石宝山龙治病》、《金鸡和黑龙》、《龙王三公子》、《金蛤蟆的故事》、《龙神》等。

③哈尼族：例如《为什么鸡叫太阳就出来》、《磨秋》、《动物的家谱》、《杀鱼取种》、《祖先鱼上山》、《祭龙的由来》、《塔婆取种》、《公鸡请太阳》、《公鸡冠子上的刻印》等。

④壮族：例如《铜鼓的传说》、《木美铜鼓》、《牛王节》、《祭龙》等。

⑤傣族：例如《桑刊比迈》、《雀姑娘》、《金葫芦生万物》、《神牛姑娘》、《山神树》、《祭驴子》、《龙》、《蟒蛇山的传说》、《牛头山》、《宝角牛修炼宝角的石洞》、《神鸟传音》、《"木鱼"的传说》、《阿銮的由来》等。

⑥苗族：例如《公鸡叫太阳》、《公鸡请日月》、《龙女报恩》、《鱼仙》、《召亚和他的母牛》、《列加鸟》、《小金鱼》、《蛇郎》、《宝葫芦》、《宙爪》、《石鸡蛋》、《圆石》、《义蜘蛛》、《敲老牛》、《钱同牛》、《天狗治病》等。

⑦回族：例如《沙甸的树王》、《倾斜的"叫拜楼"》、《金豆》、《金牛下凡》、《"油香"的来由》等。

⑧傈僳族：例如《木筒望出来的人》、《七姐妹割草》、《猫头鹰氏族的传说》、《鸟氏族的传说》、《虎氏族的来历》、《荞氏族的由来》、《竹氏族的由来》、《麻氏族的由来》、《鱼氏族的由来》、《熊氏族的故事》等。

⑨拉祜族：例如《毛猴子钻木取火》、《火把节祭羊神》、《竜

树的来历》、《松鼠干巴定情》、《芦笙的传说》、《荡秋千的传说》、
《仙人石》、《夫妻石》、《木缸造火》等。

⑩佤族：例如《母猪射日》、《大蛇吐东西》、《神树的儿子》、
《盐老奶的传说》、《阿佤人为何不吃红金鱼》、《为什么人要杀牛
吃》、《佤族姓氏的形成》、《沧源崖画的传说》、《鸟泪泉》、《金马
鹿》等。

⑪纳西族：例如《虎的故事》、《马的来历》、《白鹤媒人的传
说》、《石蛙谋士》、《红虎做媒》、《山神爷》、《马和献冥马的来
历》、《鸡与人换寿》、《人和狗换寿命》、《虎象征能者的由来》、
《火种和鸡》、《大鹏与苏争斗》、《龙女树》等。

⑫瑶族：例如《盘古神话》、《昆虫繁衍人的故事》、《黄瓜变
人》、《猪狗犁田争功》、《戴桐子花祭蛇的传说》、《用桃树驱邪避
鬼的由来》等。

⑬景颇族：例如《鸟、兽、人种》、《天、地、日、月》、《雾、
草、木》、《以土做人》、《公鸡请太阳》、《景颇族为什么祭拜太阳
神》、《叫谷魂的来历》等。

⑭藏族：例如《飞来石》、《青稞种的由来》、《鱼的来历》等。

⑮布依族：例如《猴子人》、《夫妻树》、《黑龙斗白龙》、《石
将军》、《风流龙潭》、《石龙口的传说》等。

⑯阿昌族：例如《盐》、《盐婆神话》、《转牛头》、《阿昌为什
么不吃狗肉》、《秋千的传说》、《予爹石》、《六盘山的传说》、《小
黄龙》等。

⑰普米族：例如《狗找来了谷种》、《神牛喊寿岁》、《人狗换
寿》、《青蛙教人祖喝智慧水》、《凤凰治龙王》、《神牛送五谷》、
《人蛇换皮》、《马桑树与水牛》、《山神和猎神》、《敬龙王的来
历》、《祭龙神》、《敬猫的来由》等。

⑱蒙古族：暂无。

⑲怒族：例如《雨水变人》、《谷种的传说》、《人猴成亲》、
《蛇变人》、《虎氏族的传说》、《鸟氏族的传说》、《蜂氏族的传

说》、《人变老熊》等。

⑳基诺族：例如《谷种的来历》、《树神的传说》、《玛黑玛妞》、《祭树神的由来》等。

㉑德昂族：例如《鸡叫太阳出》、《葫芦王》、《龙女的传说》、《谷子的传说》、《水鼓的传说》、《茶叶的传说》等。

㉒满族：例如《神鹰转世的传说》等。

㉓水族：例如《谷神》、《鱼化龙》、《雷打石》等。

㉔独龙族：例如《日月生人》、《大树变人》等。

㉕布朗族：例如《仙人掌和猴子》、《遮天树》、《动植物为何不会说话》、《石头的传说》、《祭竹鼠的来历》、《茶叶的传说》、《青龙抱蛋》、《象滑石》等。

## 三　有关英雄祖先方面的神话故事

①彝族：例如《阿鲁举热》、《鹰的儿子》、《阿俅降妖》、《阿傈之死》、《搓日阿补征服女儿国》、《洛婴死的传说》、《阿什色色和布阿诗嘎娓》、《平坡孟获大王土主》、《护境文帝》、《姑奶奶的传说》、《吴土主》、《嘎奈》、《南诏始祖细奴逻》、《异牟寻和小沈》、《南诏王世隆的传说》、《南诏王第十三代王舜化贞的传说》、《法戛王》、《鲁大宗的传说》、《"海仙人"和他的宝剑》、《阿细祖先上山来》、《秦扎阿窝的故事》、《应春不死》、《普大王出世》、《黑白祖脚迹》、《烧不死的黑白祖》、《龙在田的传说》、《鲁贯实的传说》等。

②白族：例如《白王与石鼓》、《三星太子》、《七朗将军》、《大理城四方本主》、《大义宁国皇帝杨干贞》、《王皮匠》、《丰佑公主与段苴》、《世隆太子》、《红沙石大王》、《赤子三爷》、《阿南夫人》、《姑四女》、《杨守正》、《阿杰尔除妖》、《段思平开创大理国》、《柏洁夫人》、《药王爷和琉璃兽》、《爱民皇帝段宗堂》、《南诏王的老师郑回》、《薛仁贵和花姑娘龙》、《风翔、振兴、起风三村本主》等。

③哈尼族：例如《玛勒携子找太阳》、《祭护寨神》、《男扮女装祭护寨神的来历》、《阿郎和阿昂》、《英雄玛麦》、《阿扎》、《三兄弟找文字》、《都玛沙裁》、《神奇的人》、《高罗衣起义》、《惹罗大寨的五个能人》等。

④壮族：例如《黑牙姑娘》、《侬智高的传说》、《李应珍的传说》等。

⑤傣族：例如《布桑嘎与雅桑嘎》、《贡纳堤娃降临人间》等。

⑥苗族：例如《则夏老的故事》、《鲁班的传说》、《旨示老》、《善良的布诺姑娘》、《庚子爷老和庚米爷老》、《则福老治病》、《项崇周的传说》等。

⑦回族：例如《保老师祖》、《飞来寺由来》、《插龙牌》、《拿龙》、《求雨》、《喜马桥》、《锁蛟》、《赛典赤征萝磐甸》、《进士老祖》、《韩以妈的传说》、《杜文秀拜旗起义》、《杜文秀变仙》、《李国纶事略》、《亮指阿訇》、《蔡老师祖》等。

⑧傈僳族：例如《木必帕》、《阿撒》、《王鄂的故事》、《木比杀妖怪》、《木必扒的传说》、《阿亚扒和阿夸扒为恒乍崩报仇》、《包文正断案》等。

⑨拉祜族：例如《拉祜王扎那》、《祝布路》等。

⑩佤族：例如《两把神刀》、《达惹罕》、《七兄弟》、《把天顶高的人》等。

⑪纳西族：例如《阿明什罗学经》、《叶古年的传说》、《木老爷》、《木增的故事》、《木老爷和东巴圣师的传说》等。

⑫瑶族：例如《盘少光的传说》、《盘成尧的传说》、《柑罗的故事》、《令公的传说》、《伏羲兄妹》等。

⑬景颇族：例如《始祖宁贯娃的故事》、《人类祖先的传说》、《翁波勒翁》、《罗孔扎鼎》、《聪明的冬吴早巴》等。

⑭藏族：例如《络萨尔王》、《文成公主》、《江萨翁妮的传说》、《布桑容》、《纳归格堆觉的传说》、《师君三尊的传说》等。

⑮布依族：例如《石将军》、《河口布依族迁徙的传说》等。

⑯阿昌族：例如《选头人》、《五状手以命抗"百万"》、《昔日王氏今何在》、《户撒定居》、《杨汗山的传说》、《盐婆神话》等。

⑰普米族：例如《格松巴悟治太阳》、《巴松吉的四个儿子》、《冲格萨传奇》、《世篆罗大祖》、《什撰何大祖》、《赤荀汝与介巴群巨》等。

⑱蒙古族：例如《崩石细令》、《华中强》、《梁三哥哥》等。

⑲怒族：例如《大力士阿烘》、《刮摩毕和念摩毕》、《聪明勇敢的朋更朋》、《嘎瓦格布》、《女始祖》、《腊普和亚妞》、《阿铁》、《刮韧和他的后代》等。

⑳基诺族：例如《玛黑玛妞》、《阿嫫腰白》、《敬献祖先的来历》等。

㉑德昂族：例如《袞思艾和妈勒嘎》、《七兄弟》、《德昂王的传说》、《老将军的传说》等。

㉒满族：例如《爱新觉罗氏起源的传说》等。

㉓水族：例如《何大力士》、《祖先的来历》、《姐弟开河》等。

㉔独龙族：例如《巨人朋得共》、《聪明勇敢的朋更朋》、《创火人》、《星星姑娘》、《几卜郎的传说》、《仁木大的传说》等。

㉕布朗族：例如《"木老元"的传说》、《娜淀》、《空罕的传说》、《兄妹成婚衍人类》等。

## 四 有关大神信仰方面的神话故事

①彝族：例如《更资天神》、《磨盘为何是八丫》、《冬德红利诺》、《妮比尔立柱顶天》、《七姊妹星》、《北斗七星的故事》、《太叫和鸡》、《太阳和月亮》等。

②白族：例如《九隆神话》、《九龙圣母》、《龙王本主》、《金鸡和黑龙》、《大黑天神》、《九坛神》、《凤凰女神》、《五谷神王》、《三塔神》等。

③哈尼族：例如《天地神比赛》、《公鸡请太阳》、《供木头神

的由来》、《猎神》、《山神树的传说》、《鸡叫天亮开》等。

④壮族：例如《夹山的传说》、《神仙岩的传说》、《人祖的来源》、《布洛陀不让万物像人能说话》、《布洛陀教取签占卜》等。

⑤傣族：例如《开天辟地》、《人类果》、《大火烧天》等。

⑥苗族：例如《盘与九个太阳和九个月亮》、《人蜕皮》、《太阳月亮守天边》等。

⑦回族：例如《龙的传说》、《进龙宫》、《青龙潭的传说》、《老黑龙的故事》、《龙洞插铜牌》等。

⑧傈僳族：例如《山神岩桑》、《米斯和水神》等。

⑨拉祜族：例如《纳布娄斯》、《龙的传说》、《月亮和太阳》、《阿牟拨和阿牟玛》等。

⑩佤族：例如《司岗里》、《兄妹神》等。

⑪纳西族：例如《格姆女神的故事》、《太阳和公鸡的传说》、《丽江黑龙潭署神的故事》、《门神的来历》、《鹰神汁池嘎尔》等。

⑫瑶族：例如《盘瓠神话》、《帝母》、《祭社王的传说》、《灶君和灶王》等。

⑬景颇族：例如《太阳神的谷子》、《日月神话》、《龙女的孩子》、《天下第一个人》等。

⑭藏族：例如《女山神》、《女娲娘娘》等。

⑮布依族：例如《祭神》、《大云、仙云、蛇围三山的来历》等。

⑯阿昌族：例如《遮帕麻与遮米麻》、《皇阁寺传说》、《六盘山的传说》等。

⑰普米族：例如《山神和猎神》、《猎神朗布松》、《敬龙王的来历》、《祭龙神》、《直呆南木》等。

⑱蒙古族：例如《委宫封神》、《木天王的来历》、《神仙桥》等。

⑲怒族：例如《山神娶妻》、《猎人与女猪神》、《猎神发怒》等。

⑳基诺族：例如《俄节阿鲁的来历》、《巴什》、《天神姑娘》等。

㉑德昂族：例如《龙的传人》、《龙女的传说》、《鸡叫太阳出》、《天王和地母》、《人类和民族的来源》等。

㉒满族：例如《神鹰转世的传说》。

㉓水族：例如《祭龙节的由来》等。

㉔独龙族：例如《猎神阿卡提》、《嘎美和嘎莎造人》、《雪山之神》等。

㉕布朗族：例如《太阳和公鸡》、《天公地母》、《帕雅戈的传说》、《征服太阳神》、《两把神刀》。

## 五 有关宗教节日仪式方面的神话故事

①彝族：例如《正月初六祭土主》、《火把节的传说》、《六月节的来历》、《阿细人的火把节》、《撒尼人的火把节》、《撒梅人的火把节》、《山苏人的火把节》、《纳苏人的火把节》、《腊罗人的火把节》、《马缨花节》、《祭火神节》、《牛王节》、《忌虫节》、《戴五色线的来历》、《三月十三来子山节》、《祭龙的传说》等。

②白族：例如《绕三灵的来由》、《三月街的传说》、《祭鸟节》、《青姑娘节》、《石宝山歌会的传说》等。

③哈尼族：例如《尝新先喂狗的由来》、《祭龙的由来》、《哈尼人为什么要造奄巴门》、《爱尼人为啥不吃白猪肉》、《荡秋千》、《磨秋》等。

④壮族：例如《花街节》、《六月节》、《跑马节》、《过年的传说》、《八宝娅汪节的来历》、《开秧门的传说》、《祭龙》等。

⑤傣族：例如《放高升的故事》、《过年杀猪的来历》、《关门节不串姑娘的由来》、《赛龙舟的传说》、《打洛祭祀勐神的传说》、《堆沙节》、《傣历年的传说》、《傣族尝新节的来历》、《献灶君的来历》、《曼糯兰祭祀寨神传说》等。

⑥苗族：例如《花山节的由来》、《踩花山》、《童洴和娘哉》、

《大年节的来历》、《苗族花会的来历》、《祭山神的来历》等。

⑦回族：例如《回族宰牲节的来历》、《回族与土葬》、《回族吃鱼的由来》等。

⑧傈僳族：例如《刀杆节》、《祭山神的由来》、《火把节》、《吃新米的传说》、《傈僳族祭母的来历》等。

⑨拉祜族：例如《火把节祭羊神》、《苦聪人二月初八过大年的来历》、《接新水的来历》、《新米节的传说》、《卡腊节的来历》、《荡秋千的传说》等。

⑩佤族：例如《新米节的传说》、《新火节的传说》、《佤族泼水节的传说》、《砍头祭谷的传说》等。

⑪纳西族：例如《泼灰节的来历》、《"二月八"的来历》、《"三朵节"的传说》、《火把节的来历》、《五月初五》等。

⑫瑶族：例如《盘王节的传说》、《猎兽节》、《人死为何先烧化后埋葬》、《度戒的来历》等。

⑬景颇族：例如《目脑的传说》、《那泼节的传说》、《火把节的来历》、《叫谷魂的来历》、《景颇族为什么要祭鬼》、《景颇族为什么祭拜太阳神》等。

⑭藏族：例如《端阳赛马节的传说》、《召拉的传说》、《藏族歌舞的传说》、《塔城热巴舞的来历》等。

⑮布依族：例如《牛王节的传说》、《敬老节的来历》、《灶君的来历》等。

⑯阿昌族：例如《桑建的故事——阿昌族泼水节的来历》、《尝新节》、《端午门槛上拴草药》、《秋千的传说》等。

⑰普米族：例如《祭三脚的来历》、《转山节的传说》、《"给羊子"的由来》、《点香火的由来》、《稗子沟为什么没有山神》等。

⑱蒙古族：例如《鱼台寺》、《鲁班会》等。

⑲怒族：例如《火葬的传说》、《土葬的传说》、《沸水捞石》、《神判下毒案》、《包包头的由来》等。

⑳基诺族：例如《新米节的来历》、《孕妇不吃芭蕉花的来

历》、《基诺族敬重铁匠的来历》、《敲竹筒的由来》等。

㉑德昂族：例如《泼水节的传说》、《不献坟的传说》等。

㉒满族：例如《义犬救主的传说》等。

㉓水族：例如《灵牌的传说》、《空心竹的来历》等。

㉔独龙族：例如《祭猎神》、《妖鬼洞》等。

㉕布朗族：例如《祭竹鼠的来历》、《茅草片的由来》、《布朗人为何崇拜蚂蚁鼓堆》、《祭竹鼠风俗的来历》、《布朗族不吃烧螃蟹的缘由》等。

## 六　其他

①彝族：例如《公鸡帽》、《传粮种的葫芦》、《磨苦难和磨姑山》、《金马碧鸡》、《背娃娃山》、《昙华山的传说》、《背老子箐》等。

②白族：例如《根子盖新房》、《狗头人身的姐夫》、《吾展务标与状元之才》、《赶三月街》等。

③哈尼族：例如《小三弦的传说》、《双管草把乌的来历》、《乐作舞》等。

④壮族：例如《壮族陆、卢二姓的来历》、《人死为什么要挂猪脚》、《孔雀帽的来历》、《八宝米的传说》、《大王岩崖画的传说》等。

⑤傣族：例如《曼养》、《曼垒、曼真与真罕的传说》、《小团坡的故事》、《夫石与妻石》、《勐遮曼阁公主石》等。

⑥苗族：例如《早世朗与阿麻榜穆》、《白苗杨家男人不吃动物心的由来》、《王姓祭祖的传说》等。

⑦回族：例如《何谓"回回"二字》、《王家山的由来》、《仙人洞》、《计审"关公"》等。

⑧傈僳族：例如《"四十驮"村的来历》、《姐妹温泉的传说》、《三不成仙》、《傈僳族人为什么爱打猎》、《云和雾的来历》、《送鬼》等。

⑨拉祜族：例如《谷花知了》、《姑娘塘》、《募乃仙人洞》、《母缅密缅》、《哈布耶的传说》、《拉祜族为啥没有文字》等

⑩佤族：例如《蟒蛇娶妻的故事》、《枇杷叶》、《澜沧江和滚弄江》、《沧源崖画的传说》、《谷子为何变小了》等。

⑪纳西族：例如《玉龙雪山的传说》、《白水台的来历》、《玉龙大雪山》、《卧虎山的传说》、《哈巴雪山歪脖子的故事》、《摩梭人为什么没有文字》等。

⑫瑶族：例如《八角的故事》、《用桃树驱邪避鬼的由来》、《禁吃狗肉的传说》、《禁吃马肉的传说》等。

⑬景颇族：例如《搭桥习俗的来由》、《"汤叠"的来由》、《找水的故事》、《景颇族当部落酋长的故事》等。

⑭藏族：例如《香巴拉的传说》、《十二属相的来历》、《飞来石》、《奶子河的由来》、《马尾系彩线的由来》、《为什么不能在森林中吹笛子》等。

⑮布依族：例如《大海林》、《珍珠泉与骑马山》、《石龙口的传说》、《铜鼓恋》、《藤子桥》等。

⑯阿昌族：例如《阿昌为什么不吃狗肉》、《阿芒和阿衣——户撒刀的传说》、《绣花衣》、《南林佃农打死蔺斯美》等。

⑰普米族：例如《姓氏的来历》、《"查蹉"的来历》、《普米不兴扑卧地上喝水》、《阿什为什么有经书》、《普米的文字到哪儿去了》等。

⑱蒙古族：例如《凤凰山的传说》、《石头打架》、《象跪石》、《阿洛桃子的故事》等。

⑲怒族：例如《杜鹃花是怎样变红的》、《大蟒洞》、《迪麻洛河的传说》、《人为什么会死》等。

⑳基诺族：例如《巴夺寨的传说》、《巴奎寨子》、《要绕开的毛哦寨》、《妇女服饰的由来》、《庆"抛猜"的来历》等。

㉑德昂族：例如《谷子的传说》、《水鼓的传说》、《茶叶的传说》、《德昂族妇女的衣裙为什么镶红边》等。

㉒满族：例如《乌鸦救驾的传说》、《关于八旗的传说》、《满洲卷》、《萨其马和火腿四两饦》等。

㉓水族：例如《狮子垴》、《野国村传闻》、《"吞口"的由来》等。

㉔独龙族：例如《夜袭土司府》、《马鹿引路》、《独龙文字哪里去了》、《迪杉的来历》、《人和野兽的故事》等。

㉕布朗族：例如《怪味神药一叶锅鱼汤》、《布朗族没有文字的缘由》、《为何布朗族语只能数到十》、《布朗山帕点帕玛的由来》、《布朗族为何住在山区》等。

# 第二节　西南少数民族史诗歌谣的版本和分类

首先，与神话故事一样，就史诗歌谣的版本而言可以把它们简单分成：公开出版或发表的、未公开出版或发表（包括内部油印、私人收藏）的两类。公开出版或发表的单位或机构包括：知识产权出版社、中国民间文艺出版社、中国广播电视出版社等。未公开出版或发表（包括内部油印、私人收藏）的史诗歌谣文本主要是由各地州文联、宣传部、文化局、教育局、文化馆、文学集成办公室、民委等部门刊印或油印以及由私人保存的未刊稿。

其次，就史诗歌谣的范畴或类型而言，可以把它们大体分为：有关创世方面的史诗歌谣、有关祖先英雄业绩与迁徙方面的史诗歌谣、有关生产生活方面的史诗歌谣、有关婚俗等礼仪方面的史诗歌谣及其他，细目如下。

## 一　有关创世方面的史诗歌谣

①彝族：例如《天地是怎么分开的》、《造天造地》、《牛变万物》、《兄妹造天地》、《开天辟地》、《洪水淹天》、《人类进化歌》、《诺谷造人种》、《尼迷诗》、《阿细的先基》、《查姆》等。

②白族：例如《人类和万物的起源》、《创世纪》、《天地的起源》、《万物的起源》等。

③哈尼族：例如《俄色密色》、《窝果策尼果》、《十二奴局》、《木地米地》、《开天辟地》、《造天地歌》、《创天造地歌》、《神的诞生》、《远古的天地》、《查牛色》、《葫芦里走出人种》、《物种起源歌》、《洪水歌》、《几个民族的形成》等。

④壮族：例如《布洛陀》、《布洛陀教传物种》、《麽荷傣》、《麻仙》、《德傣撑登俄》、《分天地》、《天狗造天地》、《兄妹传人烟》、《天地年月》、《种葫芦》、《葫芦载人》、《射太阳》、《长法》、《洪灾歌》、《布洛陀教降雨》、《称天》等。

⑤傣族：例如《天神英叭》、《巴塔麻嘎捧尚罗》、《英叭开天辟地》、《布桑嘎西、雅桑嘎赛》、《帕雅桑木底》、《召树屯》、《召西纳》、《阿雷汗罕》、《兰嘎西贺》、《乌沙麻罗》等。

⑥苗族：例如《开天辟地歌》、《创造天地万物》、《造天地》、《古歌》、《耶璋笃分天地》、《修天修地歌》、《捏天捏地歌》、《天地争霸》、《杨雅射日月》、《苗族创世歌》、《洪水滔天歌》、《兄妹造人烟》、《我们祖先的来历》、《测天量地》、《岩洋呀》、《公鸡叫太阳》等。

⑦回族：例如《可爱的人诞生了》、《祝你平安》等。

⑧傈僳族：例如《开天辟地》、《造日造月》、《造太阳月亮》、《射太阳经》、《射日射月》、《祭天古歌》、《创世纪》、《不劳动者不得吃》等。

⑨拉祜族：例如《牡帕密帕》、《火烟变天地》、《造星星》等。

⑩佤族：例如《司岗创世歌》、《阿佤都是从一个石洞爬出来》等。

⑪纳西族：例如《创世纪》（又称《崇班图》）、《大鹏之歌》、《黑白之战》、《鲁般鲁饶》、《逃到好地方》、《买寿岁》、《子土从土》等。

⑫瑶族：例如《密洛陀》、《盘王歌》、《盘皇创世歌》、《盘古

调》、《圣王开天地》、《开天辟地歌》、《造日月古歌》、《洪水淹天》、《兄妹造人烟》、《兄妹成亲与神农种谷》、《水由来歌》等。

⑬景颇族：例如《天地的形成》、《洪水泛滥》、《日月天地和白天黑夜》、《人类诞生》、《神火烧大地》等。

⑭藏族：例如《世界怎样形成》、《五色火的产生》、《藏族族姓的根基》、《黑翎仙鸟创世》、《神马降人间》等。

⑮布依族：例如《开天辟地》、《赛胡细妹造人烟》等。

⑯阿昌族：例如《遮帕麻与遮米麻》、《箭翎歌》等。

⑰普米族：例如《洪水滔天》、《帕米查哩》、《日月开天地》、《起源歌》、《人从哪里来》等。

⑱蒙古族：暂无。

⑲怒族：例如《创世歌》、《欧得得》等。

⑳基诺族：例如《开天辟地》等。

㉑德昂族：例如《达古达愣格莱标》等。

㉒满族：暂无。

㉓水族：例如《开天立地》等。

㉔独龙族：例如《创世纪》等。

㉕布朗族：例如《布咪雅造天造地》、《人从葫芦出》等。

## 二　有关祖先英雄业绩与迁徙方面的史诗歌谣

①彝族：例如《梅葛》、《阿诗玛》、《则谷阿列与依妮》、《木荷与薇叶》、《牧羊人史郎若》、《何歌与李矣规》、《金花与雄鹰》、《英雄白云汉》、《唐昂驰》、《妮薇与塔培茨》、《百花公主》、《阿优阿支》、《力芝与索布》、《两兄妹》、《猎人寨的来历》、《奕罗若阿芝》、《嫩娥少薇》、《指路经》等。

②白族：例如《火饶松明楼》、《辽东记》、《牟伽陀开辟鹤阳》、《丁郎刻木》、《白洁夫人》、《目连救母》、《白子王》、《火烧磨房》、《黄氏女》、《指路经》等。

③哈尼族：例如《兄妹成婚歌》、《哈尼阿培聪坡坡》、《哈尼

先祖过江来》、《雅尼雅嘎赞嘎》、《纳罗普楚》、《佐甸密查》、《汗交交本本》、《哈尼苏嘎惹罗普楚》、《大雁领去的地方》、《普亚德亚佐亚》、《迁徙悲歌》、《糯比人迁徙歌》、《觉初、觉车、觉麻迁徙歌》、《那妥密查》、《刹勒勒本本》、《阿波仰者》、《威妠然密》、《木朵策果》、《大头人纳索》、《指路经》等。

④壮族：例如《依罗与迪灵》、《幽骚》、《解少》、《板拢和板栗》、《仑董解》、《祖皇》等。

⑤傣族：例如《松帕敏和嘎西娜》、《召温邦》、《九颗宝石》、《花蛇王》、《楠妙》、《朗京布》、《朗腿罕》、《七头七尾象》、《白虎阿銮》、《章英与南葛花》、《帕罕》、《苏文纳和她的儿子》、《阿暖和他的弓箭》、《勐卯的来历》等。

⑥苗族：例如《蚩尤的故事》、《苗族来自志民利》、《爷觉力岛之歌》、《苗家三位首领》、《阿义翱》、《根支耶劳往东迁》、《革缪耶劳的故事》、《十二支苗家迁到逋诺》、《苗族迁入彝良》、《苗族祖先过江记》、《原始老祖返老还童歌》、《泽嘎劳的故事》、《农耕始祖知施劳》、《格炎爷老和格池爷老歌》、《爷操披操歌》、《苗族迁到乌撒歌》、《格乌爷老和挪爷老歌》、《嘎梭卯歌》、《格池爷老歌》、《根孜则利和则劳诺司居孜劳迁徙的故事》、《指路经》等。

⑦回族：例如《杜文秀》、《马二花造反》、《七里桥人赞元帅》、《洱海十八溪》、《回民起义保将军》、《马九邑人歌元帅》等。

⑧傈僳族：例如《开战打战》、《开荒种地》、《琅总督》、《阿克吉》、《荞氏族祖先歌》、《鱼姑泪》、《炼铁打铁》、《驯养牲畜》、《然迟然目刮》、《指路经》等。

⑨拉祜族：例如《苦聪创世歌》、《扎努扎别》、《根古》、《找魂歌》等。

⑩佤族：例如《司岗里》、《射日》、《岩惹惹不》等。

⑪纳西族：例如《阿普三多的传说》、《猎歌》、《牧歌》、《尤实》、《牧象姑娘》、《虎跳峡的传说》、《指路经》等。

⑫瑶族：例如《兄妹造人烟》、《彩虹过天阳父造》、《桑妹与

西朗》、《八角王》、《虹岗霞与七妹》、《八姐与肖郎》、《文隆与肖女》、《唐仙与张十娘》、《蒙政与三娘》、《张四姐歌》、《蓝靛瑶五姓歌》、《信歌》、《查亲访故古根歌》、《瑶族十二姓》等。

⑬景颇族：例如《彭干支伦和木占威纯创造万物》、《宁贯杜打造天地》、《接宁贯杜》、《宁贯娃打天造地》、《宁贯娃》、《找火调》、《在古老的卡枯地方》、《取火》、《指路经》等。

⑭藏族：例如《木雅法物宗》、《加岭传奇》、《老查于上天求仙童》、《变地娃智勇除内患》、《赛马称王》、《征服雪山水晶国》、《格萨尔王传》、《雄狮大王格萨尔》等。

⑮布依族：暂无。

⑯阿昌族：例如《家祖神》、《祭土主》等。

⑰普米族：例如《金锦祖》、《曹直鲁衣和泽里甲姆》、《迁徙歌》、《巴扎贤赞》、《普米四兄弟》、《普米四家族》等。

⑱蒙古族：例如《江格尔》、《格斯尔传》、《勇士谷诺干》、《宝木额尔德尼》、《英雄希林嘎拉珠》、《请神》、《递酒词》、《散花经》、《递烟歌》等。

⑲怒族：例如《祭祖歌》、《峡谷歌》、《指路经》等。

⑳基诺族：例如《祭祀杰卓祖先的念词》、《铁匠做梦歌》、《阿嫫松铁祭》、《特懋阿咪》、《铁匠神女》、《祭祖歌》等。

㉑德昂族：例如《腊亮与玉相》、《果索的传说》、《下缅甸调》、《历史调》、《果索腊》、《没有自己的家园》、《采花会》等。

㉒满族：暂无。

㉓水族：例如《祭牛王》、《祭土地》、《祭吞口》等。

㉔独龙族：例如《祭树神》、《祭岩鬼》、《呼喊福禄神》等。

㉕布朗族：例如《布咪雅射日》、《迁徙之歌》、《祖先歌》等。

## 三　有关生产生活方面的史诗歌谣

①彝族：例如《赶马调》、《放羊调》、《大采茶调》、《走厂

调》、《帮工调》、《砍柴调》、《绣花调》、《打铁歌》、《走夷方调》、《放羊歌》、《撵山歌》、《犁田歌》、《打谷歌》、《采桑娘子》、《种荞》、《绣罗裙》等。

②白族：例如《五月栽秧忙》、《猎歌》、《赶快种苞谷》、《新房墙画图》、《水稻歌》、《牧羊歌》、《建房歌》、《采花调》、《打虎歌》、《世间媳妇最可怜》等。

③哈尼族：例如《十二月之歌》、《祭寨神》、《献泉井神词》、《立寨门词》、《祭田埂歌》、《祭雨神》、《栽秧歌》、《劳动歌》、《打猎歌》、《教子歌》、《孝顺老人歌》、《乐作调》等。

④壮族：例如《正月歌》、《织布歌》、《种棉歌》、《种荞麦》、《春耕》、《盖房歌》、《四季饮食歌》、《八宝村寨歌》、《串寨调》、《迎春歌》、《四季花开》、《老老歌》、《鹦哥行孝记》、《怀孕篇》、《卖药歌》、《仲家歌》等。

⑤傣族：例如《种田歌》、《割谷歌》、《挖井歌》、《拉木歌》、《男女规劝歌》、《警世经书》、《孝敬父母歌》、《关门歌》、《日月歌》、《季节歌》、《十二月的歌》、《纺线歌》、《配偶歌》、《麂子歌》、《送水歌》、《欢乐歌》等。

⑥苗族：例如《苗族民谣》、《庄稼歌》、《种粮歌》、《春秋歌》、《收场歌》、《望娘调》、《苦媳妇》、《苦情歌》、《苗族三年找不到落脚的地方》、《说不尽苗家的苦难》、《种麻才得织布》、《箍紧姑娘盘九年》等。

⑦回族：例如《求雨歌》、《牛的歌》、《赶马调》、《大田谷子在别家》、《小羊吃奶报母恩》、《世间黑白要分明》、《尊老爱幼情意长》、《近亲不通婚》等。

⑧傈僳族：例如《生产调》、《请工调》、《晒盐经》、《造盐场》、《盖房调》、《放牧歌》、《打猎调》、《女流歌》、《聘牛调》、《同胞分离曲》、《身世苦歌》、《越荒年》、《打菜歌》、《好过的日子》、《迎客调》、《大伙一齐（起）踏歌来》等。

⑨拉祜族：例如《出猎》、《种瓜调》、《栽种歌》、《竹鸡调》、

《开田调》、《舂米》、《砍柴》、《种菜》、《尝新》、《狩猎歌》、《岩洞与野菜》、《金尼罗波》、《回头歌》、《锅搓不算人》等。

⑩佤族：例如《拆旧房子歌》、《盖房子的歌》、《收粮歌》、《搭桥歌》、《我们一起劳动》、《舂米歌》、《收新谷》、《薅草歌》、《收工调》、《复仇歌》、《妇女的苦处说不完》、《娜很戴珠珠》、《摆头摆尾的等习》、《葫芦开花》等。

⑪纳西族：例如《打猎歌》、《牧羊歌》、《育牦牛》、《农事歌》、《犁地歌》、《播种歌》、《毪氆褂子》、《歌唱万物的母亲》、《逃婚苦》、《四季苦》、《千种税万种税》、《做不完的娃子活》、《自古有礼舅为大》等。

⑫瑶族：例如《十二月生活歌》、《栽秧歌》、《种田歌》、《春耕歌》、《择业歌》、《行孝歌》、《劝诫养育儿女歌》、《过乡唱调》、《水少耕田苗难长》、《放羊歌》、《唱歌要唱高声唱》、《穷人为何这般苦》等。

⑬景颇族：例如《种谷歌》、《耶鲁》、《种庄稼歌》、《狩猎歌》、《秋收歌》、《含泪的斑色花》、《月亮姑娘快快下来吧》、《守家歌》、《就怕嗓子哑了没有歌》、《孤儿歌》等。

⑭藏族：例如《"哦粗"之歌》、《种青稞歌》、《筑墙歌》、《搅奶歌》、《建房歌》、《砍柴歌》、《制作糌粑盒》、《饮茶歌》、《请喝喷香的酥油茶》、《生活歌》、《约定漂泊在异乡》等。

⑮布依族：例如《赞木匠》、《贺起造》、《农忙歌》、《织布歌》、《教子歌》、《梳妆歌》、《鸡毛做棉被》、《我比黄连苦十分》等。

⑯阿昌族：例如《赶马歌》、《阿昌苦》、《三担皇粮哪里来》、《锦绣织满窝子圹》、《舞蹈歌》、《隔娘调》、《青菜开花叶子黄》等。

⑰普米族：例如《打麦歌》、《狩猎歌》、《赶马调》、《放羊调》、《打奶歌》、《推磨歌》、《打豆子》、《砍柴调》、《纺线歌》、《四季歌》、《媳妇怜》等。

⑱蒙古族：例如《渔歌》、《猜调》、《终年劳苦累断腰》、《栽秧花开金灿灿》、《蒙家喜过那达慕》、《桂花美酒敬亲人》、《半截观音》、《慢三娘》等。

⑲怒族：例如《丰收歌》、《季节歌》、《交朋友》、《起房盖屋调》、《创业歌》、《怒族山歌》等。

⑳基诺族：例如《寨际礼仪歌》、《刀耕火种歌》、《时节歌》、《寨理长歌》、《建房歌》、《播种歌》、《采集歌》、《狩猎丰收归哪一个》、《播种歌》、《育儿歌》、《成一家就要会当家》、《唱给儿子的歌》、《唱给女儿的歌》等。

㉑德昂族：例如《收割歌》、《挖地歌》、《织筒裙布》、《月亮照着我织布》、《唤谷娘》、《敲水鼓》、《赶摆调》、《唱给爹妈的歌》、《寨邻拉扯我长大》、《受苦的人》、《丁香花，十八朵》等。

㉒满族：暂无。

㉓水族：例如《劝牛犁田》、《放羊调》、《不种庄稼愁更愁》、《采茶调》、《帮工调》、《抗婚歌》、《祝酒歌》、《绣花调》、《打扮调》、《劝夫调》等。

㉔独龙族：例如《砍火山调》、《大家干活要勤劳》、《猎歌》、《找竹笋》、《采菌子》、《独龙地方》、《受苦调》、《怨恨调》、《锅庄调》等。

㉕布朗族：例如《盖新房》、《纺纱谣》、《讨猪食的歌》、《种地歌》、《打猎歌》、《处世歌》、《菜花腌菜》、《三担白米三担糠》、《眼泪泡饭才有一点咸》等。

## 四　有关婚俗等礼仪方面的史诗歌谣

①彝族：例如《闹新房调》、《教嫁歌》、《婚礼歌》、《哭婚歌》、《哭嫁歌》、《配偶经》、《捎鸡卦》、《进新房调》、《二月八打歌调》、《跳十二属神》、《招魂歌》、《叫人魂歌》、《咒鬼词》、《祭锅庄石》、《祭火歌》、《献饭词》、《祭酒先敬天》、《洗尸》、《出门跳鼓调》、《送魂歌》、《打歌和哭挽调》、《留老歌》等。

②白族：例如《白族那马人情歌》、《定情歌》、《串金铃》、《恩爱到白头》、《化成朵朵花》、《五色花线绞拢来》、《已许愿》、《发誓》、《石宝山上哥遇妹》、《我想一次飞妹家》、《石宝山上郁金香》、《脚踏两只船》、《小郎调》、《花》、《春》、《白》、《空》、《鱼》、《星》、《柳》、《爱》、《难》、《新》、《只换得你三分情》等。

③哈尼族：例如《婚嫁起源歌》、《劝嫁歌》、《迎新娘》、《哭嫁歌》、《贺新婚》、《卡多人的婚俗歌》、《建寨歌》、《盖蘑菇房歌》、《磨秋的歌》、《年中六月年节》、《祝寿歌》、《宴歌》等。

④壮族：例如《出嫁歌》、《说亲》、《定亲》、《卡彩礼》、《女大当婚》、《葬礼歌》、《三月三节敬酒歌》、《祭年》、《酒席歌》、《发誓调》、《采花歌》、《初恋歌》、《相爱歌》、《长工情歌》、《三月的箐鸡配成双》、《喝血酒》、《年祭》等。

⑤傣族：例如《新郎新娘祝福词》、《婚礼词》、《哭嫁歌》、《嫁别歌》、《送姑娘歌》、《婚礼上的拴线祝词》、《弄养祭寨神祷告词》、《祭寨神勐神》、《祭家神》、《招女儿魂》、《拴小魂歌》、《献花歌》、《七日祭祝词》、《祭亡人滴水词》、《叫谷魂》、《拴牛魂》、《除虫调》等。

⑥苗族：例如《你在哪里我的阿妹》、《永远的思念》、《送郎调》、《爱情调》、《初恋歌》、《初会歌》、《踩花山歌》、《苗族情歌》、《跳花山的来历》、《踩花山》、《逃婚歌》、《迎亲调》、《起舞笙辞》、《踩山歌》、《起程歌》、《敬酒歌》等。

⑦回族：例如《送郎调》、《春风吹动花自开》、《金凤子》、《取经名祈祷词》、《忏悔词》、《证婚词》等。

⑧傈僳族：例如《娶亲调》、《讨酒歌》、《媒人歌》、《嫁姑娘调》、《求婚调》、《逃婚调》、《恋歌》、《成亲调》、《永远和你在一起》等。

⑨拉祜族：例如《苦聪情歌》、《对歌》、《哥哥找阿妹》、《月亮爬上了山》、《开山祝祷词》、《祭谷神》、《叫人魂》、《赶撵山

鬼》、《退灾祝词》、《祭篾搭拉神》、《祭猎神》、《科根哈根》、《过年歌》等。

⑩佤族：例如《婚礼祝福歌》、《结婚调》、《送葬歌》、《撵鬼歌》、《拉木鼓选树祭词》、《跳木鼓房》、《猎头祭词》、《猎头歌》、《迎头祭词》、《砍牛尾巴》、《剽牛歌》、《祭社神》、《叫谷魂》、《祭鬼词》、《砍头刀歌》、《供头歌》等。

⑪纳西族：例如《配对歌》、《开门歌》、《媒人歌》、《嫁女调》、《订婚歌》、《攀亲调》、《新娘哭》、《祈祷词》、《开年歌》、《亲族祭奠》、《鸡鸣献"巴达"》、《过礼歌》、《亚达克》、《祭六畜神》、《祭火塘神》、《播谷种祝词》、《咒鬼词》等。

⑫瑶族：例如《鸳鸯歌》、《对唱歌》、《有缘千里来相会》、《春耕时节把妹娶》、《过年歌》、《祭祖歌》、《古规礼仪请纳受》、《尝新节歌》、《献亡灵歌》、《奠酒歌》、《诵经歌》、《拜神歌》等。

⑬景颇族：例如《婚配歌》、《求婚歌》、《祭灵索词》、《董萨》、《丧葬歌》、《咒"杀瓦"》、《叫谷魂词》、《奉献鸡》、《选地基》、《奉献猪》、《奉献牛》、《祭篮（丈人家祭篮）》、《祭葬歌》、《送魂调》等。

⑭藏族：例如《情歌》、《为情人备上金辔银鞍》、《情人会聚的山头》、《焚香祭战神》、《祭龙王》、《祭物献给神》、《烟祭咒语》等。

⑮布依族：例如《嫁娶调》、《渴望》、《妹是天上五彩云》、《情投意合互关怀》、《祭梁调》、《祭山神》、《春节祭祖调》、《节日歌》、《上梁唱》等。

⑯阿昌族：例如《娘哭嫁女歌》、《阿昌族情歌》、《情歌对唱》、《情歌十八首》、《祭献调》、《尝新节祭词》、《祭谷魂》、《送亡魂》、《开门》等。

⑰普米族：例如《找门调》、《对唱》、《阿哥要有妹作伴》、《迎亲调》、《送亲歌》、《认亲歌》、《嫁女调》、《开门调》、《祭锅庄》、《祭柱子》、《祭三脚》等。

⑱蒙古族：例如《送郎调》、《十里路上会新人》、《十把花扇》、《情投意合盖新楼》、《是哥送上口》、《来生眼望哥》、《不跳不跳心又慌》、《想词》等。

⑲怒族：例如《迎亲歌》、《求婚歌》、《只要阿妹答应我》、《敬猎神》、《祭猎神调》、《祭天地神词》、《祭山神》、《"拾车别"祭》、《开年大吉歌》等。

⑳基诺族：例如《巴格勒》、《婚礼短歌》、《证婚歌》、《婚礼早宴礼仪歌》、《婚礼歌》、《情爱的门关不了》、《上新房祛鬼词》、《寨老祭鼓歌》、《祭鼓词》、《刀耕祭词》、《祈求山神、箐神的念词》等。

㉑德昂族：例如《哭婚歌》、《迎亲歌》、《婚礼前的对歌》、《送葬调》、《祝福歌》、《三月泼水节的歌》、《九月开门节的歌》、《六月关门节的歌》等。

㉒满族：暂无。

㉓水族：例如《赶场遇着妹》、《情妹赶场》、《想妹调》、《想郎调》、《上梁调》、《贺新房调》、《拐妹调》、《踩门吉利》、《孝堂调》、《丧葬调》等。

㉔独龙族：例如《配婚歌》、《独龙人的幽情》、《婴孩驱鬼调》、《驱鬼保命调》、《祭亡灵调》、《过年祭歌》、《盖新房调》、《剽牛调》、《招魂歌》、《咒亡魂歌》等。

㉕布朗族：例如《请舞歌》、《结婚祝词》、《女儿诫》、《砍地三祭》、《祭树鬼》、《增户祭》、《叫谷魂歌》、《祭寨心》等。

## 五　其他

①彝族：例如《送妹调》、《送郎调》、《婚嫁雅颂》、《庙会打歌调》、《火把节打歌调》、《出门打歌调》、《庄稼调》、《相遇调》、《二龙抢宝调》、《娱乐山歌》、《蒙妈调》、《发誓调》、《花弦子花衣裳》、《恋歌》、《十二月花调》、《过山调》、《十送妹》、《大田栽秧》、《敬酒敬菜》、《勾曲》、《采花桥》、《唱着唱着挨拢来》、《太

阳出来正晌午》、《就像布谷鸟的声音》等。

②白族：例如《世间怪事说不清》、《初三那天月亮圆》、《竹叶重来石头轻》、《春夏秋冬》、《十马九不全》、《胡子曲》、《唱三弦》、《老牛吟》、《风之歌》等。

③哈尼族：例如《牛纳纳歌》、《贺生歌》、《有情人能成眷属》、《诚心的朋友》、《多依果》、《小三弦曲》、《把乌》、《殉情者的歌》、《阿哥唱歌要阿妹来和》、《野姜叶哨情歌调》、《摇篮曲》、《育儿歌》、《月亮阿爷》、《太阳出来啦》、《大家唱跳歌》、《撵山打猎》、《阿布达歌》等。

④壮族：例如《酒宴歌》、《买镰刀》、《岔掌》、《栽花调》、《袅海》、《预约逃婚》、《逃婚是否幸福》、《不嫌哥》、《情深如海》、《失恋调》、《杀鸡问卦》、《私奔》、《讨花歌》、《叠口两》、《抚幼歌》、《仑也》、《娃娃年纪小》等。

⑤傣族：例如《老人祝词》、《赕佛词》、《满月拴线祝词》、《白莲之歌》、《金花香》、《宴席上的歌》、《妹是一只花蝴蝶》、《告别歌》、《为何凤凰不飞出》、《对山歌》、《赶摆的歌》、《荡秋千》、《燕子歌》、《各类菜》、《十二月歌》、《鹭鸶啊鹭鸶》、《游天边》等。

⑥苗族：例如《寨老芦笙辞》、《箫筒歌》、《逃婚歌》、《小花苗山歌》、《拐妹歌》、《姑娘相聚读歌来》、《迷恋歌》、《三个铜钱》、《失约歌》、《约会歌》、《结交歌》、《箫筒歌》、《绣花围腰歌》、《妹家门前一棵梨》等。

⑦回族：例如《骑马歌》、《打偏偏》、《噼噼啪》、《鹦哥》、《小娃娃，做粑粑》、《关老爷，放炮仗》、《金扁担，挑箱子》、《大黄牛》等。

⑧傈僳族：例如《穿着棉布想爱情》、《你活我也活》、《竹弦变成鼠早点》、《黄金不兴铸犁头》、《十指歌》、《捉知了》、《宁吃野菜不卖女》等。

⑨拉祜族：例如《劳动的哥哥我嫁他》、《唱首山歌探妹心》、

《隔夜冷饭吃不得》、《沙子吹进眼睛里》、《盖房不砍雷打树》、《忘不了》、《一辈子也听不够》、《是水就淌在一起》、《泡米春粑粑》、《串婚歌》、《讨酒歌》等。

⑩佤族：例如《不要怕雨打》、《麂子喝盐水》、《古战歌》、《串门调》、《讨槟榔吃》、《俄罕坎》、《采黄菌不采白菌》、《芭蕉熟了》、《麻好勐》、《小红米长得好》、《不要让坏人进寨子》、《牛铃歌》、《一棵竹子不成蓬》、《木鼓咚咚》等。

⑪纳西族：例如《生育祈祷词》、《催生词》、《秋巴里》、《射箭歌》、《忘不了母亲的笑容》、《路和桥》、《相会在一起》、《雪山歌》、《没有一颗是奴隶的》、《转过雄吉山又有什么用》等。

⑫瑶族：例如《唱首欢歌迎新春》、《功德牒文歌》、《满撒歌》、《行程歌》、《发愿歌》、《星斗在天鱼在河》、《八字不合也要连》、《一张白纸几行字》等。

⑬景颇族：例如《找水》、《铺草歌》、《请祭司"斋瓦"》、《学会衣着》、《对唱》、《我把心里的话捎给你》、《摇篮曲》等。

⑭藏族：例如《舞者好似日月星辰》、《来跳招福的锅庄》、《相会锅庄》、《颂英雄格萨尔王》、《白岩子上长起了神柏树》、《告别锅庄》、《藏族童谣》等。

⑮布依族：例如《对门对户打亲家》、《侉空碗》、《织得三床花被窝》等。

⑯阿昌族：例如《春闺怨》、《山鸪都来读书》、《夸口、结交》、《候承调》、《劝饭歌》、《巴套昆》、《巴松昆》等。

⑰普米族：例如《难忘送我腰带的人》、《姑娘的歌》、《小伙的歌》、《放猪调》、《晒太阳》、《风趣歌》、《牧歌》、《要在家里乖乖玩》等。

⑱蒙古族：例如《买太阳》、《栽青菜》、《撅小泥鳅》、《做粑粑》等。

⑲怒族：例如《刀卦词》、《太阳出来》、《虫子、灰尘你快掉》、《啊达里啊达的狗》、《懒汉》、《快快消》、《江东坪》、《捉小

鸡》等。

⑳基诺族：例如《巴沙》、《赶老鹰》、《敲锣打鼓欢迎你》、《快来玩》等。

㉑德昂族：例如《你像天上的星星》、《变只小牛跟随你》、《起义战歌》、《离别》、《草烟盒打水》等。

㉒满族：暂无。

㉓水族：例如《端水吉利》、《新房吉利》、《新婚之夜要糖吉利》、《闹五歌》、《老阳雀》、《点点逗逗》、《小羊咩咩》、《翻耙耙》、《糯米团团》、《打磨秋》等。

㉔独龙族：例如《鱼水》、《深深地》、《催眠曲》、《找竹笋》、《老鹰捉小鸡》、《小溪旁》、《你的歌像蜂蜜》、《爸爸妈妈快回家》等。

㉕布朗族：例如《菜籽不打不出油》、《金子呃金子》、《石头落底我才留》、《葫芦歌》、《放牛歌》、《雨水落在沟中间》等。

## 第三节　西南少数民族民间传说的版本和分类

首先，就民间传说的版本而言，与前述两种文本相类似，可以把它简单分成：公开出版或发表的、未公开出版或发表（包括内部油印、私人收藏）的两类。公开出版或发表的单位或机构包括：中国 ISBN 中心、云南少年儿童出版社等。未公开出版或发表（包括内部油印、私人收藏）的民间传说文本：主要是指由各地州文联、宣传部、文化局、教育局、文化馆、文学集成办公室、民委等部门刊印或油印以及由私人保存的未刊稿。

其次，就民间传说的范畴或类型而言，大体也可以把它们分类为：有关神鬼方面的民间传说、有关动植物方面的民间传说、有关生活习俗和生产习惯方面的民间传说及其他，细目如下：

## 一 有关神鬼方面的民间传说

①彝族：例如《会吐金子的石头》、《阿黑和阿白》、《雷劈张继宝》、《卖香香屁》、《山神不开口老虎不得走》、《锅演八》、《神燕》、《老变婆的故事》等。

②白族：例如《山神的赏罚》、《打城隍》、《七星鸡》、《献百兽耳朵》、《神笛》、《鬼上人当》、《懒汉与懒鬼》、《本主庙前惩恶少》、《拴太阳》等。

③哈尼族：例如《阿作和阿艾》、《狗犁田》、《豹子精的传说》、《人鬼分家》、《人神分家》、《金猪龙》、《神鸟射恶龙》、《孤儿学武杀鹰王》、《艾尼玛然密》等。

④壮族：例如《的楞与妖婆》、《神奇的小船》、《七勒少和龙王》、《一颗神针》、《懒人鬼更怕》、《金葫芦》、《神奇的磨石》、《阎王分鱼》等。

⑤傣族：例如《千瓣莲花》、《太阳公主》、《帕压贡玛》、《螺蛳姑娘》、《菩萨说话》、《鬼借酒罐》、《九十万妖魔》、《召相勐》、《会说好话鬼也会来帮忙》、《神奇的牛角号》、《风神雨神》、《佛离开果占壁》、《魔王学佛经》等。

⑥苗族：例如《劳卯奇遇》、《制服妖婆的人》、《巧女斗鬼》、《饶漫侥少智斗妖公》、《虎兄弟》、《荨麻婆》等。

⑦回族：例如《小神子大闹张财主》、《罗仙爸爸》、《尔梭圣人复活枯骨》、《圣人登霄》、《马仙爸爸》、《拿鬼》、《抬不动的棺材》等。

⑧傈僳族：例如《爷爷借羊打鬼》、《六个朋友除妖魔》、《人们讨厌羊辣刺的由来》、《李大胆捉鬼记》、《放屁臭鬼》、《禾乃巴降伏恶鹫》、《神脚、神鼻和神斧》、《神斧》、《降妖树》、《神磨》、《仙女降妖怪》等。

⑨拉祜族：例如《羊神除妖》、《猎人、老鼠斗竜神》、《扎莫和娜西》、《龙的传说》、《亚珠西与左雅米》、《根节治鬼的传说》

等。

⑩佤族：例如《岩克累斗魔王》、《还生草》、《岩嘎变石的传说》、《不赎佛的报应》、《山鬼八者》、《独脚怪长托》、《孤儿和仙女》等。

⑪纳西族：例如《玉瑚神瓢》、《药倌斗妖》、《石蛙》、《宝盒子》、《两姐妹》、《哼美与金鹿》、《术神像主，主也像术神》、《吃鬼》等。

⑫瑶族：例如《门翁的故事》、《妖魔血》、《三女除妖》、《娑罗树上的人》、《一棵草有一颗露水救的来历》、《白蛇王子》、《蜘蛛报恩》、《鸳鸯鸟》等。

⑬景颇族：例如《魔槌的故事》、《木鲁与龙的姻缘》、《石头姑娘》、《真情感动死神》、《木兰与"直统鬼"小伙子》、《孤儿和金鸡》、《金葫芦》等。

⑭藏族：例如《雅隆王与草原公主》、《祥巴和龙女》、《咯姿布令巴》、《班玛降龙》、《格茸培楚智斗恶鬼》、《英雄拉龙·博吉都杰》、《阿尖拉吉王子除魔》、《七颗麦子的皇帝》等。

⑮布依族：例如《神仙岩治恶人》、《杨法师降妖》、《真命主》、《立庙》、《老犇妈的故事》、《阿端的故事·捉雷公》等。

⑯阿昌族：例如《神奇的拐杖》、《腊良和腊洪》、《三把金刀》、《酒的故事》、《狗保王的故事》、《龙女》、《大青树下的祭礼》等。

⑰普米族：例如《笑魔与人》、《鬼帽》、《拴鬼》、《鹦哥魂》、《秀才智斗妖精》、《请喇嘛》、《植玛姑娘》、《罗多斯白的故事》等。

⑱蒙古族：例如《木犁星和小鸡星》、《仙人济贫》、《阿扎拉》、《宝磨和神鞭》、《得一扣錾一扣》、《困龙》等。

⑲怒族：例如《鬼帽子的故事》、《智斗妖魔夺金山》、《猎人与龙姑娘》、《腊塞与龙女》、《智斗妖魔夺金山》、《灵芝姑娘》、《梦中的仙姑》等。

⑳基诺族：例如《神人的旨意》、《白鱼姑娘》、《虹的故事》、《神棍》等。

㉑德昂族：例如《一只跳蚤和一只白公鸡》、《赵伟散献妻》、《神奇的花树》、《召怪罕》、《红宝石》、《鲁旦与鲁桑》、《螺蛳姑娘》等。

㉒满族：暂无。

㉓水族：例如《龙女除害》等。

㉔独龙族：例如《人为什么打鬼》、《草乌治鬼》、《刺鬼》、《巧射鬼王》、《药神念黛娜》、《"死尸"吓鬼》、《烧鬼》、《孔四迪与龙女》等。

㉕布朗族：例如《神螺姑娘》、《艾多囡智杀妖魔》、《两只金孔雀》、《神奇的母鸡》、《人鬼分家》、《寻找太阳神》、《艾嘎那》等。

## 二 有关动植物方面的民间传说

①彝族：例如《癞蛤蟆讨媳妇》、《金蛋》、《蛙衣》、《老虎和石鹅》、《蛤蟆与老虎》、《老虎为什么恨猫》、《猎狗的传说》、《水牛的故事》、《老牛找龙》、《螃蟹和驮骡》、《狐狸和兔子》、《鹿角的传说》、《鸡的传说》、《老憨斑》、《箐鸡、野鸡、屎咕咕和乌鸦》、《斑鸠告状》、《牛身上的苍蝇》、《树木的传说》、《马缨花的传说》、《稗子和秧的故事》等。

②白族：例如《牛和猪的故事》、《牛拉犁的来历》、《黄鳝与水牛》、《老虎为什么怕猫头鹰》、《鹦哥》、《稻子树》、《荨麻与艾蒿》、《棕树为什么年年被剥皮》、《草乌和都拉》、《诸葛菜》、《当归的传说》等。

③哈尼族：例如《狗撵麂子》、《黄牛、水牛、豹子》、《蛤蟆与老虎的故事》、《鸡为什么给鸭孵蛋》、《燕子》、《鲤鱼、虾和泥鳅》、《吉祥的白鹇》、《骄傲的猴子》、《荞秆为什么红》、《茶叶的由来》等。

④壮族：例如《老虎与"漏"》、《聪明的马鹿》、《九钵体、老虎和野猫》、《黄牛角》、《水牛受罚》、《水牛和鱼是怎样结下冤仇的》、《蜂子的传说》、《鸟为什么吃昆虫》、《燕子为何在屋檐下做窝》、《竹尖为什么老往下勾》、《茶花》等。

⑤傣族：例如《金鸡的故事》、《斑鸠的启示》、《栀子花公主》、《白鹦鹉阿銮》、《瘦牛》、《五百只金孔雀》、《金眼黄牛的故事》、《虎王、牛王为什么被狐狸吃掉》、《十二生肖共入人间》、《帕雅召勐和猩猩》、《水牛误传佛祖真言》等。

⑥苗族：例如《老虎之死》、《老虎产仔的传说》、《老虎为何不敢下山》、《劳卯和雷公虎公试力气》、《雷公、主世老和老虎比声威》、《狗姐夫》、《黄牛偷衣》、《比赛争王》、《山羊和豺狗》、《云雀和牛》、《金竹姑娘》、《洋芋、荞子和苞谷》、《玉麦的传说》、《洋芋、荞子告状》等。

⑦回族：例如《金雀》、《仙鱼》、《鸡变》、《小偷和麂子》、《青牛、黄牛和花牛》、《漏》、《许送不送》等。

⑧傈僳族：例如《老虎怕"漏"》、《水牛和老虎》、《熊的眼睛》、《愚蠢的狮子》、《狗找朋友》、《狗、猫、山羊》、《猴子与水牛的故事》、《蛇皮的演变》、《乌鸦与青蛙》、《"国夺罗"雀和"阿窝罗"雀的故事》、《养子和麦子》等。

⑨拉祜族：例如《人和老虎》、《猴子牵牛》、《孔雀喝酒》、《聪明的"鄙低"》、《猫头鹰的传说》、《螃蟹的故事》、《牛的来历》、《樟枝芳》、《泡果和黄果》等。

⑩佤族：例如《骄傲的老虎》、《猴子的"力气"》、《老虎走田埂》、《石蚌的声音》、《荞麦秆秆为什么是红的》、《"山霸王"的下场》、《猴姑娘》、《百鸟盖房》、《麂子吃橄榄》、《斑鸠的脚杆》、《猴子和蚂蚱》、《鹁与画眉》、《猪与狗》等。

⑪纳西族：例如《老虎身上的斑纹是怎样来的》、《虱子与跳蚤》、《咣咣雀、斑鸠借粮》、《增格鸟和阿依鸟》、《蝉菌的故事》、《香椿为什么是木中之王》等。

⑫瑶族：例如《水牛过河为什么屙屎屙尿》、《五子鸟的传说》、《虾巴虫的传说》、《阳荷的传说》、《牛为何没有门牙》、《水牛为何以芭蕉树为敌》等。

⑬景颇族：例如《姐姐和"麂子"弟弟》、《孤老汉与黄鼠狼》、《憨人和鸟的故事》、《忘恩负义的老虎》、《水牛的项圈》、《大象走路为什么轻脚轻手的》、《马鹿与乌鸦》、《豹子和兔子为什么成为仇敌》、《猫教育老鼠》等。

⑭藏族：例如《蝙蝠为王》、《老虎与"驾驾"》、《猴子和蝗虫》、《蝙蝠与国王》、《老虎抽烟》、《乌鸦与雕竞技》、《自食其果》、《黄鼠狼掘洞自灭》等。

⑮布依族：例如《牛、虎和拱屎虫》、《动物为什么不会说人话》、《老虎和牛》、《牛恨树》、《老虎和大雁的饭食》、《胆小的鹿子和兔子》、《酸浆树和牙齿草》、《撒尿比赛》、《扁头屎壳郎》等。

⑯阿昌族：例如《豹子怕老人》、《动物是从哪里来的》、《猴子是什么变的》、《狮子和野猪》、《水牛恨老龙》、《九头牛精》、《人们为何跟着牛脚印插秧》、《稗子》、《树木为何不走路》、《樱桃疮》、《松树》、《松树想当王》、《花桃与寺杞木》、《春谷子》、《树王鱼鳞春》等。

⑰普米族：例如《收拾老熊》、《练爬坡》、《兔子为啥眼睛红胆子小》、《烧死老虎》、《报复山妖》、《哭牛》、《牵牛鼻子的来历》、《人参的发现》等。

⑱蒙古族：例如《阿扎拉·黄狗犁地》、《阿扎拉·黄牛钻山》等。

⑲怒族：例如《腊迪与野兔》、《公鸡与宝磨》、《人熊》、《拳打五虎的孩子》、《烧虎》、《山鹰和骡子》、《黄莺和乌鸦问路》、《蜘蛛的笛子》等。

⑳基诺族：例如《向大鼯鼠求火种》、《老虎为什么一年只生一只小虎》、《猪为什么吃糠》、《鹌鹑与豹子》、《白斑母豹》、《非

吃一个人不可》、《猫头鹰为什么没有脑子》、《龙向公鸡借角》、《鸡嗦果树为什么是弯的》等。

㉑德昂族：例如《披蓑衣的"怪物"与"长尾巴的老头"》、《聪明的松鼠》、《达种崩龙和纳种布兰偷牛》、《兔子的死》、《含羞草》等。

㉒满族：暂无。

㉓水族：暂无。

㉔独龙族：例如《老虎同火赛跑》、《老虎和山鼠》、《说谎的狗》、《水獭与金狗交朋友》、《蛇王与蛇母》、《公鸡、斑鸠伴老人》、《鹿子失礼》、《鸟笛》等。

㉕布朗族：例如《虎蟹比赛》、《狗的舌头为什么是长的》、《虎王、猴王和猫头鹰王》、《两代牛王》、《懒惰的乌鸦》、《曲蟮为什么爱跳动》、《蚱蜢与猴群》、《鹭鸶告状》、《骄傲的青藤》、《诸葛亮错封树王的传说》等。

## 三 有关生活习俗和生产习惯方面的民间传说

①彝族：例如《和那土司分家当》、《计攥县官》、《买田卖田》、《媳妇坟》、《五十两银子救三条命》、《打猎过年》、《财主和风水先生》、《彝家的规矩礼训》、《敲牛》、《周二蛮牛》、《两亲家打赌》等。

②白族：例如《养女不如种桃》、《一盘豆腐勿成块块卖》、《巧媳妇》、《多收二斗五》、《血染柿树》、《两口子拜灶君》、《糊涂官判案》、《牛皮圣旨》等。

③哈尼族：例如《三兄弟分家》、《两兄弟的故事》、《乌木然密和憨姑爷》、《拔奢拔葵》、《算卦》、《祖传的宝贝》、《偷牛干巴》、《哭都哭不赢》等。

④壮族：例如《土司背新娘》、《智取黄金》、《三女哭丧》、《两亲家》、《对诗选婿》、《对对联》、《四兄弟分猫》等。

⑤傣族：例如《棉线穿过九曲小孔道》、《公牛下小牛》、《召

玛贺断案》、《丢个石头试水深》、《谁是房子的主人》、《渔网的村寨》、《施肥》、《挑盐和骑马》等。

⑥苗族：例如《农格莫英》、《三代苦命人》、《札里易俗》、《有情妻子不忘情》、《不等谷黄先割秧》、《狗灌肠》、《糊涂县官与"橄榄案"》、《一家亲》等。

⑦回族：例如《劈腿当柴》、《换房子》、《买白菜》、《吃鸡》、《果园的主人》、《两个阿訇》、《阿訇断案》、《善有善报》、《恶有恶果》、《急中生智》等。

⑧傈僳族：例如《家教》、《父与子》、《父亲怎么做，儿子怎么做》、《紧跟老子脚印》、《两兄弟分家产》、《择女婿》、《金子不如粮食》、《偷来的酒肉不香》、《农家女》、《碓春心》、《铁心儿》、《高人有短处，矮人有长处》等。

⑨拉祜族：例如《砍脚杆烧的人》、《烧炭人和豹子做兄弟》、《智断偷金案》、《一只羊角一炷香》、《娜妥与扎娃》、《阿黑和金来》等。

⑩佤族：例如《打猎》、《锄棉田》、《种地》、《教本事》、《上房头》、《讨盐换鸡》、《抓下巴》、《帮骡驮谷》、《会屙银子的马》等。

⑪纳西族：例如《打猎》、《爬粮架》、《拿鱼去》、《福气》、《"我吃我的福气"》、《两亲家换宝马》、《牧主和牧工》、《屎话秀才》、《做人难》、《假猎人》等。

⑫瑶族：例如《阿咪换拐杖》、《宝衣冷死人》、《聪明的苏宝怒》、《神枪》、《姑爷看岳父》、《聪明的门包》等。

⑬景颇族：例如《猎人的故事》、《打猎》、《金草帽和糯米粑粑》、《金挺与斑尊》、《分不开的大树》、《摘木坚叶》、《三兄弟谋生的故事》、《一个懒汉》等。

⑭藏族：例如《梦卜》、《吹单老汉选儿媳》、《哑巴和聪明》、《两个小喇嘛》、《格桑洛顶与东鲁祝玛》、《犹豫的猎人》、《勒桑与勒朵》、《金磨换马》等。

⑮布依族：例如《鹰有三斤油》、《数鸡蛋》、《"我替你驮草"》、《千岁老人不为老》、《聪明的三媳妇》等。

⑯阿昌族：例如《编簸箩》、《打猎人过生日》、《眉间长旋的姑娘》、《谁是活菩萨》、《三扭予鱼换个死和尚》、《一丈高的人》、《爱撒萨》等。

⑰普米族：例如《劳动出粮食》、《巧选当家人》、《兄弟俩挖银子》、《阿炳挖金子》、《敬神不如敬父母》、《一心想做菩萨的喇嘛格史》、《馋嘴媳妇》等。

⑱蒙古族：例如《王真考解元》等。

⑲怒族：例如《苦命的少妇》、《还是穷女婿好》、《教子务农传说》、《赛木仁和削怒捧格》、《谷玛楚和吴第朴》、《谷玛楚与吴地布》、《憨姑爷打猎》等。

⑳基诺族：例如《砸铁锅》、《阿和的故事》、《聪明的父亲》、《选新娘》、《织布姑娘白薇》、《两个小伙子》、《两兄弟争麂子》、《两兄弟卖鸡》等。

㉑德昂族：例如《两头黑豹子》、《大普庞》、《两个寡妇》、《三个"奇怪"》、《赵伟散断理》、《赵伟散修佛》、《括爱与麻阿爱的功德》、《老妈妈和豹子》等。

㉒满族：暂无。

㉓水族：例如《巧妹挑婿》、《好女解得金腰带》等。

㉔独龙族：例如《富裕的精灵》、《孤儿龚干》、《土蚕和老鹰》、《三弟兄》、《江布拉朋》、《媳妇与猎人》等。

㉕布朗族：例如《分猎物》、《砍猪槽》、《铲苞谷》、《艾糯与艾苏》、《岩比和岩勐》、《岩坎南与依娜苏》、《人勤定有好日子过》、《撒谎妇人的报应》、《讲忌讳》等。

## 四　其他

①彝族：例如《当兵的故事》、《迎土司》、《吹吹打打》、《告状路上》、《卖土地》、《智盗玉花瓶》、《今年的早炮是罗牧阿智放

的》、《案子断颠倒了》等。

②白族：例如《一副对联》、《艾玉和皇帝》、《判银子》、《画财神》、《巧吃鸡肉》、《骂土官》、《婴儿进碓窝》、《巧斗"吃面狼"》等。

③哈尼族：例如《乌木的金子》、《牛换人》、《送给波朗的礼物》、《量肠子和称人头》、《水上烧火和石上射箭》、《骑马不如背背箩》等。

④壮族：例如《蝴蝶兰》、《吃牛儿》、《戏摩公》、《两斤九两的鲤鱼》、《削筷》、《卖哦嗬》、《送罗青见龙女》等。

⑤傣族：例如《谁的妻子》、《离开宝座》、《牛肠该挂在谁的脖子上》、《礼物》、《称棉花》、《野蜂是谁的》、《万物皆如此，得寸会进尺》等。

⑥苗族：例如《小棍换大马》、《买鱼种》、《吃鸡肉》、《会屙银的驴》、《冬热夏凉衣》、《舂米粑》、《直冉永远在岩壁上》等。

⑦回族：例如《还是叫花子好》、《马老白的银子变了》、《人心不足蛇吞象》、《缩德格增加寿岁》、《大依贝利斯》、《七个疙瘩》等。

⑧傈僳族：例如《找金子》、《折爹又折财》、《报复》、《宝棍》、《种金子》、《去分肉》、《娃花帕的土锅》、《先笑后哭》、《两母女和两个盐井》等。

⑨拉祜族：例如《悔恨鸟》、《小满箩》、《鸟羽皇帝》、《人变猴子的故事》、《聪明的儿女》、《烧炭人和豹子做兄弟》、《憨包丈夫和他的妻子》等。

⑩佤族：例如《草房和太阳》、《潭水和山泉》、《抢牛桩》、《做生意》、《老倌和鳄鱼》、《珠米的银子逃走了》、《水不甜了》、《巧改对联》等。

⑪纳西族：例如《送午饭》、《羊子升仙》、《打赤脚》、《癞蛤蟆》等。

⑫瑶族：例如《寻父鸟》、《十妹的故事》、《公羊婿》、《卖香

香屁》等。

⑬景颇族：例如《烧蜂子》、《吹牛》、《山官发火》、《财主和会讲》、《大官和会骗》、《邻居》、《仇片的故事》、《康坦的故事》、《请山评理》等。

⑭藏族：例如《七天"活佛"》、《智惩财主》、《借粮》、《断案》、《分耙耙》、《雇工达瓦》、《土锅》、《做法事》等。

⑮布依族：例如《王傈练的故事》、《九金座》、《竹林兵马声》、《鹰有三斤油》、《阿端的故事·淹死财主》、《阿端的故事·诓贼》等。

⑯阿昌族：例如《状告无赖》、《郎姑爹赢官司》、《财主不洗脸》、《筒裙吓跑张财主》、《想发横财的少爷》、《腊成娶亲》、《兄弟出征》等。

⑰普米族：例如《县官挨打》、《戏财主》、《巧斗财主》、《机智的长工》、《巧杀白绵羊》、《聪明的徒弟》、《手中无钱受狗气》、《换马》等。

⑱蒙古族：例如《阿扎拉·小媳妇不再受气了》、《阿扎拉·进京》等。

⑲怒族：例如《亏财明理》、《智断娃娃案》、《行善人和作恶人》、《金银花》、《巧娶土司女》、《不守诺言的下场》、《探虚实》、《蜈蚣案》等。

⑳基诺族：例如《打赌、发誓》、《山官吃猫屎》、《智取裤子》、《财主请客》、《堆最聪明》、《阿推背盐巴》、《石臼炒菜》、《老虎和杰泽比毛》等。

㉑德昂族：例如《青蛙结案》、《智斗头人》、《富人咬统领的故事》、《芦笙哀歌》、《彩礼》、《穷人的儿子与山官的儿子》、《笋叶伙子》等。

㉒满族：暂无。

㉓水族：暂无。

㉔独龙族：例如《一只跳蚤》、《大南瓜》、《猴子盖房的故

事》、《猴子为什么住在树上》、《蛇王与蛇母》等。

㉕布朗族：例如《骗召勐》、《赛马》、《一粒谷的工钱》、《小牛是谁的》、《猪肉回锅秧回根》、《土罐碎了》、《多兑点水》、《巧辨狗兄弟》等。

不容乐观的是，以上少数民族的神话故事、史诗歌谣、民间传说文本资料作为完全固定的东西而言，由于多方面的原因以及经济贫困、经费紧张等条件的限制，加上受主流汉族文化的影响，正在流失或面临流失的危险。从目前的情况来看，它们至多只有50%得以公开出版或发表，30%左右得以少量内部油印，20%左右的资源保存在相关人员的手中。由于传统的研究方法和理论指导与设计框架的制约，对这些文本资料重视度不够，也给它们的抢救和保护带来了重大缺憾。不可否认的主要原因还有：学界长期只把它们当作孤立的民间文学素材来加以搜集整理，或者只把它们看作草根、下层的，甚至是不可采信的文学遗产来对待。

但是，作为我国西南各少数民族历史和社会的"百科全书"，神话故事、史诗歌谣、民间传说这三类"文本"资料既是人们千百年来实践知识和感性经验的宝贵累积，对于众多无文字记载的少数民族来说，也是他们历史记忆、精神品格和心理特质的体现，反映了这些地方的人世世代代的期望、追求的理想和价值取向。然而法律的产生，是人类从自然向文化过渡的重要标志，借由对以上文本的分析，可以抽丝剥茧出禁忌、宗教、习惯等中法的成分，帮助我们了解初民社会的法是如何形成、如何运作的。它们还可以帮助我们了解根植于初民思维结构中的法律秩序的内在要素和人类从自然向文化过渡时期法的变迁等过程。因此，它们是我们了解人类的远古祖先如何改造自然和历史，形成法律制度的重要依据和宝贵资源。

# 第二章 西南少数民族的神话等文本所讲述的宗教、禁忌和习惯事实

作为制度的重要组成部分，如果法律的起源之一是禁忌，人类早期的"规范"、"秩序"与"万物有灵"、图腾膜拜等原始宗教教义就有着密切的关联，这些教义的体现必然具有宗教事务所共有的特性。在杰文斯看来，禁忌是某种绝对命令，是原始人当时所能知道和所能理解的唯一命令，[①] 在这里，杰文斯将禁忌的规范意义推到极致。法律也具有社会性，卡西尔说，禁忌"是人迄今发现的唯一的社会约束和义务的体系，是整个社会秩序的基石，社会体系中没有哪个方面不是靠特殊的禁忌来调节和管理的"[②]。我们发现，在人类社会早期，"禁忌"一词几乎囊括了法律、道德和宗教的全部要素。

如前所述，我们赞同法律的起源跟宗教、禁忌、习惯三者有关。如果说法律产生于这三者，那是因为宗教、禁忌、习惯曾经替代了人类的一切理性思考。但是，三者并没有只局限于自身，它们使法律的内容慢慢变得丰富起来，促进了法律以及法律知识得以阐发的形式的发展。笛卡尔有一条原理：在科学真理的链条

---

① 转引自钱锦宇《通过神话的社会控制——兼论神话作为民间法的渊源》，《中南民族大学学报》（人文社会科学版）2010 年第 4 期。

② 〔德〕恩斯特·卡西尔：《人论》，甘阳译，上海译文出版社，2004，第 150 页。又见于杨文全《魔力"神圈"：语言禁忌与汉民族俗信文化心理》，《广西民族研究》2003 年第 5 期。

中，最初的环节始终居于支配的地位。<sup>①</sup> 作为原始神秘教义的重要内容，可以说，法律最初的属性与宗教、禁忌、习惯所承载的法律符号的神圣性是相应的，宗教、禁忌、习惯是将所有的法律都涵括在内的坚固的框架，要想将法律从其中脱离出来而不提及这三者简直是不可能的事。然而神话故事、史诗歌谣、民间传说几乎记录下宗教、禁忌和习惯的所有现象，这也是在探讨法律起源问题时，有必要预先讨论在神话等文本中讲述的那些宗教、禁忌和习惯等事实的原因。

## 第一节　神话等文本讲述的混淆性

在神话故事、史诗歌谣、民间传说中，所谓"混淆"，只是这些文本在叙事时给我们的表面上的感觉，实际上，这些混淆的文本蕴含着丰富的意义和条理，它们给我们提供了揭示法律起源的依据。从涂尔干界定宗教世界和人间社会的本质区别开始，在西南少数民族的这些神话文本中，宗教的神圣空间和人间的世俗空间就常常被相互混淆在一起，例如回族神话故事《龙的传说》、《进龙宫》<sup>②</sup> 把龙宫和人世间相"混淆"，类似的例子俯拾即是。除了空间上的混淆以外，这些文本在时间、人与神、人与自然，以及宗教仪式等各个具体方面的表述中都有这样的情况。

涂尔干为此解释说："一个事物之所以神圣，是因为它从凡俗的感触中超脱出去，以这种或那种方式激发出了人们尊崇的集体情感。因此才有了神圣和世俗的二元空间之分。"<sup>③</sup> 因此，如果说

---

① 〔法〕爱弥尔·涂尔干：《宗教生活的基本形式》，渠东、汲喆译，上海人民出版社，2006，第 1～3 页。又见于刘夏蓓《宗教的诠释：安多区域文化解析》，《西北师大学报》（社会科学版）2004 年第 4 期。

② 《龙的传说》，钟鹤森编《弥勒民族民间故事》，民族出版社，2003。《进龙宫》，钟鹤森编《弥勒民族民间故事》，民族出版社，2003。

③ 〔法〕爱弥尔·涂尔干：《宗教生活的基本形式》，渠东、汲喆译，上海人民出版社，1999，第 42～43 页。

神话等文本是对所有已知事物预设了"神圣和世俗"的分类的话，作为表现体系，宗教思想表达的正是神圣事物的品性和力量，以及神圣事物之间或者神圣事物与凡俗事物之间的差别或禁忌关系，仪式是把神话、传说、民间故事所表述的宗教思想付诸行动的主要形式。涂尔干还说："人们从事宗教生活的主要目的，就是把自己提升起来，使凡人超越自身，过一种高于仅凭一己之见放任自流的生活。"①

在神话等文本中，宗教的神圣空间和凡人的世俗空间常常被"混淆"在一起讲述，而宗教仪式只是将信仰付诸行动的方式。因此，在西南少数民族的这些文本中，宗教信仰和仪式二者之间的区别主要体现在思想和行动方面，例如哈尼族"祭寨神"的仪式就与有关"昂玛突"神话之中的宗教信仰密不可分，我们甚至可以看出，"祭寨神"仪式的全部意义恰好是从有关"昂玛突"神话故事的三个版本②中派生出来的：护寨神是哈尼族远古时代的英雄祖先，曾经拯救村寨于危难之中，村寨里的所有成员都在他的保护之下获得了平安。在这里，神话没有把护寨神归于哈尼族的多个祖先，而只是将之归于其中的两个或者某个独一无二者。③ 就此而言，过去哈尼族先民到了某个时候就要进行"举寨欢乐饮宴"等一系列宗教仪式所依据的传统④跟现在一直有效的思维习惯是基本相同的。

由此可见，很多叙事神话文本都是对当前规范的解释，是为了诠释现存仪式的"正当性"、"合理性"、"合法性"，而非仅仅

① 〔法〕爱弥尔·涂尔干：《宗教生活的基本形式》，渠东、汲喆译，上海人民出版社，1999，第42～43页。
② 龙浦才演唱、杨国定翻译、宋自华记录整理，元江哈尼族彝族傣族自治县民族事务委员会、文化馆编《阿波仰者》（新神话史诗），《罗槃之歌》，云南民族出版社，1985。
③ "两个或者某个独一无二者"体现了村寨父权制社会的本质，因为护寨神高高在上，集威望和权力于一身，只有他才能决定宗教仪式要依据哪些传统。
④ 这些传统有：举行"昂玛突"的时间、地点，祭献仪式时牺牲的种类和数量，参加者的范围，甚至还有对牺牲的宰杀禁忌、食用禁忌等的规定。

为了纪念过去或描述人类曾经有过的历史。而宗教仪式往往从以之为原型的神话出发，尤其当仪式的意义不再清楚的时候。神话只有通过表达它的宗教仪式，才能够被清楚地展现出来。所以，人跟其他事物在神话等文本中的"混淆"现象，实际上体现出的正是它们有所关联的思想。"混淆"正是当神话的语言用在自然上的时候，不得不有所改变的结果。

## 一 神话等文本为"混淆"的语词提供了意义诠释的机会

（一）氏族等人类群体被认为跟图腾等神圣标记所再现的事物有着共同的本质

首先，神圣性具有高度的感染力，在神话等文本中，人被认为分享了图腾等神圣动植物的性质，① 图腾等神圣标记——例如各种动植物、云彩、山川、日月星辰、石头等——也表达了人类的本质，例如彝族的《独眼人、直眼人和横眼人》讲述在"人兽相混的时期"，"蚂蚱变成了一百二十个长着直眼的男女娃娃，他们长大后进行婚配，分布在山上、平坝里、河边"。② 《开天辟地（一）》提到人就是虎的后裔，③ 因为彝族最早的祖先是老虎，老虎住在山上，彝族就成了虎的子孙。④ 《虎公虎母造万物》中还说"虎母下了花蛋……猴子抢到了一个，里面爬出一个姑娘……她跟猴子成亲……生下许多蛋，捂出来许多的男女，男女又成亲，繁

---

① 例如，据民族志资料，时至今日，西南少数民族地区的人仍时常把各种动植物作为自己的伙伴、朋友，甚至长辈来对待，哈尼族村民甚至相信牛跟自己的祖先曾经做过结拜弟兄，村寨里的每一个人都曾经是这种动物的后裔。参见陈永邺《欢腾的圣宴——哈尼族长街宴研究》，云南大学出版社，2009，第98页。
② 《独眼人、直眼人和横眼人》，《中国民间故事集成·云南卷》，中国 ISBN 中心，2003。
③ 《开天辟地（一）》，《南涧民间文学集成》，云南民族出版社，1987。
④ 《虎氏族》，《中国民间故事集成·云南卷》，中国 ISBN 中心，2003。

衍出不同的人群"。① 彝族支系撒梅人自称"罗腊帕",即龙虎人,传说他们是东海龙王的爱女与虎母创造的后裔。② 《葫芦里出来的人》叙述葫芦、蛇和竹竿具有奇异的育人能力。③ 哈尼族神话《青蛙造天造地》谈到远古时代,没有天,没有人烟,海龙王为了挽救这场灭顶之灾便命青蛙大臣去造天地,青蛙怀孕后,生下了一对双胞胎,男的叫纳得,女的叫阿依,之后,二人再把青蛙吐的唾沫掺在石土里,造出天地、日月、风雨和五彩云霞,以及各种动植物。④ 神话史诗《十二奴局》讲到人和动物的始祖塔婆是半人半兽的混合生物,哈尼族的头人、摩匹、工匠这三种能人则分别由大公鸡、老母鸡、太阳孵出来。这些例子说明,早期的人被看作具有神圣性,这是他不同于动植物的地方,但是,人也被认同于动植物,有着动植物的自然属性。神话故事的讲述正好隐喻人类来自大自然,跟自然界中的万事万物有着不可否认的共通性。

其次,神话等文本中的氏族、家族、宗族等血缘群体包括每一个个体成员都来自"神圣本原"的片体:在彝族的神话故事,如《创世纪》、《始祖的由来》、《百家姓的起源》中,讲到洪水退后,兄妹俩依天意成了亲,妹妹生下个大肉团,肉团长得太快,担心它挤破房子,肉团被砍碎后就变出了各种姓氏的人。⑤ 《妈佛和爹佛音》讲的是神通广大的格若山神把自己的姑娘嫁给小花狼,二者生下一个肉球,从里面蹦出来七对男女娃娃,繁衍成今天的藏族、白族、苗族、傈僳族、土家族、彝族等民族。⑥ 《天蛋》讲

① 《虎公虎母造万物》,《中国民间故事全书·云南鹤庆卷》,知识产权出版社,2005。
② 《主女造人》,《昆明民间故事》(第一辑),昆明市民间文学集成办公室,1987。
③ 《葫芦里出来的人》,《云南省民间文学集成·祥云县民间故事卷》,云南人民出版社,1989。
④ 《青蛙造天造地》,《哈尼族神话传说集成》,中国民间文艺出版社,1990。
⑤ 《创世纪》,《昭通地区民族民间文学资料选编》(第二集),昭通地区文化局、民委,1985。《始祖的由来》,《彝族民间故事选》,中国文联出版社,2003。《百家姓的起源》,《禄丰县民间故事普查资料汇编》,禄丰县委宣传部、文化局、民委,1988。
⑥ 《妈佛和爹佛音》,《中国民间故事全书·云南鹤庆卷》,知识产权出版社,2005。

到很久以前，人跟神是平等的，但"住在天上的神和地上的人互相猜忌，便都扒开江河口子来淹对方"，洪水过后，人成了天蛋孵出的"男孩查窝"的后代。① 傣族神话《金葫芦生万物》中说远古的时候，天神派一只鹞子和一头母牛到地上来，这头母牛只活了三年，生下三个蛋后就死了，鹞子孵这三个蛋，孵出来一个葫芦，从葫芦里走出来很多人，从此，大地上就有了人类。② 白族神话《开天辟地》提到，为了保住人种，兄妹二人不得已做了夫妻，十个月后生下一个皮口袋，里面有十个子女。③ 傈僳族神话《米斯和水神》提到，天神让阿恒扒、阿恒玛兄妹俩种下一粒南瓜种子，结果结出一个房子般大小的南瓜，瓜里走出了傈僳族、怒族、独龙族、藏族等各种人，还出来了米斯和水神。④ 哈尼族神话《天地人的传说》提到，远古的时候，大海中那条大鱼的脊背里送出来一对人种，男的叫直塔，女的叫塔婆。⑤ 这里的"大肉团"、"肉球"、"天蛋"、"葫芦"、"皮口袋"、"南瓜"、"大鱼"即衍生各种片体的"神圣本原"。

由上可见，神话等文本把人与动植物相互"混淆"进行讲述的事实，不但可以使我们通过追溯二者共同的起源说明它们相同的本质，而且群体与个体也被赋予了双重的本性，在它们之中并列着两个存在——一个是主要取材于动植物的图腾物，一个是衍生各种片体的"神圣本原"，神话则成了解释这种"混淆"语词变形后的代理人。这也是同为父权制社会的许多西南少数民族"谱系的始初部分被认为是神谱"的原因。彝族神话《独眼人、直眼人和横眼人》中说在独眼人时代"人像野兽一样过日子"。⑥ 傣族

① 《天蛋》，《聂鲁彝族神话故事选》，陕西旅游出版社，1998。
② 《金葫芦生万物》，《中国各民族宗教与神话大词典》，学苑出版社，1990。
③ 《开天辟地》，《白族神话传说集成》，中国民间文艺出版社，1986。
④ 《米斯和水神》，《迪庆民间故事集成》，云南民族出版社，1997。
⑤ 《天地人的传说》，《中国民族神话精编》，晨光出版社，1995。
⑥ 《独眼人、直眼人和横眼人》，《中国民间故事集成·云南卷》，中国 ISBN 中心，2003。

神话《变扎贡帕》提到天神混散用了一万年的时间，造出三十三个宝石蛋，蛋里孵化出八个天神，混散便叫他们到地上去开创人类，他们中的四个变成了四个女人，四个女人与四个男人结为夫妻，生儿育女，才有了人类。① 哈尼族神话《天、地、人和万物的起源》讲述宇宙一片混沌的时候，天上掉下一块巨石，从里面炸出一个顶天立地的汉子名叫阿托拉扬，后来天地间又出来一对夫妻，他们是天神阿库拉布和地神鲁阿嫫。② 《佐罗和佐卑》讲大地在遭到灭顶之灾后，天角落里藏着天神的儿子窝伐，地缝里藏着地神的女儿娜倮，他们成婚后继续延续了神的后代。③ 我们发现，今天哈尼族所有的父系家族谱系被认为均源于始祖"奥玛"④，至本人有五十代至七十代。⑤ 在这个时期，七十代左右的父系家族连名谱系的前二十代往往是人兽相混的时期，之后才是各支系的人形共同祖先。也就是说，家谱的二十代以后才成为纯粹世俗性质的父系家族连名谱系。⑥ 值得一提的是，由于神话等文本讲述人类

---

① 《变扎贡帕》，《中国各民族宗教与神话大词典》，学苑出版社，1990。

② 《天、地、人和万物的起源》，载云南省民间文学集成办公室编《哈尼族神话传说集成》，中国民间文艺出版社，1990。

③ 《佐罗和佐卑》，《元阳民间文学集成》，元阳县文化局，1986。

④ "奥玛"就是神女的意思，例如，元阳县哈尼族"李黑诸"家的谱系，从第一代始祖"奥玛"开始，第二代"阿卑"（大地），往下依次是"奥黑"、"黑拖"、"拖马"、"马肖"、"肖尼"……都是"真名"，有六十二代。金平县金临乡高陇山的谱系为，"初末屿—末屿则—则学吾—吾里漂—（略三十三代）—扎贵—贵见—见冬—冬陇—陇山（即高陇山本人）"；在"初末屿"之前，尚有"奥玛"至"浩然初"共二十一代，由"初末屿"到他本人共四十一代（参见《哈尼族简史》编写组编《哈尼族简史》，云南人民出版社，1985，第23页）。墨江王仁普、勐海仁说的父子连名家谱分别是五十三代和六十七代（参见王尔松《哈尼族文化研究》，中央民族大学出版社，1994，第128页）。

⑤ 在《十二奴局》中，神灵世界与人的世界是互相交错的，"人的谱系"只是"神的谱系"的延续。其中，天神奥玛（或称俄玛、莫咪）生下了第一代神王阿匹梅烟，阿匹梅烟生下了第二代神王烟沙，烟沙又生下了第三代神王色拉，等等，前述的塔婆是之后才出现的祖先。

⑥ 宋自华：《元江哈尼族历史源流小考》，《中国哈尼学》（第2辑），民族出版社，2002，第76页。

跟自然界中的万事万物有着不可否认的共通性，"神圣本原"继而进化成有着独立人格的神，人类"谱系的始初部分被认为是神谱"，这些"神谱"正是早期法律得以制定的主要依据。

（二）相去甚远的事物或自然现象也被加入了人间的成分

由于相去甚远的事物或自然现象被加入了人间的成分，跟人间有着紧密的关联，也有着人类的属性。例如彝族神话《不灭的太阳和月亮》解释太阳和月亮因吃着人间的不死药，才会时时放光，永远不灭。① 《日食月食的传说》解释忠于主人的秃尾红虎和白头黑狗，为帮助主人找回宝而去追日月、咬日月，从而出现了日食、月食的天文现象。② 白族神话《天狗追仙草》解释太阳、月亮把人间的仙草吸走了，于是日月才会更加明亮，但是为了追回仙草，有条黑狗上到天上就变成天狗，有时去咬太阳就成日食，有时咬月亮就成月食。③ 彝族神话《阿务录和阿皮则》解释天是白色的，是太上老君下凡烧石灰补缺口所致。④ 《三女找太阳》讲述三个彝族姑娘最后化成三座陡峭的山峰。⑤ 《洪水冲天》讲述穿山甲打通的洞使河水回流到江河大海，循环往复。⑥ 《北斗七星的故事》解释天空中有六颗明亮的星星，那是六个仙女，距第六颗稍远一点的小星，就是去找妈妈的拉普变成的拉普星。⑦ 哈尼族神话《地球为什么凸凹不平》解释了地面凸凹不平的原因。⑧ 《为什么

---

① 《不灭的太阳和月亮》，《乡泉集》，云南民族出版社，1985。
② 《日食月食的传说》，《云南民间文学集成·石屏故事卷》，石屏县文学艺术工作者联合会，1996。
③ 《天狗追仙草》，《白族民间故事选》，上海文艺出版社，1984。
④ 《阿务录和阿皮则》，《景东县民间文学集成》，景东彝族自治县民委、文化局、文化馆，1988。
⑤ 《三女找太阳》，《楚雄市民间文学集成资料》，楚雄市民委、文化局，1988。
⑥ 《洪水冲天》，《神秘的他留人》，云南人民出版社，2005。
⑦ 《北斗七星的故事》，《楚雄市民间文学集成资料》，楚雄市民委、文化局，1988。
⑧ 《地球为什么凸凹不平》，《西双版纳哈尼族民间故事集成》，云南少年儿童出版社，1989。

鸡叫太阳就出来》解释只有公鸡来叫太阳，太阳才会出来。①

一旦形成相去甚远的事物或自然现象与人类可能有着内在联系的思想，神奇的力量就会从中发挥作用，会使人从这些难以归类而又没法计数的事物或自然现象中独立出来，起初那些跟各种图腾事物相互"混淆"在一起的神圣人格，例如烧石灰补天的太上老君、化成山峰的三个彝族姑娘、北斗七星、英雄俄浦普罗（见于哈尼族神话《为什么鸡叫太阳就出来》）等会被最终确定下来，其中绝大多数会慢慢发展成为受尊敬和崇拜的祖先精灵，成为人间社会法律制度的创制者或"默示者"。

## 二 神话等文本所体现的宗教思想建构了事物之间可能存在的亲缘关系

（一）作为人类宗教情感最初依附的对象，诸多的自然形式或自然力量是最早被神圣化了的对象

在神话等文本中，我们发现彝族创世神话《冬德红利诺》讲了古时候雷神、风神、云神如何生出清浊二气，清气又如何上升成为天，浊气如何下沉而为地的经过。②《妮比尔立柱顶天》谈到洪水滔天，天神请来风神、雷神、气神、日神、月神、星神、山神、水神、龙神、火神、树神等止住了洪水。③《虎公虎母造万物》提到有两只老虎被当作人类的始祖对待，④《天蛋》里的天蛋被同样看待，因为它能孵出"男孩查窝"。⑤《天、地、人、物的来历》

---

① 《为什么鸡叫太阳就出来》，《哈尼族神话传说集成》，中国民间文艺出版社，1990。
② 《冬德红利诺》，《红河群众文化》（第4期），红河哈尼族彝族自治州文化局，1989。
③ 《妮比尔立柱顶天》，《红河群众文化》（第2期），红河哈尼族彝族自治州文化局，1989。
④ 《虎公虎母造万物》，《中国民间故事全书·云南鹤庆卷》，知识产权出版社，2005。
⑤ 《天蛋》，《聂鲁彝族神话故事选》，陕西旅游出版社，1998。

讲述格兹用九个金果、七个银果变出九个小伙子和七个姑娘，这些小伙子和姑娘之后造出天和地。① 《通天树》里有一颗金色种子，不到半年，竟穿越九重天，长成通天大树。② 傣族神话《开天辟地》提到最初的天神是由气体、烟雾和狂风变成的，名字叫英叭。③ 《混散造天造地》讲述天神混散把自己身边的许多荷花种子撒向四面八方，有一朵荷花升上天空变成天，有四朵荷花铺成了地。④ 《月亮和太阳》叙述佛祖告诉天神下面有一枚蜘蛛蛋，天神把它放在石头上，用回生药擦一遍，再用刀把它剖成两半，一半成了太阳，一半成了月亮。⑤ 白族神话《苍山飞人》提到有个叫阿虎的青年，吃了苍山上山洞里的五个花蛋，身上便长出翅膀，飞腾起来。⑥

由此可见，诸多的自然形式或自然力量，诸如雷、风、云彩、日月星辰、石头、山川、气体、烟雾、狂风、天蛋、花蛋，以及老虎等动物，金果、银果、金色的种子、荷花等植物在神话中皆具有神奇的功能。

（二）自然形式常常被赋予人的品性

在神话等文本中，由于自然形式常常被赋予人的品性，日月星辰都有感情、有生育能力，岩石也有性别。彝族神话《造天地日月》讲北斗七星中最小的两弟妹自告奋勇当了太阳和月亮。⑦

① 《天、地、人、物的来历》，《礼社江》文艺报，元江哈尼族彝族傣族自治县文化馆，1987。
② 《通天树》，《云南民间文学集成·石屏故事卷》，石屏县文学艺术工作者联合会，1996。
③ 《开天辟地》，《中国少数民族神话》（上），中国民间文艺出版社，1987。
④ 《混散造天造地》，《傣族文学史》，云南民族出版社，1995。
⑤ 佚名讲述、刀干相搜集、岳小保翻译，《月亮和太阳》，稿存德宏傣族景颇族自治州民语委。
⑥ 《苍山飞人》，《中国民间文学全书·大理卷》（送审本），大理白族自治州白族文化研究所，2004。
⑦ 《造天地日月》，《神秘的他留人》，云南人民出版社，2005。

《不灭的太阳和月亮》说到太阳和月亮偷了人间的不死药才变得长生不老。① 《太阳和鸡》讲述因为公鸡叫太阳出来有功而被众生灵封王戴上红冠。② 《太阳和月亮》解释太阳妹妹因害羞，就用绣花针刺人的眼睛，叫人们不敢再看她。③ 《百家姓的来历》里面的太阳则能画人孵人。④ 《星星和月婆婆》里面的月亮甚至变成兔子到人间游玩。⑤ 《苍蝇的金顶和老牛的粗心》提到石头、土地、石榴藤被天神用来做成骨头、肉、筋造大地。⑥ 哈尼族神话《永远恩爱的夫妻》讲古时候太阳、月亮是一对十分恩爱的夫妻，后来他们遭到恶人的迫害才被迫分离。⑦

（三）神话等文本使人和动植物的两重性在某种程度上得到了理解

由于以上两方面的原因，在某种程度上，我们才能够理解神话等文本的两重性，例如神话等文本常常最先描写动植物多重人物的角色性质。彝族创世神话《创世纪》、《葫芦里出来的人》、《复先（伏羲）兄妹配人烟》、《阿霹刹、洪水和人的传说》、《浑水涅天》、《洪水冲天》、《两兄妹造人烟》、《兄妹成亲》、《人类的起源》、《洪水淹天的故事》、《兄妹传人》、《兄妹创人烟》、《兄妹成婚》、《拇指人》等均提到有一个大葫芦挽救过两兄妹，白金老鸹、喜鹊等动物为人类探察洪水退去没有，老鹰、梨树、蛇、藤子、竹子等动植物救人上岸，老鼠为人咬开葫芦让

---

① 《不灭的太阳和月亮》，《乡泉集》，云南民族出版社，1985。
② 《太阳和鸡》，《峨山民间文学集成》，云南民族出版社，1989。
③ 《太阳和月亮》，《禄丰县民间故事普查资料汇编》，禄丰县委宣传部、文化局、民委，1988。
④ 《百家姓的来历》，《景东县民间文学集成》，景东彝族自治县民委、文化局、文化馆，1988。
⑤ 《星星和月婆婆》，文稿由元江哈尼族彝族傣族自治县史志办宋自华保存。
⑥ 《苍蝇的金顶和老牛的粗心》，《乡泉集》（第一辑），新平彝族傣族自治县民委、文化馆，1983。
⑦ 《永远恩爱的夫妻》，未刊稿，文稿由云南省社会科学院史军超保存。

人出来。① 《不灭的太阳和月亮》讲到老鼠和猫如何帮助三兄弟用假扇换出妖扇。② 《苍蝇的金顶和老牛的粗心》讲水牛是被罚来人间犁地做苦役的。③ 《宝葫芦》里讲如果想要什么,就对葫芦喊一声。④ 《黄水潮天》讲到由于金鸡和金鱼守护落水洞,之后水就再也没有涨到天上过。⑤

在神话等文本中,人也被想象成有着动植物的自然秉性。彝族神话《磨盘为何是八丫》讲盘古分天地时人的寿命有一千五百岁,但吃树叶、抱着树睡觉。⑥ 《彝族竹篾笆与山花》讲人类的始祖像猴子一样住在"江边的岩子上,吃的是映山红、猴子包头、大刺莉花"。⑦ 《独眼人、直眼人和横眼人》提到世上的第一

---

① 《创世纪》,《昭通地区民族民间文学资料选编》(第二集),昭通地区文化局、民委,1985。与《创世纪》类似的神话还有:《葫芦里出来的人》(《云南省民间文学集成·祥云县民间故事卷》,云南人民出版社,1989)、《复先(伏羲)兄妹配人烟》(《武定县民族民间文学集成》,武定县文化局、民委、民间文学集成小组,1988)、《阿霹刹、洪水和人的传说》(《路南民间故事》,云南民族出版社,1996)、《浑水湮天》(《蓝靛花——宣威民间故事》,贵州民族出版社,1992)、《洪水冲天》(《神秘的他留人》,云南人民出版社,2005)、《两兄妹造人烟》(《武定县民族文学集成》,武定县文化局、民委、民间文学集成小组,1998)、《兄妹成亲》(《神秘的他留人》,云南人民出版社,2005)、《人类的起源》(《弥渡民族民间故事传说集》第一集,弥渡县民间文学集成办公室,1986)、《洪水淹天的故事》(《楚雄市民间文学集成资料》,楚雄市民委、文化局,1988)、《兄妹传人》(《大姚县民族民间文学集成》,云南民族出版社,1991)、《兄妹创人烟》(《禄丰县民间故事普查资料汇编》,禄丰县委宣传部文化局民委,1988)、《兄妹成婚》(《景东县民间文学集成》,景东彝族自治县民委文化局文化馆,1988)、《拇指人》(《哀牢山彝族神话传说》,云南民族出版社,1990)等。

② 《不灭的太阳和月亮》,《乡泉集》,云南民族出版社,1985。

③ 《苍蝇的金顶和老牛的粗心》,《乡泉集》(第一辑),新平彝族傣族自治县民委、文化馆,1983。

④ 《宝葫芦》,《褶峨风情》续集,峨山彝族自治县民委,1986。

⑤ 《黄水潮天》,《云南民间文学集成·金平故事卷》,金平苗族瑶族傣族自治县文联,1988。

⑥ 《磨盘为何是八丫》,《景东县民间文学集成》,景东彝族自治县县委、文化局、文化馆,1988。

⑦ 《彝族竹篾笆与山花》,《中国民族民间文学集成·永平县卷》,云南民族出版社,1989。

代人"不会说话，不会种田，像野兽一样过日子"。① 《创世纪》里说孩子们"沾在桃树上的姓陶、李树上的姓李、石头上的姓石"。② 《通天树》讲述阿财死后变成毒蛇，阿凤变成美丽的孔雀，毒蛇断了孔雀爱人回人间的路，这就是孔雀见到毒蛇就撕啄的原因。③ 《小黑龙》给我们讲的则是阿黑喝水变成龙飞上天吐水救百姓的英雄故事。④ 傣族神话《英叭开天辟地》提到英叭曾经做八个人分别去看守东南西北四方，但这八个人像动物一样不分男女，不会吃喝，也不知羞耻。⑤ 哈尼族神话《红石和黑石的岩洞》提到人居住在红石头、黑石头岩洞的时候，不知道哪样东西能吃哪样东西不能吃，见老鼠吃什么就学着吃什么；人身上都是毛不知穿什么，见穿山甲穿一个壳就学着用树叶做成衣裳穿在身上。⑥

于是，通过对诸多自然形式或力量的描述以及对人和动物两重性的解释，人与各种自然事物之间的谱系关系在神话等文本中被建立起来，同时神话等文本也让人变成动植物的亲戚。彝族神话《尼苏夺节》说天神仇格紫的妻子天王母生下天下万物，在她生下的二十四个儿女中：长子变成虎上山当了王，次子变成雄鹰翱翔在高空，三子变成龙住进龙宫，其余二十一个儿女全部变成人分散在各地。⑦ 《仙狗的经书》解说洪水泛滥后，世上只剩下姐

---

① 《独眼人、直眼人和横眼人》，《中国民间故事集成·云南卷》，中国 ISBN 中心，2003。
② 《创世纪》，《昭通地区民族民间文学资料选编》（第二集），昭通地区文化局、民委，1985。
③ 《通天树》，《云南民间文学集成·石屏故事卷》，石屏县文学艺术工作者联合会，1996。
④ 《小黑龙》，《巍山彝族四族自治县民间故事集成》，巍山彝族回族自治县民间文学集成办公室，1988。类似的神话故事还有《祭黑龙》、《小黑龙上门》、《朵祜小黑龙的传说》、《小黑龙与卖姜人》、《黑龙潭的传说》等。
⑤ 《英叭开天辟地》，《中国民间故事集成·云南卷》（上），中国 ISBN 中心，2003。
⑥ 《红石和黑石的岩洞》，《哈尼族神话传说集成》，中国民间文艺出版社，1990。
⑦ 《尼苏夺节》，《红河县民族民间故事》，云南民族出版社，1990。

弟二人，姐姐只好偷偷地嫁给了天上的仙狗。① 《裘领》中提到白狐狸变成窈窕女子与一个书生成亲。② 白族神话《氏族来源的传说》讲述大洪水之后，两兄妹生下五个女儿，分别嫁给熊、虎、蛇、鼠、毛虫，因毛虫没有变成人，只繁衍了四个氏族：熊氏族在兰坪；虎氏族在碧江；蛇氏族在怒江，成了傈僳族、怒族；鼠氏族在泸水。③ 《虎氏族的来历》讲洪荒时期，七姑娘为救全家人性命，嫁给了老虎，后代就成了虎氏族，一直繁衍到现在。④ 哈尼族神话《天地人的传说》提到最初的人种直塔和塔婆，头胎生下二十一个娃娃，老大是虎，老二是鹰，老三是龙，剩下的九对是人。⑤ 《动物的家谱》讲远古时候，祖先梅烟恰生下四个孩子：一个是人的祖先恰乞形，一个是所有有脚会跑的动物的祖先优哈，一个是所有无脚会爬的动物的祖先优本，一个是所有有翅膀会飞的动物的祖先优贝。后面三个祖先又衍生出了动物的家谱。⑥

## 三 宗教仪式在神话等文本中的"混淆"

除了宗教思想的"混淆"外，神话等文本中展演的各类仪式也常常表现得异常"混淆"。例如宗教模拟仪式初看起来就像图腾膜拜的形式，随着神话历史故事的发展，具有人格形象的祖先神出现了；为了取悦祖先神、集合群体宣示传统，宗教的纪念或欢腾仪式代替了模拟仪式；为了达到安全、有序、和平的目标，宗教祭献仪式也出现了。另外，各个少数民族为年轻人举办的成年礼中也混淆着各种仪式的成分，虽然它的最终目的是要赋予年轻人积极的品格与参与社会活动的"合法性"资格。

---

① 《仙狗的经书》，《楚雄市民间文学集成资料》，楚雄市民委、文化局，1988。
② 《裘领》，《聂鲁彝族神话故事选》，陕西旅游出版社，1988。
③ 《氏族来源的传说》，《白族神话传说集成》，中国民间文艺出版社，1986。
④ 《虎氏族的来历》，《白族神话传说集成》，中国民间文艺出版社，1986。
⑤ 《天地人的传说》，《中国民族神话精编》，晨光出版社，1995。
⑥ 《动物的家谱》，未刊稿，文稿由云南省社会科学院史军超保存。

（一）纪念仪式与欢腾仪式的混淆

**1. 纪念仪式刚开始只是为了缅怀、纪念英雄祖先及他们的丰功伟绩**

在神话等文本之中，起初纪念英雄祖先的宗教仪式只有着单纯的目的。彝族神话《虎公虎母造万物》讲彝族人正月初八过"虎节"的原因是（作为人类始祖的）猴子和姑娘是在这一天离开虎公虎母繁衍人群的。① 《朵祜小黑龙的传说》讲朵祜村干旱，观音老母见后就给朵祜村丢了一条黄鳝，黄鳝变成小黑龙，小黑龙在天上翻云作雨，滋润禾苗，救了村民，后来村民就在黄鳝落脚处建起小黑龙祠以缅怀之。② 《盐水女龙王脚大》讲黑井一带的产盐区是七局村彝族妇女阿诏放牧时黑牛引她去发现的，后来人们为了纪念阿诏，就把她封为盐水女龙王。仅黑井一地就建有三座盐水龙王庙，三座庙中都塑有彝族女龙王像，其中大井龙洞的女龙王像塑得极为壮观，她的大脚还露在宽大的裤脚下面。③ 《开井节》提及洞庭湖龙王的小女儿来到彝山，找到盐井后就死了，她的羊也化成石羊，人们为了缅怀她的丰功伟绩，就在石羊旁边盖了一座龙女庙，庙里塑着身穿彝族麻布衣裙的龙女像，又把每年的正月十八定为开井节，在盐井边举行隆重的仪式祭献。④ 《火把节的由来（二）》讲述从前有个叫"黑煞神"的土司，住在山上的城堡里，他横征暴敛，欺压百姓，许多人死在他的暴行下，有个叫扎卡的牧羊人，睿智勇敢，他联络十村八寨的穷苦人起来抗暴。为了纪念这次胜利，撒尼人就把六月二十四日定为火把节。⑤ 《撒

---

① 《虎公虎母造万物》，《中国民间故事全书·云南鹤庆卷》，知识产权出版社，2005。

② 《朵祜小黑龙的传说》，《弥渡民族民间故事传说集》（第一集），弥渡县民间文学集成办公室，1986。

③ 《盐水女龙王脚大》，《禄丰县民间故事普查资料汇编》，禄丰县委宣传部文化局民委，1988。

④ 《开井节》，《云南楚雄民族节日概览》，德宏民族出版社，1991。

⑤ 《火把节的由来（二）》，《昆明民间故事》（第一辑），昆明市民间文学集成办公室，1987。

梅人的火把节》也说为了纪念撒梅王曾经率领族人抗击外族的英勇事迹，每年撒梅王被害的日子即六月二十四日这天，撒梅人都要点火把四处寻找撒梅王的精灵，同时还要祭牛王、念牛王经，把吃剩的鸡骨头烧了点燃麻秆，祈祷风调雨顺、五谷丰登、人畜平安。① 《月湖的传说》提到为庆贺前人的开湖壮举，月湖边的撒尼人每年都举行一次摔跤会。② 《冒水洞的传说》讲村中少年木诗朵为使乡亲过上幸福的日子，在堵住岩洞中的落水时，献出了年轻的生命，为纪念木诗朵为大家做出的功绩，人们就在龙潭边建寺庙，每年在此举行祭龙仪式。③

　　哈尼族神话《窝尼坟》说绿蓬渡寨边有个山包，上面有几百座坟，人称"窝尼坟"，传说那里埋的都是当年过江开发绿蓬渡牺牲的哈尼族祖先，而傣族弟兄不忘哈尼人的恩情，每年六月二十四都要杀牛举行"祭窝尼"仪式。④ 《阿郎和阿昂》讲从前太阳、月亮出没无定，时而日月并出，时而日月并落，给人间带来巨大苦难，阿郎和阿昂兄妹俩就用栗树做成磨秋，坐着磨秋飞到天上，劝说日月有规律地出没，后来两人分别被烤死和冻死，以后人们就举行打磨秋仪式纪念他俩。⑤ 民族志资料显示，今天哈尼族在"莫搓搓"葬礼上唱的哭葬歌《密刹威》道出了人们对逝去老人的深情怀念，实际上也是一种对远古祖先丰功伟绩的怀念："嗯哼——欧！嗯哼哼！我们最尊敬的祖父，你是生养我们的亲人，生儿养女，你一夜起十次，养大我们，你一日背十回，每个儿孙的身上，都留有你的手印；我们亲你爱你，一天喊七十次不嫌，我们思你想你，像一天三顿饭不厌……别人的金银都轻如米糠，别家的火塘再暖，

---

① 《撒梅人的火把节》，《中国民间故事集成·云南卷》，中国 ISBN 中心，2003。
② 《月湖的传说》，《路南民间故事》，云南民族出版社，1996。
③ 《冒水洞的传说》，《路南民间故事》，云南民族出版社，1996。陈永邺、洪宜婷：《从神话看"宗教禁忌"作为"社会的法"的原因》，《思想战线》2013第 3 期。
④ 《窝尼坟》，未刊稿，文稿由云南省社会科学院史军超保存。
⑤ 《阿郎和阿昂》，未刊稿，文稿由云南省社会科学院史军超保存。

也没有贤惠的媳妇孝敬你，别人的吃食再甜，也没有你的儿孙叫的甜……嗯哼——欧！嗯哼哼！一户最尊敬的祖父啊，荫庇儿孙的大伞！像绿荫的万年青树样的祖父啊，你是哈尼儿孙的靠望！价值千金的老人啊，你是最贵重的人了，你离家出门去了，家中再有千金万银，儿孙们又到何处把老人买来供养。"①

由于仪典是从英雄祖先那里传承下来的，它们也有着道德上的教化作用，所以要求全体人员在严肃的气氛下举行。彝族《火把节的传说（四）》提到罗武山寨为了纪念一对维护山寨平安，以死殉情的年轻人，便过起了火把节，节日从二十三日开始，二十四日是喜鹊姑娘遇难日，这个时候不准点火也不准唱歌跳舞。② 哈尼族神话《哈巴卡的传说》告诉我们，村寨在节庆、婚丧仪式、房屋落成典礼和其他祭祀活动时要在酒席上唱各种讲规矩的"酒歌"，这类"酒歌"以"严肃"著称。③ 此外，哈尼族的"莫搓搓"葬礼，灵柩被要求在家中放置三五个月，每个月的第十二日要举行一次隆重、庄严的守灵仪式，称作"莫伤"，意为守老人。

因此，这种既继承传统又加以发扬的纪念仪式，再现了传统并把过去拿来"强调"，不但是为了将英雄祖先们的丰功伟绩保存下来，也是为了将过去的信念和群体的正常面貌在世人面前展现出来，这些展演"规则"的仪式对维护村寨社会秩序更是不可缺少的。

**2. 纪念仪式后来被加入娱乐和审美的成分，具有了欢腾的性质**

在举行纪念仪式的同时，人们也会载歌载舞，彝族史诗歌谣《请来聚一堂》就唱出了盛大节日里亲戚朋友间的相互眷恋之情："很久时间了，家门家族们，亲戚朋友们，难以相聚会，一个在天南，一个在地北，互相难相会；年成今年好，日子今日好，请来

① 陈永邺：《欢腾的圣宴——哈尼族长街宴研究》，云南大学出版社，2009，第89页。
② 《火把节的传说（四）》，《楚雄市民间文学集成资料》，楚雄市民委、文化局，1988。
③ 《哈巴卡的传说》，《元江民族民间文学资料》（第一辑），元江哈尼族彝族傣族自治县文化馆，1981。

家门们，请来众族人，欢聚在一堂。高山布谷鸟，叫声听得见，鸟影见不着；深箐萤火虫，照亮自己身，互相看不见；到了今晚上，请来聚一堂，一起唱依依。"① 《牟定三月会的传说》讲很早以前，牟定城里的百姓在知县带领下，除去了城外一个龙潭里的恶龙，除了纪念这个胜利的日子外，大家还把每年三月二十八日定为赶会跳舞的日子。② 《火把节的传说（四）》提到罗武山寨的火把节从二十三日开始，虽然二十四日是喜鹊姑娘遇难日，不点火也不唱歌跳舞，但到了二十五日就点起火把，选出十二个小伙子举行推牛比赛，然后杀牛宴饮，大家围火歌舞，唱完哀歌、古歌后，还要唱情歌，直到二十六日节日才结束。③ 这就是说，在长达四天的纪念节日里面，有三天是欢腾的庆典。《人死了为何要跳歌》谈及彝家老人去世后，在丧葬仪式上有"要跳歌"的习俗。④ 哈尼族神话《棕扇舞》说的是每年农历二月属牛日或属虎日，全村人都要去神树下跳棕扇舞纪念祖先"奥玛妥"。⑤ 民族志资料显示，哈尼族在"莫伤"哀悼纪念逝去的先祖当天进行午餐时，丧家要杀鸡或宰羊，请本村男性家长和外村近亲享用，要吟唱守灵古歌，当夜幕降临之时，本村和外村众多男女青年多自动聚集在丧家的房前屋后，吹拉弹唱，欢歌作乐，跳莫伤舞、木雀舞⑥、棕

---

① 《请来聚一堂》，《武定县民间歌谣集成》，武定县文化局、民委、民间文学集成小组，1988。

② 《牟定三月会的传说》，《云南省民间文学集成·牟定县综合卷》，牟定县民间文学集成办公室，1989。

③ 《火把节的传说（四）》，《楚雄市民间文学集成资料》，楚雄市民委、文化局，1988。

④ 《人死了为何要跳歌》，《楚雄市民间文学集成资料》，楚雄市民委、文化局，1988。

⑤ 《棕扇舞》，《中国民族民间舞蹈集成·云南卷》（上），中国 ISBN 中心，1999。

⑥ 关于木雀舞的民间传说是这样的。过去有一家姓卢的人家，有一个小孩全身长了癞疮，一直医治不好。父母就把他放在山洞里，后来飞来一只小雀，天天舔他身上的疮，慢慢地帮助他治好了疮。病愈后，他回到家中时父母都已死了，村里的人都不认他，他只好到村外杀牛祭奠父母，并用树木制成了小雀。在祭祀仪式中，他手拿着木雀，边跳边念："我是你们的儿子，是小雀救活了我。"也因此，木雀舞只有姓卢的人家才能跳，但也形成了当老人去世时要杀牛祭奠，甚至跳木雀舞送葬的习俗。

扇舞①，这些舞蹈还有借机选择对象的功用，大家彻夜歌舞、狂欢不止。而专职妇女在纪念祖先的葬礼场合伤心哭唱"咪煞围"时，其中以由专门的谜煞围女歌手（不是主祭摩匹，亦非死者亲戚）以儿女身份替亲属代哭最为特殊。它历述父母生前建家立业之辛劳，养儿育女之大恩，而今别离之悲痛。音调之悲切、情感之真挚，常使在场者怆然泪下。"但一段哭毕，歌手却谈笑风生……为之动情者也往往将泪水一抹，称道起歌手哭歌的能耐。"② 这说明哈尼人的谜煞围已远非单纯意义上的丧葬仪典，它早已被赋予了道德教化的社会目的。③

这就是纪念仪式为什么要加入娱乐和审美成分的原因，这也是涂尔干的观点，即为了道德教化、传承祭祀以及维护社会秩序，如果这些仪典只是一项项简单、古板、乏味的活动的话，就很难在每年的某个固定时间把全体人员召集在一起。而举行宗教仪典的最大目的也是要唤醒某些神圣的观念和集体的情感，以进行"集体精神"的再造——把现在的成绩归为过去的努力，把个体的荣誉归为群体的荣耀，以借此凝聚集体的力量。而作为一切宗教仪式所固有的东西，尤其是在纪念仪式上，那些处在圣俗分界线上的娱乐和审美的成分，常常会被扩大成普通意义上的集体欢腾，能很好地补充和完善各种祭祀的目的。此时此刻，法律的精神也得到弘扬，而它和社会精神之间的差距已显得微乎其微。④

---

① 有关棕扇舞的民间故事是这样的。远古时，一位哈尼族祖先要将棕扇舞教给中老年妇女，但是舞蹈尚未教完这位祖先就升天了。祖先的拐杖插在村头，长成了参天大树，人们就把它看作祖先的化身，以后每逢农历二月属牛或属虎日，全村人都会去神树下跳这种舞纪念祖先，表达人们对祖先的崇敬之情。于是，就形成了哈尼族一个隆重的祭祖节，被称为"阿玛突"。

② 李元庆：《云南省红河州哈尼族民歌概述》，《中国云南红河哈尼族民歌》，云南民族出版社，1994，第 16 页。又见于李元庆《哈尼族传统音乐的多元功能》，《民族艺术》1996 年第 6 期。

③ 李元庆：《哈尼族传统音乐的多元功能》，《民族艺术》1996 年第 6 期。

④ 详见第三章第一节之二"建立在宗教保护神基础之上成员之间的权利和义务关系"。

### 3. 欢腾的表现仪式跟庆丰收的仪典在实质上并没有什么区别

跟传统上庆丰收的仪式进行比较，欢腾的仪典与之在实质上并没有什么显著的区别。彝族神话《火把节的传说（五）》提到人们为确保粮食丰产，在稻谷含苞、苞谷荞麦开花的六月二十四日前后要举行大规模的点火把灭虫庆丰收仪式，灭虫之余开展斗蟋蟀、斗屎壳郎、斗鹌鹑等娱乐活动，年轻人还会在暮色下的密林中谈情说爱。①《火把节》讲在稻穗都出齐了的时候，为了庆祝丰收，人们举着火把又唱又跳，并杀一只羊祭谷神，这一天（六月二十四日）就成了谷穗的生日，人们用火把照着稻子出穗。②《高鲁山一带的端午节》谈到很久以前，一个道人路过高鲁山，并在山路上种下一塘瓜，在瓜塘旁边撒下一些细米，后来瓜藤变成四通八达的山脉，瓜儿变成村村寨寨，细米变成杨梅。于是，每年五月初五端午节杨梅熟了的时候，四面八方的彝族纷纷汇聚高鲁山，采摘杨梅，尽情欢乐庆祝，以此纪念那位给人们带来美满生活的道人。③《打谷歌》、《月亮出来了》等歌谣唱出了人们秋收时欢快喜悦之情，其中有"田中谷黄心火急，一抖起来劲无比。手忙脚乱不泼洒，熟到嘴边要爱惜"，④"月亮出来了，弦子调好了；我们大家一起跳，歌唱丰收年"⑤等欢快的唱词。

民族志资料显示，在西南少数民族最重大的农耕节日中，例如在哈尼族作为岁首的"十月年"举行的祭祀歌唱、在餐桌上的古歌咏颂、在铓鼓声中的歌舞自娱，⑥既是对农作物丰收的庆贺仪

---

① 《火把节的传说（五）》，《寻甸民族民间故事集》，云南民族出版社，1995。
② 《火把节》，《蓝靛花——宣威民间故事》，贵州民族出版社，1992。
③ 《高鲁山一带的端午节》，《嶍峨风情》，峨山彝族自治县民委，1985。
④ 《打谷歌》，《巍山彝族回族自治县民间歌谣集成》，巍山彝族回族自治县民间文学集成办公室，1989。
⑤ 《月亮出来了》，赵琼仙、起兆仙、普廷风、习会芝等唱述，稿存楚雄彝族自治州彝族文化研究所。
⑥ 流传在滇南哀牢山地区建水县普古鲊村、黄草坝的著名的"胡督补鲁则"，即"铓鼓舞"的一种类型，村民把"铓"解释为谷子饱满，把"鼓"解释为谷子多、丰收。

式，也有"祭先祖以求保佑，敬霜（雪）神以求普降大地，冻死虫害，便利农耕"的目的和对来年继续获得丰收的渴望。而春季举行的全村性祭寨神活动"阿玛突"，由最受尊敬的长者做"咪谷"主持仪式，他高唱祭祀歌，以求寨神护佑寨子安宁、人丁兴旺，禽畜满厩、五谷丰登；贝玛则率领由各种民间乐器组成的乐队游寨唱奏，意在驱邪逐魔于村寨之外，不使其作祟造孽。夏季时的"六月年"节日活动，其中的"枯杂杂"串寨歌舞、打磨秋娱乐和各种祭祀歌唱，不仅是为了消除人们的疲劳、善待耕牛赐其上山自由觅食，还要祈求管庄稼的天神"威嘴"、"思批"保佑来年风调雨顺，收成有望。①

显然，通过这些带有欢乐性质的因事而唱奏、发自内心的虔诚的庆丰收仪式，人们期望且相信各种神灵会给群体带来福祉，满足他们美好善良的愿望，每个人也会在这种娱乐活动的参与中，得到某种愉悦和心灵上的慰藉。② 这些年年都有的音乐歌舞活动，增强了团体以血缘为纽带的内聚力，维系着人与自然、人与社会之间的和谐关系，使群体在与外族的竞争中，得以自立、繁衍和发展。③ 而对于"规则"的形成及净化社会来说，这些宗教节日仪典无疑也是最有意义的活动。

（二）供奉仪式和共享仪式的混淆

供奉仪式及与祖灵一起进餐的仪式，均有一个共同目的，就是祈求神灵庇佑大家顺顺利利、平平安安，哈尼族《建寨传说》说人们在建寨盖屋的时候，在朝阳坡处选宅基须把红公鸡献给神，才能顺利盖起房子；在出寨口处要打杀鸡狗、立起木桩，才能驱

---

① 李元庆：《哈尼族传统音乐的审美观念》，戴庆厦主编《中国哈尼学》（第1辑），云南民族出版社，2000，第107页。又见于李元庆《哈尼族传统音乐的多元功能》，《民族艺术》1996年第6期。

② 彭兆荣：《兄妹婚神话结构之分解与整合》，《贵州大学学报》（社会科学版）1988年第3期。又见于李元庆《哈尼族传统音乐的多元功能》，《民族艺术》1996年第6期。

③ 李元庆：《哈尼族传统音乐的多元功能》，《民族艺术》1996年第6期。

除一切魔鬼灾难和疾病。① 民族志资料显示，红河两岸的哈尼族祭献磨秋时，认为磨秋杆着地的顶端（制作磨秋杆的木材靠近树梢的那端）指向东方，就预示着该村的梯田本年度将获得大丰收；若磨秋杆顶端指向西方，则表示该村旱地本年度将有好收成。② 纳西族信奉东巴教，东巴教宣扬灵魂不灭的思想，认为人死后，其灵魂也如生前一样要穿衣、吃饭和跟祖先团聚，因此就要送魂开路，送到老祖先居住的地方，在家中则要置神位和立祖先牌位祭祀。纳西族的崇拜祖先和祭祖活动相当频繁，平时一日三餐都要给神敬献食品，早晚要进香；小孩的满月命名、定亲、嫁女、结婚、开丧及一般节日都要祭祖先，此外还有专门的祭祖节日。③ "寨神"、"勐神"被傣语通称为"帝娃拉曼"、"帝娃拉勐"，人们认为，没有家神、寨神、勐神，则家不成家、寨不成寨、勐不成勐。所以诸神是命运的主宰，一切祸福、境遇的顺逆都是神的安排，而在敬奉寨神、勐神时须用不同数量的蜡条以示区分，才能纳福求吉。可以说，各个家庭和社会对此的愿望都是一致的。

**1. 供奉仪式必须以景仰神的思想为主，而且它只对人格神的存在而言**

在村寨，人们的观念里，各种神圣人格能给人间带来吉祥祸福，这些神圣人格正是各种神话经常提到的那些祖先神，例如彝族创世神话《创世纪》中的白胡子老人、《百家姓的起源》里的兄妹俩、《浑水湮天》的白胡子神仙、《北斗七星的故事》的太上老君等。习俗歌《张灶君》里的灶君在玉帝面前为人间讲好话，所以民间年末都要祭祀灶君。④ 也可以说，供奉者奉献给神的，并不是摆放在祭坛上的圣物，也不是供奉牺牲的血和肉等祭品，而是

---

① 《建寨传说》，《寨神——哈尼族文化实证研究》，云南民族出版社，1998。
② 陈永邺：《欢腾的圣宴——哈尼族长街宴研究》，云南大学出版社，2009，第98页。
③ 白庚胜：《纳西族风俗志》，中央民族大学出版社，2001，第83页。
④ 《张灶君》，《普洱民族民间歌谣集》，普洱哈尼族彝族自治县民委、文化馆，1987。

自己的思想和愿望。

**2. 共享也是祭献仪式中的另外一个基本要素，通过共享还要人为地使被供奉的对象更具有神圣性**

虽然供奉和共享圣物是两个不同的仪式，但是二者常常一前一后地发生，彝族神话《扎扎阿尼》说扎扎阿尼是彝族最高首领芒都慈莫家的毕摩，按芒都慈莫家的规矩，每九代要做一次大斋，斋后把毕摩杀了殉斋。① 根据民族志资料，哈尼族在过"苦扎扎"节与神灵共享的长街宴上，主人常会为逝去的先祖空留一个位置，开宴前要先撮少许的饭菜扔在地上请天地间的各种鬼神来"吃"。② 在"昂玛突"和"十月年"时，每家每户常把各自分得的那一份"生轰"或"龙猪肉"③摆在宴席中央请祖先前来"一起吃"。在绿春县哈尼族的葬礼中，死者入殓之后，孝子日夜守灵、举哀，吃饭时，要先把煮好的饭、菜及酒，摆在灵柩旁的簸桌上供献给死者，一般由死者的长子祭献。每次祭献时，孝子双脚跪拜斟酒、磕头，然后泼一点儿酒，又把每样祭品夹一点儿在地上，意思是让死者先"吃"，礼毕，孝子就在灵柩侧的供桌上与死者共享祭品。其他吊唁者随后也可以吃，但吃前都要先夹一块肉丢在地上，请死者先"吃"，这种顺序具有先供奉死者，再与死者共享的含义。吊丧期间，亲友等每到死者家，都要遵循这样的丧礼程序。④

因此，在人们神态庄严地食用牺牲之前所要举行的一系列供奉和共享仪式，象征新旧两个阶段的隔离，这些仪式能使参加仪

---

① 《扎扎阿尼》，《昭通地区民族民间文学选编》（第二集），昭通地区文化局、民委，1985。
② 陈永邺：《欢腾的圣宴——哈尼族长街宴研究》，云南大学出版社，2009，第162页。
③ "生轰"或"龙猪肉"乃是全寨子共同用作祭品的神猪，意思是"共同分的"。按照古规，"生轰"无论大小，必须按全寨户头平均分配，尤其不能缺了血和肝，哪怕只能分到一小点儿，也要家家分到，这是为了全寨各户都能用同一头神猪的肉分别祭祀各家的祖先。
④ 陈永邺：《欢腾的圣宴——哈尼族长街宴研究》，云南大学出版社，2009，第105页。

式的人得以神圣化。人们通过这种人为的隔绝将某些阶段和项目分开，并给参加者以心理上的缓冲，牢记地位或者身份转换的事实，并在此后的环境里遵循这些"规则"。这些仪式随即构成了一个基本的过渡阶段，在神话等文本里，经历这个阶段的人，有时甚至是狗等其他与人类相"混淆"的动物会实现其宗教状态的转变，进入神圣的空间。彝族神话《狗偷谷种》就提到相传彝族的祖先没有稻谷，有个人带到西洋对岸去游玩的狗十分狡猾，帮他们带回来谷种，立下大功。为了报答狗的功劳，每年收新谷吃新米时都要举行尝新仪式，让狗先品尝新米饭。① 《彝族丧礼献生肉的来历》讲述彝族丧礼上托盘迎客，敬奉每个亲戚三块生肉并一起共享的习俗之来源也具有类似的原因。②

涂尔干在《宗教生活的基本形式》一书有关"祭祀的要素"中指出，仪式有两个本质的特征："首先是有关进食的问题，它的实体是食物，其次还是有关进食的问题，奉献牺牲的崇拜者与他们所尊奉的神共享牺牲，牺牲的某些部分是为神而保留的，而其他部分则由奉献牺牲的人来享用……根据部分等于整体的法则，要不时地将一小块肉吞到自己的肚子里。"③ 实际上，人们以供奉亡灵并与之共享的名义宰杀各种"牺牲"，并非仅仅为满足口腹之需，共享更重要的还是为了维护和补充团体成员精神性质的力量，增强个体相互认同的集体意识，增强人们未来面对困难团结一致的决心和勇气。例如在哈尼族与"昂玛突"和"十月年"等类似的宗教节日上，每个人只需要根据"法则"吃下一小块神圣的"生轰"或"龙猪肉"就能达到这一目的，我们由此亦可体味早期某些"法则"出现的根源。

---

① 《狗偷谷种》，《禄丰县民间故事普查资料汇编》，禄丰县委宣传部、文化局、民委，1988。
② 《彝族丧礼献生肉的来历》，《三女找太阳——楚雄市民族民间文学集》，云南人民出版社，2001。
③ 〔法〕爱弥尔·涂尔干：《宗教生活的基本形式》，渠东、汲喆译，上海人民出版社，1999，第 432 页。

### 3. 供奉者与鬼神之间还要遵循一套等量交换的法则

人与神之间的等量交换"法则",在法国人类学家莫斯看来,它是一种服务的交换,体现了整个祭献的机制。"一方面,通过祭献满足神受尊崇、受仰拜的需求;另一方面,拥有相同名字的集体会祈求神灵庇佑,神也要满足人的要求,帮助实现人间社会安全、有序、和平的目标以及庄稼和人口最好增产的效果。"① 彝族神话《龙女(一)》提到鲁塘基崖默是老龙王的一位心地善良的女儿,她代替老父去巡查人间,装成乞丐到多个彝家村子走访,哪些村寨对她好,她就给那里点出大小不同的龙遵水。龙水洞、一碗水、黄草坝龙潭都是这样得来的。② 《玉泉山》讲古时候华宁县青龙乡有个村子叫玉泉山,干旱无水,某夜,村里人都做了同样的梦,根据梦示,大家合起来杀了一头猪祭祀山神,在山神的帮助下,很轻易就挖出了一股很大的泉水,村人非常珍爱这股清澈甘甜的泉水,就每年杀猪祭祀山神,玉泉山也因此得名。③ 由此可见,人们心目中的神灵世界与人类社会是大致相近的,人不仅要为维持自身的生计付出艰辛的劳作,还要在各种场合供奉牺牲或其他食物给诸鬼神,以求其提供生存的条件。民族志资料显示,哈尼族在"祭磨秋"、"祭寨神"或"十月年"祭天神及各种大神时,一定要供奉牛肉、茶、酒、米等各种神圣祭品给他们"享用"。

不过,如果祭献没有达到目的或者得到的效果是相反的,那么即使是神也要接受惩罚。例如彝族神话《雨神龙踏恣》里的雨神由于误信而假传旨意,造成了人间的灾难——屋舍被冲、田园干枯,为了弥补罪过只有砍下自己的头喷血补雨。④ 《神龙降雨》讲到黑白两条小龙,被父亲派到撒梅人居住的地方深勒白和未腊

① 〔法〕马塞尔·莫斯:《礼物》,汲喆译,上海人民出版社,2002,第24~29页。

② 《龙女(一)》,《玉溪市民间文学集成》,玉溪市文化局、民委、文联、群艺馆,1989。

③ 《玉泉山》,《中国民间故事集成·云南卷》,中国ISBN中心,2003。

④ 《雨神龙踏恣》,《新平县民间故事集成》,云南人民出版社,1999。

处为人间降雨，然而，白龙天天睡懒觉、下冰雹，毁坏庄稼，还伤了人，黑龙很生气，便与它扭打起来，扭断了它的一只角。①《火把节的传说（一）》讲述远古的时候，一个恶神依天皇指令到人间暴敛百姓，人们愤怒地点燃千万把火把将天梯烧倒，经过九天九夜战斗，把恶神杀死了。②《左土司斗龙的传说》讲述在左土司的故乡祖房箐的水塘里有条大黑龙，与老土司是亲家，自新土司继任后，黑龙恶性发作，不下雨，老土司只得宴请黑龙，给它送些银两，请它给水，但黑龙不守信用，还要千猪万羊。新土司生气了，带村民在六月十八这天在水塘边，见洪水冒出，就丢石头，见清水冒出，就丢包子，以示赏罚分明。③哈尼族神话《阿咱搓的传说》提到白宏人居住的地方干旱，求天神下的雨都被一只大鬼鸟吞了，为了射死大鬼鸟，他们以猪鸡祭献大鬼鸟，大鬼鸟中箭之后变成黑云飘走了。④

前面我们提及，实际上，在这些祭献场合，人们奉献给神的，并不是摆放在祭坛上的圣物，也不是供奉牺牲的血和肉等祭品，而是自己的思想和愿望。由于人格神只存在于供奉者的意识之中，人还必须通过周期性、经常性的祭献，才能使之与现世的人间不断相沟通而维持一种积极、双向的关系。彝族神话《杀牛山的传说》讲黄草坝新寨村的村民们为了感谢天神的暗中保佑，以使村寨风调雨顺、人畜兴旺，共同议定：每九年要杀一头牛，三年要杀一只羊，男女老少要到山上祭拜山中的天神。后来，这座山就被叫作"杀牛山"。⑤《虎神石的来历》讲一个仙人夜里赶着一块

---

① 《神龙降雨》，《昆明民间故事》（第一辑），昆明市民间文学集成办公室，1987。
② 《火把节的传说（一）》，《云南民间文学集成·华宁县集成卷》，华宁县文化局、文化馆、民委，1989。
③ 《左土司斗龙的传说》，《南诏故地的传说》，巍山彝族回族自治县民间文学集成办公室，1987。
④ 《阿咱搓的传说》，《元江民族民间文学资料》（第六辑），元江哈尼族彝族傣族自治县文化馆，1986。
⑤ 《杀牛山的传说》，《玉溪市民间文学集成》，玉溪市文化局、民委、文联、群艺馆，1989。

石头来，无意间给村寨送来了一股四季流淌的清泉，人们就把此石头视为神灵常年敬奉，并尊称其为"虎神石"。大凡孝顺善良之辈，有困难请虎神石帮忙都会有求必应。① 《耍龙的由来》提到一个秀才医治好蒙化龙王的眼疾后，每至干旱，百姓只要依照秀才画的龙样做龙，到龙潭祭献，即得雨水。② 《雄鸡石》讲锁梅寨的吴郎山中有一座雄鸡寺，寺内常年供奉着一块天然的雄鸡石，不论到寺里活动的人是多还是少，淌出的米都够参加祭祀的人吃。③ 《阿宝村与金蛤蟆》讲宜良阿宝村曾经泉岩干枯、瘟疫流行，土地公公把自己最珍贵的金蛤蟆送给了村民，人们根据他的交代把金蛤蟆埋到村中的大树下祭献，树下顿时流出两股泉水，消除了瘟疫。从此以后，村中年年五谷丰登，而村民们每年大年初一都要在大树底下祭献以感谢土地神。④ 哈尼族神话《马鹿村的由来》提到元阳的石头寨和马鹿村，人们按年节祭献一对马鹿石，它们也把福气赐给哈尼人使当地的哈尼山寨年年五谷丰收、人畜安康。⑤

可见，在氏族、家族等不同的血缘群体与村寨等纯政治团体中，父权制社会的头人、首领带领人们于不同时间、不同季节举行的各种不同仪式，既是为了纪念祖先，也是想通过供奉来与之保持一种双向、积极的关系以获得保护，并满足村寨自身对安全、有序、和平社会环境的需求。

（三）模拟仪式与欢腾仪式的混淆

根据弗雷泽在《金枝》一书中对"相似生相似"原理的论述，模拟仪式赖以存在的原则，是通常被称为感应巫术的某种基础：

---

① 《虎神石的来历》，《包头王传奇——楚雄市民族民间文学集成》，香港天马图书公司，2000。
② 《耍龙的由来》，《巍山彝族四族自治县民间故事集成》，巍山彝族回族自治县民间文学集成办公室，1988。
③ 《雄鸡石》，《昆明民间故事》（第一辑），昆明市民间文学集成办公室，1987。
④ 《阿宝村与金蛤蟆》，《阿则和他的宝剑》，云南民族出版社，1985。
⑤ 《马鹿村的由来》，《元江民族民间文学资料》（第二辑），元江哈尼族彝族傣族自治县文化馆，1982。

因为任何事物只要跟某个对象发生接触，就接触了与该对象有关系的所有事物。① 因此，模拟仪式就是通过模拟与事物的相似以期望得到相同的效果，值得强调的是，宗教当中的模拟仪式是一种群体的行为，并非巫师个体的巫术行为可比。

**1. 初看起来，模拟仪式中的方法和咒语就像图腾膜拜的形式，人们通过模拟图腾的各种样态——膜拜"云"就在所属领地上刻上云的图案，膜拜"雨"就在举行祈雨仪式时模拟下雨的情景**

首先，彝族神话《石牛角的来历》讲述，很久以前，芝兰坝子人稀地广，土地肥沃，人们靠刀耕火种获取粮食。有一年，正在谷子抽穗、玉米戴帽之际，干旱笼罩了整个坝子，看着即将丰收的庄稼，人们心急如焚。一天，从四川来的两个白胡子老人在坝子西面的山上为这个干旱的坝子做了两个石牛角模拟求雨，这被一个睡在丛林里的牧童听到了，从此，每遇干旱，人们总要带着食物到石牛角，像那两位老人一样求雨。② 《荡秋千习俗的来历》讲述，从前，地上大旱，在人间成亲的仙女想上天为民求雨，却苦无通天之路，便让人架座秋千，荡上天去求雨，由此就有了节日荡秋千的活动。③

其次，与祭献仪式相似，模拟仪式也是一种与神圣思想相互沟通的手段。人们模拟动植物的样子或与之相似的动作，无论是在思想上还是在行为上，都是为了确保集体精神④效力的真实存在，虽然这种效果也要通过客观观察的结果才能得到印证。如果不出意外的话，人们确实能得到他们所希冀的结果——秋收时品

---

① 〔法〕爱弥尔·涂尔干：《宗教生活的基本形式》，渠东、汲喆译，上海人民出版社，1999，第 470 页。
② 《石牛角的来历》，《禄劝民间故事》，禄劝彝族苗族自治县文化局、民间文学集成办公室，1991。
③ 《荡秋千习俗的来历》，《彝族民间故事选》，中国文联出版社，2003。
④ 根据涂尔干的说法，这种"集体精神"通常表现于宗教准则、禁忌、习惯形式，以及公平、正当等社会的"集体意识"之中。

尝到通过模拟仪式带来的风调雨顺、粮食满仓、牲畜满栏、添丁增孙等甜蜜果实。

**2. 为了生长、繁衍、安全等，在集体的欢腾仪式上，人们模仿与神的相似、摆出各种姿态和样貌、做出各种舞蹈动作并发出喊叫、唱出各种歌声**

首先，各种模拟动作是为了确保物种生长这一明确的主题。彝族神话《六月节的来历》讲，古时候，彝族聂苏人居住的地方有个黑透良心的魔鬼，不愿让聂苏人过好生活，便放出很多的蛆虫来咬噬庄稼。后来，人们见一位白发苍苍的老人在火把上不断撒松香来烧蛆虫，就模仿着做，把庄稼上的蛆虫都烧死了，此后的农历六月二十四日至二十五日这两天，彝家人都要点燃火把，载歌载舞过六月节。① 哈尼族神话《扇子舞》告诉人们，跳扇子舞的主要是男人，这种舞蹈代代相传，不仅仅是模仿神鸟的动作，还加上模拟生产劳动情景的动作，如背肥、送肥等。② 《吃虫节》讲述，除夕这天把蚂蚱的翅膀、腿脚拿到蚂蚱精住的光山上焚烧，把身子油炸了摆在桌上，模拟蚂蚱精被处死的情形，是为了让它不敢来抢人间的食品吃。因此，除夕这天又叫"吃虫节"或"吃蚂蚱节"。③ 《乐作舞》告诉我们，乐作舞中有很多形似打荞、踩荞、簸荞、筛荞的动作，是人们模拟劳动生产时的舞蹈，它也成为大家相聚、庆祝大丰收时必跳的舞。④ 《老人去世舞》提到，为老者举行隆重葬礼的"莫撮撮"，是一种模仿各种生产生活场景的舞蹈。⑤ 《阿咱搓的传说》中说，铓鼓舞（哈尼语为"阿咱搓"），像鹭鸶点头，是为了感谢天神下雨；像老虎洗澡，以表示万物的

① 《六月节的来历》，《礼社江》文艺报"神话传说"专版，元江哈尼族彝族傣族自治县文化馆，1986。
② 《扇子舞》，《中国民族民间舞蹈集成·云南卷》（上），中国 ISBN 中心，1999。
③ 《吃虫节》，《玉溪故事集成》，云南民族出版社，1990。
④ 《乐作舞》，未刊稿，文稿由云南省民族艺术研究所白学光保存。
⑤ 《老人去世舞》，未刊稿，文稿由云南省民族艺术研究所白学光保存。

欢乐。①

　　民族志资料显示，在"苦扎扎"②的长街宴上，哈尼族村寨里的人们常以盛大的宴席模拟物产丰收的景象。此外，"苦扎扎"节日期间人们也要举行"转磨秋"和"荡秋千"活动，通过《有关哈尼族"苦扎扎"节由来的神话故事》可知，其实它也是哈尼族先民创造的一种以万物生长为目的的宗教模拟仪式，因为祭祀歌唱道："听了，那远古的时候，哈尼先祖去烧山，哈尼先祖去开田，早上烧出的山是九架，晚上开出的田是九块，烧山烧黑了九十九架大山，开田开出了九十九个山坡……熏得野猪的一家老小去跳崖，烧死了狐狸家的七个儿子，挖倒了蚂蚁七代的老窝，挖断了蚯蚓兄弟的脖子……"由于烧山开田中哈尼得罪了山上的大小动物，它们就上天向梅烟天神控告哈尼的罪行，住在洞里的老熊和野鼠的证据是："梅烟天神，我们没有了在处，我们打失了歇处，哈尼为了养活自己的儿孙，天天来烧山开田。不烧的山一架没有了，不开的田一块没有了，烧山烧倒了岩洞，老熊没有在处，开田挖坍了地洞，野鼠没有在处；阿波啊，我们要断子绝孙了，快叫哈尼歇手吧，快叫他们不要上山来……"天神据此裁决如下："野物们，我阿匹梅烟定下新的规矩：每年六月来到的时候，要重重地惩罚哈尼人，不分老人小娃，不分男人女人，都要轮流吊在半空中，活活饿死哈尼人！"不过，万能的大神梅烟，又来教受苦的哈尼："哈尼，我的儿孙，每年苦扎扎的时候，不准再杀男人，在杀人供祭的秋场上，我立起高高的荡秋和磨秋，在杀人供祭的秋场上，要杀翻最壮的那条牛，砍下牛头顶人头，拿来供献天上的神……"之后，"苦扎扎的时候，九山的野物来到哈尼村寨，看

①《阿咱搓的传说》，《元江民族民间文学资料》（第六辑），元江哈尼族彝族傣族自治县文化馆，1986。

②"苦扎扎"在哈尼语中是"五荒六月，雨水频繁、气候湿热，形容枯槁、青黄不接，度过艰苦岁月"的意思。参见王尔松《哈尼族文化研究》，中央民族大学出版社，1994，第185页。

见哈尼的男女老幼，一个一个被吊到了天上（打荡秋），看见所有的哈尼人，一个一个被绑上了木头（打磨秋），得到了天神的惩罚，人人喊出了痛苦的声音（欢乐的喊声）……从此就再不上天告哈尼人了。"①

其次，这些模拟姿态也是为了人口繁衍这个直接的目标。彝族神话《娶嫁的传说》讲述，四仙女来到南方的磨盘山和龙马山看见一群打得猎物的男女在狂欢，就教她们唱仙歌、跳仙舞，歌舞中，四仙女分别同四个聂苏伙子亲热在一起，人们见了心发痒，都仿效四仙女。② 《阿细跳月的由来》讲述，阿细男女青年模仿阿者和阿娥这对夫妻相亲相爱的样子，创作出阿细跳月这种舞蹈；阿者用弓箭射掉十个太阳中的九个，人们在阿者弓弦的启发下，发明了阿细跳月的伴奏乐器三弦。③

最后，模拟仪式还有安全上的考虑。彝族神话《打歌的传说》讲述，在一次战斗中，诸葛亮的士卒只剩下七个，被围困在丛林中，他叫士卒踩响脚步，拍响手掌，边跳边喊，自己吹着哨子，以此迷惑敌人。自那次后，丛林附近的彝家人为纪念智谋高超的诸葛亮，模拟诸葛亮士兵的动作，创造出"打歌"，后成为习俗。④哈尼族神话《脚拇趾扭动舞》告诉我们，每当卡多老人去世都要跳模拟黄鼠狼动作的脚拇趾扭动舞，以消灾避祸。⑤ 《棍棒舞的来历》告诉人们，哈尼族举行葬礼时必跳的棍棒舞，既是为死者驱赶魔鬼、豺狼野兽，使他的灵魂能平平安安回到祖宗所在的地方，

---

① 有关哈尼族"苦扎扎"节由来的神话故事最少有两个版本，均载于西双版纳傣族自治州民族事务委员会编《哈尼族古歌》之《窝果策尼果》（古歌十二调）第十五章"奇虎窝玛策尼窝"（十二月风俗歌），朱小和演唱，云南民族出版社，1992。
② 《娶嫁的传说》，《哀牢山彝族神话传说》，云南民族出版社，1990。
③ 《阿细跳月的由来》，《弥勒民族民间故事》，民族出版社，2003。
④ 《打歌的传说》，《南涧民间文学选》（第一集），南涧彝族自治县民间文学集成办公室，1985。
⑤ 《脚拇趾扭动舞》，《哈尼族民间舞蹈》，云南人民出版社，2001。

也是为了村寨的安宁。① 《大鼓舞的传说》讲述，人们把大鼓当作神圣的鼓，在村寨大型的祭典仪式上，在鼓声伴奏下模拟各种动物形态起舞，是为了把妖魔吓跑，给寨子带来太平。②

因此，神话故事告诉我们，宗教模拟仪式的目的就是要借此保证包括"庄稼、人、畜"及其他被损害的各种大小动物等万事万物的安全、繁衍。

总之，由于宗教是形成包括法律在内的所有人文社会科学和自然科学的基础，作为一种一般的作用，宗教仪式根据不同的情况以混淆的形式被表现出来，目的可能只有一个：规定参加者在神圣对象面前应该有怎样的行为举止。一方面，这些规定并非个体感情的自发表达，而是集体生活和集体心灵状态的表现，例如它把个体顺利地引入神圣的世界，赋予其"神圣本原"的品质，使之成功地融入集体生活，让参加者的角色、能力和地位被社会承认，使之更具有责任心和义务感。另一方面，被"混淆"起来的仪式有着相同的有效性、可塑性和替代性，人们通过共同的行动将这些集体的情感表达出来，仪式在发挥作用时表现出极端的一致。因此，许多宗教仪式明显带有法律起源的痕迹，在人类社会初期，二者的差距非常微小。

## 四 禁忌在神话等文本中的"混淆"

作为专有名词，禁忌（taboo）一词原先是南太平洋波利尼西亚汤加岛人的土语，意思为避免遭到惩罚，禁止用"神圣"的东西、禁止触犯和接触"不洁"的人和事。③ 不过，群体的宗教禁忌仪式与巫师个人的巫术禁忌行为常常被混淆在一起，例如在仪式

---

① 《棍棒舞的来历》，未刊稿，文稿由云南省民族艺术研究所白学光保存。
② 《大鼓舞的传说》，《元江民族民间文学资料》（第六辑），元江哈尼族彝族傣族自治县文化馆，1986。
③ 田成有：《法律的起源——从禁忌、习惯到法律的运动》，《法学研究》1994年第6期。田成有：《民族禁忌与中国早期法律》，《中外法学》1995年第3期。

中禁止用手指天和彩虹、禁止直呼某人的名字，在某些神圣的场合禁止参与者衣着随便，等等，它们到底是群体的禁忌规范，或只是临时性的个体巫术禁忌规定均不能明确。二者的共同之处在于：都是对掩藏于某一事物中的魔鬼力量的信仰。虽然这种魔鬼力量的出处并不完全相同，但都要为此对圣俗两种不相容的事物采取隔离措施——也就是说，从吃穿住行到人的心理活动，从行为到语言等日常生活，特别是在"性关系"和婚姻方面，[1] 二者都会要求人们切勿违禁忌，激怒鬼神，必须要小心谨慎、千万不能乱来。二者的区别可由下列问题看出。

（一）个体的巫术禁忌行为规定独立于神灵体系，它不同于群体的宗教禁忌仪式，并不需要专门重申某些特定的信仰，而只需依凭巫师自身的力量即能获得结果

由上可知，巫术禁忌行为之所以不同于宗教禁忌仪式，是因为宗教当中的禁忌仪式是一种群体的行为，不能完全等同于巫师个体的巫术行为。

例如，彝族神话故事《石阿鼐》提到，石阿鼐有一匹能飞的龙马，常骑这匹马到昆明买米线给妈妈吃，但司城村有一个姓朱的财主，他将乌鸡和狗血涂在龙马身上使之失去了神性。[2]《癞龙与小姐》中讲，武胜祖小的时候碰到一个人，叫他喝他的尿，吃他的屎，武胜祖死活不肯，原来这个人正是他的生父——环州长塘子里的癞龙，据说武胜祖差点因此而能成仙上天。[3]《乌龙口的传说》讲述，桂花村一座山的山脚下一个出水口里面有座宫殿，住着一个老龙王和四个龙女。每年雨季，四个龙女在龙王的带领下到龙山赶龙会，她们路过哪里，哪里就发生洪灾，后来，桂花

---

① 陈永邺、洪宜婷：《从神话看"宗教禁忌"作为"社会的法"的原因》，《思想战线》2013 年第 3 期。

② 《石阿鼐》，《峨山民间文学集成》，云南民族出版社，1959。

③ 《癞龙与小姐》，《武定县民族民间文学集成》（油印本），武定县文化局、民委、民间文学集成小组，1988。

村里有个姓周的秀才，他聪明能干，叫全村的人不论男女老幼，把棕蓑衣倒披在身上，把铁三脚也倒顶在头上使三脚朝天，拿着斧头去砍泉水口的那棵大树，吓跑了老龙王一家。① 显然，这个姓周的秀才发挥的作用与巫师相同。《弹三弦的老三》说，老三娶了龙王家的三姑娘，从龙王那里得到一截宝木，要请客吃饭时，只要拿出宝木就能把漂亮的房子和各种家具、用具、酒肉、饭菜都喊出来，可以请三天三夜的客，唱三天三夜的戏。老三的哥嫂见宝木有如此神力，也想借来请客风光一次，可连喊三遍，一样也没出来。② 《麦粑换龙水》讲述，有个农妇将一个老人送的藤杖往山下一丢，立刻就化成了一股股清澈的山泉。③ 《锅底山》讲述，万氏母带着人马在岔科长田休整时，忽然天上滚下个黑团，压住了万氏母和士兵，万氏母便使金蝉脱壳之计，向大黑团砍了一剑，救出了士兵，然后，她在黑团上冲了泡尿，沾了万氏母尿的黑团定在原地，变成一座山。④ 《石柜子》讲述，万氏母带兵驻扎在三尖山上，造了个石瓮装罗锅和碗，造了个石柜装毡子，并用这些宝物轻松地战胜了敌人。⑤ 《催春书》讲述，西山有个叫戈戈的老猎手，有只兔子给了他镜子、唢呐、木鼓三件宝物，老猎手的大女儿举起镜子一照，冰雪融化，看见了回家的路，二女儿一吹唢呐，眼前树木葱茏，百鸟歌唱，老猎手敲起木鼓，三女儿和白兔带着花种一路撒到西山，满山开满鲜花。⑥ 《石老虎的传说》讲述，云马村坐落在龙山上，和龙山相对峙的是母虎山，因为龙斗不过母虎，母虎就兴风作浪，残害百姓。有个风水先生指出：要彻底制住母虎，消除病魔，必须在平头山上放置一个公老虎。村人依计而行，请龙村的石匠洪应春雕了一只石虎送到平头山，从此母

① 《乌龙口的传说》，《大姚县民族民间文学集成》，云南民族出版社，1991。
② 《弹三弦的老三》，《双柏民间文学集成》，云南民族出版社，1992。
③ 《麦粑换龙水》，《双柏民间文学集成》，云南民族出版社，1992。
④ 《锅底山》，《云南民间文学集成·建水故事卷》，建水县文化馆、民委，1989。
⑤ 《石柜子》，《云南民间文学集成·建水故事卷》，建水县文化馆、民委，1989。
⑥ 《催春书》，《中国民间故事全书·云南鹤庆卷》，知识产权出版社，2005。

虎就再也没有出来害人了。① 傈僳族神话《包文正断案》讲述，包文正饱读诗书，满腹才学，一次，他来到某个寨子，发现寨民们都得了一种怪病。包文正一推算，知是寨中空心树里的恶鬼在作怪，便叫大家用热油烫死了恶鬼，寨民们的病就好了。②

由此可以说，《石阿鼐》里的朱财主、《癞龙与小姐》中武胜祖的生父、《乌龙口的传说》中的周秀才、《弹三弦的老三》里的老三、《麦耙换龙水》中的老人、《石柜子》中的万氏母、《石老虎的传说》里的风水先生、《包文正断案》中的包文正都具有巫术力，地位相似于巫师。因为他们发挥的作用与巫师相同，只需要采用某种方法，也就是所谓的施"巫术"——例如使用乌鸡和狗血、利用尿、屎，倒披棕蓑衣、把铁三脚倒顶在头上，请宝木，借藤杖，冲万氏母尿、造石瓮和石柜，照镜子、吹唢呐、敲木鼓，雕石头的公老虎，使用热油，等等——就可以禁止某些特定的行为或取得某种意想不到的效果。

更明显的例子还有，在《毕摩铃》中，彝族巫师摇动毕摩铃，使之闪闪发光，发出各种声音，村民有病，毕摩铃就能赶走病魔；天旱无雨，毕摩铃就会求天降雨；牲畜遭瘟，毕摩铃还可以赶走瘟神；寨中有人死了，毕摩铃也会为死者开路。所以，彝家有首民谣唱道："毕摩铃一响，魔鬼吓破胆；毕摩铃一响，彝家喜洋洋。"《迎亲歌》也说，新郎新娘过了毕摩设下的三道门即可除去身上的病魔、邪气，获得吉祥幸福。③

而且，类似彝族巫师摇毕摩铃等这些个体的巫术，其效力并非完全是神灵的力量使然，基本上，巫师们使用的这些方法来自世俗的观念，即使程序玷污了神灵或肉体上受点儿苦也不一定是

---

① 《石老虎的传说》，《禄丰县民间故事普查资料汇编》，禄丰县委宣传部、文化局、民委，1988。
② 《包文正断案》，《禄劝民间故事》，禄劝彝族苗族自治县文化局，1991。
③ 《迎亲歌》，《玉溪文博》（第5期），玉溪市文博学会、文博管理所，2001。

罪过，因为说到底，这些行为并非一定要依据"神谕"，从神灵那里获得"正当性"，因而不会触犯民意，即使没有获致效果也不会引起公愤或舆论的狂澜与谴责声。

（二）蕴含在神圣观念中的宗教禁忌体系，具有异乎寻常的传染性，犯禁者会遭到最严重和最不利的后果[1]

首先，彝族神话《祭马缨花山神》讲述，古时候住在干海资三月三山梁下洼子里的彝族有九十九户人家，族长因为错听别村毕摩的话，砍倒了马缨花树，村中人户不但没有增加，反而减少了。之后，本村毕摩打卦后才知道是因砍了山神树，地脉已破，财去人减，不能在此住了。[2]《灵官桥与灵官庙》讲述，禄丰县灵官桥有条叫"满大"的蟒蛇，因为某种原因死了后，整个南华牛死马遭瘟，鸡犬不得安宁，人们去求神问卜，才知道原来灾难是灵官桥死蛇带来的，需要建庙塑像，否则，灾难将会越来越厉害。[3]《李文学放马》提到，因为李文学是下凡的蛤蟆星，姓潘的庄主把他撵走后，家里的马也跟着死光了。[4]《"海仙人"和他的宝剑》中提到，"海仙人"因吃了国王的乌牛白马肉，患病身亡。[5]《忌虫节》讲述，彝族农历五月十三日"忌虫节"这天要集中于公房，举荐一位未婚女子杀猪，取猪血撒在自家田地中，然后大家围着洗干净的生猪跳烟盒舞，并不准男人到田地里来，只

---

[1] 陈永邺、洪宜婷：《从神话看"宗教禁忌"作为"社会的法"的原因》，《思想战线》2013 年第 3 期。

[2] 《祭马缨花山神》，《云南楚雄民族节日概览》，德宏民族出版社，1991。陈永邺、洪宜婷：《从神话看"宗教禁忌"作为"社会的法"的原因》，《思想战线》2013 年第 3 期。

[3] 《灵官桥与灵官庙》，《民族民间文学资料》，南华县文化馆、民委，1986。陈永邺、洪宜婷：《从神话看"宗教禁忌"作为"社会的法"的原因》，《思想战线》2013 年第 3 期。

[4] 《李文学放马》，《弥渡民族民间故事传说集》（第一集），弥渡县民间文学集成办公室，1986。

[5] 《"海仙人"和他的宝剑》，《曲靖市民间文学集成》，云南民族出版社，1990。

能在家做家务。① 《灯笼山》提到，普雄的灯笼山被石屏的富豪视为风水宝地，寿终后便将其抬到灯笼山安葬。② 《"万家山"与"缺鼻子山"》讲述，彝族山寨出了个劫富济贫的好汉叫万士慕，他的军队称雄滇南，所向无敌，官家闻之胆战心惊。临安府官请来风水先生测看，断定万士慕之所以神勇，是因为他的军队驻扎在象鼻子山上，得力于它的相助。③ 《猪头山》讲述，远古的时候，有一个凶神在南华坝子上看上了一位美丽的彝族姑娘，要与她成亲，但被姑娘拒绝。凶神就大发淫威，要赶猪填满观音洞，让南华坝子变成一片汪洋。④ 《塔克治石》提到，磨盘山有个老石精，管着磨盘山上的所有岩石，听说美丽的阿霞要嫁到龙泉寨，十分嫉妒，便决定派五个巨石去堵住龙泉寨的五个垭口。⑤ 《扭松坡》讲述，万氏母带着几千人马走到利民的一座大山坡上，把山上的松树扭出了水，士兵们喝了这些松树水，勇气倍增，杀退了皇家兵。⑥ 《洗脸外调》是彝族婚礼歌，内中唱道："马缨花树下永不干涸的水是最好的水，是财源水也是福禄水，洗净以后一切将平安顺利，今天舀来给舅舅洗脸，洗净之后好喝酒。"⑦

其次，白族神话《白王与石鼓》提到，白王的爱妃在家玩耍白王用来呼叫天兵助阵的石鼓，后来，外敌入侵，天兵对白王说："你不理朝政，失信于民，镇国之宝让女人玩耍，天也难助了。"

---

① 《忌虫节》，《云南民间文学集成·建水故事卷》，建水县文化馆、民委，1989。陈永邺、洪宜婷：《从神话看"宗教禁忌"作为"社会的法"的原因》，《思想战线》2013 年第 3 期。

② 《灯笼山》，《云南民间文学集成·建水故事卷》，建水县文化馆、民委，1989。

③ 《"万家山"与"缺鼻子山"》，《云南民间文学集成·建水故事卷》，建水县文化馆、民委，1989。

④ 《猪头山》，《民族民间文学资料》，南华县文化馆、民委，1986。

⑤ 《塔克治石》，《元江民族民间文学资料》（第一辑），元江哈尼族彝族傣族自治县文化馆，1981。

⑥ 《扭松坡》，《云南民间文学集成·建水故事卷》，建水县文化馆、民委，1989。

⑦ 《洗脸外调》，《武定县民间歌谣集成》，武定县文化局、民委、民间文学集成小组，1988。陈永邺、洪宜婷：《从神话看"宗教禁忌"作为"社会的法"的原因》，《思想战线》2013 年第 3 期。

于是，白王战败。① 哈尼族神话《银铃的故事》告诉我们，今天戴在姑娘胸前的银铃是哈尼姑娘的辟邪物及装饰物，狼、虎、豹等听到银铃声，就会吓得逃跑。②

最后，国外的民族志资料显示，日本的阿伊努孕妇不得在产前两个月内纺线或搓绳，否则会使胎儿的内脏拧在一起。③ 印度尼西亚西里伯斯中部的托拉查人走过孕妇居住之地时，登楼梯的人不能迟疑或停步，以免孕妇难产④等禁忌都有相似的原理。

从根本上说，宗教禁忌仪式来自宗教信仰，但是采用戒律、禁规的形式，是为了实现圣俗两种事物的分离。一旦破了"戒"，就必然会延及神圣性自身的完整性或者使犯戒者完全被这种"不完整"的神圣性操控，而这是犯戒者所不能承受的。⑤ 因此，马缨花山神树、神蟒、蛤蟆星、乌牛白马肉、神猪血、神山（灯笼山、象鼻子山）、凶神、老石精、松树水、马缨花树下永不干涸的水、神竹、葫芦、白王的石鼓、银铃等禁忌对象就像一个个"危险的符号"随时指令着人们的行为方式，提醒人或动物必须采取禁止、回避的方法不与它们相冲突或者发生接触。⑥ 因为违抗这些指令会受到异乎寻常的惩罚。之后，这些宗教禁忌规范就逐渐成为原始司法诉讼中"法官"对违背者以"不义"的"（宗教）罪行"进行审判的理由。

---

① 《白王与石鼓》，《中国民间文学全书·大理卷》，知识产权出版社，2005。陈永邺、洪宜婷：《从神话看"宗教禁忌"作为"社会的法"的原因》，《思想战线》2013 年第 3 期。

② 《银铃的故事》，《元江民族民间文学资料》（第三辑），元江哈尼族彝族傣族自治县文化馆，1983。

③ 袁同凯：《新疆哈萨克族黑宰部落原始文化遗迹研究——以特克斯县喀拉达拉乡田野调查为主》，《西北民族研究》1997 年第 1 期。

④ 田成有：《民族禁忌与中国早期法律》，《中外法学》1995 年第 3 期。

⑤ 陈永邺、洪宜婷：《从神话看"宗教禁忌"作为"社会的法"的原因》，《思想战线》2013 年第 3 期。

⑥ 陈永邺、洪宜婷：《从神话看"宗教禁忌"作为"社会的法"的原因》，《思想战线》2013 年第 3 期。

　　总之，在西南少数民族地区，人们所崇拜的祖先之生殖力与创世的力量与今日巫师们所掌握的巫术力是两种方向相反的力量，在这两种力量产生差别的时候，它们与社会组织所保持的关系也不一样：例如在村寨大型的集会上，前者乃是村寨里面的集体事务，要求每一个成年男人都必须参加；后者只是巫师个人用以调整与鬼神世界关系的必要手段。当然，在与周边民族关系紧张的战争年代，这些"巫术力"还可能成为调整与潜在敌人力量对比关系的手段。然而，在大型的村寨宗教祭祀活动中，只要没有与巫术力相反的抗衡作用，祖先神圣的力量就会顺利地释放和显示出来，给村寨里的人们提供保护和庇佑。也正因为如此，与宗教禁忌的性质相反，巫术禁忌及巫师的固定用语、动作、姿势等个体主义行为不具有普遍性和完全的适用性，巫师（阶层）也不可能像村寨头人、领袖、祭师（阶层）那样具有独立的"学理立法"的资格与能力，其言行显然构成不了人类早期法律的要素。

## 第二节　神话等文本讲述的规则性

　　涂尔干说："宗教所具有的社会性，由我们从社会角度出发在内心唤起的各种观念和感情构成，它是氏族等原始群体表达集体实在的一种方式，并不完全来自对物质世界的感知。"[1] 在早期的人类社会中，家族、氏族、宗族等原始群体内部成员认为他们是通过亲属血缘的纽带被联合在一起的。虽然这一纽带的性质之后变得非常特殊，不完全等同于他们彼此之间的血缘关系。但是，有着规则性质的宗教生活之两极始终对应着所有社会生活都要经历的两种相对立的状态——吉利的圣物与不吉利的圣物的对比，就如同健康与生病的集体状态的对比。同时，二者均与讲述它们

---

　　① 〔法〕爱弥尔·涂尔干：《宗教生活的基本形式》，渠东、汲喆译，上海人民出版社，1999，第109页。

的神话等文本有着密切的联系。

## 一 神话等文本解释的规则

（一）神话等文本表达的并不是自然中的例外和反常现象，恰恰相反，它们解释最多的是各方神圣对宇宙万事万物的创造

首先，彝族史诗歌谣《天恩歌》唱出了"天地万物都是天神所造，都是天神所赐，天恩浩大"的宗教价值观，其歌词曰："大地有人类，是天神所造，红泥人做官，绿泥人做民。大地有万物，是天神所赐，高山有森林，林中有禽兽，平地有河流，河中有鱼虾。天上有日月，是天神造的，万物日月照，能生又能长。日月最公正，日月最慈善，日照万物暖，月照万物亮。天恩真浩大，万物敬仰它。"① 彝族神话故事《六气造化天地》述说，雷神和瘴神如何不断交合产生出万物始祖冬德红利诺。② 《更资天神》的第三部分叙述，更资在神匠阿尔的帮助下，建造出宇宙之中九千九百九十九间院子的宫殿。③ 《苍蝇的金顶和老牛的粗心》提到，天神格兹派他的三个儿子和女儿开天辟地，创造出人间的万物。④ 《造天地日月》讲了作星（北斗七星）兄妹如何分工造出天地日月的故事。⑤ 《造天造地造人》讲述哥弟二人如何造天造地造万物的过程。⑥ 《蜘蛛撒经线》则描写了蜘蛛怎样织出名山、名洞、河流的经过。⑦ 《虎公虎母造万物》讲两只老虎如何造天地、日月和人

① 《天恩歌》，《元江史志通讯》（第 3 期），元江哈尼族彝族傣族自治县地方志办公室，1988。
② 《六气造化天地》，《红河群众文化》（第 2 期），红河哈尼族彝族自治州文化局，1989。
③ 《更资天神》，《中国民间故事集成·云南卷》，中国 ISBN 中心，2003。
④ 《苍蝇的金顶和老牛的粗心》，《乡泉集》（第一辑），新平彝族傣族自治县民委、文化馆，1983。
⑤ 《造天地日月》，《神秘的他留人》，云南人民出版社，2005。
⑥ 《造天造地造人》，《江川县民间文学集成》，云南人民出版社，1997。
⑦ 《蜘蛛撒经线》，《阿则和他的宝剑》，云南民族出版社，1985。

类，虎公又如何将身上的毛、角、鳞、尾变成山水江河、飞禽走兽。①《开天辟地（一）》讲述，彝族祖先俄罗布如何用纸造地。②《修天补地》描述人间的大力士牛牛依和、牛牛慈哈二人修补天地的经过。③《山峰的由来》叙述两姊妹造天地后，妹妹如何挑水把大地浇湿软，然后像做粑粑一样在平地上捏出一个个山峰。④《哥织天妹织地》解释为何地面总是凸凸凹凹的。⑤《火碓磨锅甑布衣的起源》讲述，大地造好之后，天公派雷公送火给凡人，雷公又下凡为人们造磨、锅、甑等，之后，天公又派七仙女下凡，教会大家春碓、磨面、做饭、做粑粑，教人们织布做衣服。⑥

其次，傣族神话《英叭神创世》讲述创世神英叭用污垢做成神桩稳固球体，又用污垢捏成四脚四梁的架子罩住球体，并将球体称为地，将神桩以上的部分称为天，从此有了四大洲、地球上最高的三座山峰。⑦《玛哈腊造天造地》提到，远古的时候，世间没有天地，到处是一片红红的火海，天神玛哈腊一连吹出几十口神气，创造出了大地和天空。⑧《地球的传说》讲述了英叭神王念诵咒语，使用巫术把一个污垢球慢慢变大，最终使其成为罗宗神（地球）的经过。⑨

最后，哈尼族神话《天地人的传说》提到，远古的时候，大海中有一条大鱼，大鱼左鳍往上一甩，变成天和地，把身子一摆，

---

① 《虎公虎母造万物》，《中国民间故事全书·云南鹤庆卷》，知识产权出版社，2005。
② 《开天辟地（一）》，《南涧民间文学集成》，云南民族出版社，1987。
③ 《修天补地》，《昭通地区民族民间文学资料选编》（第二集），昭通地区文化局、民委，1985。
④ 《山峰的由来》，《景东县民间文学集成》，景东彝族自治县民委、文化局、文化馆，1988。
⑤ 《哥织天妹织地》，《禄丰县民间故事普查资料汇编》，禄丰县委宣传部、文化局、民委，1988。
⑥ 《火碓磨锅甑布衣的起源》，《景东县民间文学集成》，景东彝族自治县民委、文化局、文化馆，1988。
⑦ 《英叭神创世》，《西双版纳傣族民间故事集成》，云南人民出版社，1993。
⑧ 《玛哈腊造天造地》，《傣族文学史》，云南民族出版社，1995。
⑨ 《地球的传说》，《西双版纳傣族民间故事集成》，云南人民出版社，1993。

从脊背里送出来七对神和一对人，世间这才有了天和地，有了神和人。①《祖先鱼上山》说，地球形成后过了几千万年，祖先鱼生下了天地万物，生下了"有"和"无"，生下了"黄"、"红"、"绿"、"黑"各种颜色，生下了"生"和"死"，生下了"大"和"小"，生下了七十七个兄弟，最后一个是"半"。②

（二）神话等文本对怪异、幻想、失范的现象很少阐释，相反地，却对物种繁衍、星辰运行等自然规律，以及宇宙间其他连续和有规则的秩序做出了更多的说明

### 1. 对物种繁衍的解释

首先，对粮食、树木等生长的解释。彝族神话《撒尼人的火把节》讲述，古时候，地上的人过着穿树叶、吃野果的生活，天上的阿番神非常同情人，就偷偷把天上的五谷种子撒到地上。③《柜子山会》讲述，逶迤起伏的乌蒙山中的彝族、汉族人家，原来不兴种五谷，专靠砍柴烧炭为生，日子过得十分贫苦。有一年六月初六，一位仙女前来看到了，不禁叹道："我只知六月六家家门前晒红绿，却不料有钱人家红绿晒，无钱之人晒白肉。"然后，取出三颗荞子放在一个樵夫手中，从此，山下的人们种起了荞麦五谷，生活才逐渐好过起来。④《荞子楞楞》解释了为什么三种粮食（荞、谷子和麦子）的收割时间不一样，是天神乃帕猫日奈的三个女儿把这三种粮食找回人间的时间不同所致。⑤《龙马与京桐》讲述彝山上一排排京桐，是一条布错雨犯天条被贬为马服苦役的龙的功劳。⑥

哈尼族神话《天、地、人和万物的起源》讲述，天神阿库拉布从天上放下一个大葫芦，一落地就滚动起来，它滚过的植物都

① 《天地人的传说》，《中国民族神话精编》，晨光出版社，1995。
② 《祖先鱼上山》，《哈尼族神话传说集成》，中国民间文艺出版社，1990。
③ 《撒尼人的火把节》，《中国民间故事集成·云南卷》，中国 ISBN 中心，2003。
④ 《柜子山会》，《云南省民间文学集成·牟定县综合卷》，牟定县民间文学集成办公室，1989。
⑤ 《荞子楞楞》，《昆明山川风物传说》，云南民族出版社，1994。
⑥ 《龙马与京桐》，《哀牢山彝族神话传说》，云南民族出版社，1990。

是为人类服务的，这些植物就是竹子、红毛树、柏木树和茅草。① 新神话史诗《阿波仰者》亦讲述了天神的小儿子仰者在三位女神的协助下，使大地生长出草木，有了家禽牲畜和飞鸟野兽，从而变得生机勃勃的故事。② 仰者是哈尼族图腾时代的祖先升格为祖先神后的杰出代表，展示的正是繁衍万物和创造连续和有规则秩序的伟大力量。傣族的《布桑该雅桑该》提到，天地形成之后，没有任何生物，神仙王派布桑该、雅桑该夫妇把葫芦籽撒到天上和地上，天地因此有了日月星辰和植物。③

有一些与村民的生产生活紧密相关的自然和半自然的神，在一年的农事活动中经常受到祭祀，原因在于这些神灵在农耕生产活动中发挥着各种各样重要的功能。例如，哈尼族的奇拉胡西（正月年）、④ 洪皮牙冲（献耕地神）、⑤ 牙卡皮娄（栽谷年）、⑥ 里玛主（献布谷）、⑦ 罗活索（献水神）、⑧ 卡沃朋（开秧门）、⑨ 洪西洪米（农田中的辞旧迎新）、⑩ 宗米乌（祭祀人神、庄稼神、牲畜神）、⑪ 德龙和（祭田坝）、⑫ 祭磨秋、⑬ 密斯罗（请密斯）、⑭ 嘎

① 《天、地、人和万物的起源》，《哈尼族神话传说集成》，中国民间文艺出版社，1990。
② 新神话史诗《阿波仰者》，《罗槃之歌》，云南民族出版社，1985。
③ 《布桑该雅桑该》，《西双版纳傣族民间故事集成》，云南人民出版社，1993。
④ 农历正月初一，祭祀天地日月和风雨雷电诸神，以求一年之中风调雨顺。
⑤ 农历二月，西双版纳哈尼族在砍树烧荒、翻挖土地后，对耕地神的祭献。
⑥ 农历二月，西双版纳哈尼族撒鸟旱谷前对谷神的祭祀。
⑦ 农历二月，哈尼族认为布谷鸟是天神派来通知人们栽种节令已到的使者，故对其祭献。
⑧ 农历二月，水因其重要，凡水井、山泉、沟水、河水、龙潭水、田水，皆有四时祭献，以二月"罗活索"最盛，在泉边水源，祭献水神螃蟹、蟹、石蚌，祈求田水丰足。
⑨ 农历二月、三月，献秧神、田神。
⑩ 农历十月，祭祀土地神，"洪西洪米"意为"新的一年农事活动的开始"，含"送旧迎新"之意。
⑪ 农历三月，"宗米乌"是对人神、庄稼神、牲畜神的总祭祀。
⑫ 又称"祈求田魂安稳"，农历三月、四月，祭田神、秧神。
⑬ 农历六月，祭祀威咀、石批。
⑭ 农历七月，宴请土地神密斯。

玛妥（祭路神）、① 活息哑（尝新谷）、② 策机罗（献各仓）、③ 扎勒特（十月年）④ 等。

　　其次，对人种繁衍的解释。彝族神话故事《娶嫁的传说》讲述，远古的时候，男的不会娶妻，女的不会嫁夫，玉帝便派四仙女到人间教人们繁衍后代，从此，男人学会了娶妻，女人学会了嫁夫。⑤ 傣族神话《布桑该雅桑该》同样提到，布桑该、雅桑该夫妇用泥捏成人形和各种动物，赋予其生命，从此，地球变得生机盎然起来。在哈尼族神话《天、地、人和万物的起源》里，葫芦中走出来的漂亮女人阿嘎拉优，和从石头里炸出的汉子阿托拉扬相配，生出许多娃娃：第一个生出来的是佤族，第二个是傣族，第三个是爱尼人（哈尼族支系），第四个是汉族，等等。⑥

　　**2. 对自然规律的说明**

　　首先，对天上的星辰运行等自然规律的说明。彝族神话《策格兹与黑夺方》讲述了造物神策格兹上天后，替地上的黑夺方安上日月，使人间分出白天黑夜，又在天地间布上云雾，使世上有了晴天阴天。⑦《更资天神》讲述天神对各种各样的动物做了分工，以明确职责，使至高无上的天宫有规有矩、秩序井然、热闹繁荣又庄严神圣。《祭月神的起源》告诉我们，老虎和狗因为某种原因恨透了天君，老虎不时咬太阳，狗不时咬月亮，就出现了日食和月食。⑧ 哈尼族神话《天神的椎栗树》告诉我们，天神撒万物种子的时候，最先长出来的树是椎栗树，有了椎栗树，天上有了天神、

---

① 农历七月，谷子将熟，祭路神，以备秋收。
② 农历七月，献谷神。
③ 农历十月，祭谷仓神，求新谷平安入仓。
④ 农历十月，过大年，感谢一年来诸神垂顾。
⑤ 《娶嫁的传说》，《哀牢山彝族神话传说》，云南民族出版社，1990。
⑥ 《天、地、人和万物的起源》，《哈尼族神话传说集成》，中国民间文艺出版社，1990。
⑦ 《策格兹与黑夺方》，李春福讲述，稿存石屏县党史县志办公室李朝旺家。
⑧ 《祭月神的起源》，《彝族民间故事选》，中国文联出版社，2003。

地上有了地神，就有了年月日，一切活动都很有秩序。①

其次，对地上各种自然现象的解释。彝族史诗歌谣《争世主》讲述，盘古开天地，世间生灵众多，为了生存，互相争斗不息，后来，天神让兽、禽、鱼及人比赛本领，胜者为世主，败者听主管。经过多次角逐，人类因老鹰相救，用两石摩擦起火星，点燃干柴草，熏得兽类、鱼类、禽类逃走，它们不禁哀啼，愿服人类管。人类当了世主，分封各物为王——象为陆地王，狮子为兽中王，龙为水中王，鹰为飞禽王，鸥为夜禽王。老鹰救过人祖的命，可以叼吃鸡、鸭、鼠。② 彝族神话《催春书》告诉我们，小白兔是月宫中的花神，主管开春，它来的这天就是立春。③《海望大田》讲述，盘古开天辟地时，海龙王派两条龙来行雨济民，大龙春分时行雨，小龙立夏时降雨。④《热水龙》解释了龙岔和龙岔河下游的菠萝地出现热水龙潭的原因。原来，古时候有一条白龙来到龙岔河，觉得龙岔河地脉好，想占为龙宫，怕龙岔人不答应，便吐出瘟毒来，使龙岔人害上瘟疫。热水龙知道后，为龙岔人主持正义，眼睛被白龙戳瞎，龙岔人非常感激热水龙为他们消灭了孽龙，便邀请热水龙和它的女儿在龙岔定居。⑤《鲁奎山缺水的传说》解释，记亩白后山出了一股老牛身子般粗的水，是当年小龙王布的；鱼则出一股香棍粗的水，那是因为小龙王当年睡掉了一撮毛；着招拉骨有一个山洞的土总是潮湿的，那是因为小龙王当年歇掉了一根毛。⑥ 白族神话《土皇公公管四季》讲述的是，盘古、盘生把金、木、水、火、土五弟兄喊来，把一年分为四季，又叫弟弟管

---

① 《天神的椎栗树》，《奕车风情》，四川民族出版社，1984。
② 《争世主》，《红河民族语文古籍研究》（第6期），红河哈尼族彝族自治州民族研究所，1986。
③ 《催春书》，《中国民间故事全书·云南鹤庆卷》，知识产权出版社，2005。
④ 《海望大田》，《石屏古今奇趣》，中国广播电视出版社，2003。
⑤ 《热水龙》，《云南民间文学集成·建水故事卷》，建水县文化馆、民委，1989。
⑥ 《鲁奎山缺水的传说》，《乡泉集》（第二辑），云南民族出版社，1985。

"土皇日"。① 哈尼族神话《天地人的传说》讲述，各种神灵祭牛补天地，牛血变成彩霞，牛角成了彩虹，牛的鼻涕做了雨水，牛的泪变成露珠，牛的气做了云雾，牛的左眼做了太阳，牛的右眼做了月亮，牛的牙齿做了星星，牛皮崩天鼓发了雷声，牛的大肠、小肠、肚子做了大地上的江河湖泊，牛肉被拿来做了大地的肥料，四条牛的腿脚做了东南西北四根抵天柱，从此，天地间有了万物，分出了昼夜，有了五谷、飞禽走兽、树木花草，人类也能安居乐业了。② 哈尼族神话《天神的椎栗树》提到，有一个名叫虚纪的人把椎栗树从天上偷了回来栽在地上，椎栗树里就有布谷鸟飞出向人们报告春耕的时间。③

### 3. 对宇宙间其他连续和有规则现象的解释

首先，对火种来源的解释。彝族神话《狗尝新米饭的由来》讲述，洪水退后，响彻云霄的狗吠声惊动了天神仇格紫，人间的凄凉使仇格紫心生怜悯，于是送给人类一袋谷种、一只萤火虫、一只蝴蝶，萤火虫在树皮上擦着火，蝴蝶用翅膀把火扇旺，人类才有了火种。④《三兄弟和洪水淹天》提到，太白神仙变作一只鸟，用嘴尖碰击岩石产生火星助人间取得火种。⑤《小燕喜住新居的故事》提到，天王定下以后人盖好的新房要给燕子先住的规矩。⑥ 哈尼族神话《玛勒携子找太阳》讲述，远古的祖先们做出找太阳的决定，一个名叫玛勒的妇女说："人虽然不能活几百岁，但我身怀有孕，我走不完的路，可由我的孩子来接着走。只要认定一个方向，子子孙孙走下去，终会找到太阳的。"经过艰苦的努力，一百多年后，哈尼人终于在自己的家乡看到从东方烧起的冲天大火，

---

① 《土皇公公管四季》，《白族神话传说集成》，中国民间文艺出版社，1986。
② 《天地人的传说》，《中国民族神话精编》，晨光出版社，1995。
③ 《天神的椎栗树》，《奕车风情》，四川民族出版社，1984。
④ 《狗尝新米饭的由来》，《红河县民族民间故事》，云南民族出版社，1990。
⑤ 《三兄弟和洪水淹天》，《曲靖市民间文学集成》，云南民族出版社，1990。
⑥ 《小燕喜住新居的故事》，《武定县民族民间文学集成》（油印本），武定县文化局、民委、民间文学集成小组，1988。

把太阳找了回来。①

其次，对人类社会中生产生活等连续而有规则事情的解释。彝族神话《朝山会的传说》讲述，木嘎天神的独生女到人间来教会伥俐人放牧、耕作、种粮、纺织，使人们过上了甜美的日子。②《天摩涯寺的传说》解释了天摩涯寺的钟声只能传出三十里的原因。③ 回族神话故事《金牛下凡》讲述了人一天吃三顿的由来。《尼苏夺节》讲述天王母的四子普簸阿窝从他所居住的大树得到启示，从而发现了人间的天文历法：这棵树有十二根，每根为一月；每根三十枝，每枝为一天，每月三十天；每枝十二叶，每叶为一时，每天十二时；一年三百六十天。④ 哈尼族神话《哈巴卡的传说》讲述，天神派仰者下凡，教会人们唱四季歌，让人们分年月日，知道按节令栽种，按时过节、祭祀。⑤ 《慈姑认年月》提到，以前的人不会分大小，没有年月日的概念，婚配也没有规矩。人神烟蝶蝶玛指大慈姑树给人们看：大家发现大慈姑有十二条根，就知道一年有十二个月；发现大慈姑有三百六十片树叶，才知道一年有三百六十天；发现大慈姑有三十朵花，才知道一个月有三十天。从此，人间才有了生产生活的指南。⑥

## 二　宗教仪式在神话等文本讲述中的准则

狄骥认为，如果组成社会群体的多数个体承认对违背规则行为的惩治能够被社会化地组织起来，那么一个规范化的规则或司

① 《玛勒携子找太阳》，《中国民间故事集成·云南卷》，中国 ISBN 中心，2003。
② 《朝山会的传说》，《乡泉集》（第二辑），云南民族出版社，1985。
③ 《天摩涯寺的传说》，《南诏故地的传说》，巍山彝族回族自治县民间文学集成办公室，1987。
④ 《尼苏夺节》，《红河县民族民间故事》，云南民族出版社，1990。
⑤ 《哈巴卡的传说》，《元江民族民间文学资料》（第一辑），元江哈尼族彝族傣族自治县文化馆，1981。
⑥ 《慈姑认年月》，《哈尼族神话传说集成》，中国民间文艺出版社，1990。

法规范就被建立了。① 西南少数民族宗教仪式中的纪念或欢腾、供奉和共享、模仿，甚至成年礼中的各项准则都是把群体集合在一起的行为方式，在神话等文本的讲述中，可能还不是法律。但由于它们是对一些观念的表达，规定了人们在神圣对象面前应该怎样行为，就如同我们今天的法律一样，亦具有维护"安全、和平、稳定"社会秩序，激发、维持或重塑群体心理状态的功能。因此，这些体现在宗教仪式中的带有规范化的准则也可能是那些如果法律意欲在实施中得到遵从和崇尚就不能忽略的习惯和信念的准则之根源。

（一）纪念或欢腾仪式的准则

为了安全、防御、通婚和实际利益的需要，社会团体常常会利用欢腾的宗教节日仪式协商解决一切纠纷，化解一切矛盾。

首先，彝族神话《火烧松明楼》讲述，古代大理洱海一带有六个诏，他们和诏主是兄弟，其中，蒙舍诏在巍山，诏主细奴逻是大哥，不过，他为了并吞其他诏，用松明子专门盖了松明楼，六月二十五这天，他特地邀约另外五个兄弟前来松明楼祭祖协商"和平事宜"。② 历史上，纳西族先民在首领的带领下"官目面前摆肥肉，牛马槽前丢轻草，对着天地来起誓，和解之后从此不相争"。③ 德昂族在祭龙④时通过众人一起饮酒野餐，醉酒后常常相互打骂，发泄平时相互之间的不满，此时不许别人劝阻，直到双方斗得筋疲力尽为止，第二天再相互道歉，原有的纠纷从此一笔勾销。⑤ 另外，哈尼族无论是在"苦扎扎"、"昂玛突"，或是在"十月年"的长街宴宗教节日聚餐上，平时有怨仇的人，会不知不觉

① 狄骥：《公法的变迁》，郑戈译，中国法制出版社，2010，第96页。
② 《火烧松明楼》，《南诏故地的传说》，云南民族出版社，2002。
③ 和志武：《东巴经典选译》，云南人民出版社，1994，第118页。
④ 德昂族的祭龙节一般选在春季，要杀猪、杀鸡，由祭司画纸龙，众人叩拜。
⑤ 郭红蕾、黄德智、薛元力：《了解民族肉食习俗，弘扬我国肉食文化》，《肉类研究》2006年第2期。

地坐在一起，几杯"闷锅酒"下肚，一切烦恼也都烟消云散。据《勐海县巴卡囡贺开两寨拉祜族社会历史调查》，拉祜族过新年的时候，村寨成员都要聚集在一起吃"团结饭"，同时定出新寨规，选出新的头人。其实，我国传统的儒家思想，往往强调与"礼"互相补充调协人际关系的"乐"，如《乐记》写道："乐统同，礼辨异。"在《荀子·儒效》中亦有："礼言是其行也，乐言是其和也。"所讲的就是"乐"①能使内外上下"相和"的道理。

其次，更多的民族志资料显示，怒族跟外族发生纠纷，如果和谈成功，双方就要组织一个讲和仪式，由德高望重的人士主持。此时，双方各交一瓶酒给主持人，主持人将两瓶酒倒入一个碗中，有时还加入鸡血兑成鸡血酒，然后主持人带领双方头人对天盟誓，誓词的大意是"自此以后，永远和好，不再为敌"。誓毕，双方头人共同喝完这碗酒，并将一棵大钉钉在大树上或岩缝中，以此为凭，表示永不反悔之意。过去，贡山傈僳族蓄奴主来到独龙江地区不但杀人，还强抢独龙族人为奴，傈僳族蓄奴主还强迫独龙族人民上税，因此激起了独龙族人民的强烈反抗，经过谈判双方按民族习俗立石盟约——在石碑砍了七刀，意思是，独龙族承认傈僳族蓄奴主为自己的主人，并立石为证；而独龙族每年在苞谷熟时（约8月）上税一次，每户交黄连一包，必须交，但不能多要，也不得少交。还规定：人鬼不得破坏盟誓。双方立石后杀鸡、猪各一只，并将血浇在石碑上，一起盟誓，誓词大意：独龙人若变卦，就像猪、鸡一样死掉；傈僳人若变卦，则像鸡、猪一样断命。②

由此可见，由于不同民族或不同地域的团体组织经常利用欢腾的聚会或仪式来协商、解决一切事务，他们也借这些场合通过订立"盟约"或"协议"的方式结盟，建立起大小不等的纯政治

---

① 这里"乐"的含义即歌舞声乐。
② 云南省编辑组编《云南少数民族社会历史调查资料汇编》（二），云南人民出版社，1986，第21页。

权力结盟组织，例如部落、村落，甚至王国，并通过祭献"族际神"这种跨地域、高级、共同的神灵来统一双方的集体情感。

（二）供奉和共享仪式的准则

**1. 作为与神圣象征符号相沟通的手段，人们在祭献各种神圣对象时有着一些程序上的严格规定和要求**

首先，彝族神话《兰瑞和蓑衣龙》讲述，从前江川放马沟非常缺水，村民们就把正月初三定为祭龙日，备三牲，祭龙求雨，但连祭三年还是没有雨水，后来，一条蓑衣龙化成一位老者，要求人们按他说的办法祭祀，就能得到天神宽恕，果然一股清泉从石缝流出。① 彝族史诗歌谣《二月八打歌调》是"二月八"盛大节日时吟唱的调子，其中的第二部分就是教人们如何"祭献牲猪、认祖源父族"。② 《万年青》讲述人们举行"上新房仪式"时，为什么须遵守"先栽树，树栽活，再建房"的要求。③ 《太极顶的传说》讲述，鸡足山的真人为殿宇选址来到支锅山，并规定："歌神为大，灯神为小。"此后，每当纪念之日的正月初七，瓦哲人要先打歌，密祉人后玩灯。④ 《掏粮洞》讲述，俫俐山顶上有块乌黑发亮的大石头，那是天神各罗依看到俫俐山上土地瘠薄，人们日子过得苦如黄连，从宝袋里取出丢下来的。石上有一个碗口大的洞，里面住着放粮娘娘，饥荒年里，人们可以通过祭献，按绿、红、黄、白、黑的日相顺序喊"娘娘我要粮食"，即可掏到白米、小麦、苞谷、荞子等各种颜色的粮食用以济荒。⑤ 贵州苗族地区流传的《苗族古歌》唱道："现在有了千万坡/千份祭祀雷公肉/千串房

① 《兰瑞和蓑衣龙》，《江川县民间文学集成》，云南人民出版社，1997。
② 《二月八打歌调》，《彝族打歌调》，有彝语国际音标注音和汉语直译、意译对照，云南民族出版社，2002。
③ 《万年青》，《玉溪市民间文学集成》，玉溪市文化局、民委、文联、群艺馆，1989。
④ 《太极顶的传说》，《弥渡民族民间故事传说集》（第一集），弥渡县民间文学集成办公室，1986。
⑤ 《掏粮洞》，《新平县民间故事集成》，云南人民出版社，1999。

族祭祀肉/江河也有山冲流/纺车也能摇得动/田地也会出米粮/我们也得到衣穿/美好生活说不完。"这里祭雷神时程序上的严格规定是用肉做祭品，每家都要祭，祭家的房族兄弟有多少户，就把祭肉分成多少份，每份肉用竹签串好，逐一散给各家，每户一份，作为分祭自家祖宗的祭品。四川茂县发现的《西羌古唱经》详细记载了羌族祭祀的贡品、用具、神的排位和祭祀的程序：祭品主要是鸡、羊、刀头肉、馍馍、香蜡和柏树枝等，数量按神的大小增减；祭神时敲的鼓分三种，白鼓用来还天愿，黑鼓用来保太平，黄鼓用来驱凶邪。神有大小，祭祀时要依次排列，如太阳神管诸神排在首位，其他的神有天神、年神、天神娘娘、四大金刚神、地神、主地神娘娘、山神、开光亮的神和他的娘娘、神坛的门神等。祭祀活动的高潮是杀鸡宰羊祭神，杀鸡时也有规定好的程序：一刀宰下鸡的头，松开捆鸡的绳子，用火燎鸡毛，后燎鸡头的毛，扯下一点儿鸡顶毛放在白纸上用火烧，最后放鸡血，放完鸡血后将祭鸡放在一旁。① 在云南武定彝族史诗《彝族氏族部落史》中，祭祀寄托着繁荣的希望，其各种要求为："用鸡献高神，用牲来解罪，椎牛置高山，牲尸垒山尖，牲血扇形流，祭祀得繁荣。"②

其次，民族志资料显示，纳西族相信人死后灵魂还存在，非命死者会变成鬼，使家庭和六畜不安，需要祭风超度，而正常死亡的族中家中长者就须以祖先的规格对待。在哈尼族"苦扎扎"节的祭献仪式上，摩匹和咪谷会率领一帮壮汉，在秋房旁边宰牛祭天，先用牛血、牛头、牛腿和牛肝祭献天神，然后看牛肝判读

---

① 茂汶县羌族文学社整理编辑《西羌古唱经》，阿新出内（2004）字第 29 号，第 58～68 页。《西羌古唱经》虽然是非公开出版物，但其研究价值颇为重要，被羌族研究者视为羌族的创世史诗。参见孔又专、吴丹妮《云端里的绚丽：羌民族宗教文化研究九十年》，《西北民族大学学报》（哲学社会科学版）2010 年第 4 期。

② 杨风江译注《彝族氏族部落史》，云南人民出版社，1992，第 66 页。又见于张晓辉《论西南少数民族创世神话的规范价值——基于人类学理论的分析》，《西北民族大学学报》（哲学社会科学版）2013 年第 4 期。

神灵的启示，了解全村一年的运势。① 哈尼族过"十月年"祭祀天神时，大咪谷要先做祈祷："尊贵的莫咪，今天用漂亮的公鸡祭献你，请你保护三层人丁、三类庄稼、三种牲畜，管粮的色关阿收来，管人的天神欧户农博来，管畜的天神奎么阿热来，一天不能来一次，三天一次一定要来，我们在天神的庇护下，人粮畜才能发展。"② 此外，人们供奉神灵时排列的顺序、与神共享时座椅的远近及向神灵的象征者——村寨头人、领袖们——敬酒的先后顺序等亦有规定。

2. 供奉和共享虽然是原始的，但亵渎、怠慢或欺骗等不恭的言行也会惹鬼神们生气、发怒，甚至降下毁灭人类的大灾祸来报复人间

首先，彝族神话《小白龙》讲述，龙海寨人自私地把白龙赶了出来，黄草寨人只给它点儿残汤剩饭吃，为此，白龙带走了溶洞里的水源，只丢一颗露珠给黄草寨人，从此这里成了有水不能灌溉田地的黄草坝海，龙海寨则成了缺水寨。③《花岩》讲述，曾经有两个友善的阴灵筹钱买了七十二桌瓷碗放在花岩脚下，免费借给办婚丧事的人使用，后来，有个心地不纯之人在碗底涂狗血，两个阴灵便迁往阿永山的白马岩居住去了。④《草鞋龙潭》讲述，以前昆明白沙阿一带干旱，庄稼收成不好，后来，人们终于在阿拉村找到一潭清甜的水，便开沟将水引到白沙河里。为答谢龙王

---

① 接下来，牛头挂在磨秋桩上，牛脚和牛头留在秋房，由摩匹、咪谷和村中长老享用，其余的牺牲按全村户数平均分配。各家把分到的牺牲供在火塘上方的竹笆上，祭献家族祖先。祭毕，煮熟牺牲全家共食，此时若有家庭成员远走外出，要给他留下一些等他回来时再吃，因为这是神赐的食物，吃了便能不遇灾祸、平安健康。参见莎贝《六月之礼——哈尼族"苦扎扎"节礼俗》，《民族食风》2001 年第 2 期，第 39 页。

② 此时，各户人家在自家屋顶上或自家大门口摆一张桌子，点三盏油灯，烧三炷香，准备酒、茶、糯米饭各三碗，外加一大碗米。要求活祭、生祭、熟祭共三次，全家人分三次朝天磕头。

③ 《小白龙》，《云南民间文学集成·石屏故事卷》，石屏县文学艺术工作者联合会，1996。

④ 《花岩》，《云南民间文学集成·石屏故事卷》，石屏县文联，1996。

赐水，人们在水潭边建了座龙王庙。一天，有个老人乘轿经过，轿夫忙着到龙潭边喝水，并泡草鞋以便上路，老人因为轿夫的快活调侃说："龙王受人香火，出的水还不够轿夫泡草鞋。"龙王听到后病倒了，此后，龙潭的水一天比一天少，也没有原先的清甜了。①《虎神石的来历》提到，虎神石只肯帮助孝顺善良的人，有个好吃懒做的浪子装成孝子前去请求帮忙，遭到了拒绝。《大米为什么变成了小米》讲述人们的祈祷曾经感动了天神，于是他给人间下了一场谷雨。那时的谷粒有鸡蛋大，谷棵有树高，人们不用花费很多力气就可以收获许多粮食，后来因为人们不珍惜粮食，天神震怒，招风大王把粮食收回天仓，降下的粮食颗粒又细又小，以此告诫人们必须辛勤耕种才够填肚。②

其次，彝族神话《二次洪水与阿卜笃慕》提到天神格兹发"二次洪水"更换人种的原因是：人间丧失纲纪，道德败坏。格兹派去人间试探人心的沙颓，几乎没有找到一个良心好的人。③《拜谷楷戛》说，天帝恼怒人间只敬祖、不拜天，就决定毁灭人类，消灭鸟兽。④《虎氏族》中说，很古的时候，不知什么事情惹怒了天神，天神一气之下就开了天上的水门，把整个大地都淹没了，只剩下一男一女传人。⑤傣族神话《大火烧天》提到，创世主英叭神因疲困一觉睡了十亿年，当他醒来时，只见大地一片肮脏，满地是蛇，臭气熏天，便大怒，叫来火神七兄弟，把天烧通、把地烧烂、把人类烧绝、把万物都烧毁了。⑥白族神话《人种与粮种》说，远古时代，人类遭受特大洪水的原因是一对年轻夫妇用大米舂成的饵块饼给娃娃揩屁股，惹怒了天神，天神就下了九十九天

---

① 《草鞋龙潭》，《昆明民间故事》（第一辑），昆明市民间文学集成办公室，1987。

② 《大米为什么变成了小米》，《阿则和他的宝剑》，云南民族出版社，1985。

③ 《二次洪水与阿卜笃慕》，《红河群众文化》（第4期），红河哈尼族彝族自治州文化局，1989。

④ 《拜谷楷戛》，《阿则和他的宝剑》，云南民族出版社，1985。

⑤ 《虎氏族》，《中国民间故事集成·云南卷》，中国ISBN中心，2003。

⑥ 《大火烧天》，《中国各民族宗教与神话大词典》，学苑出版社，1990。

的大雨。①

**3. 祭献仪式的目的常常是解释神圣的旧传统或重申新规则，或是制定新规则，或是重新组织人间的旧秩序**

首先，彝族《狩猎歌》中唱道："山苏自古有规矩，夏冬农闲去狩猎，出猎前要祭猎神，求神保佑狩猎人，围攥猎物有好运，早获猎物早回村；猎肉人人有一份，猎狗也同人样分，同出力来同享受，祖先传统牢记心。"② 彝族神话《东山土主的传说》中提到，东山土主是南诏十二代君主隆舜，其庙建在县城去天寺的路边，明代秀才雷应龙每天经过庙前都要到大寺参拜、读书，后来他官至都察院，因其官比隆舜大，规则已改变，故每经此地，隆舜土主反得欠身向他致意，隆舜烦恼，托梦百姓，百姓便在土主庙前建了一堵大照壁，使其看不到路，免去了欠身致意的烦恼。③《土主与龙神的传说》讲述，古时候，很多汉族到蒙化，怕得瘴气，就建盖土主庙，求当地神灵保佑，但不管用。后来改请龙神保佑，但需要祭献东山总土主的地盘给予龙神，总土主降签："可给一箭之地。"于是，百姓便建造了大院龙神庙，后来大院垮了，大家又摆香案求总土主再降旨，总土主降签："箭杆。"大家才醒悟，原来本地人"一箭之地"是一根"箭杆"长的意思，从此，村村的龙神庙都只能建小房子。④《六沼的传说》告诉我们，细奴逻十八岁那年，跟兄弟们一起赶金雀寺庙会，得知君主张乐进求告示：谁能把铁柱上的金雀拜下来，就让位于他，并将独生女许他。细奴逻一拜，金雀就飞到他的肩上，于是他得了王位，建立

---

① 《人种与粮种》，《兰坪民间故事集成》，云南民族出版社，1994。
② 《狩猎歌》，《玉溪文博》（第5期），玉溪市文博学会、文博管理所，2001。
③ 《东山土主的传说》，《南诏故地的传说》，巍山彝族回族自治县民间文学集成办公室，1987。
④ 《土主与龙神的传说》，《南诏故地的传说》，巍山彝族回族自治县民间文学集成办公室，1987。

起大蒙国，并分封五个兄弟各主一个诏。①

其次，民族志资料显示，元阳县果统、果期一带哈尼族举行隆重葬礼时要宰杀12头水牛，举办一次丧礼，丧家在外寨的亲友都要来奔丧，上百人的奔丧者至少要吃住两天。红河县架车村等哈尼族村落，各家族争相竞争举办"莫撮撮"葬礼，甚至不惜倾家荡产，其壮观场景，耗费之大，令人触目惊心。哈尼族日常生活中这种耗资甚大的消费习惯，其实是伴随着"夸富"的心理形成的，因为它是地位和力量的象征。在这一"制定新规则"的过程中，吝惜财物的人会被讥笑和嘲讽，一辈子抬不起头来。② 而在神话古歌"收桌祝词"的"哈巴"歌中，我们常常可以听到："先上'咀莫'盐碟子，再上纵横交叉筷，摆上玲珑光滑的饭碗，摆上镶有花花蝴蝶图案的菜碗，碗底留福，碗中留下口福；兜底留福，兜中留下口福；甑底留福，甑中留下口福。妇女手上留下口福，妇女手指撒下福种；姑妈回来会经吃，姐妹回未会经喝；吃不尽甑底留下的口福，喝不光碗中留下的口福；越吃越多，越吃越涨，千百个傣家客人来吃吃不尽，千百个普米客人来喝喝不光。"③

由此可见，宗教祭献仪式的准则除了继续重申人们与祖先神灵之间的一种双向、积极的旧关系，以进一步加强人与神圣体系、人与亲族朋友之间传统的血缘关系之外，更大的意义恐怕还在于借此修订旧章程，进一步规范或规定村寨、王国等纯政治团体之间新的地缘关系与社会秩序。

（三）模拟仪式的准则

模拟仪式是一种集体的生成与创造，正如弗雷泽所言，它是

---

① 《六诏的传说》，《南诏故地的传说》，巍山彝族回族自治县民间文学集成办公室，1987。
② 陈永邺：《欢腾的圣宴——哈尼族长街宴研究》，云南大学出版社，2009，第108～119页。
③ 龙元昌：《浅谈哈尼族祝词文化》，载李期博主编《第四届国际哈尼/阿卡文化学术讨论会论文集》，云南民族出版社，2005，第272页。

一种通过所谓"相似生相似"的原理指导参加者如何行动的过程。不过，这种"相似生相似"的动力之源是由一种叫"生命本原"的东西提供的。也就是说，"生命本原"存在于模拟仪式的对象之中，并使这一仪式具有了"力"，例如模拟下雨，就使云层具有了下雨的"力"而达到下雨的效果。这就是一种因模拟而生成的"力"，也是我们平常所说的"生成力"、"作用力"、"效力"等，在古人看来，它们都是"宗教力"，因来源于神圣的传统而为大家遵循。因此，对于早期的人类来说，如同别的宗教仪式一样，模拟仪式并非一种凭空的生成与创造，其中蕴含着相当的准则。

首先，对"宗教力"和"生命本原"的研究，前人曾有过很多探索。例如美国民族学家霍维特在东南澳洲的部落中收集到500多种图腾的名字，这些图腾包括植物和动物的名字，还有一些自然景物，如风雨、云电、日月、水火等，他还研究了北美易洛魁人，之后提出："野蛮人想象，共同构成了他周围环境的种种事物都内在地具有一种潜能……（无论是）岩石、水体、潮汐、植物和树木，还是动物和人，风和暴雨，以及云、雷和闪电……这种潜能被认为是所有事物的属性……由于人们的思维还不完善，它就被看作人所在的环境中的一切现象、一切活动的原因。"[1] 具体而言，北美的易洛魁人把这种潜能称为"奥伦达"、肖肖尼人称为"波昆特"（pokunt）、阿尔衮琴人称为"冯尼托"（manitou）、夸扣特尔人称为"瑙亚拉"（nauala）、特林基特人称为"耶克"（yek）、海达人称为"斯珈那"（sgana）、美拉尼西亚人称为"曼纳"（mana）。[2]

---

[1] 〔美〕霍维特：《奥伦达与宗教定义》，载《美国人类学家》，1902，第33页。转引自〔法〕爱弥尔·涂尔干《宗教生活的基本形式》，渠东、汲喆译，上海人民出版社，1999，第270页。

[2] 转引自〔法〕爱弥尔·涂尔干《宗教生活的基本形式》，渠东、汲喆译，上海人民出版社，1999，第270页。

　　与此相似的是，民族志资料显示，在中国西南少数民族地区，人们也有类似的观念，例如一种被称为"哟拉"① 的神秘力量在哈尼族民间就普遍受到崇拜：人们认为凡眼睛看得见、耳朵听得见、脑子想得到、身体感受得到的，诸如山川风物、大田水沟、草木树石、村寨房屋、鸡鸭猪狗等皆有"哟拉"驻守其间，"哟拉"一旦离去，就会发生灾变。因此，"哟拉"正是"粮食满仓、牲畜满栏、添丁增孙"的最大力量之源。

　　其次，哈尼族《扭动身舞的传说》告诉我们，无论是祭寨神，还是举行葬礼，以及逢年过节、男女青年社交时都要跳的扭动身舞及伴奏用的鼓和铓锣，均来自天神。② 由于这些舞蹈模拟各种生殖动作以带动万物的繁衍生长，作为天神力量的象征，其每一个舞蹈动作和姿势均为人们严格遵守并实行。别的少数民族，例如彝族的神话《大年初一抢水》也向我们解释为什么每到大年初一早晨人们都要抢挑"头水"。因为曾经有兄弟俩桶里挑的都是银子，他们亦借此娶了媳妇，挣得家业。显然，"头水"里有祖先特殊的力量驻守其中，谁抢得头水，谁就能先享受福气。此外，抢得头水的人家还要遵守放一串鞭炮、点一炷香以告慰祖先在天之灵的准则。③《彝族"左脚舞"的传说》说明为什么"跺脚"是今天彝族生活中必不可少的娱乐项目之一。因为牟定坝子曾经有"地龙"作怪，发过洪水，人们在一位白发老人的正确指导下，通过"跺脚"的方式才踩住了"地龙"，在"跺脚"时，还要先起左脚，这一准则不得违背，因此得名"左脚舞"。直到今天，彝族民间的"左脚舞"还续存于村寨之间，实质上是一种模拟祖先强

---

① 史军超先生认为"哟拉"就是人们所说的"灵魂"，但是，笔者认为，灵魂的特点是拟人化或者须具有人的形状，而"哟拉"显然不具备这些特点。参见史军超《哈尼族文学史》，云南民族出版社，1998，第18页。

② 《扭动身舞的传说》，《中国民族民间舞蹈集成·云南卷》（上），中国 ISBN 中心，1999。

③ 《大年初一抢水》，《嶍峨风情》，峨山彝族自治县民委，1985。

大力量以战胜敌人并庆贺胜利之舞。①

由上可见，宗教模拟仪式中的"相似生相似"原理已包含了因果关系的完整概念，其所蕴含的第一个要素正是"效力"、"作用力"、"生成力"等"宗教力"。虽然它们不同于我们今天物理学上所讲的"力"②，但是，它的出现时间却比物理学中的"力"要早，它也是衍生法律上所谈到的统治者的"威力"、"统治力"、"权力"等其他几乎一切力量的最终之源。

总之，可以说，在早期神话等文本的讲述中，无论"效力"、"作用力"、"生成力"、"物理力"，还是"威力"、"统治力"、"权力"等力量的原型最初都来自"宗教力"这种"力的体系"，而赋予"宗教力"的正是那种存在于人们思想或观念里的被称为"生命本原"的东西。③

## 三 宗教禁忌中的有形内容

我国西南少数民族普遍崇信"万物有灵"，与这种观念紧密联系的就是认为包括竹、树、石、云、山、水等万事万物在内的世间一切事物都具有神圣的性质，是值得人们敬畏的对象。④ 民族志资料显示："鬼神意识是西南少数民族长期观察认识自然、改造自然、征服自然，与自然界进行顽强斗争中对客观物体认识的必然结果。从诸神鬼存在的方式来考察，人们按自己的形象、自然物象如山林河流岩石天象对人类造成影响大小塑造出来的各种各样

---

① 《彝族"左脚舞"的传说》，《云南省民间文学集成·牟定县综合卷》，牟定县民间文学集成办公室，1989。

② 根据牛顿力学之第三运动定律：物体之间的相互作用是通过力体现的；力的作用是相互的，有作用力必有反作用力；它们作用在同一条直线上，大小相等，方向相反。

③ 〔法〕爱弥尔·涂尔干：《宗教生活的基本形式》，渠东、汲喆译，上海人民出版社，1999，第479页。

④ 陈永邺、洪宜婷：《从神话看"宗教禁忌"作为"社会的法"的原因》，《思想战线》2013年第3期。

的神灵，既对其虔诚崇拜，又对其畏惧。鬼神无处不有，无时不在，它们生活在人们居住村寨外的大千世界万物之中或在无极的天宇、看不见摸不着的冥冥世界，林间河流潭水崖石的自然万物之间。人们生活在有形的世界之中，而神灵鬼魂则生活在天上地下，在一个大范围、区域内有一个大鬼或大神管辖着众多的有固定居住之地的或常无居处而四处游荡的中小鬼神……"① 涂尔干说："相信人死后灵魂仍会续存，这种续存在一定程度上能引起人们的恐惧。"② 但正缘于此，才有诸多的禁忌以及驱魔避邪仪式与之相配合。

（一）凡俗事物是宗教禁忌实施的对象，必须对神圣事物敬而远之

**1. 神圣事物被从凡俗事物中隔离开来**

首先，出现了用以专门存放圣物的庙堂和供奉圣物的场所。彝族神话《撒梅山为什么能看五个海》中提到，在昆明撒梅山的最高峰"老爷岭"上有座小石庙专门供奉着撒梅人开山老祖的石像。③《土主庙的来历》中说，有位土主神要人们在河边沙滩地上建庙祭祀他，才可保四境五谷丰登、六畜兴旺。④《包头王》中提到紫溪山上有一座专门供奉着龙王的庙。⑤《盐水女龙王脚大》提及黑井这个地方建有三座盐水龙王的庙，三座庙中都特别塑有彝族女龙王的像，其中大井龙洞的女龙王像塑得极为壮观，一双大

---

① 李克忠：《寨神——哈尼族文化实证研究》，云南民族出版社，1998，第174页。
② 〔法〕爱弥尔·涂尔干：《宗教生活的基本形式》，渠东、汲喆译，上海人民出版社，1999，第63页。
③ 《撒梅山为什么能看五个海》，《昆明民间故事》（第一辑），昆明民间文学集成办公室，1987。
④ 《土主庙的来历》，《玉溪市民间文学集成》，玉溪市文化局、民委、文联、群艺馆，1989。陈永邺、洪宜婷：《从神话看"宗教禁忌"作为"社会的法"的原因》，《思想战线》2013年第3期。
⑤ 《包头王》，《楚雄民间文学集成资料》，楚雄市民委、文化局，1988。

脚露在宽大的裤脚下面。① 《开井节》亦提及，人们在石羊的旁边盖了一座龙女庙，庙里供奉着身穿彝族麻布衣裙的龙女像。② 《冒水洞的传说》讲述，人们把寺庙建在龙潭边，每年须在此举行祭龙仪式。③ 《东山土主的传说》中提到，东山土主是南诏十二代君主隆舜，其庙专门建在县城去天寺的路边。④ 等等。

其次，有关禁止伤害或食用某些神圣动植物的规定。从彝族神话《虎公虎母造万物》、《虎氏族》中，我们可知，人们把虎当作自己的祖先，禁止猎杀。从纳西族神话当中亦可知，人们也把虎当作自己的祖先对待，同样禁止猎杀。⑤ 此外，《彝族竹篾笆与山花》中讲人们把竹子和一些花当成神物，禁止年轻姑娘砍伐。⑥ 在《彝族青年不准锯葫芦》中，人们把葫芦看作曾经拯救过祖先的圣物，定下年轻人不准锯葫芦的规矩。⑦ 《石蚌普与四芽菜普》讲述新平、峨山各地的"石蚌普"家族和"四芽菜普"家族认为石蚌和四芽菜曾经分别保护过他们的祖先，让其不被敌人发现，故保持不吃这两种动植物的禁忌习俗。⑧ 具有相似性的是，《撒尼的蜘蛛图腾及传说》讲述撒尼人很早以前居住在昆明，后遭到入

---

① 《盐水女龙王脚大》，《禄丰县民间故事普查资料汇编》，禄丰县委宣传部文化局民委，1988。

② 《开井节》，《云南楚雄民族节日概览》，德宏民族出版社，1991。陈永邺、洪宜婷：《从神话看"宗教禁忌"作为"社会的法"的原因》，《思想战线》2013 年第 3 期。

③ 《冒水洞的传说》，《路南民间故事》，云南民族出版社，1996。

④ 《东山土主的传说》，《南诏故地的传说》，巍山彝族回族自治县民间文学集成办公室，1987。陈永邺、洪宜婷：《从神话看"宗教禁忌"作为"社会的法"的原因》，《思想战线》2013 年第 3 期。

⑤ 陈永邺、洪宜婷：《从神话看"宗教禁忌"作为"社会的法"的原因》，《思想战线》2013 年第 3 期。

⑥ 《彝族竹篾笆与山花》，《中国民族民间文学集成·永平县卷》，云南民族出版社，1989。

⑦ 《彝族青年不准锯葫芦》，《中国民族民间文学集成·永平县卷》，云南民族出版社，1989。陈永邺、洪宜婷：《从神话看"宗教禁忌"作为"社会的法"的原因》，《思想战线》2013 年第 3 期。

⑧ 《石蚌普与四芽菜普》，《走进滇中秘境》，远方出版社，2000。陈永邺、洪宜婷：《从神话看"宗教禁忌"作为"社会的法"的原因》，《思想战线》2013 年第 3 期。

侵者的到处追杀，逃到圭山。逃亡途中，得到蜘蛛结网保护，撒尼人便视蜘蛛为神，禁止伤害。《芭蕉树》讲述峨山海味村一带邱姓人有两三百户、千余人，他们把芭蕉树奉为祖神，遵守不吃芭蕉的忌讳习惯。[①]《山苏人为什么不烧村旁的野蜂》讲述了山苏人从不烧吃村旁野蜂的由来。[②] 哈尼族神话《爱尼人为啥不吃白猪肉》解释了爱尼人不养白猪、不吃白猪肉的宗教禁忌之来源。[③]《艰培然为什么不养鹅》则向我们讲述了哈尼族一个叫"艰培然"的家族一直保留着"不养鹅、不吃鹅肉"禁忌的原因。[④]

特殊情况下，在大型的宗教祭献仪式中，头人、祭师等村寨领袖可以吃掉神圣的供品，例如哈尼族"祭寨神"仪式中的老人和那些获得了较高级宗教地位的咪谷、摩匹。这是由于他们同样被赋予了神圣性，与神圣供品的地位是一致的。不过，这些领袖人物没有理由，也不会把这种"特权"授予普通、寻常的村民，出于同样的原因，节日期间每家每户平均分得的神圣"份肉"也不会被拿出来跟家庭之外或村寨之外的人分享。

最后，保护重要人物，如头人、祭师等免受伤害的规定。例如彝族神话《扎扎阿尼》中提到，彝族的毕摩总是忌讳从女人脚下经过。[⑤]

**2. 由于宗教生活和凡俗生活不能同时进行，宗教节日便诞生了**

首先，彝族神话《赶秋》说，立秋这一天，曾经有一个秋老虎出现在牟定县安乐乡的大黑山上，人们一旦碰见秋老虎就不吉

---

① 《芭蕉树》，《嶍峨风情》，峨山彝族自治县民委，1985。

② 《山苏人为什么不烧村旁的野蜂》，《嶍峨风情》，峨山彝族自治县民委，1985。

③ 《爱尼人为啥不吃白猪肉》，《西双版纳哈尼族民间故事集成》，云南少年儿童出版社，1989。

④ 《艰培然为什么不养鹅》，《哈尼族民间故事》（五），哈尼文汉文对照版，云南民族出版社，1993。陈永邺、洪宜婷：《从神话看"宗教禁忌"作为"社会的法"的原因》，《思想战线》2013 年第 3 期。

⑤ 《扎扎阿尼》，《昭通地区民族民间文学选编》（第二集），昭通地区文化局、民委，1985。陈永邺、洪宜婷：《从神话看"宗教禁忌"作为"社会的法"的原因》，《思想战线》2013 年第 3 期。

利，不死也要生病，人们便把"立秋"这一天称为"忌日"，只能在家里躲"秋"。① 哈尼族神话《九会街》讲述，雅邑大寨的人们为了生存，解除苦难，不得不屈服于住在龙潭里生性粗暴、喜怒无常的龙妹。每年正月初九这天，大家都身着节日盛装，带着山货，云集到雅邑大寨的"龙王庙"焚香叩头，然后在街场进行物资交流，并举行热闹的游园、跳舞、对唱山歌等有趣的活动。② 《祭田神》讲述，哈尼族西摩落人每逢农历三月属猴日或马日，要由同宗族共同集资或从"公谷"（宗族共有田）中抽款，统一购买花猪、花鸭、公鸡、母鸡等祭品，一户一人，相聚到祖宗田脚祭田神、焚香、烧纸钱、扣头作揖，祈求田神保佑风调雨顺、四季平安、五谷丰登，并用白线横竖拉在田中间，将沾有鸡血、鸡毛等的蔑牌插在田中央，挡住妖魔入侵。③

其次，彝族的"二月八"、虎节、插花节、火把节、祭虫王节、赛衣节等，哈尼族的"苦扎扎"节、"昂玛突"节、"十月年"等，阿昌族的会街节、浇花水节、窝罗节等，白族的本土节、绕三灵、三月街等，布依族的过大年、三月三等，傣族的开门节、关门节、泼水节等，回族的古尔邦节、开斋节等，傈僳族的刀杆节、盍什节等，苗族的踩花节、吃新节等，纳西族的三朵节、干母节等，瑶族的干巴节、盘王节等，都有着时间上的特别规定。原则上，大型的宗教节日要求团体所有的成员，尤其是男性成员，必须参加集体活动。

（二）神圣符号比普通符号想要表达的真实物体更高级、更神秘，与之相关的禁忌就更多

**1. 关于圣地的禁忌**

首先，彝族神话《犀牛井的传说》讲述，玉溪小石桥村中有

---

① 《赶秋》，《云南省民间文学集成·牟定县综合卷》，牟定县民间文学集成办公室，1989。
② 《九会街》，《墨江哈尼族民间传说故事集》，墨江哈尼族自治县民族宗教事务局，1999。
③ 《祭田神》，《阿墨江》1998 年第 2 期。

一口井，里面住着一条犀牛龙，为保护犀牛龙、保护井水，村寨规定杀猪宰牛出血染腥的事不准拿到井边去做。① 《三月三的传说》讲述，唐朝时期，癞娘娘的兵马闷死在一个叫"三月三"山腰的大山洞里，从此，每年的农历三月三日，四山八寨的彝族、苗族和汉族都要来这个地方祭拜，求癞娘娘保佑平安。② 《姓沙的后人不饮用"木瓜井"水的原因》讲述，南宋中期，环州境内有一个沙氏氏族的首领"沙大王"被进剿的土司兵马杀于"木瓜井"，沙氏氏族也被杀得鸡犬不留，有个放羊的孩子因放牧在外得以幸存，他长大成家立业后就告诫子孙后代，永远不得饮用祖先遇难之处的"木瓜井"里的水。③ 《小街三匠的由来》讲述，嶍峨（峨山）彝乍顶（今万和村）象鼻子山某处埋葬着峨山一位彝族土司的丫鬟郭大奶，外人禁止入内。一次，新平有个知事，本是个风水先生，路过那儿迷迷糊糊地睡着了，梦中就看见一伙全身盔甲的武士对他喝道："这里是郭大奶的坟地，你快滚！"④ 哈尼族神话《滴奶石》讲，在元阳县观音山树林里，有块突出呈妇人乳头状的石块，石块尖端处长年"滴答"落水，被称为滴奶石，它是在哀牢山女神科氏和科远的指点下，傈玛村一个叫乃本的妇女变的。⑤

其次，哈尼族传统的居住地在半山腰，那里有山有水，有森林有动物，人们把它视为人居、种地、狩猎和采集的好地方，在创世史诗《哈尼阿培聪坡坡》中是这样描述的："上头山包像斜插的手，寨头靠着交叉的山冈，下面的山包像牛牴架，寨脚就建在这个地方，寨心安在哪里，就在凹塘中央，这里白鹇爱找食，这

① 《犀牛井的传说》，《玉溪市民间文学集成》，玉溪市文化局、民委、文联、群艺馆，1989。
② 《三月三的传说》，《禄丰县民间故事普查资料汇编》，禄丰县委宣传部、文化局、民委，1988。
③ 《姓沙的后人不饮用"木瓜井"水的原因》，《武定县民族民间文学集成》（油印本），武定县文化局、民委、民间文学集成小组，1988。
④ 《小街三匠的由来》，《嶍峨风情》，峨山彝族自治县民委，1985。
⑤ 《滴奶石》，《绮丽的山花》，元阳县民委，1996。

里箐鸡爱游荡、火神也好来歇、水神也好来唱。"① 民族志资料显示，至今哈尼族、彝族、纳西族等少数民族均把山寨附近的寨神林、山寨的寨心视为圣地，严禁任何人砍伐寨神林或神树林里的神树，禁止追杀逃入其中的动物。苗族藏木鼓山上的一草一木，也不得任意攀摘、砍伐，甚至连寨中敬奉的古树和风景树，都要以神相待，不准亵渎或砍伐。

### 2. 关于预防抚摸或接触尸体的禁忌

彝族神话《基米昂达母》提到，彝族亲人死在远方，不能收其尸骨，只能到悬崖上找些茅草来扎成人，给它穿上衣服入棺，请个毕摩来开路，举行一次葬礼。② 《仙山庙》告诉我们，安化村东北大山顶的仙山庙是为了防止有人在此地埋葬死人而不利于下边五个寨子的安全而建。传说龙街坝子有一个姓张的翰林，他请了个有名的风水先生选址葬母，找到安化村北面大山的一片松林地，风水先生说此地是埋葬人的宝地，但对下边五个寨子不利，张翰林说只要地脉好，顾不了那么多。此话被树林里放牛的老倌听见，老倌回去告诉了绅老，绅老把各村掌事的人找来商量了一个对策，并立即动手在风水先生指定的地方盖起了一间小庙。几天后张翰林家抬棺来葬，见此山已被小庙所占，只好到别处另择地下葬了。自此，该庙被当地群众称为仙山庙。③ 《吸草烟啐口水的由来》提到，因为草烟最初是从埋葬死人的坟里长出来的，人们吸在口里会觉得龌龊，不吸又烦躁，于是人们才养成吸一口草烟，啐一次口水的禁忌习俗。④

---

① 朱小和演唱，史军超、卢朝贵等翻译，《哈尼阿培聪坡坡》，云南省少数民族古籍整理出版规划办公室编《中国少数民族古籍丛书——云南省少数民族古籍译丛》（第6辑），云南民族出版社，1986，第26页。

② 《基米昂达母》，《金沙江文艺》1982年第6期。

③ 《仙山庙》，《江川县民间文学集成》，云南人民出版社，1997。

④ 《吸草烟啐口水的由来》，《普洱民间文学集成》（二），普洱哈尼族彝族自治县文化广播电视局、民委，1989。

### 3. 对某些行为或某些人的禁忌

在某些行为的禁忌内容之中，最重要的莫过于"乱伦禁忌"了。"乱伦"是基于特定文化传统之上的贬义词，指在血缘关系上相近的亲属中发生性关系的行为。"乱伦禁忌"作为一种为社会普遍承认和接受、具有权威性的近乎难以撼动的婚姻规则，它既是族群外婚制的重要依据，又是一条早已具有了法的基本特征的古老规范，这也是涂尔干所说"乱伦禁忌的最初表现形式是外婚制"的原因，① 此外，他还令人信服地解释了这种婚姻法制度的起源正是原始人的"taboo"。② （详见第三章第二节之三"乱伦禁忌"）

首先，对某些行为或某些人的禁忌。在彝族神话《齿改阿鲁抓雷问药》中提到，古时候，雷神禁止人们烧火，谁在哪里烧火，雷就打在哪里，害得人们吃不到熟食。③《忌虫节》提到，节日历时一周，其间男人不准到田地里去，只能在家中做家务。④《彝族竹篾笆与山花》中提及，村寨禁止年轻姑娘砍竹子。⑤《彝族青年不准锯葫芦》中说村寨禁止年轻人锯葫芦。⑥ 苗族神话《白苗杨家男人不吃动物心的由来》提到，白苗杨姓的男人从不吃动物的心。⑦ 哈尼族神话《铓鼓舞的传说》告诉我们，哈尼人把铓鼓作为吉祥之物，平时谁都不能敲，只能在祭寨神或过年过节时才敲。⑧

---

① 陈永邺、洪宜婷：《从神话看"宗教禁忌"作为"社会的法"的原因》，《思想战线》2013 年第 3 期。
② 〔法〕埃米尔·涂尔干：《乱伦禁忌及其起源》，汲喆、付德根、渠东译，上海人民出版社，2003。
③ 《齿改阿鲁抓雷问药》，《小凉山民族民间文学作品选》，宁蒗彝族自治县县庆筹备委员会，1986。
④ 《忌虫节》，《云南民间文学集成·建水故事卷》，建水县文化馆、民委，1989。
⑤ 《彝族竹篾笆与山花》，《中国民族民间文学集成·永平县卷》，云南民族出版社，1989。
⑥ 《彝族青年不准锯葫芦》，《中国民族民间文学集成·永平县卷》，云南民族出版社，1989。
⑦ 《白苗杨家男人不吃动物心的由来》，《云南民间文学集成丛书·南涧民间文学集成》，云南民族出版社，1987。
⑧ 《铓鼓舞的传说》，《中国民族民间舞蹈集成·云南卷》（上），中国 ISBN 中心，1999。

《哈尼妇女为什么不能在织机旁哭泣》提到，哈尼人认为织布机旁的哭声是不幸的声音，是最大的忌讳，所以，不管心中有什么痛苦，绝不能在织机旁哭。[1]

其次，民族志资料显示，苗族规定供奉于鼓石窟和鼓头家的祖像、木鼓、芦笙、牛角等，不准乱动；鼓社的鼓在醒鼓之前，不得乱动；[2] 从播种至吃新谷期间，禁止任何人吹芦笙、敲鼓和斗牛；从过鼓社节后至蒙鼓的三年，男女不得婚嫁；总之，在祭祖祀社时，应参加者都须参加，应做的事都须做，不该做的事就不能乱来。[3]

总之，禁忌中的有形内容经过几代人的不断传承与重复，会变成模式化、带有神秘性质、表现传统价值观念的戒律、禁规，它们统摄并支配了整个宗教禁忌体系。虽然这些宗教禁忌中的规范还不是严格意义上的法律法规，但是，因为它们包含着禁忌得以产生功效的根源，[4] 因此为人们越来越重视。弗雷泽说："禁忌在很多场合是有益的，考虑到社会的状况、法律的缺少和民风的剽悍，它可以相当不错地代替一个政府的职能，并且使社会尽可能地接近有组织。"[5]

## 四　习惯准则

在一个特定的社会共同体内，惯例、习惯或习俗是由某些有着"共同合法性信念"的群体一起确定的社会行为规则。梅因认为，一个特定社会从其初生时代和在其原始状态时就已经采用的

---

[1] 《哈尼妇女为什么不能在织机旁哭泣》，《元江民族民间文学资料》（第二辑），元江哈尼族彝族傣族自治县文化馆，1982。

[2] 田成有、张向前：《原始法探析——从禁忌、习惯到法起源的运动》，《法学研究》1994年第5期。

[3] 田成有、张向前：《原始法探析——从禁忌、习惯到法起源的运动》，《法学研究》1994年第5期。

[4] 例如，对人的本能行为进行限制，制止和预防潜在的危险，保护人们的安全和生存，或达到"安抚"神灵的作用。

[5] 〔英〕弗雷泽：《魔鬼的律师》，阎云祥、龚小夏译，东方出版社，1988，第20页。

一些惯例，一般是一些在大体上最能适合于促进物质和道德福利的惯例。如果能保持完整性，以至于新的社会需要培养出新的惯行，则这个社会几乎可以肯定是向上发展的。[①]

（一）惯例、习惯或习俗以"共同的合法性信念"为准则

**1. 司法诉讼中"公平及正义"的仲裁者形象，常常与同一团体成员共同膜拜的祖先神相互借鉴或被混淆在一起**

彝族民间传说《婆母选贤媳》讲述，从前，有个婆婆想选三个媳妇中的一个出来管理家事，选择的标准：一是为人好，二是勤快，三是能理财。很明显，婆婆的"三条标准"具有"公平及正义"的性质，与家庭内部所崇拜的祖先神的形象是一致的。因此，此举儿子赞成，儿媳也心悦诚服，最后选定了三媳妇来当家。三媳妇当家三十年，果然把家里家外料理得有条不紊，一家人丰衣足食。[②] 哈尼族神话《三叉舞》告诉人们，为了使逝去的老人能顺利回到祖先居住的地方，人们听从"母亲"的教诲，为之在葬礼上跳三叉舞的习俗沿袭至今。

**2. 根据惯例被视为"正确"[③] 的人，能得到社会舆论的普遍支持或者有机会找来帮手一起对付违规者**

首先，哈尼族神话《送粑粑的由来》讲述，曾经有一个哈尼族的部落首领凭借人多势众，无恶不作，村里一个德高望重的人决心挽救村民，他决定在十月年的日子里，以嫁出去的姑娘送粑粑回娘家为由，走村串寨，互通情报，约定时间，共同起来反抗部落首领。[④] 白族神话《开辟大理》提到，盘踞大理坝子的恶魔罗刹，每天要吃十双人眼，"观音"请张敬引见罗刹，并制伏了

---

① 〔英〕梅因：《古代法》第一章"古代法典"，沈景一译，商务印书馆，1996，第11页。

② 《婆母选贤媳》，《彝族民间故事选》，中国文联出版社，2003。

③ 这种"正确"指的是：能使诚实、正义、公平、善良等理念得到伸张。

④ 《送粑粑的由来》，《哈尼族民间故事》（四），哈尼文汉文对照版，云南民族出版社，1992。

他。①《寻找光明》讲述，有个叫老三的人，在四脚蛇的指点下，找到白马骑上，来到黑暗魔王统治的世界，得到在那里生活的百姓的帮助，爬上一棵最高的树，见到正在修炼的老鹰，拿到光明珠，从而使黑暗世界变得一片光明，把黑暗魔王变成黑水潭。②

其次，彝族神话《阿巴刹治鬼》提到，人鬼混杂时代，鬼多人少，人们受尽了鬼的危害。有个叫阿巴刹的人，出外学会杀鬼的本事，回到村寨，在众人的帮助下，破坏了鬼的家，治好了阿妈的病，又追着杀鬼，杀死了不少，并分别封三个老鬼为"苍龙爷爷"、"山神"、"土主"，让他们保风调雨顺、五谷丰登，保牛羊兴旺，保佑村子平安，他的这一英雄行为至今仍为后人怀念。③彝族民间传说《豹子精与干妹子》讲，从前有个姐姐在一个老妇人的协助下逃出吃人如麻的豹子精的洞穴，并在七个男人的帮助下打死了豹子精。当她要兑现原来的承诺准备嫁给其中的一个男人时，那个男人却只要认她做干妹子。④《普阿弟兄斗仙马》讲述，有一匹黑花马跑来糟蹋两兄弟和乡亲们的庄稼，兄弟俩决心斗妖魔，他们在众人配合下追赶黑花马一直到红岩脚下，砍下马头，除了妖魔。⑤《十只金鸡》讲述，相传在茫茫的汤朗大海底，住着龙王和他的十个女儿。一次，二公主送了一颗宝珠给自己所钟情的樵夫阿南，消息传到土司韶木尔的耳里，他派人抓来阿南，把他打得皮开肉绽，为救出阿南，二公主找来九姐妹帮忙并向龙王请求派兵攻打土司府，结果成千上万的海兵杀得韶木尔片甲不留。⑥《青苦》提到，美丽的姑娘青苦与英俊小伙草松若私奔到一个遥远的村寨，却被爷公买通寨中恶人陷害草松若，并将其杀害。

① 《开辟大理》，《中国民间文学全书·大理卷》送审本，大理白族自治州白族文化研究所，2004。
② 《寻找光明》，《中国民间童话丛书·白族神笛》，云南少年儿童出版社，1989。
③ 《阿巴刹治鬼》，《楚雄市民间文学集成资料》，楚雄市民委、文化局，1988。
④ 《豹子精与干妹子》，《红河县民族民间故事》，云南民族出版社，1990。
⑤ 《普阿弟兄斗仙马》，《蓝靛花——宣威民间故事》，贵州民族出版社，1992。
⑥ 《十只金鸡》，《中国民间故事集成·云南卷》，中国 ISBN 中心，2003。

青苦滴血认夫，爬上寨中鼓楼，敲响牛皮鼓招来寨里人，并讲述事情的来龙去脉，用以身相许为条件求众人帮助自己埋葬丈夫。[①]

由此可见，这些"共同的合法性信念"看起来似乎式样单一，但一经分析，我们发现它们是一个复杂而不确定的混合体。具体而言，它的标准，在不同时间，对不同人群而言，往往意味着不同的东西。将这个标准客观化，甚至仅仅描述它，都从未真正成功过。例如亚里士多德曾经区分过矫正正义（corrective justice）、分配正义（distributive justice）与普遍正义（general justice）的概念。[②] 但是这种区分的用处不大，因为人们所追寻的"正义"这一"共同的合法性信念"，不但权利与义务已经发生，而且在创造法律规则时它已经存在。在此意义上我们可以说，"共同的合法性信念"的标准是一种比遵从法律规则更微妙、更模糊的东西。在某种程度上，它们只是一种令人兴奋的态度以及对美好生活的追求和渴望。正像施塔姆勒所说的那样："它根据完美社会的设想，为特定的法律意志指明了方向。"科恩还说："我们甚至可能发现，谈论类似的正义等概念时，其在我们头脑中的特质是仁爱，尽管这一特质常常与其他特质发生冲突。"[③] 不过，在人类早期的生活中，那些"最能适合于促进物质和道德福利的"（梅因语），并保持着完整性的"共同的合法性信念"均具有规范人们行为的效力与功能。

（二）惯例、习惯或习俗以"共同的实践活动"为基础

**1. "共同的实践活动"多处在家族、宗族等血亲组织以及村庄、社区等纯政治团体的一种极为有限权威的保护之下**

例如，哈尼族神话《送粑粑的由来》告诉我们，反抗恶人的

---

① 《青苦》，《云南民间文学集成·石屏故事卷》，石屏县文联，1996。
② 转引自〔美〕本杰明·N. 卡多佐《法律的成长——法律科学的悖论》，董炯、彭冰译，法制出版社，2002，第49页。（Vinogradoff, "Historical Jurisprudence," vol. Ⅱ, pp. 45 ~ 57.）
③ 转引自〔美〕本杰明·N. 卡多佐《法律的成长——法律科学的悖论》，董炯、彭冰译，法制出版社，2002，第50页。（Tourtoulon, supra; "Professor Cohen's Introduction," pp. 36、39.）

活动最终取得胜利后，就形成了十月年杀年猪后的第一天，嫁出去的姑娘要送粑粑给父母、叔叔、哥哥、大伯吃的习俗。①《背"魂"的故事》讲述，为了家庭的兴旺发达、吃穿有余，梭比人有背去世老人的"魂"回到祖先歇脚的墙上虔诚祭献的习俗。② 彝族民间传说《若者娜》提到，按照村里的习俗，女孩子长到十五六岁，可以随意参加男女青年的各种活动，自由选择爱人。③《六月六为什么要献苞谷》讲述，人们在一个老人的教导下，每到六月初六这天，家家户户都要拿着酒饭到地里去献苞谷，这一共同的行动慢慢成为风俗流传下来。④《夺令朵啊》告诉我们，人们在安弟鸟的提醒和催促下，形成了早起上工的好习惯。⑤

　　显然，"女孩子十五六岁可以自由选择爱人"、"六月初六献苞谷"以及"早起"等"共同的实践活动"，也受到村寨某种权威的限制和鼓励。

　　**2. "共同的实践活动"刚开始只具有个人或个体家庭的性质，但是它们往往会超出狭隘的范围，受到模仿而被广泛传播，形成今日我们称为习惯或习俗的东西**

　　首先，彝族神话《神桩》⑥、《灵牌》⑦、《拉码争》⑧、《丁郎刻木》⑨、《祭祖节的来历》⑩、《神主头的起因》、《神主头的来历》

---

① 《送粑粑的由来》，《哈尼族民间故事》（四），哈尼文汉文对照版，云南民族出版社，1992。
② 《背"魂"的故事》，《元江民族民间文学资料》（第五辑），元江哈尼族彝族傣族自治县文化馆，1985。
③ 《若者娜》，《昆明民间故事》（第一辑），昆明民间文学集成办公室，1987。
④ 《六月六为什么要献苞谷》，《楚雄民族民间文学资料》（第三辑），云南省社会科学院楚雄彝族文化研究室，1982。
⑤ 《夺令朵啊》，《云南民间文学集成·石屏故事卷》，石屏县文联，1996。
⑥ 《神桩》，《元江民族民间文学资料》（第二辑），元江哈尼族彝族傣族自治县文化馆，1982。
⑦ 《灵牌》，《景东县民间文学集成》，景东彝族自治县县委、文化局、文化馆，1988。
⑧ 《拉码争》，《云南省民间文学集成·姚安县综合卷》，姚安县文化局、文联，1989。
⑨ 《丁郎刻木》，《巍山彝族回族自治县民间故事集成》，巍山彝族回族自治县民间文学集成办公室，1988。
⑩ 《祭祖节的来历》，《红河群众文化》1987年第2期，红河哈尼族彝族自治州文化局。

等都在讲述同一个"祭母习俗"。"相传，曾经有一个年轻人拈轻
怕重、好吃懒做，并对其母加以虐待。忽一日，儿子醒悟过来，
在田间劳动时，见其母送饭来，想去迎接忏悔，不料其母误认为
儿子要来打骂自己而跳崖自尽，儿子异常痛悔……"《背老子箐》
讲过去老人年纪大、身体弱，要人照料的时候，就会被用背篓背
到大山里丢掉。一次，有户人家的小孩要求他爸爸："背篓别丢
掉，拿回家去，等你老了我还要用它背你上山呢！"从此，受到震
撼的人们都让老人在家里幸福善终，①遂形成广泛的尊老爱老习
俗。《秦扎阿窝的故事》讲述，远古的时候，汉人部落前来与驻守
昆明城的彝族部落首领秦扎阿窝争夺城池，并主动将首领的女儿
嫁给了秦扎阿窝的二儿子，以迷惑秦扎阿窝。不久，二儿媳从从
不设防的二儿子处获悉了破解秦扎阿窝神力的方法，并密告其父。
汉族部落杀了秦扎阿窝，攻破了昆明城。由于有了首领的前车之
鉴，于是彝族社会形成夫妻感情再好，有些事丈夫是绝对不让妻
子知道的习俗。②《彝族食肝生的来历》讲述，远古的时候，有一
位名叫笃莫阿筛的彝族部落首领掌管着成千上万的牛羊和上百个
牧童。其妻不幸去世后，据说托生成了一只母老虎，并向笃莫阿
筛要羊肉吃，笃莫阿筛知道母老虎就是她死去的妻子变的，就做
肝生供奉母老虎。后来，彝家人就形成办喜事设宴待客时，第一
道菜必定是肝生的习俗。③《坟上放背箩的由来》讲述，从前，有
个家庭里的老汉眼睛瞎了，儿子、儿媳把他当成累赘，在一个寒
冷的雨夜，儿子用背箩把老汉背了扔在山垭口便溜回家，老汉被
活活冻死在山上。后来，孙子向他父亲要背箩，说要留着以后背
爹，儿子听了非常震撼，便跑上山要把爹背回来，可爹已经死

---

① 《背老子箐》，《景东县民间文学集成》，景东彝族自治县民委、文化局、文化
馆，1988。

② 《秦扎阿窝的故事》，《禄劝民间故事》，禄劝彝族苗族自治县文化局、民间文
学集成办公室，1991。

③ 《彝族食肝生的来历》，《金沙江文艺》1995 年第 1 期。

了，儿子只能哭着把老汉厚葬了。从此彝族家家就形成老人亡故，总要在坟头放个背篓的习俗。①《烧草席》讲述，有个叫田宝的年轻人病死后，伙伴们没有什么东西可以用来陪葬，就把刚编织好的一床草席烧掉，此后山寨的人就形成给死人烧草席送葬的习俗。②

其次，哈尼族神话《认舅舅的故事》讲述，很久以前，有户人家的姐姐和姐夫教育子女说："上，天最大；下，地最大；人，舅舅最大。不管什么时候，不能忘记舅舅的恩情。"哈尼族就形成生儿女要向舅舅家报喜、盖房子要向舅舅家请教、人死了要请舅舅来主持丧葬的习俗。③《哈尼族为什么好客》讲述，曾经有个小伙子，把一个像疯人似的老人领到自己的家里，烧火做饭请老人吃，并让他上床与自己同床共眠，后来得到一堆闪闪发光的金子。正所谓"好心有好报"，从此，哈尼人就形成只要见客人进寨，便争相迎请的习俗。④

此外，今天彝族端阳节让小孩子戴五色线的习俗、女子戴公鸡帽的习俗、平时带婴幼儿出门看病用伞遮住的习俗、办婚事时要送喜神和爬油杆的习俗、讨亲嫁娶和路过垭口或山梁都要吹喇叭的习俗等，在神话等文本里，它们最初只是来自个人或个体家庭的禳灾避祸仪式，后来得到大家的认可被模仿、传播后，变成群体的习俗与行为。⑤

总之，在人类社会早期，宗教因素渗透立法和司法的形式之中，头人、祭司等宗教人物在其中起了至关重要的作用。一方面，

---

① 《坟上放背篓的由来》，《云南民间文学集成·建水故事卷》，建水县文化馆、民委，1989。
② 《烧草席》，《嶍峨风情》（续集），峨山彝族自治县民委，1986。
③ 《认舅舅的故事》，《元江民族民间文学资料》（第五辑），元江哈尼族彝族傣族自治县文化馆，1985。
④ 《哈尼族为什么好客》，《西双版纳哈尼族民间故事集成》，云南少年儿童出版社，1989。
⑤ 关于神话故事的具体讲述详见第三章第二节之一"禳解仪式"。

虽然还没有今天意义上的法律逻辑，但已有依托神意制约人的欲
望在资源不足的情况下所衍生的社会张力之围墙——实质、具有
约束性的惯例、习惯或习俗——存在，这也是我们后来称为"伦
理法"的东西，否则人欲横流势必冲击社会的安全和稳定。从这
个意义上说，惯例、习惯或习俗在彼时既有教育引导作用，又有
束缚制约作用，这并不是"存在"或"不存在"的问题。另一方
面，宗教仪式是一种与神灵保持沟通与交流的有效手段，其不同
的表现形式，供奉、共享、模拟、纪念、欢腾，甚至禁忌、禳解、
赎罪等仪式所体现出的种种准则表现出一定程度的"与自然相符
合的正当理性"。① 从根本上说，惯例、习惯或习俗中那些十分有
规则的"约定"或社会化的"共同的实践活动"，往往还不关心是
否要通过法的形式或设立某种强制机关以行政命令的方式来保障
它的有效性或被绝对遵守。但是，它们"对于早期社会生活中的
基本法律模式（的影响），甚至连权力极大的统治者都不能加以
干涉"。②

---

① 中世纪经院哲学最伟大的代表人物圣·托马斯·阿奎那（St. Thomas Aquinas,
公元 1226~1274 年）把法律划分为四种类型：永恒法、自然法、神法和人法。
〔美〕E. 博登海默：《法理学——法律哲学与法律方法》，邓正来译，中国政
法大学出版社，2004，第 31 页。其中来自上帝统治计划（plan of government in
the Chief Governor）的永恒法，可以被看作依托神意的宗教规则，它们是指导
宇宙中一切运动和活动的神之理性和智慧的表现，所有隶属于神辖范围的天地
万物，都受永恒法的支配和调整。埃尔曼说，这些规则"不仅最古老而且是最
普遍的法律渊源"。作为原始司法审判之基础，其被视作一种法的"事实"的
客观存在。〔美〕埃尔曼：《比较法律文化》，高鸿钧、贺卫方译，三联书店，
1990，第 43 页。

② 转引自〔美〕E. 博登海默：《法理学——法律哲学与法律方法》，邓正来译，
中国政法大学出版社，2004，第 404 页。又见于田成有、张向前《原始法探
析——从禁忌、习惯到法起源的运动》，《法学研究》1994 年第 5 期。（Robert
M. MacIver, The Web of Government, rev. ed. , New York, 1965, p. 50.）

# 第三章　宗教、禁忌、习惯和西南少数民族法律的形成

　　著名的法历史学家萨维尼说，法根植于一个民族的"民族精神"之中，像语言、风俗一样是一个民族普遍精神自发、直接的产物。[①] 社会法学派的主要代表人物庞德亦提出：法律是从最初的原始法，经过严格法、衡平法和自然法再发展到成熟的法律。[②] 作为一种秩序化的要求，就法律的起源而言，埃利希继续论述道：法律发展的重心并非在于立法，或者法学，而是在于社会本身。[③]

---

① 转引自〔美〕E. 博登海默《法理学——法律哲学与法律方法》，邓正来译，中国政法大学出版社，2004，第92～93页。

② 今天我们把"严格法、衡平法和自然法、成熟法"统称为古代的法。在庞德看来，原始法以古希腊、古罗马的《十二铜表法》以及《汉穆拉比法典》为代表，在此阶段，法律的范围极为有限，既无原则也无一般的观念，法律的主体主要是血亲集团，对内采用"和解"的方式调解纠纷，对外以被害人"复仇的愿望"解决矛盾，血亲集团要为此承担连带责任。古罗马法和英国中世纪的法律则是严格法阶段的典型例子，此时，国家凌驾于血亲组织之上，法律已形成独立的体系。在衡平法和自然法阶段，创造出了目的合乎伦理、合乎善良风俗与合乎道德的法，为保证履行义务的需要，法律人格扩大到所有的人。英美19世纪的法律是进入成熟阶段的法律，以确定性、安全、平等及对私有财产和"自由契约"的保护为特点。从19世纪后期开始的西方现代法律，由于社会观念的引入，出现了有关财产和契约限制立法等多种社会类型，包含更多的概念和理念，对政治制度安排得更加合理。法律支配着整个的社会生活，重点也从个人利益转向社会利益，发挥着更高文明层次上维护社会秩序的功能。因而，从理论体系性、内容性、逻辑性等方面来讲，它们都远高于古代的法，更高于原始的法。西方现代法律的社会化就是以上五个阶段进化的结果。

③ Engen Ehrlich, Fundamental Principles of the Sociology of Law, transl. by W. L. Moll (Cambridge, Mass., 1936.), Foreword. 转引自〔美〕E. 博登海默《法理学——法律哲学与法律方法》，邓正来译，中国政法大学出版社，2004，第149页。又见于钱锦宇《通过神话的社会控制——兼论神话作为民间法的渊源》，《中南民族大学学报》（人文社会科学版）2010年第4期。

可以说，法律在形成之初，和宗教、禁忌、习惯在很大程度上是合为一体的，而几乎所有的仪典都是同一主题下的不同变体。从社会法的角度而言，法律和宗教、禁忌、习惯都是基于同一种心灵状态下做出的不同解释，作为社会的集体表象和特有的文化现象，它们的真正功能就是要唤起社会中的崇拜群体由道德信念构成的某种心灵状态，例如唤起个体之间的相互认同，形成集体的团结以及对秩序的遵守，等等。在这里，我们是把发端于宗教、禁忌及习惯的诸多准则、原则和规则统统视为法律的基石看待的。

甚至可以说，无论何时何地，具有相同构造和结构单一的宗教仪式（严格而言，禁忌亦是宗教仪式之一种形式）能够产生如此多样的效果取决于群体被集合起来这一社会事实，而不必管它们是出于什么样的具体原因。

## 第一节　从宗教准则到最古老的私法权益

马克斯·韦伯认为："与社会学的区分相适应……私法可以界定为这样一种行为准则的总和，按照法律制度所赋予行为的意向，行为与国家的强制机构无涉，而是仅仅可以被国家强制机构视为通过准则调节的行为。"[1]

不言而喻，作为早期人类社会的"集体表象"，神话等文本包含着宗教、伦理、禁忌、习惯的要素和事实在内。从某种意义上说，它们是早期人类社会各种文化和制度准则的表征。我们可以说，当神话等文本中的某个规则、原则或行为准则已经确立，可以证明一个具有合理确定性的预期时，这一规则、原则或行为准则就具有了法律的性质。例如，理论上而言，宗教仪式作为具有约束性的行为准则，源于人们对远古祖先及其英雄业绩的尊重和

---

[1] 〔德〕马克斯·韦伯：《经济与社会》下卷，林荣远译，商务印书馆，2006，第1页。又见于钊作俊《刑法的品格》，《信阳师范学院学报》（哲学社会科学版）2004年第2期。

纪念；它们还可以实现供奉者"安全、有序、和平"的目标，维持人与神、人与人之间一种积极、双向的关系，形成一个我们今天所说的"私法合约"的最早原始形态：因为参与者承诺要为神举行祭献并与之共享的程序和时间，在其中还要经常加入娱乐的成分。这种"私法合约"的最早原始形态体现的其实正是莫斯在《礼物》一书中所谈到的"总体呈献制度"，其实质是一种使诸氏族共有其妇女、男人、子女和仪式等的氏族之间的长期协约制度。① 莫斯还总结道："由于祭献以景仰神的思想为主，在这种有关'法'的观念体系中，所要还给他人的东西，事实上正是那个人本性或本质的一部分；接受了某人的礼物，也意味着接受了他的某些精神特质，接受了他的一部分灵魂。因此，人们之间的这种法律关联，即由事物形成的关联，乃是灵魂的关联，因为事物本身不仅有灵魂，而且出自灵魂。"② 更由于每个人都有"赠礼"的权利和"回礼"的义务，神也有"回礼"的义务，才能"满足"人们的要求。可见，在这种原始法之中，人与神、人与人之间主观的权利和客观的义务关系形成了。

当然，作为今天"自由契约"的基础，这种一定程度上界定了当事人双方权利义务关系的古老"私法合约"还不能等同于我们今天严格意义上的"合同"或"契约"这类现代的法律文书，因为它们与国家的强制机构无涉，至多只是受着宗教准则的约束而已。但是，我们这里谈及的具有法律性质的诸多规则、原则或行为准则等法律关联或原始法规范始终包括那些在严格意义上并非法律的禁忌规范和习惯准则，虽然它们没有通过成文法或司法判决的方式正式昭示在我们眼前，但早已深深地植根于习惯法的形式、伦理法的观念以及宗教法的信仰和仪式的实践之中了。

---

① 〔法〕马塞尔·莫斯：《礼物》，汲喆译，上海人民出版社，2005，第 8 页。
② 〔法〕马塞尔·莫斯：《礼物》，汲喆译，上海人民出版社，2005，第 46 页。

## 一 宗教仪式的准则是最古老"私法权益"的源头

"立法"问题一直是人类学家和法史学家关注和探讨的热点。一般认为，无论是在古代还是在近代，任何法律的制定和颁布实施，都须以一定的权威做基础，并以强制力做保障实行。对于一个国家来说，列宁说"法律就是取得胜利、掌握政权的统治阶级的意志表现"，这种"法律是统治阶级意志表现"的观点实际上是所有无产阶级专政下的"阶级国家"制定宪法和法律的依据，因为在历史唯物主义者看来，无论是古代的奴隶制国家（例如古希腊和古罗马，公元前 30 世纪两河流域的苏美尔、古巴比伦、亚述王国，以及公元前 20 世纪的古印度和古代中国）、封建世袭专制王朝（例如中世纪欧洲诸国，中国的秦、两汉、三国、魏晋南北朝、隋、唐、宋、元、明、清），还是早期的资产阶级国家（例如1640 年之后的英国、1783 年独立战争后的美国、1789 年 7 月 14 日大革命之后的法国）莫不如此。具有相似性的是，西南各村寨的领袖、头人等家长父亲的命令和权力也是被作为带有古老"私法"性质的权威来对待的。

但不可否认的是，如果从理想法律的角度而言，只体现统治阶级意志的法律还不能真正做到"正义、公平、安全、自由"等实质法规范的要求。今天的一系列"立法"，作为对社会具有普遍约束力的行为规范，也应该是"被统治阶级意志的体现"：这是由于世界文化的多元性，任何一个族群和国家在其发展的各个不同历史阶段都会形成某些关于正义、公平、安全、自由等"普世价值"，尽管具体内容和表述方式不尽相同，但它们大多是通过"自下而上"的路径或所谓今日的"民主程序"形成的法律。因此，"立法"既有通过"自上而下"路径形成的事实（根据统治阶级的意志），也有从民间风俗、宗教、禁忌、习惯与惯例等"自下而上"路径形成的事实。长期以来，很多法人类学家、法史学家以及法律学者都把这些"立法"现象归结为：

或从权威①、判例立法②，或从宗教、禁忌、习惯，甚至从学说思想的角度立法这样的多种层次。然而，在西南少数民族地区，宗教仪式的准则既是最古老"私法权益"的源头，也是建立和维护村寨社会秩序的需要。

（一）蕴含在"宗教力"中的因果律正是原始法律思想的定律之一，这一概念支配着原始法的形成

用弗兰克福特（Frankfurter）的话来讲，法的形成"是一套内容固定、自我确定的话语的解释者，话语的含义必须遵从一个不可更改的推理过程"。③ 从前述的宗教模拟仪式的准则，我们知道，弗兰克福特所谓"不可更改的推理过程"其实正是来自"因果律"，即从因到果的逻辑推理过程。在这里，不存在异乎寻常的东西，只有人们的观念以及缔约当事人的意志，而非事件之间纯粹的自然联系，才能解释法的这种因果关系问题。就此，艾格顿（Edgerton）继续论述道："它是一个可合理联系（justly-attachable）的原因，法律上的结果是一个合理联系的结果；（或）法律上的原因是这样一种原因：在此因与此果的关系条件下，赋予该因果关系的法定效力是公正的。"

艾格顿还提出："这里的公正，不仅指当事人之间的公平，而且是于社会的，对解决个人与社会之间的利益冲突至关重要的

---

① 例如，在古罗马奴隶制国家里，罗马的元老院甚至拥有撤销皇帝命令的权威，著名的由元老院主导制定的《十二铜表法》就如实质的神法一样，在一定程度上把宗教技术的手段变成了无害的。

② 判例立法指以国家或政府行政管理机构的行政诉讼、法院的判例来立法。例如今天的英国、加拿大、澳大利亚、新西兰、印度、美国等国，判例的形式主义特征很明显。其原因是，成文法虽然具有精准解释的优势，能成为司法判决的客观准则，但是，当它不能做出精准解释时，判例就会成为一种必要的补充立法形式。

③ Frankfurter, "Mr. Justice Holmes' Constitutional Opinions," 36 Harv. L. R. 912. 转引自〔美〕本杰明·N. 卡多佐《法律的成长——法律科学的悖论》，董炯、彭冰译，中国法制出版社，2002，第75页。

（公正）。"① 因此，这种"因果关系"还可归结为法律"目的论"的联系。也正因如此，各种宗教祭祀仪典也可以归结为是对"因果律"的崇拜，以追求"公正"的法律为目的。

不过，从对宗教模拟仪式准则的论述中，② 我们知道，"因果律"是"宗教力"的体现。实际上，以我们今天的眼光来分析，"宗教力"及"生命本源"并不是真的存在于神圣的事物之中，而是存在于信仰者的心灵、人的精神信仰之中的观念。例如，哈尼族认为每一个人身上有 12 个"哟拉"③，这种神秘的力量分别主宰着人的眼睛、鼻子、耳朵、头发、喉咙、腋窝、手、肚子、肩膀、膝盖、脚、指甲，如果哪个部位有疾病，就是因为该处的"哟拉"（生命本源）出走了，必须举行招魂仪式将其招回。另外，对"宗教力"的这种崇拜甚至还可以追溯到图腾时期人们对祖先"生殖力"以及对"万物有灵"神秘力量的膜拜，这可以从今日村寨里人们对祖先神"保护力"的尊崇和对各种等级的大神能够创造宇宙万事万物之"伟力"的敬仰中看出。从法律起源的视角观察，具体内容如下。

**1. 因果关系蕴含着权力的观念，表达了社会各层级高低贵贱的等级之分**

首先，由于西南少数民族地区的人们有着某种对超越一切的宗教信仰或说是高于一切神祇之"宗教力"的崇拜，才使我们能够透过不同历史时期、不同级别的宗教仪式，看到这些仪式的共同点，也才能理解这些仪式在不同等级信仰体系中的相似处。哈尼族神话《人为什么分等级》讲述，创世时期，人不分等级，生活没有任何规矩，后来天神俄玛栽下一种草，它有根有秆没有叶，

---

① Cf. Bohlen, "Mixed Questions of Law and Facts," 72 Univ. of Penn. L. R. 120; *Studies in the Law of Torts*, p. 53. 转引自〔美〕本杰明·N. 卡多佐《法律的成长——法律科学的悖论》，董炯、彭冰译，中国法制出版社，2002，第 148 页。
② 详见第二章第二节之二"宗教仪式在神话等文本讲述中的准则"中的（三）"模拟仪式的准则"。
③ 在哈尼族的宗教观念里，"哟拉"正是赋予"宗教力"的神圣本原。

会开花结果，果实掉到天河里流到人间，所有会动的东西吃到它就比没有吃到的高一等：老虎、豹子吃了，就变成老虎王、豹子王；麂子、马鹿吃了就变成麂子王、马鹿王；人吃了就变成头人、摩叭、工匠，比平常的人要高出一等。① 显然，蕴含在草里的"宗教力"，是使得世间从此有了等级之分的力量之源。

其次，对"宗教力"的崇拜，不过是人们宗教思想里圣俗、高低、贵贱等级观念的体现。彝族神话故事《花口索塔》提到，从前，彝族聂苏人妇女除了寨王的女儿之外，贫民之女是不许穿绣花衣裳的。② 显然，能否穿绣花衣裳成为社会不同层级的象征。《吹吹打打》中提到一个当时的法律规定：地位低的穷人吃饭时不准"吹吹打打"，其中还讲到一个穷人因此被以"想和他（富人）平起平坐"为由告上法庭的案子。③

再次，原因预设了结果，按照习惯法，出生高贵的人天生就有着高贵的品质，拥有着天然的地位和权利，这种规定还更多地体现于古老的"地位契约"之中。例如在凉山的彝族中，（地位等级较高的）曲诺、阿加与（地位等级较低的）呷西之间由婚姻关系导致的等级变化和人身归属为：曲诺之子与呷西之女结婚，男子身份不变，女子由呷西升为阿加，所生之女归主子，所生之子均成曲诺；曲诺自出聘金娶阿加女，所生子女均为曲诺；若男方为彝族呷西或阿加，自出聘金娶曲诺之女，所生子女半数为曲诺，半数为阿加。④ 具体情况如图 3-1 所示。

最后，较高等级者所具有的权威还始终束缚和压抑着普通人的心灵，破坏如此的规则会被视为"犯上作乱，大逆不道"，严重

---

① 《人为什么分等级》，未刊稿，文稿由云南省社会科学院史军超保存。
② 《花口索塔》，《云南民间文学集成·石屏故事卷》，石屏县文联，1996。
③ 《吹吹打打》，《彝族民间故事》，云南人民出版社，1988。
④ 陈金全、巴且日伙主编《凉山彝族习惯法田野调查报告》，人民出版社，2008，第 55 页。

第一种情况：
男方（曲诺）——女方（呷西）
⬇
儿子（曲诺）女儿（阿加）

第二种情况：
男方（曲诺）——女方（阿加）
⬇
儿子（曲诺）女儿（曲诺）

第三种情况：
男方（呷西或阿加）——女方（曲诺）
⬇
儿子（曲诺或阿加）女儿（曲诺或阿加）

图 3－1　凉山彝族由婚姻关系导致的等级变化和人身归属

者甚至会被处死。在彝族神话《花口索塔》的故事里，坡龙山巴鲁大寨善良的德洁王子，就是因帮助金竹寨的好友万有的恋人、白鸡寨的宝妹实现婚礼之日拥有一套花口索塔嫁妆的愿望，打破了社会等级之分，被父亲处死。民族志资料表明，凉山彝族禁止不同等级之间通婚或发生性关系，尤其对于诺合的婚姻，规定必须门当户对，"次等诺合"向"正统诺合"开亲，必须付给 1～2 倍的聘金，另加 3 两金子；"劣等诺合"则绝对不能与"正统诺合"开亲。①

因此，"宗教力"的观念也意味着，个体的意志如同个体的习惯和愿望一样，会因集体观念的影响而改变。事实上，集体的观念正是这些个体观念的总和。

**2. 在因果关系的原则之上，人们又加上了原始法律的逻辑戒规，并不允许有任何矛盾之处**

首先，成年是年轻男女享有恋爱婚姻权利的前提条件，为了培养青年人积极的品格，在基本的成年礼仪式中，常常要求他们严格遵守并执行缄默、静修、禁食、守夜等禁忌规范，有时这些禁忌规范还会加入欺辱的成分。例如基诺族的成年礼（至少 14 岁

———————

① 陈金全、巴且日伙主编《凉山彝族习惯法田野调查报告》，人民出版社，2008，第 50～51 页。

以上）仪式，要对成年男童进行带有欺辱性质的"捕捉"①；无论男孩或女孩，成年礼之后必须加入"饶考俄"；在这样一个历史悠久、由成年未婚男女组成的"饶考俄"青年组织中，每个人都必须遵守一些严格的规定——每天晚饭后必须到某一个特定地点集中，各自汇报自己当天所见和需要提醒注意的情况。② 佤族的成年小孩则要接受"烧裤裆"的考验。独龙族女子举行成年礼时须"文面"。"成年礼"在摩梭人的生命历程中显得尤其重要，每家人都要为年满 13 岁的男女儿童举行穿裤子和穿裙子仪式，摩梭人将其称为"成丁礼"，它被看作一个人生理、心理发展成熟的标志，有一整套相关的戒规礼仪伴随其中。因为只有通过这套仪式，未成年人才能真正加入成年人的行列，获得成人的各种权利和资格。反之，如果不能忍受其中的禁忌规范，就等于违反了原始法的逻辑戒规。显然，人们普遍奉行的这些成年礼仪，内中的诸多戒规戒律，在根本上而言，还是来自对祖先灵魂不灭或者违背后会招惹神怒的信仰观念。

其次，除了成年礼以外，为新生儿举行的"诞生礼"、"三朝礼"也同样加上了原始法的逻辑戒规于其中。例如哈尼族神话《滴奶石》提到，哈尼族妇女生了小孩，都要让婴儿先喝一口元阳县观音山树林里"滴奶石"甘甜的山泉水，再将剩余的倒进木盆

---

① 一般是在本寨上新房仪式时举行。上新房的那天，男青年的组织安排一些男青年先埋伏在收工的途中或房前屋后，乘其不备突然袭击，然后把他挟持到上新房家的竹楼上，与大家一起吃喝，贺新房的人要给他敬酒，上新房的主人要送给他用芭蕉叶包成四方形的三块牛肉。他收下这份肉，表示乐意参加"饶考俄"（基诺语）。这种带有欺辱性质的"捕捉"，目的是使他在被抓的刹那间产生恐惧感，在一生中留下难忘的印象，以增加"成年礼"的神圣感。

② 如果无故不参加活动，第二天要被罚三撮烟。"饶考俄"同时还负责村寨的公益事业，如节日送父寨、母寨的客人，修筑道路，设置界标，巡视、保护村寨的公共设施，保护外来客人和本寨人家的安全，站岗，过节时燃放火药炮，预防火灾，防止偷盗，检查卫生，为已故的卓巴、卓生、叽、咋、先或他们的妻子守坟，等等。参见金少萍《基诺族传统社会中的未婚青年组织》，《中南民族大学学报》（人文社会科学版）2000 年第 1 期。

洗洗脚，母亲才给婴儿喂奶。① 《碗舞》告诉人们，为新生儿举办"诞生礼"的人家，要在大门上悬挂笋叶剪成的人像、野姜叶、小木刀来辟邪，并禁止外人入门。到了新生儿出生的第三天（有的是第十三天）要行"三朝礼"，主人家准备好糯米饭和红酒，迎接前来祝贺的亲友，此时，妇女们边吃糯米饭边唱起"酒歌"，拿起碗，跳起祝福新生儿的"碗舞"，以前跳"碗舞"时，不允许男人在场。②

其实，那些在祭献仪式上的严格程序之规定只不过是一种表现形式而已，前述可知，为了使每一个成员对各种神圣的"法"确信无疑，社会集体还会常常迫使源于因果关系概念的权威成为一种义务，在需要的时候，通过定期的仪典，订立或重申之。例如彝族习俗歌《贺神明》是每年举行庙会时都要重申的祈灵求福的颂词，共五节，每节六句，包括贺白牛土主、贺圣母娘娘、贺弥勒古佛、贺牛王马王、贺财神老爷等，人们举办庙会正是为了达到"全得耕牛像狮子，所幸骡马赛麒麟，五谷丰登人畜旺，万民幸福乐无疆"。③ 哈尼族神话《磨秋》讲述，为了让两个掌管雨水的天神听从哈尼族祖先的话"均匀地放雨水"，人们只好年年打磨秋（打磨秋前，往往要先举行祭磨秋仪式）到天上去告诉他们。④ 因此，它们也是种种对具有法性质的诸多准则进行复制、更改、再造或创新的过程。

实际上，神话故事中有很多"次一级"的大神，他们在一年当中所管辖的事务各有不同。例如彝族神话《造天地日月》讲北斗七星中最小的两弟妹自告奋勇当了太阳和月亮，以主管人间的阴阳昏晓。⑤ 《催春书》告诉我们，小白兔是月宫中的花神，主管

---

① 《滴奶石》，《绮丽的山花》，元阳县民委，1996。
② 《碗舞》，《中国民族民间舞蹈集成·云南卷》（上），中国 ISBN 中心，1999。
③ 《贺神明》，《峨山民间文学集成》，云南民族出版社，1959。
④ 《磨秋》，未刊稿，文稿由云南省社会科学院史军超保存。
⑤ 《造天地日月》，《神秘的他留人》，云南人民出版社，2005。

开春，它来的这天就是立春。① 《百家姓的来历》讲述太阳神能画人孵人。② 《海望大田》讲述，盘古开天辟地时，海龙王派了两条龙来行雨济民，其分工是：大龙春分时行雨，小龙立夏时降雨。③ 《造天地日月》讲了作星（北斗七星）兄妹如何分工造出天地日月并对其进行管理的故事。④ 《造天造地造人》讲述，哥弟二人如何得到分工，造天造地造万物。⑤ 《荞子楞楞》解释了为什么三种粮食（荞、谷子和麦子）的收割时间不一样，原来是天神乃帕猫日奈派出去的三个女儿找回它们到人间的时间不同所致。⑥ 《龙马与京桐》讲述了今天彝山上一排排京桐的来历，原来是一条布错雨犯天条被贬为马以服苦役的神龙将功补过的结果。⑦ 因此，举行定期的仪典，订立或重申宗教祭祀的神圣目的，对于团体或个人来说，是非常必要的。而从法律逻辑的角度判断这些因果关系，由于近因和远因的观念都是相对的，会不断地变化发展，所以，除了法的威严之目标外，也可以说其实没有什么绝对的标准。

（二）在西南少数民族地区，对于早期"法"形成最直接、最重要的，是在宗教仪式中表现出来的某种程度上的"自然理性"及"妥协"原则

宗教不但支配着早期人类方方面面的生产生活，也支配着文明初期法律的形成。古时的人类普遍具有"万物有灵"、图腾膜拜或祖灵崇拜的信仰，它们是人们在对世界、宇宙的看法中形成的宗教价值观。这种宗教价值观对司法的影响很明显，例如在神判过程中，村寨领袖、头人等古老"私法"的立法者要秉承神意，

---

① 《催春书》，《中国民间故事全书·云南鹤庆卷》，知识产权出版社，2005。
② 《百家姓的来历》，《景东县民间文学集成》，景东彝族自治县民委、文化局、文化馆，1988。
③ 《海望大田》，《石屏古今奇趣》，中国广播电视出版社，2003。
④ 《造天地日月》，《神秘的他留人》，云南人民出版社，2005。
⑤ 《造天造地造人》，《江川县民间文学集成》，云南人民出版社，1997。
⑥ 《荞子楞楞》，《昆明山川风物传说》，云南民族出版社，1994。
⑦ 《龙马与京桐》，《哀牢山彝族神话传说》，云南民族出版社，1990。

采取决疑论证①的方式，把"合理"、"正义"的道德标准同"良心"之实质要求结合起来。如果"法官"们的"良心"与神灵意志的标准不相契合，就会被指责做出了非道德的选择。因此，那时的"立法"活动，虽然尚没有今天意义上的法律逻辑，② 但已有制约人的欲望在资源不足的情况下所衍生的社会张力之围墙——伦理道德规范（已近似于伦理法）——存在，否则人欲横流势必会冲击整个社会的安全和稳定。从这个意义上说，通过古老的宗教、禁忌、习惯进行的"私法"立法活动在彼时既有教育引导作用，又有束缚制约作用，不是单纯的"好"或"坏"的问题。

有关法的"自然理性"问题，伟大的古罗马法学家和政治家西塞罗（Cicero，公元前 106 ~ 前 43 年）认为："真正的法律乃是一种与自然相符合的正当理性，它具有普遍的适用性而且是不变而永恒的。通过命令的方式，这一法律号召人们履行自己的义务；通过它的禁令，能使人们不去做不正当的事情。它的命令和禁令一直影响着善良的人们，尽管对坏人无甚作用。但力图变更这一法律的做法是一种恶，试图废止其中一部分的做法也是不能被容许的，要想完全废除它的做法则是不可能的……"③ 在盖尤斯（Gaius）看来，"任何民族为自己制定的，作为该国特有的法制，被称为市民法（juscivile），是这个国家特定的法律。然而自然理性在整个全人类中确立的东西，是为全人类平等遵守的"。④ "因为它是万国适用的法律……它由一些惯例、规则和原则组成，这些惯例、规则和原则反映了那些与罗马有交往的异邦异国的法律制

---

① 决疑论证是指一切判决都必须以一个判决先例为准。参见〔德〕马克斯·韦伯《经济与社会》下卷，林荣远译，商务印书馆，2006，第 15 页。

② 也就是说，这种从"宗教、禁忌、习惯"的角度进行的"私法"立法并非今天国家权威的"公法"立法或判例立法，它们之间的差别是巨大的。

③ 转引自〔美〕E. 博登海默：《法理学——法律哲学与法律方法》，邓正来译，中国政法大学出版社，2004，第 18 页。

④ 同上，第 20 页。

度中的共有成分。"① 并且，在法律发展的过程中，"万民法"能成为通过"法律强制保障的规则作为准则"的"法"，不但是后来一系列诉讼判决的客观准则，也是适用的"市民法"的重要补充。② 马克斯·韦伯则认为："一种法可能在极为不同的意义上是'理性的'，可以根据法律思想的发展采取理性化的方向来确定……"③

**1. 在西南少数民族地区，周期性、定期性宗教祭献仪式④的最大目的，就是在解释旧传统和默示新规则之间的过渡界限上，在旧的传统可能要被排除、新的习俗还没有确立的时候，领袖、头人们利用他们的权威来"立法"**

首先，彝族神话《迎恩坊》讲述，左土司用本地特有的大汤圆敬献皇帝后，第二年元宵节，皇帝命使臣用左土司之法做大汤圆，并派钦差送一碗给左土司。为迎接皇恩，左土司建了迎恩坊（在巍山城关厢外小河边）。汤圆因从千万里之外而来，早已发霉变硬，但左土司将其研成粉末，和于面中做成汤圆与乡绅名士共同分享。⑤《麻姑冲的来历》提到，蒙舍诏主细奴逻率兵凯旋途中，有麻姑女神化作村姑专门走来献桃，为了感谢神女，细奴逻便在"麻姑化蟠桃为山"的地方，杀猪宰羊，吹笙奏乐，进行祭献。后来，此处也被改名为麻姑冲。⑥《插花节的传说（二）》讲述每当二月初八马缨花开时，彝族人民就相聚在昙华山上过"插花节"。这一仪式的来源据说是昙华山上的山神和天上的仙女为人间主持

---

① 关明凯：《法律的三维透视》，吉林大学博士学位论文，2004。
② Gaius, Inst. I. I. I; *Justinian's Digest* I. I. 9. 盖尤斯（Gaius）的《法学阶梯》。转引自关明凯《法律的三维透视》，吉林大学博士学位论文，2004，第 20 ~ 21 页。
③ 〔德〕马克斯·韦伯：《经济与社会》下卷，林荣远译，商务印书馆，2006，第 15 页。
④ 大型宗教仪式大多具有周期性、定期性的特点，只有少数才偶尔为之。
⑤ 《迎恩坊》，《巍山彝族回族自治县民间故事集成》，巍山彝族回族自治县民间文学集成办公室，1988。
⑥ 《麻姑冲的来历》，《南诏故地的传说》，云南民族出版社，2002。

正义、整治土官。七种不同颜色的马缨花，代表人民反抗土官的胜利，欢腾的节日象征着"安全、有序、和平"的社会秩序，人们过节的意义也在于此。

其次，哈尼族神话《过老年》讲述，从前雅尼人（哈尼族支系）过完新年"红秀"节就接着过老年"红明"节，但"红明"节日只是一种形式，表示一下迎新送旧，主要还是向寨主（追玛）拜年。如果村寨里需要，小寨主（追然）可以在这时选任，宗教主持人（批玛）也可以在这时候收徒弟。此外，寨主（追玛）还要出来召集武官、铁匠、宗教主持和百姓代表们总结经验，安排来年的事情。《鬼舞》讲述，很久以前，村寨盛行"六月节"轮流杀人祭鬼的风俗，有一对兄妹在寡妇西铁的帮助下，把它改变成杀牛祭祀，这种新的节日习俗流传至今。[①]

由此可见，宗教仪式所具有的某种程度上的"自然理性"，可以为纯政治强制团体中的领袖、头人们在适当时候进行"立法"提供保证并创造条件。"立法"行动的一致性是使"该秩序产生的基础及其存在和永不变更的理由，是该秩序发挥作用的思想依据和准则"。[②] 左土司、细奴逻、哈尼族的小寨主（追然）、寡妇西铁等都是借各种宗教祭献仪式的"立法"手段进一步确立自己在团体内的权威地位；同时，通过这些仪式进行的"立法"活动，由于它们的一致性能产生对延续性的合理预期，所以均得到了人们的遵守。

**2. 通过宗教仪式对古老的"私法权益"进行维护的这些立法活动虽然可以总结和简化获得的结论，赋予它们新的效力，但是，它的帮助是临时而短暂的，"妥协"使得循环周而复始、无休无止**

首先，这种临时而短暂的"立法"活动使得原始法的体现者、宗教聚会的权威们，如果觉得自己的地位和威望尚处于不稳定或

---

① 《鬼舞》，《元阳县民间舞资料卷》，元阳县舞蹈集成办公室，1987。

② 〔苏〕涅尔谢相茨：《古希腊政治学说》，蔡拓译，商务印书馆，1991，第7页。

不确定的状态，一定会通过某种"妥协"的方式赋予自己更高的威望，并使法律得以顺利执行。例如彝族民间传说《罗嗻和南夺》讲述，古时候，天上和地上会做祭祀、发丧的人只有罗嗻一个，会唱"米熬"这种古老民歌的只有南夺一人。天北宫的天王爷要请罗嗻去做祭祀，南天宫的王母嫁女儿要请南夺去唱"米熬"。由于整个世界离不开他们，于是，他们向天王爷和王母索要长生不老药，并与天王爷和王母讨价还价，才把天王爷和王母的"旨意"传达给了人间。① 婚礼歌《配偶经》由能与神灵沟通的彝族"毕摩"通过委婉的方式告诉人们：因为日月星辰、天地万物都分雌雄，雌雄相交相配才能繁衍后代，所以，新郎新娘成家后，要相亲相爱传子孙。② 《海夸》叙述，芒部地方的大黑彝陇家迁徙到有平坝、湖水的乌通山。夜里头人做了一个梦，梦中说是已跟龙王谈好借这里建一座城，龙王虽然答应了，但说好打五更就要归还地方。后来，陇家在乌通山建了弥波城后，为此下令从今以后不准任何人在城里打五更。③ 哈尼族神话《为什么哈尼族聚居在半山腰》讲述，从前一个叫阿山的头领决定建寨，并召集所有人讨论相关事宜。女人说应该建在山头，这样砍柴时不用走太多的路；男人说住在山头离田远，应到山脚建寨。头领想，建寨是一件大事，需得男女都同意，村寨才能和睦相处，最后他提出折中的办法，把村寨建在山腰，男人去种田，女人去砍柴，都是一样的路程，男人和女人们果然都同意了。④

其次，民族志资料显示，哈尼族新当选的大"咪谷"往往在主持公祭活动时，通过间接传达天神"莫米"的旨意来巩固自己

---

① 《罗嗻和南夺》，《禄劝民间故事》，禄劝彝族苗族自治县文化局、民间文学集成办公室，1991。
② 《配偶经》，《三女找太阳——楚雄市民族民间文学集》，云南人民出版社，2001。
③ 《海夸》，《昭通地区民族民间文学资料选》（第二集），昭通地区文化局、民委，1985。
④ 《为什么哈尼族聚居在半山腰》，《哈尼族民间故事》（四），哈尼文汉文对照版，云南民族出版社，1992。

的地位。在春季举行的全村祭寨神活动"阿玛突"中，仪式由最受尊敬的长者"咪谷"主持，他会高唱祭祀歌，以求寨神护佑寨子安宁，人丁兴旺，禽畜满厩，五谷丰登。① 贝玛则率领着由各种民间乐器演奏者组成的乐队游寨唱奏，意在配合"咪谷"驱邪逐魔于村寨之外。此外，每年农历四月祭山会和农历十月初一羌历新年，羌族的首领都要带领族人设白石台祭天，以感谢天神阿巴木比塔的恩泽和羌族始祖女神木姐的引领。

从以上案例可知，在祭献仪式的专门场合，有着魅力品质的各民族头人、祭师或巫师，例如彝族的"毕摩"、哈尼族的大"咪谷"、纳西族的"东巴"、壮族的"师公"、苦聪人的"比莫"等，通过喃喃作语、降神附体或做梦等与神灵沟通，这其实是通过采用"妥协"的手段使新的法律得以遵行，使上层人物的权威得以巩固。

因此，在村寨等社会全体一致的行动中，一个获得一致认可的准则、原则和行为规则将被视为法律，甚至在言论上，也将被描绘为法律，成为法律的基础，而宗教仪式正是这样一种准则。美国法律学家卡多佐认为："这样的'立法'活动可以根除癌症，弥补古老的失误，纠正一些业已确立的错误，这些是司法过程中常用的区分、虚构以及微弱救济所无法克服的。"② 因此，如果以是否符合"自然理性"作为检验法律是否合理的根据与标准，可以看到，头人、祭师等村寨领袖们往往利用宗教仪式进行创制法律的活动，其所依据的实用主义的"妥协"或"折中"原则将规则适用于事件组合的不断变化之中。不过，通过宗教仪式的途径得到的法律，其确定性并非人们追求的唯一价值。况且，法律永

① 李元庆：《哈尼族传统音乐的审美观念》，《中国哈尼学》（第1辑），云南民族出版社，2000，第107页。
② "A Ministry of Justice," 35 Harv. L. R. 113. 转引自〔美〕本杰明·N. 卡多佐《法律的成长——法律科学的悖论》，董炯、彭冰译，中国法制出版社，2002，第74页。

远静止不动与永远不断变动一样危险，由此"妥协"成为法律成长原则中很重要的一条原则。① 桑塔雅纳（Santayana）曾经说："如果我们所说的真理一词，不是特指事实的实际秩序，或者对事实的确切描述，而是我们用以与现实和解，带来合适、安全和自信的某些次要符号，那么，真理亦存在于妥协之中；因为对我们而言，真理将只是部分真理，部分可行的惯例，以及具有部分的可信性。"②

总之，西南少数民族地区的人们把周围的秩序看成神圣而自然的，宗教仪式具有社会整合与控制的功能。作为一种支配秩序的"法"，通过举行这些仪式并遵循"妥协"的原则，各种血缘或地缘团体也建构起了自己有序、安全的社会结构和社会秩序。其实，当一个宗教仪式的行为准则和规则已经确立，从而可以证明一个预期具有合理的确定性时，③ 这一准则和规则就是法律的准则和规则。虽然它们并不具有优于国家设立机构宣布的那些规则的效力，没有通过成文法或判例法正式昭示出来。由于它们深深地植根于习惯法的形式与人际关系的方式、盛行的衡平与公正的信念以及我们称为道德观念的繁复信仰和实践之中，可以预期成文法或判决法可能会遵循这些典范。④ 因此，一个获得如此认可的宗教仪式的准则、原则或习惯规则，如果具有"与自然相符合的正当理性"，作为一个普遍或极为普遍的规则体系，也会像盖尤斯所论述的"万民法"那样，具有"自然法"的特征。它们会在人们

---

① 〔美〕本杰明·N. 卡多佐：《法律的成长——法律科学的悖论》，董炯、彭冰译，中国法制出版社，2002，第 12 页。又见于逄志龙、韩冰《在法律的确定性与不确定之间——弗兰克现实主义法律思想述评》，《研究生法学》2003 年第 3 期。

② Santayana, *Soliloquies in England and Later Soliloquies*, p. 83. 转引自〔美〕本杰明·N. 卡多佐《法律的成长——法律科学的悖论》，董炯、彭冰译，中国法制出版社，2002，第 71 页。

③ 刘路刚：《从司法过程看法的内在逻辑——本杰明·N. 卡多佐的法哲学思想述论》，《河南社会科学》2005 年第 5 期。

④ 〔美〕本杰明·N. 卡多佐：《法律的成长——法律科学的悖论》，董炯、彭冰译，中国法制出版社，2002，第 30 页。

的日常口头中，被描绘为法律。显然，这种行为与言语上的一致性还能产生对延续性的合理预期，得到人们的遵守。

## 二 建立在宗教保护神基础之上成员之间的权利和义务关系

从宗教模拟仪式之因果关系所蕴含的权力观念中，我们可以看到，早期的"地位契约"是团体内部成员普遍被授予的一种"特权"。作为一种必须服从的特别法，在法律较早或最早时期，是广泛存在和被广为传播的。而宗教纪念仪式中的保护神观念及由此规定了当事人双方的主观权益和义务要求，正是私法合约最古老类型的源头。因此，建立在宗教保护神基础之上的任何特别制度中，成员之间的权利、义务关系是一种客观存在的事实。

（一）神话人格正是宗教精神影响法律思想的最好证据

1. 在非常复杂的神话里，那些神秘、超自然的人格神（例如彝族的格兹天神、哈尼族的"莫米"天神等）其实只是初级宗教中各种神圣事物（例如松树、"祖母树"等）和次一等祖先神（例如白胡子老人等）的派生或衍生

首先，彝族神话《神主头的来历》提到彝族的风俗之一是在老人去世时要用松树刻画成死者的神主头祭祀。① 《尼苏夺节》中有一棵"祖母树"，不论祭寨神或驱鬼，都要用它削成刀来驱邪除魔。② 由此可见，无论是松树刻成的神主头，还是"祖母树"，都与彝族宗教中次一级的大神有着密切的联系，因为"祖母树"是王母的四子"普簸阿窝"曾经居住过的大树，"普簸阿窝"还从中得到启示，才发现了天文历法。

其次，哈尼族神话《三个神蛋》提到，先祖莫元时代，人们

---

① 《神主头的来历》，《景东县民间文学集成》，景东彝族自治县民委、文化局、文化馆，1988。
② 《尼苏夺节》，《红河县民族民间故事》，云南民族出版社，1990。

还不会栽田种地，人世间很乱，没有人管事。天神摩咪就叫神鸟下了三个神蛋，由一只大黑母鸡来孵这三个神蛋，孵出了三个男人，他们是咪谷、贝玛、工匠三种能人，从此，他们管理着世上的一切，使人们过上了安居乐业的生活。[1]《三个能人》讲述，太阳和月亮共同下了三个巨大的蛋，它们是白色的、花色的和红色的。之后，由天地来孵，他们就是咪谷（头人）、贝玛（摩匹）、工匠三种能人。[2] 民族志资料显示，哈尼族由咪谷发展而来的寨神，是村寨共同祭奉的神灵，咪谷死后自然成为本家庭内被供奉的神灵，同时也将成为村寨的神灵，[3] 承担着保护神的职能。

最后，傣族人家把祖先的亡灵作为家神崇拜，建神柱设神龛祭献，他们相信家神能保佑家庭成员身心健康、家畜平安、庄稼丰收。"寨神"、"勐神"是傣族村民的更高层级的祖先，傣语通称为"帝娃拉曼"、"帝娃拉勐"。傣语有一句俗话说："家长死后当家神，寨子首领死后当寨神，勐的首领死后当勐神。"所以，没有家神、寨神、勐神，则家不成家，寨不成寨，勐不成勐。他们都有各自的神话传说，并常与建寨建勐历史相关。由于勐神与寨神之间没有隶属关系，能体现神位尊卑的是各地敬神用的蜡条数量，例如敬寨神用 4 对蜡条，敬勐神用 8 对蜡条（最多献 12 对）。

因此，在彝族的神话故事里，《苍蝇的金顶和老牛的粗心》里面的天神"格兹"（最高等级的大神）只是《虎公虎母造万物》中造天地、日月、人类的老虎，《修天补地》里的大力士牛牛依和、牛牛慈哈，《神主头的来历》中的神主头，《尼苏夺节》中的"祖母树"（动植物图腾神），《开天辟地（一）》中的俄罗布，《少数民族分支》中的白胡子老人，《三月三》中的摩根生老人，《木

---

[1] 《三个神蛋》，《哈尼族神话传说集成》，中国民间文艺出版社，1990。

[2] 《三个能人》，未刊稿，文稿由云南省文联阿罗保存。

[3] 李克忠：《寨神——哈尼族文化实证研究》，云南民族出版社，1998，第 295 页。此外，神龛是元阳县一带的哈尼族家庭供奉祭品和祭祀祖灵的神圣所在，作为同一个祖先神的后代，人们在这里祈求神灵庇佑全家顺顺利利、平平安安，跟汉族传统家庭里供桌的功能是完全一样的。

甸罗土主的传说》中的木甸落,《天子庙》中的段思平,《玉峰寺》中的阿玉和玉花,《正月初六祭土主》中的罗黑公公和塔凹奶奶,《兴修水利泽润民生》里姓"普"的彝族头人,以及《姑奶奶的传说》里的"松川雄威土主"和他的妻子"土主阿婆"等人格祖先神灵的综合体,或者说是各种祖先神综合体人格化的产物。作为特别重要的祖先,作为最高等级的祖先神,"格兹"以及哈尼族的天神"莫米"、傈僳族的天神"木布帕"、傣族的天神"桑嘎西和桑嘎赛"等各民族最高等级的大神都有类似的特征,他们甚至还具有"族际神"的性质。正像今天某些高级宗教里神秘、超自然的人格神——基督教的耶稣、伊斯兰教的真主——一样,这些最高等级的大神同样也是西南少数民族地区司法审判所依据的"神谕"之源头和法律最高权威的象征。

### 2. 这些神圣人格在世的时候就具有了某些不同寻常的力量

首先,彝族神话《少数民族分支》讲述,起初生下来的人都不会说话,在一位白胡子老人的指点下,老三用山竹抽打他们,使这些孩子神奇地学会了彝语、汉语等语言,成为现今各民族的祖先。《三月三》讲述,很久以前,紫云峰下发生了一场大瘟疫,人畜死了无数。此时从紫云峰顶上下来一位名叫摩根生的老人,他在山脚建起房子,一边修行一边为人畜治病。灾难过去后,为了缅怀、报答摩根生老人,人们就在这里修了一座庙供奉他,形成过"三月三"的宗教节日习俗。① 《木甸罗土主的传说》讲述,被人们供奉的上河甸土主叫木甸落,他是南诏第五代君主阁罗凤的长子凤伽异,此人生前能征善战、有威望、屡建战功,但死于其父前,没能在金殿上落位,故称"没殿落",后人演音为"木甸罗"。② 《天子庙》讲述,天上派来的天子段思平除大蟒有功,人

---

① 《三月三》,《禄丰县民间故事普查资料汇编》,禄丰县委宣传部、文化局、民委,1988。

② 《木甸罗土主的传说》,《南诏故地的传说》,巍山彝族回族自治县民间文学集成办公室,1987。

们在其死后为他在年景村后天寿山建殿塑身，殿宇被命名天子庙。此后，每年六月十三日，西乡坝子的乡亲都要来朝拜，并杀猪宰羊纪念。①《玉峰寺》讲述，穷汉子阿玉得到白发老人的咒语和长剑，与妻子玉花一起除掉巨蟒后，化为两座高山。后人为怀念这对青年，就把两座山分别称为玉山和玉峰，还建了庙，塑了他们的像，世代供奉，以他们除蟒的三月初一作为庙会日。②《正月初六祭土主》讲述，峨碌甸的罗黑公公和塔凹奶奶是寨中长者，曾经组织大家英勇抵抗南诏王的进攻，战死后，成了峨碌甸彝族的土主，塔凹奶奶后被清朝雍正皇帝加封为"西灵圣母"。③《兴修水利泽润民生》讲述，有一年新兴（今玉溪）坝子连下大雨，积水成灾，有个姓普的彝族头人亲自到处游说宣讲，安定民心，并采取了很多有力的措施避免灾难和混乱，疏浚河堤，最后累死了。后人把他封为土主神，专管水利，并在其土主庙执事牌上写下"兴修水利"、"泽润民生"的字样。至今每逢米线节迎土主时，两块执事牌必定被作为前导。④《姑奶奶的传说》讲述，吕合附近土官村的土官家有一位猎人因杀死金牛怪为民除害，自己也壮烈牺牲，被人们尊为"松川雄威土主"，他的妻子被称为"土主阿婆"，后来土主阿婆教会大家采药治病，消灭瘟疫，她死后，吕合一带的彝族也在土主庙里为她塑像，让她接受供奉。⑤

其次，白族神话《牟伽陀开辟鹤庆》说，牟伽陀活着的时候是西藏王父派遣前往大理与白王结盟的使者，路上他见鹤庆汪洋一片，就想为民排水开田。后来他到鹤庆金斗山上修炼，练就了擒龙治水的本领，终于制伏了穷凶极恶的蝌蚪龙，开辟了鹤庆坝

---

① 《天子庙》，《嵋峨风情》，峨山彝族自治县民委，1985。
② 《玉峰寺》，《南诏故地的传说》，巍山彝族回族自治县民间文学集成办公室，1987。
③ 《正月初六祭土主》，《云南楚雄民族节日概览》，德宏民族出版社，1991。
④ 《兴修水利泽润民生》，《玉溪市民间文学集成》，玉溪市文化局、民委、文联、群艺馆，1989。
⑤ 《姑奶奶的传说》，《楚雄市民间文学集成资料》，楚雄市民委、文化局，1988。

子。① 傈僳族神话《王鄂的故事》提到，大力士王鄂凭着一身好力气，能把一块三四个人才抬得动的石板夹在腋下从容行走，可以用手指头弹死老虎、勒死石牛，还能用双手把大树撕开，乡亲们都很崇拜他。② 哈尼族神话《惹罗大寨的五个能人》讲述，建立惹罗大寨的第一个能人是女首领朝者阿玛，她教会哈尼人用绳子拉成四方形，顺着四方形挖沟砌石脚盖房子；第二个能人是阿烟首领的姑爷佐斗，他发明了打铁、拉风箱、炼银子；第三个能人是把裤脚卷得高高的咪督，他教会哈尼人栽秧种地；第四个能人是果都阿玛，她是第一个教会哈尼人种水稻的人；第五个能人是牙依，他开沟引水浇灌大田，保证田里一年四季水源充足。③《田四浪造反》提到，田四浪是清咸丰年间率众起义的哈尼族领袖，自幼就臂力过人，武艺超群，而且锄强扶弱，深得民心，民间有许多关于他的英雄事迹的传说。④ 类似的神话故事还有《策打》⑤ 等。

**3. 作为早期婚姻法制度的立法者和裁判者，各种神圣人格也是婚姻生活最早的道德来源**

首先，许多少数民族的创世神话，例如彝族的《独眼人、直眼人和横眼人》、《创世纪》、《葫芦里出来的人》、《复先（伏羲）兄妹配人烟》、《阿霹刹、洪水和人的传说》⑥、《浑水湮天》⑦、《洪水冲天》⑧、《两兄妹造人烟》⑨、《兄妹成亲》⑩、《人

---

① 《牟伽陀开辟鹤庆》，《中国民间故事全书·云南鹤庆卷》，知识产权出版社，2005。

② 《王鄂的故事》，《傈僳族民间故事》，云南人民出版社，1984。后以《大力士王鄂》为题，编入《中华民族故事大系》（第7卷），上海文艺出版社，1995。

③ 《惹罗大寨的五个能人》，未刊稿，文稿由云南省社会科学院史军超保存。

④ 《田四浪造反》，《哈尼族社会历史调查》，云南民族出版社，1982。

⑤ 《策打》，未刊稿，文稿由云南省社会科学院史军超保存。

⑥ 《阿霹刹、洪水和人的传说》，《路南民间故事》，云南民族出版社，1996。

⑦ 《浑水湮天》，《蓝靛花——宣威民间故事》，贵州民族出版社，1992。

⑧ 《洪水冲天》，《神秘的他留人》，云南人民出版社，2005。

⑨ 《两兄妹造人烟》，《武定县民族文学集成》，武定县文化局、民委、民间文学集成小组，1998。

⑩ 《兄妹成亲》，《神秘的他留人》，云南人民出版社，2005。

类的起源》①、《洪水淹天的故事》②、《兄妹传人》③、《兄妹创人烟》④、《兄妹成婚》、《金龟老人传人类》⑤ 等，虽然故事的细节多有不同，但它们讲述的共同处就是：上天用洪水毁灭人间后，兄妹俩根据"神谕"结婚，繁衍人类，这些"神谕"或来自天神，或来自白胡子老头，或来自观音老母等神圣人格。与之相似的是，哈尼族神话《哈巴卡的传说》提到，天神摩咪派仙女下凡，教人们唱规矩歌，使人们知道了男婚女嫁，知道人与人要和睦相处。⑥《点云》讲述，有个仙人托梦告诉洛奇洛耶，要想娶到扎斯扎依，就要去布竜大悬崖子砍来马桑果树做成牛腿似的"点云"乐器，唱歌给她听。⑦ 此外，傣族神话《人类果》中讲述，有个天神如何变成一条绿蛇，引诱守护果园的贡神和曼神偷吃人类果，失去神性，变成凡人；又教他俩吃生殖果，使之有了生殖器，结为夫妻、生儿育女的故事。⑧《布桑戛西与雅桑戛赛》提到，开创天地的英叭神王很后悔没有开创人类，就命令布桑戛西与雅桑戛赛："你们俩下到大地上，在那里开创人类。"⑨ 显然，彝族的天神、白胡子老头、观音老母等神圣人格，哈尼族的天神摩咪、神话中的仙人等人格神，傣族变成绿蛇的天神、英叭神王，都是早期婚姻制度的订立者。

其次，这些决定婚姻关系的祖先神，其最初的职责就是要确

---

① 《人类的起源》，《弥渡民族民间故事传说集》（第一集），弥渡县民间文学集成办公室，1986。

② 《洪水淹天的故事》，《楚雄市民间文学集成资料》，楚雄市民委、文化局，1988。

③ 《兄妹传人》，《大姚县民族民间文学集成》，云南民族出版社，1991。

④ 《兄妹创人烟》，《禄丰县民间故事普查资料汇编》，禄丰县委宣传部、文化局、民委，1988。

⑤ 《金龟老人传人类》，《景谷民间故事》（一），景谷傣族彝族自治县民间文学集成领导小组编辑室，1989。

⑥ 《哈巴卡的传说》，《元江民族民间文学资料》（第一辑），元江哈尼族彝族傣族自治县文化馆，1981。

⑦ 《点云》，《阿墨江》1998 年第 6 期。

⑧ 《人类果》，《傣族文学史》，云南民族出版社，1995。

⑨ 《布桑戛西与雅桑戛赛》，《中国少数民族神话》（上），中国民间文艺出版社，1987。

保人间繁衍、人种的延续。彝族神话《格兹嫁女儿》讲述，人间第二次洪水后，世上只有笃阿慕一家，长子达方成人后，因世间无女子无法婚配，天神格兹不得不忍痛割爱把闺女生杜嫁至人间与笃阿慕长子达方成亲。之后，人间有儿有女，格兹才断了天地成婚之事。①《十格子找人种》讲述，洪灾之后，天帝派神仙十格子（天神彻更资）下凡寻找人种的经过。②《三兄弟和洪水淹天》讲述，太白神仙帮助好心的老三取得火种，与仙女成婚。③《继世阿根》讲述，有位老人教会老三如何留下天上的仙女一起生下八男八女十六个孩子，又教这些孩子如何滚磨盘来配对成婚繁衍人类的故事。④《少数民族分支》提到，白胡子老人教人如何支磨秋，与姑娘配对，繁衍人类。⑤《天地津梁断》提及，天上的仙女们羡慕人间的生活，就贿赂蜘蛛偷偷抽经纬，到人间与人结成夫妇做人家。⑥傣族神话《布桑嘎与雅桑嘎》讲述，在洪荒时候，世上只有两个人：一个是男人布桑嘎，一个是女人雅桑嘎。他们是傣族先民的始祖，但布桑嘎曾经向雅桑嘎求婚两次，都遭拒绝，后在天神英叭的干涉下，二人终于结为夫妻。⑦傈僳族神话《米斯和水神》讲述，水神变成美男子，与人成了亲，人成了水神的舅舅，没有水喝就找水神借泉水。⑧

最后，这些神圣人格还负有保证妇女怀孕以及新生儿健康顺利成长的职责。彝族神话《水漫山》讲述，洪水过后，在天神的

---

① 《格兹嫁女儿》，《红河文化》（第 1 期），红河哈尼族彝族自治州文化局，1990。
② 《十格子找人种》，《楚雄市民间文学集成资料》，楚雄市民委、文化局，1988。
③ 《三兄弟和洪水淹天》，《曲靖市民间文学集成》，云南民族出版社，1990。
④ 《继世阿根》，《武定县民族民间文学集成》（油印本），武定县文化局、民委、民间文学集成小组，1988。
⑤ 《少数民族分支》，《武定县民族民间文学集成》（油印本），武定县文化局、民委、民间文学集成小组，1988。
⑥ 《天地津梁断》，《聂鲁彝族神话故事选》，陕西旅游出版社，1998。
⑦ 《布桑嘎与雅桑嘎》，《中国各民族宗教与神话大词典》，学苑出版社，1990。
⑧ 《米斯和水神》，《迪庆民间故事集成》，云南民族出版社，1997。

授意下，一对男女结为夫妻，数载后女的怀孕生下牛肚一样的怪物。① 《天蛋》讲述，繁衍神如何帮助天上的仙女怀孕生下天蛋给人间的查决继续繁衍人类的故事。② 哈尼族神话《刚背阿利和刚背阿布》讲述，远古的时候，刚背阿利和刚背阿布兄妹二人按一位神仙的话常到河里洗澡，哥哥在上游，妹妹在下游，各洗各的，谁也不看谁，洗过几次澡之后，妹妹刚背阿布发现自己的肚子渐渐大了起来，过了不久，就生下了两个肉葫芦，那肉葫芦就是人种。③ 彝族神话《咒鬼词》是彝族小孩生病时为其举行叫魂时的唱词。④ 《苗族古歌》记载了为保证新生儿健康成长要采取的保护措施：儿子的胎盘埋在房柱脚，女儿的胎盘埋在灶房；要杀鸡（祭祀）庆生，并用鸡肉抹婴儿的嘴唇；孩子出生，舅舅要送一只鸭，舅妈要送一段布，还要提一罐酒来庆贺。⑤

**4. 宗教保护神的观念作为整个诉讼法的重要渊源，⑥ 因为规定法律权益严格属于个人的品格，就与一个人出生以来所依附的社会团体紧密相关**

首先，人们崇拜自己的保护神，亦遵守由此而来的任何法则和箴言。彝族神话《雨神龙踏恣》讲述，天神尼多命令人间的龙踏恣司职降雨，并规定"寨中无水喝倒一滴，苞谷、高粱、荞子地缺水倒二滴，水田秧苗缺水倒三滴，栽插季节倒三滴，水田里倒七滴"的法则。虽然后来发生恶神假传尼多神旨的事情，但龙

① 《水漫山》，《峨山民间文学集成》，云南民族出版社，1989。
② 《天蛋》，《聂鲁彝族神话故事选》，陕西旅游出版社，1998。
③ 《刚背阿利和刚背阿布》，《西双版纳哈尼族民间故事集成》，云南少年儿童出版社，1989。
④ 《咒鬼词》，《江川县民间文学集成》，云南人民出版社，1997。
⑤ 燕宝整理译注、贵州省少数民族古籍整理出版规划小组办公室编《苗族古歌》，贵州民族出版社，1993，第106～121页。
⑥ 马克斯·韦伯说："早期的这种法律制度跟我们今天所说的统一政治团体建立的'国家法'司法法庭所应用的法很不同，因为在后者看来，成员的权益不是依照其所依附的团体，而是依照隶属的政治团体的法律章程来行事的。"

踏恋仍然严格按照天神的号令行事。① 《灯笼山上石老虎》中的石老虎自立下"愿男男女女（都像我们一样）相亲相爱"的爱情箴言后，凡是父母不同意其自由恋爱的青年到石老虎面前祈祷，父母就会同意。② 这令人想起了在伊斯兰教的法律生活中，由先知穆罕默德的预言创立的"书面文字宗教"——《古兰经》、《逊奈》等——其中包含着一系列先知的模范行为和格言警句，它们正是穆斯林必须遵循的神圣法则，与西南少数民族地区来自各种保护神的"法"确有很多的相似处。形成这种状况的原因也与人类早期社会的事实不可分，因为那个时期的个人，离开了集体的帮助，甚至连生存的权利都不具有。而在团体里，每一个个体成员被认为来自同一个祖先，是在同样祖先神的保护之下才拥有成员资格和个人权益的。显然，个体成员必须与他所依附的血缘或拟血缘团体紧密相连。

其次，集体地拥有相同的名字或护身符，就能受到同一个祖先神的保护。彝族神话《石蚌普与四芽菜普》提到，新平、峨山各地的彝族"石蚌普"家族以石蚌做保护神，"四芽菜普"家族以四芽菜为保护神。《守寨虎》讲述，尼苏寨崇虎敬虎，视虎为护寨神，为求平安，立石虎护寨。③ 由于此时的整个法律体系几乎都建立在"神谕"的基础之上，在"决疑论证"④ 的司法审判中，"法官"往往把来自宗教保护神的所谓"公平"、"合理"的标准同"良心"之实质要求结合起来，如果"法官"的诉讼判决与以上标准不相契合，会被社会舆论指责违背了神的指示，即使有人违反

---

① 《雨神龙踏恋》，《新平县民间故事集成》，云南人民出版社，1999。
② 《灯笼山上石老虎》，《中国民间文学全书·大理卷》（送审本），大理白族自治州白族文化研究所，2004。
③ 《守寨虎》，《彝族民间故事选》，中国文联出版社，2003。
④ 决疑论证是指一切判决以一个判决先例为准。参见〔德〕马克斯·韦伯《经济与社会》下卷，林荣远译，商务印书馆，2006，第15页。显然，这种"判决先例"是依据神谕做出的判决，因为社会舆论公认它的权威性，所以，它是"公正、公平、合理"的代表。由于这种原因，决疑论证依据的仍然是"集体的意识"（涂尔干语），它是一种"社会的法"。

也不用担心受到什么惩罚。也正因为如此，司法判决根据"神谕"确立起来的习惯法准则不会被轻易推翻，尊崇神灵的旨意成为一种"迷信"。这也就是说，无论何种司法判决一定要以神的旨意做依据才能进行。

由此可见，早期的法律多依据"神谕"制定，"神谕"是所谓"合法性"的来源，其特殊的积极性表现在：人们不但把尊重和实现"神谕"作为客观对象来看待，而且恰恰是因为这些"神谕"具有实用性，个人主观的法律权益也是建立在此基础之上的。虽然万能的神并非实证科学的基础，人们还是通过"神谕"的启示得知了自己在社会团体中的种种权益和地位。更为明显的是，"神谕"还"要求"家庭、家族等血缘团体以及村寨等地缘政治团体相互承担诸如援助、复仇、代际交换婚①等连带责任，为内部成员对外承担清偿债务、居丧等连带义务。例如彝族的家支是以父子连名谱系为纽带和标志构成的个体家庭联合体，但是，通过祭祀共同的祖先神，成员以父子连名谱系辨别血缘的亲疏和辈分的高低，家支也会为成员承担相应的连带责任，这些连带责任包括：本家支家庭和个人的经济困难，家支有义务解决；婚丧嫁娶、灾祸农忙时，全家支有义务以其人力或财力相助；个人被其他家支劫去，本家支成员共同集资将其赎回；个人被杀害，全家支会认为集体受到威胁而要共同起来为他复仇；敌对双方依仗自己的势力侵占他人土地的，受害方可动员本家支所有成员共同反击，将所占土地收回；等等。② 在西方，古希腊《荷马史诗》以及赫西俄（Hesiod）的诗歌中亦提到过相似的情况。从此可见，法律和社会精神之间的差距似乎显得微乎其微：法律是"社会观念"和"集体意识"的表征，而各种祖先神、各种大神等神圣人格以神圣的

---

① "代际交换婚"是指两个或两个以上的婚姻群体通过缔结隔代交换女人所形成的婚姻制度。这也证实了列维·斯特劳斯所说"女人是最高等级礼物"的观点。

② 陈金全、巴且日伙主编《凉山彝族习惯法田野调查报告》，人民出版社，2008，第32、45页。

"集体精神"或"集体意志"等"民意"为借口也可以成为推动法律形成、进化和发展的强大势力。

（二）在家庭法、家族法或村寨法里，相比较而言，那些直接来自祖先神、大神们的神圣"家规"、"族规"、"村规"要比宗教仪式的准则更有效些

一定意义上说，那些直接来自祖先神、大神们的神圣"家规"、"族规"、"村规"是以维护集体的利益为目的的，有点儿类似于我们今天所说的"实质法"。然而，所谓的"实质法"，则是相对于"形式法"而言的。比较地说，如果说宗教仪式的准则具有一些"形式法律"特征的话，那么，那些"实质法"不但有逻辑及措辞上的严格规定，也具有形式上的规定。同时，诸多"家规"、"族规"、"村规"的权威性和合法性主要还得靠那些高高在上的神灵力量发挥它们的效力，所以，要求人们能更严格地遵守。

1. 祭祀祖先神时供奉和牺牲的种类和数量、祭祀的时间和地点、牺牲的宰杀与食用禁忌、参加者的资格、欢腾的舞蹈等都有着更严格的规定

首先，彝族史诗歌谣《阿赫西尼摩》记述了彝族的丧葬规则："人死要埋葬，人亡要祭奠；老人死去了，要把丧幡做，还要做咯补，要把牺牲杀，热闹来发丧；舅家有人丧，吊丧要带牛；亲戚亡故了，吊丧带猪羊；家族有人故，吊丧带公鸡；丧者的女儿，吊丧带熟饭，还要带咯补，还要带糯粑。"[1]《咒鬼词》作为小孩生病时为其叫魂时的唱词，"叫魂仪式"要求孩子的父母在天黑以后，"须抱一个石盐臼、带一条裤子，爬上屋顶，裤子须担在左臂上，盐臼抱在怀中，一边舂盐臼一边吟唱，还要连唱三遍"。[2]《送"白虎"和鸡"接气"》讲述，洪水退后，只有老三一个人活在世

---

[1] 《阿赫西尼摩》，施文科、李亮文演唱，云南省少数民族古籍整理出版规划办公室编《中国少数民族古籍丛书——云南省少数民族古籍译丛》（第28辑），云南民族出版社，1990，第105~106页。

[2] 《咒鬼词》，《江川县民间文学集成》，云南人民出版社，1997。

上，太白金星就出来教他支一架磨担秋，天黑后，把秋转三转
（祭磨秋），龙王的七个女儿便会来跟他转本命。又因为鸡是从人
的胳肢窝里孵出来的，所以人快落气时，规定要拿一只鸡来"接
气"。① 《哭》讲述，按彝族老规矩，丧家举行丧礼火化死者时，
黑彝、娃子人人都必须得哭出声来。② 《跳十二属神》是香通（端
公）在祭祀活动中的诵词："祭祀时，由挑选出来的众人化妆成十
二属相动物来跳神，以十二月为序，从正月属虎来跳，依序唱到
腊月属牛来跳，跳到哪一种动物便学哪一种动物的动作和叫声，
并随端公唱诵有关那种动物的祭词。"③ 《浑水溽天》讲述祭祀时
要吹唢呐的由来：曾经有一个白胡子神仙授意人们烧竹竿，竹竿
炸开，小孩子们学会了说话，人间因此受益。④ 《敲牛》提到，撒
营盘常土司到四川做祭祀烧纸，按四川土司这边的规矩和要求，
参与烧纸的宾客中必须有壮士随行。⑤ 《忌虫节》讲述，祭祀是在
田地里由女人们举行的，规定男人不准到田地里去，只能在家中
做家务。⑥

　　从以上案例可以看出，吊丧老人、为小孩子"叫魂"、为死者
"接气"、举行丧礼、"跳神"、吹唢呐、烧纸等，均是宗教礼仪，
因为无论它们是表现为祭献的形式，还是表现为襄解的形式，或
是表现为模拟的形式以及欢腾的形式，皆有着程序等方面严格的
规定，也是为了实现村寨集体或个体家庭实在的利益。

　　其次，傣族神话故事《贡纳堤娃降临人间》提到，八个勐的
国王决定去请仙界天宫第五世佛祖贡纳堤娃来教化黎民，贡纳堤

① 《送"白虎"和鸡"接气"》，《武定县民族民间文学集成》（油印本），武定县
　　文化局、民委、民间文学集成小组，1988。
② 《哭》，《中国民间故事集成·云南卷》，中国 ISBN 中心，2003。
③ 《跳十二属神》，《云南彝族歌谣集成》，云南民族出版社，1986。
④ 《浑水溽天》，《蓝靛花——宣威民间故事》，贵州民族出版社，1992。
⑤ 《敲牛》，《禄劝民间故事》，禄劝彝族苗族自治县文化局民间文学集成办公
　　室，1991。
⑥ 《忌虫节》，《云南民间文学集成·建水故事卷》，建水县文化馆、民委，1989。

娃告诉八位国王，祭请时要在人间准备好宫室房屋、蔬菜、薯、果、波蒂果等。[1] 苗族神话故事《王姓祭祖的传说》讲述，现在滇南一带苗族各支系祭祖的日子和方式都不同，就祭品而言，有的须用狗祭，有的要用猪祭。[2]《早世朗与阿麻榜穆》提到，苗家宰门槛猪祭献时，须用一头小猪，外加五节树枝，三节直挡、两节横挡穿好挂在门后。[3]

再次，哈尼族神话《祭田神》告诉我们，西摩落人每逢农历三月属猴日或马日"祭田神"时须一户一人，用花猪、花鸭、公鸡、母鸡等祭品，并焚香、烧纸钱，扣头作揖，将沾有鸡血、鸡毛等的蔑牌插在田中央，才能挡住妖魔入侵。[4]《猎神》讲述，哈尼人去打猎时必须杀一只白公鸡祭献三位猎神，这是烟沙神为人间定下的规矩。[5]《供四马和二马》提到，传说禄劝哈尼族马、李二姓是从南京应天府的高石坎柳树湾迁来的，为了纪念四位始祖，每逢春节就要进行祭拜，并须以四匹马献供。入赘他姓的人家，则要以两匹马和马的祖先图像献供。[6]《绿蓬渡的传说》提到，阿撮人（傣族的分支）为了感谢哈尼人的恩惠，每到六月年，要按哈尼人的规矩杀一头白牛和一头黑牛，供奉哈尼祖先，还要用哈尼话念诵颂扬哈尼人丰功伟绩的祭词。[7]

最后，民族志资料揭示，哈尼族大型祭典中祭品的功用为："不论出于什么样的祭祀目的，祭祀活动中杀白鸡的话，必须把它献给银神享受。银神居住在天上，其名为'普通阿都'。接受

---

[1]《贡纳堤娃降临人间》，《云南民间文学集成·景谷民间故事》（一），景谷傣族彝族自治县民间文学集成领导小组编辑室，1989。

[2]《王姓祭祖的传说》，《文山壮族苗族自治州民间故事集》（第三集），文山壮族苗族自治州民委、文化局，1987。

[3]《早世朗与阿麻榜穆》，《云南民间文学集成·昭通市苗族卷》，昭通市文化局、民委，1987。

[4]《祭田神》，《阿墨江》1998年第2期。

[5]《猎神》，《哈尼族神话传说集成》，中国民间文艺出版社，1990。

[6]《供四马和二马》，《云南文化艺术词典》，云南人民出版社，1997。

[7]《绿蓬渡的传说》，未刊稿，文稿由云南省社会科学院史军超保存。

鹅的神灵是'咳约阿都',居住于地上;接受麻花母鸡的神灵是
'玛尼阿建',居住于地上;接受红公鸡的神灵是'批摸承建';
接受公鸭的神灵是'萨拉阿沙',居住于地下;接受黑母鸡的神
灵是'咳通阿都';接受白鸭的神灵属于银神,其名为'普博居
窝';接受阉鸡的神灵是'约义阿三',属龙王系统,居住于地
下;接受鸽子的神灵是'回扎仰营',居住于天上;接受狗的神
灵是'萨同民理',居住于地上;接受猪的神灵叫'剑玛阿美',
居住于地下;接受山羊的神灵是'玉通阿都',它属于玉神,居
住于天上;接受雏鸡的神灵是'煞沃克玛';接受雏鸭的神灵是
'煞罗阿建',居住于地上;接受黄牛的神灵是'威嘴、石匹',
居住于天上;接受蛋的神灵是一个'没有牙齿用舌舔,没有双脚
跪着走'的神;接受饭团的是一个'懒得不想挖田,饿了就讨
吃'的男神;接受棉线的神灵是一个'懒得不想拿针线,冷了
讨穿'的女神。"①

### 2. 家庭法中祭祖和敬老爱老的规范有着深刻的宗教道德之源

首先,哈尼族舞蹈《扭动舞》②、《木雀舞》③,彝族神话史诗
《神桩》④、《灵牌》⑤、《拉码争》⑥、《丁郎刻木》⑦、《祭祖节的来
历》⑧、《神主头的起因》、《神主头的来历》、《背老子箐》⑨,等

---

① 李期博:《哈尼族民间神祇及信仰研究》,云南民族出版社,1991,第 218 ~
219 页。
② 《扭动舞》,《哈尼族民间舞蹈》,云南人民出版社,2001。
③ 《木雀舞》,《中国民族民间舞蹈集成·云南卷》(上册),中国 ISBN 中心,1999。
④ 《神桩》,《元江民族民间文学资料》(第二辑),元江哈尼族彝族傣族自治县文
化馆,1982。
⑤ 《灵牌》,《景东县民间文学集成》,景东彝族自治县民委、文化局、文化馆,1988。
⑥ 《拉码争》,《云南省民间文学集成·姚安县综合卷》,姚安县文化局、文联,1989。
⑦ 《丁郎刻木》,《巍山彝族回族自治县民间故事集成》,巍山彝族回族自治县民
间文学集成办公室,1988。
⑧ 《祭祖节的来历》,《红河群众文化》(第 2 期),红河哈尼族彝族自治州文化
局,1987。
⑨ 《背老子箐》,《景东县民间文学集成》,景东彝族自治县民委、文化局、文化
馆,1988。

等，都在告诉我们同一个道理：老人神圣，要遵循敬老爱老的道德理想。例如哈尼族的《格朗和的由来》讲述，勐海县的格朗和以前叫"南互"的时候，庄稼经常颗粒无收，人们的日子过得十分清苦。一天，阿散夫妇接待了一位化了装的神仙老爷爷，他留下来的烟盒给南互寨带来了福气，后来人们就把南互改成了格朗和（意即福气大）。①

其次，正是由于家庭里的老人如此神圣，人们才在相关的家庭法中对日常生活中如何敬老爱老做出了很多详细的规定。彝族史诗歌谣《十劝君》里的"第一劝"教育世人要孝敬父母长辈，例如"乐善好施行阴功，老天永佑积善人"。② 《渔鼓调》中有"劝孝顺"的具体规范："人不孝，有灾殃，从来孝顺召嘉祥。天感格，福昭彰，也养个孝儿郎。劝大众家庭和让，怪连枝骨肉参商。世间难得同胞养，须久共忌分张……谈不尽，做来香，这些趣味要全尝。"③《十丑歌》是彝族聂苏支系的生活调，歌中有"世上有十丑，儿不敬父母，此为最丑行"的告诫。④ 《十好歌》中有"无病人长寿，这是第一好；父母都健在，这是第二好"的劝诫。⑤《十德歌》中进一步强调"孝敬父母，是天经地义"。⑥

因此，在神圣人格也是法律标准的情况下，实现法律理想具有不同的途径。一般来讲，其途径是：在行为人"似乎"具有正常意志力与理解力的特定情境下，哪些行为会被视为道德与理性的，哪些则不是。显然，这类模式正是人类早期道德理想的法律模型。

---

① 《格朗和的由来》，《西双版纳哈尼族民间故事集成》，云南少年儿童出版社，1989。
② 《十劝君》，《普洱民族民间歌谣集》，普洱哈尼族彝族自治县民委、文化馆，1987。
③ 《渔鼓调》，《云南省民间文学集成·华宁县资料卷》，华宁县民委、文化局、文化馆，1988。
④ 《十丑歌》，《礼社江》文艺报"歌谣专版"，元江哈尼族彝族傣族自治县文化馆，1986。
⑤ 《十好歌》，《礼社江》文艺报"歌谣专版"，元江哈尼族彝族傣族自治县文化馆，1986。
⑥ 《十德歌》，《云南省民间文学集成·华宁县资料卷》，华宁县民委、文化局、文化馆，1988。

### 3. 在家庭法中，丈夫对妻子有行使粗野行为的权利

首先，当妻子不听丈夫的"话"或可能离丈夫而去时，丈夫等家人可以用武力制服妻子。彝族神话故事《妇女为何系腰箍》讲述，从前，彝族"俫"这个族群中的男人出去打仗时交代妇女要管好家里的鸡、鸭、猪、牛等，但等男人们几个月回来后，妇女们把家里所有的东西都吃光了，男人们又饿又气，把女人们的腰打断了，妇女们只好用牛皮做成五寸宽的腰箍系在腰杆上，时间长了，牛皮不够用，就改用棕树皮做，至今高裤脚俫人结了婚的妇女仍系棕树皮腰箍。[①] 《妇女调》中讲述了"在家时候父母管，打发出去亲夫管"的现实。[②]《苦骂调》哭诉童养媳在婆家受尽的虐待：不满七岁的童养媳到夫家后，就受到公公打、婆婆骂、丈夫欺负，"这样的苦日子不知何时是尽头"。[③]《宝扁担》则讲了一个极端恶劣的案例：从前，有个财主因认为是女人不干净才使自己的扁担失灵，就活活地把老婆打死了。[④]

其次，民族志资料显示，在佤族、哈尼族、藏族、普米族等民族中，类似于古罗马帝国时代妇女在法律上的"夫权婚"地位：妻子不能拥有任何独立的财产，没有权利同丈夫离婚，而丈夫却有权利同妻子离婚。[⑤] 因此，相对于男人而言，女人就像凡俗生物一样的简单。

由此可见，彼时，丈夫被赋予惩戒妻子的夫权，虐待曾一度等同于肉体上的折磨，而这种"夫权"还涉及其他更细致、更微妙的社会行为，妇女被进一步剥夺在社会和家庭里为人处世的平

---

① 《妇女为何系腰箍》，《云南民间故事集成·富宁县卷本》（第一卷），富宁县民委、文化广播电视局，1988。
② 《妇女调》，《景东民间歌谣》，景东彝族自治县民委、文化局、文化馆，1988。
③ 《苦骂调》，《武定县民间歌谣集成》，武定县文化局、民委、民间文学集成小组，1988。
④ 《宝扁担》，《双柏民间文学集成》，云南民族出版社，1992。
⑤ 谭建华：《〈罗马民法大全〉与罗马妇女法律地位的提高》，《湖南第一师范学报》2005 年第 1 期。

等权利。例如，如果有外客在场，妇女不能同桌吃饭；一些重大的祭祀场所，妇女不能进出，更不能随便参与；等等。

**4. 理论上说，在家庭法中，一家之父对子女人身和财产的专制控制权从来没有被彻底取消过，父亲甚至对子女握有生杀予夺之权；父母亲还有包办子女婚姻、强迫成年子女与其自由恋爱对象分开的权力**

首先，一家之父对子女人身和财产的专制控制权。彝族神话《昆明的来历》中说，古时候，有个公主，由于继母进谗言，就被父亲赶出了皇宫。① 《守寨虎》讲述，一个普姓人家生下个虎头虎脑的儿子，把年轻的母亲吓死了，其父用血写了"生死由命"的字条，把字条和娃娃一起放在路旁丢弃。② 《伙媒姑娘》讲述，有户人家的阿妈图财为女儿定下了一门婚事，要女儿嫁给一大富人家的瘫子，尽管姑娘不愿意。③ 《姑娘心孤山》讲述，常土司在三江口为儿子找到一女，托媒婆去说亲，姑娘的爹娘答应，尽管姑娘死活不肯，爹娘还是强行把她嫁到了常土司家。④ 《偏心的父亲》提及，在一个农民家，一天，其女儿顶撞了他几句，气急败坏的农民立即把她嫁给上门要饭的叫花子。⑤ 《杀鸡祭灶的故事》提到，有个叫额博的人，想杀死顶撞他的女儿。⑥ 《普拉未莫》讲述，有个贪婪的寡妇要女儿嫁给富人家，遭到拒绝后，认为千年铁树不会发芽，祖宗规矩不能更改，就把女儿捆起，决定杀了她祭祖。⑦ 《姑娘坟》讲述，有个叫"黑良心"的父亲因女儿跑出去对歌跳弦就扎死了她。⑧ 《彝族节日二月八》讲了这样一件事情：彝族祖先

---

① 《昆明的来历》，《路南民间故事》，云南民族出版社，1996。
② 《守寨虎》，《彝族民间故事选》，中国文联出版社，2003。
③ 《伙媒姑娘》，《峨山民间文学集成》，云南民族出版社，1989。
④ 《姑娘心孤山》，《楚雄民族民间文学资料》（第三辑），云南省社会科学院楚雄彝族文化研究室，1982。
⑤ 《偏心的父亲》，《阿则和他的宝剑》，云南民族出版社，1985。
⑥ 《杀鸡祭灶的故事》，《红河县民族民间故事》，云南民族出版社，1990。
⑦ 《普拉未莫》，《红河县民族民间故事》，云南民族出版社，1990。
⑧ 《姑娘坟》，《云南民间文学集成·建水故事卷》，建水县文化馆、民委，1989。

父子俩常被人们请去做阿闭咱底（祭祀）。有一年二月，父子俩走
到中午时分，父亲说这里有水有柴，在这里做午饭吃，儿子却说
再走一段路。父子俩又翻过一座山，父亲说在这里歇息，儿子说
不行。这样折腾几回，父亲气了，认为哪有老子服从儿子的事，
就把儿子打死了。① 《花口索塔》讲述坡龙山巴鲁大寨善良的德洁
王子，被父亲视为"犯上作乱，大逆不道"者而处死。②

其次，父母亲对子女婚姻的包办权。彝族神话故事《踩青棚
的故事》讲述，彝山有一位能歌善舞的美丽姑娘和一位勤劳勇敢
的小伙子相爱了，可是，姑娘的父亲嫌小伙子是一个放羊的穷孩
子，就把姑娘许配给一户有钱人家，虽然这位富人子弟奇丑无
比。③ 《花边衣裳的来历》和《花腰带的来历》都讲述类似的故
事：很早以前，在今红河县宝华（红河县、元阳县）一带，有位
善良美丽的姑娘，爱上了一个勤劳勇敢的伙子，可父母却决定要
把她嫁给富人家的儿子。④ 《龙门姑娘》讲述，石碑山脚下有一个
彝族村寨，寨里有一个美丽的姑娘叫依娜，与另一个寨子的小伙
罗宝相爱了，但罗宝家境贫寒，依娜父母将女儿关在家中，不准
两人见面，后来把她许配给了一家李姓财主家。⑤ 《彩凤吴郎石》
讲述，锁梅寨里有一对情人，男的称吴郎，女的叫彩凤，他们非
常相爱，彩凤爹却逼着她嫁给县太爷的舅子"丧天良"。⑥ 《怀珠
村》讲述嶍峨县太平乡有个村子叫喜家珠，村中一位美丽的姑娘
叫扎西，扎西的父母不愿将女儿嫁在穷苦的本村，就把痴情小伙
子撵走，并决定把女儿嫁给县城里一个瘸腿的修补匠。⑦ 此外，彝

① 《彝族节日二月八》，《南涧民间文学选》（第一集），南涧彝族自治县民间文学
集成办公室，1985。
② 《花口索塔》，《云南民间文学集成·石屏故事卷》，石屏县文联，1996。
③ 《踩青棚的故事》，《云南省民间文学集成·牟定县综合卷》，牟定县民间文学
集成办公室，1989。
④ 《花边衣裳的来历》，《红河风情》，红河哈尼族彝族自治州文化局，1982。
⑤ 《龙门姑娘》，《金沙江文艺》1983 年第 6 期。
⑥ 《彩凤吴郎石》，《昆明民间故事》（第一辑），昆明市民间文学集成办公室，1987。
⑦ 《怀珠村》，《嶍峨风情》，峨山彝族自治县民委，1985。

族史诗歌谣《逃婚调》控诉受传统"家庭法"的约束,真情人不能结成伴侣,只好逃婚或殉情的悲惨结局,例如"事到如今没奈何,再在村里是非多,如今生米成熟饭,苦劝爹妈也枉然。背着爹妈出门槛,眼泪汪汪脚打战"。<sup>①</sup> 《媳妇调》唱述了姑娘被迫成为别人家媳妇后的痛苦生活,其中有"爹妈嫁我不商量,活人丢在死人坑,还说小儿命不长。嫁女讨媳由爹娘,不问女儿愿不愿,只管银钱进钱箱"。<sup>②</sup> 《哭嫁歌》唱出了姑娘对包办婚姻的苦情,其一唱道"阿妈和阿爹,专听媒人这只狗。女儿才十五,就用肉体去换酒",<sup>③</sup> 其二中有"不愿进水的小鸡,被人赶进了水里,我不喜欢的人家,爹妈逼着要我去"。<sup>④</sup> 《爹爹和妈妈》哭诉了在夫权社会里姑娘对包办婚姻的愤懑。<sup>⑤</sup>

此外,凉山的彝族,诺合对自己子女的婚姻有包办权,子女的婚配完全由父母做主,本人没有自由婚恋的权利;曲诺对自己或子女的婚姻有自主权;呷西的婚姻,由主子做主给予婚配;诺合、曲诺的子女婚配一般由媒人说合,双方父母同意后,方可订婚与结婚。<sup>⑥</sup>

5. 在家族法和村寨法中,由于不同年龄段的男子在家庭或社会中的地位有所区分,对其参加祭祀仪式时的要求也不同

例如,在无量山和哀牢山的一些山垭口,有些小房子是山神庙,里面供奉着猎神。彝族神话故事《猎神》有如下规定:"十八岁以下的猎人上山打猎,要给猎神烧香磕头;十八岁以上的猎人上山打猎,只要站着给猎神行礼就可以。"<sup>⑦</sup> 显然,对于还没有成

---

① 《逃婚调》,《彝族阿哩》,四川民族出版社,1998。

② 《媳妇调》,《景东民间歌谣》,景东彝族自治县民委、文化局、文化馆,1958。

③ 《哭嫁歌》(一),《巍山彝族回族自治县民间歌谣集成》,巍山彝族回族自治县民间文学集成办公室,1989。

④ 《哭嫁歌》(二),《玉溪文博》(第5期),玉溪市文博学会、文博管理所,2001。

⑤ 《爹爹和妈妈》,《云南彝族歌谣集成》,云南民族出版社,1986。

⑥ 陈金全、巴且日伙主编《凉山彝族习惯法田野调查报告》,人民出版社,2008,第51页。

⑦ 《猎神》,《景东县民间文学集成》,景东彝族自治县民委、文化局、文化馆,1988。

年的年轻男人来说，其在社会中的地位要比祖父辈们低得多。此外，凉山彝族男子路遇等级地位较高的兹莫，也须退至路旁，低头站立；百姓有事去见兹莫，须下跪并磕头三拜。①

## 三 团体内部成员的财产和债务处理问题

在团体内部，共同的财富名义上由族际神保护着，对土地、树林的占有和使用，私人财产的继承顺序，债务的处理等方面都有着一套规范和准则。

（一）在村寨中，对土地和树林有占有和使用上的规定

**1. 相较于神圣家规中的祖先神，族际神才是最高等级的神，他们是建构于某种程度上意识到了统一必要性基础之上的大神**

例如，哈尼族神话《四个民族是怎样分家的》讲述，相传汉、傣、哈尼、拉祜四个民族都是折妈赞所生，哈尼族是老大，汉族是老二，拉祜族是老三，傣族是老四。折妈赞领着四个儿子，早出晚归，辛勤劳动，日子过得很清苦。②《分地皮的传说》讲述，在分河中的鱼、山中的兽、水田、山地以前，傣族和哈尼族两个民族相处得十分和睦。③《爱尼上山的传说》告诉我们，住在坝子里的爱尼人跟傣族曾经像一家人一样生活着，傣族像大哥，爱尼人像兄弟。兄弟俩一个爱山，一个爱水，早出晚归，和和气气地住在一起。④ 显然，这些不同的民族曾经和睦相处在一起，必有共同祭拜的某位大神。其实，前面提到的彝族的天神格兹、哈尼族

---

① 陈金全、巴且日伙主编《凉山彝族习惯法田野调查报告》，人民出版社，2008，第31页。

② 《四个民族是怎样分家的》，《西双版纳哈尼族民间故事集成》，云南少年儿童出版社，1989。

③ 《分地皮的传说》，《西双版纳哈尼族民间故事集成》，云南少年儿童出版社，1989。

④ 《爱尼上山的传说》，《西双版纳哈尼族民间故事集成》，云南少年儿童出版社，1989。

的莫咪（或称烟沙天神）、傈僳族的天神木布帕等都具有族际神的性质，其地位比其他大神要高得多。例如哈尼族神话《佐罗和佐卑》讲述，相传天、地、人诞生后，世间成了天上、地上和地下三层世界。那时候许多次一等的大神天天到人间游玩，有的违反天规地律，久居人间；有的天神不归天庭，地神不回地府，还相互争夺管理人间的特权，天天争吵打斗，使大地无宁日。最后惹恼了最大的天神烟沙和沙拉，做出给予他们处分的决定。①

不过，许多民间神话中的土地神等次一级的大神却是庄稼、土地、树林等人间秩序的具体执行者和保护者。彝族民间传说《研和土主借地盘》讲述，研和土主的地盘不仅是今天的研和坝子，根据格兹的旨意，连新兴（今玉溪）州南片坝子的一大部分也归他管。那时研和土主庙的香火旺盛，远近求拜者成群结队，各村竞相迎请，土主神从正月初一出巡，到三十夜才归殿。②《蒙化县的由来》说，洱海恶龙垂涎蒙化坝子，想堵住出水口处，把它变成海子，蒙观音（大神的代表）点化，坝子才没被恶龙变成海子。从此，县名就称为"蒙化"（今巍山）。③《阿古与阿赊》讲述，弟弟阿古走出家门，在路上遇到一个白胡子老爷爷（土地神），老爷爷指了一个地方叫阿古去开荒种地，阿古开荒时挖出了大堆金银，从此过上富足的日子。阿古发财的消息很快传开了，穷人都来向他讨要金银，阿古就把财物全分给乡亲们，自己只留下一间草房、一块地和一颗桃核。④哈尼族神话《阿波老林的传说》讲述，天神派一位白胡子神仙下凡帮助哈尼人除妖除恶、开河造林。由于某种原因，他回不了天宫，就变成一棵大树哺育着千千万万棵小树苗壮成长，这些小树变成一片森林，被称为阿波

① 《佐罗和佐卑》，《元阳民间文学集成》，元阳县文化局，1986。
② 《研和土主借地盘》，《玉溪市民间文学集成》，玉溪市文化局、民委、文联、群艺馆，1989。
③ 《蒙化县的由来》，《巍山彝族回族自治县民间故事集》，巍山彝族回族自治县民间文学集成办公室，1988。
④ 《阿古与阿赊》，《彝族民间故事》，云南人民出版社，1988。

老林。① 《欧仆其宗》讲述，一位大神从一片荒凉之地走过，看见宽敞的山地荒废着，觉得实在可惜，就丢下两个葫芦，使它们成为著名的哈尼山乡，这就是现在的全福庄和箐口村，哈尼名称分别是"欧仆"和"其宗"，即"天神的葫芦"和"一对神葫芦"。②

2. 一般而言，作为一种间接的财产保护方式，寨老、土官、国王等"法官"主要通过宗教与禁忌的魔法手段，或以信誓召唤神明的方式使当事人对土地、树林、水源等私人财产和个人的权益得到保障

首先，在这里，所谓"信誓召唤神明的方式"是指召唤恶魔以对违反约定者进行报复。作为一种"巫术"手段，从法的角度而言，它也是一种保护私人的所谓"合法"、"正当"等权益的手段。例如哈尼族神话《巴角芦》讲述，一对有情人曾经互赠过定情物，女方送的是一对小巧玲珑、色彩缤纷的绒线花，男方则送了一副手镯。可惜男方不幸病故，姑娘还来不及送还他们的定情物，男方就变成恶鬼前来索债，把女孩活活吓死了。③ 在这个例子中，姑娘因为"还来不及送还他们的定情物"，从古老的私法权益而言，这种婚约并没有解除，仍受着一系列禁忌魔法的约束，这也是男方能变成恶鬼前来"索债"的依据。

此外，哈尼族神话《水车花和四结花》提到，诺马阿美时期，哈尼族是由四个头人轮流执政的，他们管理着大片的农田和水稻。④ 傣族创世史诗歌谣《巴塔麻嘎捧尚罗》较为详细地描写了首领桑木底保护私有土地的过程："那时候的人，虽然有了王，谷多人心大，抢地互不让，都说这片是我种，都讲那片是我撒，说着

---

① 《阿波老林的传说》，未刊稿，文稿由元江哈尼族彝族傣族自治县史志办宋自华保存。
② 《欧仆其宗》，未刊稿，文稿由云南省社会科学院史军超保存。
③ 《巴角芦》，《西双版纳哈尼族民间故事集成》，云南少年儿童出版社，1989。
④ 《水车花和四结花》，未刊稿，文稿由云南省社会科学院史军超保存。

就动手，相抢人打架。帕雅桑木底，这才意识到，不把地域分，世道还要乱，争吵难防止，斗殴会发生；帕雅桑木底，就率领众人，去划分田地，用细竹竿丈量，大小都一样，分得很合理，他把大片湿地，划分成无数块，以长十九尺，宽处为七尺，定为一畦田，沿田边栽桩，沿田边垒埂，把地分开来。从那时候起，各种各的地，各收各的谷，不再争田地。"① 在这个神话中，首领"桑木底"代表着天上的大神，作为"法官"，显然只有他才有资格划分地域、划分田地。而作为"最早的法律文书"之一，"沿田边栽桩"、"沿田边垒埂"在直观上乃是一种法的感性"载体"的思维存在物形式。为什么这么说呢？因为在早期人们的宗教观念里，有着"万物有灵"的价值观——举凡天上看得见的、地上跑的、水里游的事物，都有灵魂，早期的法也形成于灵魂，人与它之间的关联，正是法学上的"泛灵论"关联。② "桩"与"埂"便是这种观念的具体表现，它们实际上来自祖先，里面蕴藏着祖先灵魂的片体，有着一定的约束力，谁也不能"犯界"。

其次，彝族民间传说《杨仁义和王爱财》讲述，杨仁义照着坡龙、星冲、鲁奎三位山神的话帮助干旱缺水的金竹寨人挖出水源，凿石开河，把金竹河水引进金竹寨，使之变成了米粮仓。为答谢杨仁义，寨老们商定，把六石谷子的田和六石麦子的地划归他所有，把寨里美丽善良的伸尾妮嫁给他做妻子，让他在这里安居乐业。③ 《一眼之地和一马之地的传说》讲述，撒尼人地区出了一个蟒蛇精的儿子，看见有人不顺他的眼或惹了他，他就大开杀戒。为了除掉这个杀人恶魔，一些土司头目商议出榜，谁铲除杀人狂魔，"一马之地，一眼之地"随其任选其一。陆良资姓氏揭榜后，在六月二十四日晚上，赶着角上捆着火把的羊群破了恶魔的法术，杀死了他。资姓氏就选了"一马之地"，拥有并管辖着代

① 《巴塔麻嘎捧尚罗》，岩温扁译，西双版纳州民委编，云南人民出版社，1989。
② 详见第三章第一节之四 " '最早法律文书' 的产生"。
③ 《杨仁义和王爱财》，《云南民间文学集成·石屏故事卷》，石屏县文联，1996。

地、雾露顶、寨黑、海邑等十五个村寨。①《定城址的传说》提到，玉溪在元、明、清几个朝代里长期被称为新兴州。在建新兴州以前，坝子里分布有梅园白城、普舍北城、东古城、赫井古城、牛场古城、州城古城、西山古城、排山古城、研和古城九个古城。定州城城址时各城的人都想把城址选在自己的地方，争夺很激烈。最后还是采用传统的"称土"办法，将各个古城地下的土挖来称重，谁的土重就定新兴州在哪里。②《立度思》中提到，彝族山寨降生了一个婴儿，叫立度思，他诞生那一天，皇帝做了一个梦，梦见天神告诉他立度思是来接替皇位的，皇帝很快找到立度思，把自己的衣冠和一面黄旗送给他，告诉他："你把黄旗插到哪里，哪里的地盘就属你管。"③《安李换姓》讲述，明朝万历年间，彝族李氏、安氏和唐氏祖先，通过结拜成生死之交和换姓的方式，缔结以下契约：一是安氏永做李姓土司家的毕摩；二是李氏土司拔都都（地名）以下左边的庄子给安氏家族收租受用。④

　　从以上案例来看，村寨里的人们对土地、树林、水源等财产的占有和使用权利被取消，不一定能带来"赔偿损失要求"的问题以及对财物等"不当得利"的指控——这是从现代法律有权维护私人实质权益的角度来对比说明的，既然过去的"法"有着相当大的"随意性"，⑤ 以头人等为代表的"法官"就会为维护自身的既得利益，运用特权做出损害别人的事情，这种情况在"人大于法"的国度里也会出现。

　　因此，不存在由"官府"等行政强制机关依照法令保障的情

---

① 《一眼之地和一马之地的传说》，《路南民间故事》，云南民族出版社，1996。
② 《定城址的传说》，《玉溪市民间文学集成》，玉溪市文化局、民委、文联、群艺馆，1989。
③ 《立度思》，《礼社江》文艺小报"神话传说"专版，元江哈尼族彝族傣族自治县文化馆，1986。
④ 《安李换姓》，《武定县民族民间文学集成》（油印本），武定县文化局、民委、民间文学集成小组，1988。
⑤ 详见第四章第一节的有关内容。

况，而只是以宗教与禁忌魔法的手段加以保证。当然，这种古老的通过信誓召唤神明的方式强制保障的"私法权益"，在一定程度上，也是为村寨头人、领袖等司法权威的代表们所承认的"主观的"、"公众的"权利。不过，这些司法权威的代表们因缺少对私人必要权利和义务关系主动保护的意识，没有为相关的权益、既定的承诺提供任何有效的法律监督手段。这些"司法事实"亦无形之中制约了财产交换形式——例如土地的转让、财物的买卖——朝我们今天所说的市场经济的良性方向发展。例如根据民族志调查资料，在凉山彝族地区，土地全归兹莫（掌印土司）掌管和所有，再由他分配给一般兹莫（土目）领有，一般兹莫视情形再将土地分配给曲诺、阿加耕种。由于不能自由买卖，在这种父权制管理体制下，当诺合要处理自己的土地时，家支有优先购买权，而诺合如果没有儿子就不能卖地；有儿子要卖土地的，得按亲疏次序问过家支，家支不要或出钱太少时，才能卖给本家支外的人。而曲诺在出卖土地时更要受到种种严格的限制：没有儿子的不能卖地；有儿子的不能把地全部卖出，一般只能在主子家支管辖范围内出卖；无论哪种情况，主子都有优先购买权，有权压价收买；曲诺如被获准将土地卖给别人，则要向主子交纳一份"卡婆遮"或"克波者"（意为同意钱）。[1] 有些地区，"卡婆遮"或"克波者"的数量大体相当于地价的 1/20 至 1/10。[2] 对于耕食地，领种的奴隶一般也只有使用权，完全没有典当、买卖或出租的权利。[3]

[1] 王明东：《清代彝族地区土地买卖、典当和租佃分析》，《云南民族学院学报》（哲学社会科学版）2002 年第 3 期。
[2] 王明东：《清代彝族地区土地买卖、典当和租佃分析》，《云南民族学院学报》（哲学社会科学版）2002 年第 3 期。
[3] 陈金全、巴且日伙主编《凉山彝族习惯法田野调查报告》，人民出版社，2008，第 42、43 页。

（二）家族内部成员的财产继承权，一开始也是根据祖先神的"默契制度"被授予的

维诺格拉多夫（Vingradoff）在演讲录《习俗和权利》（Custo-mand Right）中说道："每一天，人们都会从所有可能的角度提出要求，这些要求中有时有些可以被称为自然权利或道德权利。赋予他人利益的人，即使他没有被某种文件有效地承认为债权人，要求对方表达谢意或提供互惠服务也是合理的。"① 哈尼族的宗族组织预留的"公谷"（宗族共有田，一种公共财产，是为了满足宗族或家族内部每一个家庭的必要权益而设置的，例如在饥荒、歉收的时候，可以先支后还），即为对某种权利要求的满足。② 《蛇螺相争的故事》讲述，听从老人们的话，同为一个民族的两村人不但同心协力打造出一块分水石来分水，也愿意同用一条箐沟的水灌溉梯田，连村名都改叫全福庄。③ 此外，根据祖先的"默契制度"，在家庭财产继承权方面，也有着相应的规定。彝族的《分家歌》唱道："一木劈两瓣，两瓣各分开，哥哥在一方，弟弟在一方，江中长流水，一去不回头。砍一棵竹子，一劈成两瓣，一瓣来做弓，一瓣去做箭，弓箭做成后，配合好打猎。树大要分权，人大要分家。"④ 也就是说，当儿子长大成家后，兄弟便应该分家。而哈尼族神话《哈尼族女婿为何不上门》则通过一个被领养的孤儿逐渐把头领"藏包"家的田地分完的反面教训，对后人立下规矩：凡属哈尼族血统的男人绝不能上女方家做人家的女婿，⑤ 以避免类似

---

① 转引自〔美〕本杰明·N.卡多佐《法律的成长——法律科学的悖论》，董炯、彭冰译，中国法制出版社，2002，第 119 页。（Lefroy，"The Basis of Case Law," 22 Law Qurt. Rev. 293，302，303.）

② 《祭田神》，《阿墨江》1998 年第 2 期。

③ 《蛇螺相争的故事》，《绮丽的山花》，元阳县民委，1984。

④ 《分家歌》，《武定县民间歌谣集成》，武定县文化局、民委、民间文学集成小组，1988。

⑤ 《哈尼族女婿为何不上门》，《西双版纳哈尼族民间故事集成》，云南少年儿童出版社，1959。

"不当"的分田分地分家的悲剧再发生。不过，每当"分家"时，在家庭财产的优先继承方面还有着更具体的规定。

### 1. "长子优先"制

很多西南少数民族规定长子有优先继承遗产的资格和权利。例如，彝族的神话《天狗吃月亮》讲述，曾经相依为命的兄弟俩，因嫂子的到来而分家，弟弟只带着分得的一只狗住进了茅草房。[①]《阿拉村的传说》讲述，撒梅寨里有户人家姓非，父母相继去世后，小儿子只好离开寨子独自去创业，到了现在的昆明开辟出一个叫"阿拉"的村子。[②]《弟兄分家》提到，过去有一户人家有弟兄两人，哥哥娶了妻子后同弟弟分家，只给弟弟一间破草房和一条狗。[③]《哥两个》讲述，从前有兄弟俩，老大心坏，老二心善，分家时，老大只给了弟弟一副背板。[④]《卡莫与卡桑》提到，卡莫和卡桑是两兄弟，没良心的哥哥分家时自己留下一对壮实的耕牛，只分给弟弟一只猫和一条狗。[⑤]《莱遮和莱茜》提及，莱遮、莱茜是一对兄弟，哥哥莱茜结婚后，心肠逐渐变坏，对弟弟莱遮苛刻狠毒，分家时只给了他一间破屋和一只鸡。[⑥]《弟兄俩与猴群》讲到，分家时哥哥只给了弟弟一把锄头、一个土锅和一块苞谷地。[⑦]《石蛤蟆》提到，两兄弟分家，哥哥占去了大部分家产，弟弟只得了间破茅屋。[⑧]哈尼族神话《竹篁把鸟的来历》提到，弟兄俩分家的事由嫂嫂来主持，嫂嫂看老水牛没有油水可捞，就把老水牛给

---

① 《天狗吃月亮》，《红河县民族民间故事》，云南民族出版社，1990。

② 《阿拉村的传说》，《昆明民间故事》（第一辑），昆明市民间文学集成办公室，1987。

③ 《弟兄分家》，《普洱民间文学集成》（二），普洱哈尼族彝族自治县文化广播电视局、民委，1989。

④ 《哥两个》，《武定县民族民间文学集成》（油印本），武定县文化局、民委、民间文学集成小组，1988。

⑤ 《卡莫与卡桑》，《曲靖市民间文学集成》，云南民族出版社，1990。

⑥ 《莱遮和莱茜》，《弥勒民族民间故事》，云南民族出版社，2003。

⑦ 《弟兄俩与猴群》，《乡泉集》（第二集），云南民族出版社，1955。

⑧ 《石蛤蟆》，《云南民间文学集成·建水故事卷》，建水县文化馆、民委，1989。

了弟弟莫车，其他所有财产都归哥哥莫董。①

### 2. "幼子优先"制

幼子可以优先继承遗产的规定，这样的案例相对较少。例如彝族民间传说《兄弟俩》（四）讲述，从前，有两兄弟，哥哥叫本实，弟弟叫本华，本华跟着哥哥和嫂嫂从战乱之地逃进荒山野林，靠野果充饥，山泉解渴。为了生存，哥嫂决定就地开荒种地，可懒惰狡猾的本华借口生病，整日赖在家，当哥哥问责时，他便提出分家，要去了哥嫂开出的荒地。②

总体来看，西南少数民族地区"长子优先"或"幼子优先"的财产继承顺序，相比较而言，前者比后者的情况要多些。因为个人所得到东西的数量与这个人在社会整体中的重要性成正比，一个人在社会中的地位愈显要、等级越高，他从共同财产中分得的东西也愈多。这种情况，跟托马斯·阿奎那论及的"人法"中"分配正义"的概念有所关联，因为阿奎那也把个人应得的东西同属于整体的东西相联系起来，提出整体"应当归于部分"的原则。不过，他还提出"矫正正义"的概念，③ 并认为它应该是"分配正义"必要的补充，这样才能矫正分配不公的社会事实，实现"公平"、"正义"的分配目标，这是从现代法的角度进行的补充。

（三）家庭法中对男女性别不平等的规定，亦排除了妇女在社会和家庭里的平等权利

### 1. 妇女不能参加某些宗教祭祀活动、不能管大事等规定，形成男人的地位要比女人高的社会事实

彝族神话故事《罗锅帽的来历》中有圣人耻格阿鲁做出的严

---

① 《竹簧把鸟的来历》，未刊稿，文稿由云南省民族艺术研究所白学光保存。

② 《兄弟俩（四）》，《云南民间文学集成·石屏故事卷》，石屏县文联，1996。

③ 阿奎那把正义分成两个部分：第一种是分配正义（distributive justice），即"按照人们的地位而将不同的东西分配给不同的人"；第二种是矫正正义（commutative 或 corrective justice）。参见〔美〕E. 博登海默《法理学——法律哲学与法律方法》，邓正来译，中国政法大学出版社，2004，第 33～34 页。

格禁令："只许女人在小圈内行动，不许她们管大事。妇女一律戴上四个圈套（罗锅帽一圈、宽领扣一圈、袖口花边一圈、下身裙子一圈）。"① 由此可见，圣人的法令使罗锅帽成为彝族妇女不平等地位的象征。哈尼族神话《分配》中规定，哈尼族姑娘不能和男人一起去打猎分肉。②

### 2. 家族法的规定使妇女失去了家庭财产的继承权

首先，彝族史诗歌谣《哭嫁歌（二）》哭诉了男女不平等的婚姻的事实。③《哭出嫁》则控诉了不平等待遇给妇女带来的痛苦和折磨，歌词凄婉感人，内容是：一个彝族少女从小在母亲的严格管教下长大，担负沉重的家务劳动，后又依媒妁之言，由父母做主嫁给一个比自己小七岁的男人，小丈夫死了，少女独守空房，受尽婆婆打骂，遍体鳞伤，只能终日以泪洗面。④ 彝族史诗歌谣《没有嫁着一户好人家》则唱述出男女不平等的婚姻给妇女身心带来的摧残：一个独生女嫁了一户坏婆家，公公、婆婆、大伯、小姑都对她刻薄吝啬，每天让她做很多家务活，时常骂她。⑤《媳妇调》唱出妇女在夫家的痛苦生活："十月里来十月间，妹在婆家受熬煎，当牛做马苦不尽，吃饭不得挨桌边。冬月里来冬月冬，衣裳破得像窗风，人家媳妇花花布，我无寒衣难过冬。腊月里来一年忙，妹受苦难诉不完，明年进得阎王殿，如同一步登上天。"⑥

其次，彝族的《世间媳妇最可怜》唱出了媳妇在夫家的悲苦生活，例如，"世间媳妇最可怜，苦苦累累手不闲，人苦成个弯弓

---

① 《罗锅帽的来历》，《小凉山民族民间文学作品选》，宁蒗彝族自治县县庆筹备委员会，1986。
② 《分配》，《哈尼族民间故事》（四），哈尼文汉文对照版，云南民族出版社，1992。
③ 《哭嫁歌（二）》，《三女找太阳——楚雄市民族民间文学集》，云南人民出版社，2001。
④ 《哭出嫁》，《昭通地区民族民间文学资料选》（第二集），昭通地区文化局、民委，1985。
⑤ 《没有嫁着一户好人家》，《昭通地区民族民间文学资料选》（第二集），昭通地区文化局、民委，1985。
⑥ 《媳妇调》，《景东民间歌谣》，景东彝族自治县民委、文化局、文化馆，1988。

虾，小腿由后转到前，苦死苦活无人见"。① 《哭嫁歌》分为四节，第三节表达了一个女孩子对于兄妹虽在同一所房子长大，哥弟可以留下继承财产，自己却要远嫁他乡的不平心态。② 《教嫁歌（一）》则安慰新娘不要思念家人，安心出嫁，更不要难舍家中的金银财物和田地，歌中说"因为本来就没有你的份"。③ 由此可见，在人们的观念里，女孩子不是家里人，出嫁的女孩子是"泼出去的水"，不但没有家庭财产继承权，甚至死后名字也不能记入家族的谱系之中。

最后，哈尼族神话《穷家寨的由来》讲述，送门铺（富家寨）有个名叫甲康的财主死后，他"唯一的"妻子就叫来全寨子的人，把财产分给乡亲们。④ 相对于今天的"继承法"而言，在这个案例中，财主"唯一的"妻子当然是其合法的继承人。但是，我们不能用今日的理念来理解当时的"法律本相"——就当时的社会来说，因为财主没有儿子等男性继承人，按照家族法，他的妻子也不具备继承权。

（四）交易物品时，须遵循"慷慨的原则"

这一"慷慨的原则"，来自法思维的"泛灵论"观点。著名的人类学家莫斯在《礼物》这本论著中，曾经写道：人们在交换礼物时，越慷慨的人，往后从神灵那里得到的回报就会越多，财富和荣誉也会随之增长得越快。所以，人们之间的交换，表面上是人与人之间的礼物交换，实际上却是人与神之间的"赠礼"与"回礼"。

---

① 普生妹唱译、宋自华记录整理，《世间媳妇最可怜》，稿存元江哈尼族彝族傣族自治县史志办。
② 《哭嫁歌》，《云南民间文学集成·石屏歌谣卷》，石屏县文联，1996。
③ 《教嫁歌（一）》，《云南民间文学集成·石屏歌谣卷》，石屏县文联，1996。
④ 《穷家寨的由来》，《哈尼族民间故事》（五），哈尼文汉文对照版，云南民族出版社，1993。

　　具有相似性的是，在西南少数民族地区，人们在协商礼物交换时，均会根据这一原则进行。彝族民间故事《小姑娘和小蜜蜂》讲述，一个饿得浑身无力的小姑娘向蜜蜂讨一点儿吃的东西，善良的蜜蜂把最甜的蜂蜜拿出来给她，可小姑娘又不愿无偿去拿蜜蜂的劳动果实，于是蜜蜂就告诉小姑娘所酿的蜜是从油菜上采来的，这样小姑娘才吃了蜂蜜。故事最后告诉我们："这一年，油菜花开得很好，小蜜蜂酿的蜜也更多更甜了。"① 《民间鼓吹的由来》讲述，皇帝很喜欢一个老头的小马，说愿意拿皇宫里的任何东西跟老头换。老头虽然舍不得小马，但又不好意思拒绝皇帝的要求，就要了皇宫里的鼓奏乐器。② 凉山彝族地区，（土地）买卖成交后，买者还要宰牲备酒招待卖主与中人，并另给多至卖价十分之一的"莫者"（谢中钱）；如卖主是曲诺、阿加，要请他们的主子到场。③

　　由此可见，在交易物品时，"慷慨的原则"也是一种竞争，目的是看谁能拿出最多、最富有价值的东西出来。对于这种交易现象，莫斯进一步把它作为"总体呈献制度"来阐述，莫斯认为，"总体呈献制度"是一种能使诸氏族共有妇女、男人、子女和仪式的氏族之间的长期协约制度。在人们的观念体系中，要还给他人的东西，事实上是那个人本性或本质的一部分。④ 接受了某人的礼物（或答应了交易物品的要求），就是接受了他的某些精神特质，接受了他的灵魂的一部分——因此，人们之间的法律关联，亦由（交易）事物形成的关联，乃是灵魂的关联。因为事物本身不仅有

<hr>

① 《小姑娘和小蜜蜂》，《云南省民间文学集成·牟定县综合卷》，牟定县民间文学集成办公室，1989。
② 《民间鼓吹的由来》，《景东县民间文学集成》，景东彝族自治县民委、文化局、文化馆，1988。
③ 陈金全、巴且日伙主编《凉山彝族习惯法田野调查报告》，人民出版社，2008，第42页。
④ 转引自王铭铭《物的社会生命？——莫斯〈论礼物〉的解释力与局限性》，《社会学研究》2006年第4期。

灵魂，而且出自灵魂。① 这样，过去西南少数民族地区人们之间的物品交易也就是礼物交换的形式，其性质就再清楚不过了。所以，任何人都不能随意拒绝别人的"好意"，且要"慷慨"成交，这也成为习惯法中的默契原则。

更进一步地说，正是由于祖先"神圣本原"的传染性，好像有一种附着于成员身上的天然"品质"②，规定"是"他原来就有的东西或者规定他不能拥有的东西。而那些基本的神话构想和宗教伦理观正是加诸这些神圣"私法"家规之上的次级产物，它们虽然显得过于简单，但作为一种强加的制度，个人从一出生起，就是某个家庭、家族的成员，属于一个人际关系的范围。作为长子，有时是幼子的身份，就有优先继承遗产的资格和权利，妇女则被剥夺了这种权利，物品交易也须遵循这样的规则。但是，在今天，根据章程法的规定，财产继承权这种"自然权利"要变成法律上的请求权，还需要经过第二个步骤，即权利宣告后始能成立：权利宣告是一项来自政治团体组织化的认可，也就是说，该请求权的正当性除了须得到社会集体的一致认同外，还要通过立法机关中的代言人或法官表达才行，这就有力地保障了男女继承权利的平等性。

（五）处理"债务"的准则

在早期的西南少数民族社会中，"刑"、"民"不分的事实，使得人们对"债务"的处理往往采取"以刑代民"的原则进行。③这种情况，与我们今天每一个人所拥有的言论自由、个体意识或

---

① 〔法〕马塞尔·莫斯：《礼物》，汲喆译，上海人民出版社，2005，第21页，第一章"用于交换的礼物与回礼的义务（波利尼西亚）"。此外，莫斯在"总体呈献体系的延伸、慷慨、荣誉与货币"中，通过探讨安达曼群岛人的习惯法指出，馈赠能够确定婚姻，使两家结成亲属。对两方面相同性质的认同又通过禁忌表现出来，归根结底便形成"混融"（melange）——人们将灵魂融于事物，亦将事物融于灵魂——在此期间本来已经混同的人和物又走出各自的圈子再相互混融，这就是（原始习惯法中的）协约与交换。

② 在社会学中，这些社会的"品质"正是林顿所说"归属地位"（ascribed statuses）的概念，即一些天生授予人们或至少生来就已预定好的地位。

③ 详见第四章第一节的相关内容。

宗教自由应该受到宪法保障的情形不同。在那个时代，个体成员主要通过宗教与禁忌魔法的手段、以信誓召唤神明的方式保障自己的权益，这不同于我们今天可以通过法律保障的固定权利和资格。因此，根据"自然理性"确定的古老"债务"的一般标准，体现出的是义务的最低限而非最高限，例如从缔结债务责任时涉及的两种手段来看，习惯法仅提供"最基本"的财物抵押或"最少量"的人质担保。

**1. 实际上，普通成员不可能分享过多的财富、共同管理收益，甚至不能参加涉及己身之实质利益的司法诉讼**

首先，作为严格个人性质的债务关系，债权人没有权利把债务人的财产转卖出去。彝族神话《张氏太太的传说》讲述："一天，左土司看见一头水牛在吃自家地里的麦子，怎么赶也赶不走，张姑娘一吆喝，牛就走了。为了找到牛主人索赔麦子，他们走了一村又一村，虽然牛始终没有进村……"①《墓碑》讲述，一个赌棍赌来赌去把七岁的独儿子以三百六十个铜毫输给了别人家。赌棍的儿子暗暗立志赎身回家，就请求买他的养父母每逢街天、节日恩赐他一个铜毫，到了十六岁，果然攒够三百六十个铜毫赎身回家侍奉自己的亲生母亲。②

在这两个案例中，左土司等普通债权人所拥有的债权不但不能随意转让，而且还要尽可能"尊重"债务人（例如赌棍儿子）的"自由赎买权"。因此，只有随着债权人占有权益的不断增多，在犯罪人团体的连带责任中，才会从债权人对债务人犯罪的过错作为控告的原因中，慢慢发展出有着契约性质的债务控告模式。③

---

① 《张氏太太的传说》，《南诏故地的传说》，巍山彝族回族自治县民间文学集成办公室，1987。

② 《墓碑》，《彝族民间故事选》，中国文联出版社，2003。

③ 也就是说，这种控告模式，中间的关键环节是法学上的"泛灵论"：习惯法规定共同体圈子要为全体成员承担对外的连带责任。因此，对债务人个人的犯罪控告是与债务人所在宗族或家族团体的犯罪连带责任联系在一起的。由于针对的是债务人团体的赔罪连带责任，它与敌人之间的赔罪条约也有所关联。

凉山彝族地区，诺合相互间的债务无力偿还，可以土地或属民作抵（但须经曲诺自己同意），债主应宰牲款待被抵债而来的曲诺、阿加；即使借债未还，也不能强抢，否则债务抵销。[①] 此时，债务人本人的财物或人身即债权人的抵押品，如果债务到期没有偿付，债务人就会沦为债权人的合法财产，以摆脱纯粹人格上的控告，当然，财物也会被没收。

其次，根据习惯法，人们在婚姻缔结过程中的"聘礼"，体现的正是一种最古老的债权债务关系——债的主体是女方的父母和作为婚姻当事人的男方，女方和聘礼一样，是债的标的物。哈尼族神话《九块半》提到，建水的哈尼族男人娶媳妇，至今仍保持着要送"九块半"聘金的习俗。[②] 彝族史诗歌谣《殉嫁歌》唱述出一位美丽的彝族姑娘被迫嫁给土司像癞蛤蟆一样的儿子时的"心不甘、情不愿"，但姑娘的心上人很穷，请不起媒人"捎鸡卦"，送不起厚重的聘礼，因而而得不到姑娘父母的认可。[③] 《女儿的苦还没有完》控诉买卖婚姻给妇女带来的痛苦，歌中唱出女儿苦求家人：求父亲不要收婆家的银子、母亲不要收婆家的绸缎、哥哥不要收婆家的马，否则银子花完、绸缎穿烂、马骑死，女儿的苦还不会受完。[④] 彝族民间故事《三脚癞蛤蟆》讲了一个财主被迫答应了癞蛤蟆的提亲，但提出要三样东西作为举行婚礼的条件：堆满银子的院子、山大的猪和常年不熄的神灯，想以此使其知难而退。[⑤] 相似的故事还有，《长工小珠珠》讲述有个叫小珠珠的长

---

① 陈金全、巴且日伙主编《凉山彝族习惯法田野调查报告》，人民出版社，2008，第48页。

② 《九块半》，《云南民族文学集成·建水故事卷》，云南省建水县文化局、民委，1959。

③ 《殉嫁歌》，《昭通地区民族民间文学资料选编》（第二集），昭通地区文化局、民委，1985。

④ 《女儿的苦还没有完》，《昭通地区民族民间文学资料选编》（第二集），昭通地区文化局、民委，1985。

⑤ 《三脚癞蛤蟆》，《玉溪市民间文学集成》，玉溪市文化局、民委、文联、群艺馆，1989。

工，想娶富人家一个如花似玉的闺女做媳妇，富人虽表面答应这门亲事，但提出办婚礼时的聘礼：六十斤重的公鸡一只和猪一头，三米长的韭菜一箩和一坛好酒。[1]《巧结良缘》讲述，有个帮工被财主家的姑娘看上，财主要小伙子去准备三件相当贵重的礼物，才能与他的女儿结婚。[2]《小罗楞说亲》讲述，有个花工小罗楞爱上百万家长的最漂亮的三小姐，百万嫌其家穷，就说他虽然同意这门婚事，但他必须做到以下几点：婚礼时花轿要用龙须做抬杆，要送一个三百六十斤重的猪头、一根红头发、三斗芝麻大的银子和三升金瓜子，还要求请豺狗、豹子当轿夫。[3]《金蚕、金珠和金针》中有个放牛郎爱上村中员外家如花似玉的小姐，被要求须准备"金针、金珠、金蚕"三件东西做聘礼。[4]《阿勒》里面的穷小伙被岳母逼着去做"点豆子、种花生、砍万年青树"这三件事，否则，就不准带媳妇走。[5]

最后，民族志资料显示，凉山彝族地区，实行姑舅表优先婚，"姑母的女儿生来就是舅舅家的媳妇，姑姑的女儿优先嫁给舅舅的儿子"。如果姑姑家没有征求舅舅家的意见将女儿另嫁他人，舅舅家将出面干涉，并向姑姑家索取一份彩礼。如舅舅家表示不聘，姑姑家可以将女儿另聘，聘方付给女方舅父一锭白银作为同意金。[6] 债户借债主的粮食也可用出嫁聘金偿还。[7] 在佤族的婚姻关系中，如一女子与舅父的儿子结婚，其父母结婚时未支付

---

[1]　《长工小珠珠》，《红河文化》1992 年第 2 期，红河哈尼族彝族自治州文化局，1992。

[2]　《巧结良缘》，《景东县民间文学集成》，景东彝族自治县民委、文化局、文化馆，1988。

[3]　《小罗楞说亲》，《楚雄市民间文学集成资料》，楚雄市民委、文化局，1988。

[4]　《金蚕、金珠和金针》，《楚雄市民间文学集成资料》，楚雄市民委、文化局，1988。

[5]　《阿勒》，《云南民间文学集成·金平故事卷》，金平苗族瑶族傣族自治县文联，1988。

[6]　陈金全、巴且日伙主编《凉山彝族习惯法田野调查报告》，人民出版社，2008，第 50 页。

[7]　陈金全、巴且日伙主编《凉山彝族习惯法田野调查报告》，人民出版社，2008，第 47 页。

聘礼，则男方不付聘礼，与母亲的聘礼相抵销。若其父母结婚时已付清聘礼，男方须把相当数额的"奶母钱"支付给女方父母。由于聘礼较重，又规定"母亲多少、女儿多少"，以相互抵销因结婚聘礼而产生的债权债务的婚姻关系。① 这也是姑舅表婚在西盟佤族地区极为盛行的原因。

**2. 作为普通成员，个人的担保资格是封闭的、有界限的，一般也不可以自由转让**

例如，彝族民间故事《一穗谷子》讲述了一个仙女以自己做担保，立下十年做他家长工的契约，得以向财主借到一块够栽一穗谷子的田。② 《阿辟果朵尔魔》讲述，阿辟果朵尔魔经常偷吃陈家腌制的猎物干巴，一天，他偷干巴时被陈家三兄弟抓住，只好以女儿做担保，答应将女儿许配给三兄弟，以求暂时能脱身。③ 《阿维与娜依》讲述，小伙子阿维为给父母治病四处借债，无奈只好到土司家当长工抵债。④ 《智擒州官》提到判官以自己的人格作保，不让州官杀刹则，以换取刹则告诉他实情。⑤ 彝族史诗歌谣《出门调（二）》通过一对年轻夫妇的对唱，唱出为了还清结婚时欠下的累累债务，新郎忍痛丢下新娘（实际上是将新娘留在家乡做人质担保）远走他乡当长工挣钱还债的无奈。⑥

因此，担保对于"债务法"形成的思想来说，无疑是借用宗教信仰中个体作为祖先"神圣本原"片段的概念，由此就有了赔罪债务的形成，它如同血族复仇的连带责任一样，是古老的私法合约中债权人团体对债务人的实质性要求。对于债的一方来说，

---

① 张锡盛：《传统习惯法与婚姻法的冲突——云南少数民族婚姻家庭问题研究》，《民族社会学》1989 年第 1、2 期合刊。

② 《一穗谷子》，《彝族民间故事选》，中国文联出版社，2003。

③ 《阿辟果朵尔魔》，《红河县民族民间故事》，云南民族出版社，1990。

④ 《阿维与娜依》，《宣威民间文学集成综合卷》，云南民族出版社，2001。

⑤ 《智擒州官》，《楚雄民族民间文学资料》（第三辑），云南省社会科学院楚雄彝族文化研究室，1982。

⑥ 《出门调（二）》，《双柏民间文学集成》，云南民族出版社，1992。

只有提供"最少量"的人质担保，即要求团体成员承担人格上团结一致的连带责任，才能保证相应义务的履行。作为强制手段，当债务人毁约时，债权人可借债务人"不诚实"、"无信用"的口实对他进行舆论谴责。

## 四 "最早法律文书"的产生

在神话等文本的讲述中，神圣事物及其衍生的神圣标记与人有着共同的本质，这一思想正是"最早法律文书"出现的根源，原因如下。首先，在早期的迷信观念里，偶像记号，例如鲜血、竹子、小金镗、金色花、香面树、吊草、秧标、草秆、箭竹、标杆、顶门棍、"西腊玛"（一种植物）、大树等，之所以被人们认为含有做此偶像标记的人的某些精神特质，并不容许受到侵犯，是因为该人是所属团体祖先"神圣本原"的片段。而偶像标记也带有同样的属性，由于被赋予了祖先灵魂的"精神特质"，才能够发挥神奇的功能。白族神话《点血造人》讲述，人类的始祖"哥哥"到树林里，用自己的血滴在刻好的木头人身上，木头人马上变成活人。用李子树刻的人姓李，用杨柳树刻的人姓杨，由此刻出许多姓氏的人。[1] 哈尼族神话《哈尼人为什么要造竜巴门》讲述，每到稻花飘香、瓜果发甜的日子，人们要把砍来的两棵竹子立在村外路口上，再挂上驱鬼辟邪物，搭起象征性的寨门，并取名"裸扛"。[2]《昂玛着的来历》告诉我们，哈尼人建寨的时候，往往会在山寨旁边选一棵高大的树，既以之作为领地的标志，以此警示野兽和外族人不得随意入侵，又作为驱邪避难的界限每年加以祭奉，以求风调雨顺，人畜平安，哈尼人凭此才能过上安宁的生活。[3]《都玛沙莪》讲述，烟沙大神特意送女婿威惹小金镗一面，

---

[1]《点血造人》，《兰坪民间故事集成》，云南民族出版社，1994。
[2]《哈尼人为什么要造竜巴门》，《西双版纳哈尼族民间故事集成》，云南少年儿童出版社，1989。
[3]《昂玛着的来历》，《金平哈尼族民间故事》，云南民族出版社，2003。

只要敲响小金铓，他就知道女婿遇难了，就会派神兵前来相救。①
《金色花》讲述，哈尼人在天神的指引下找到一种金色花，戴在头
上就会唱歌、跳舞、讲故事。② 偶像标记、个人、祖先神三者的关
系如图 3 - 2 所示。

祖先的"神圣本原"或图腾本原

某个团体或氏族中的某个成员"灵魂片段"

香面树、标杆、记号、禾秆等偶像标记某种"精神特质"

**图 3 - 2 偶像标记、个人、祖先神三者的关系**

其次，人与这些偶像标记的关联，实质上乃是灵魂的关联：
彝族神话故事《立度思》讲述，立度思死后，他靠着睡觉的"香
面树"时而变成龙，时而变成树，人们都认为是立度思的灵魂变
的。为了纪念他，人们挑选村旁的香面树或大树为龙树，每年正
月举行祭龙盛典，祈祷龙树保佑彝家平安、五谷丰登、六畜兴
旺。③《牛顿山下吊草村》讲述，有个叫"老二"的自己去找地，
他翻山越岭找到一个好地方，就把草吊在树上做记号，以后就搬
到这里。后来，人们就把这里称为吊草村，村民为了纪念他们的
祖先，把"老二"奉为本主神，每年二月十五日是他的生日，村
民都举行本主会。④ 在此，立度思、"老二"实际上已上升为村寨
人的祖先神。《为什么撒小秧要插秧标》讲了春天撒播稻秧时在秧

---

① 《都玛沙耳》，《哈尼族神话传说集成》，中国民间文艺出版社，1990。
② 《金色花》，《云南民族民间故事选》，云南人民出版社，1960。
③ 《立度思》，《礼社江》文艺小报"神话传说"专版，元江哈尼族彝族傣族自治
　县文化馆，1986。
④ 《牛顿山下吊草村》，《中国民间文学全书·大理卷》送审本，大理白族自治州
　白族文化研究所，2004。

田里插树枝条的来历：从前，有一个寡妇背着谷种到田边，一边
挖田一边哭，一位白发老人出现并安慰她，要她在田里插上一些
篾片或者柳条，再撒下谷种，第二天下冰雹，别家的秧苗都被打
死，唯独寡妇家的秧苗受到神仙的保护而没受灾。① 《地师》讲述，
峨山塔甸一带有个出名的地师李云，一次他为姐夫择坟地时发现
了村后一处极好的坟地，就咬断一根草秆做标记。② 《挑月牙山的
传说》讲述，"有个彝族老人为世间不平要杀官家，一天夜里一位
白发老人托梦说，祖坟旁有箭竹，砍之削箭，可射千里外之物，
老人照此做，削成三支射到皇宫里"。③ 白族神话《白王与石鼓》
叙述，文曲星带着三支箭和一个石鼓下凡，一箭开创白国，使他
自己成为白王；一箭制伏黄龙，开辟大理；一箭射穿美人石，得
到皇妃；之后，留下石鼓，用它呼叫天兵助战。④ 傈僳族神话《包
文正断案》讲述，饱读诗书、满腹才学的包文正每次应试都落第，
后来，他掐指一算，原来自己的运气在傈僳寨头人家的一根顶门
棍上，于是，他找来这根顶门棍，果然中了状元，当了大官，审
理天下的案子。⑤ 《木比杀妖怪》讲述，木比带着一群年轻人手拿
妖怪害怕的"西腊玛"树枝紧追老妖，一直将它赶到一个叫巴玛
的地方，他们把"西腊玛"树全栽在巴玛，从此妖怪再也不敢越
过这里到傈僳寨子残害百姓了。⑥ 哈尼族《哈尼人为什么要造竜巴
门》还告诉我们，在换寨门仪式时，头人会率领村民宰一头肥猪，
并将猪的头脚拴在"裸扛"上举行隆重的祭祖仪式。⑦ 《祭竜的传

---

① 《为什么撒小秧要插秧标》，《江川县民间文学集成》，云南人民出版社，1997。
② 《地师》，《嶍峨风情》，峨山彝族自治县民委，1986。
③ 《挑月牙山的传说》，《南诏故地的传说》，巍山彝族回族自治县民间文学集成办公室，1987。
④ 《白王与石鼓》，《中国民间文学全书·大理卷》，知识产权出版社，2005。
⑤ 《包文正断案》，《禄劝民间故事》，禄劝彝族苗族自治县文化局，1991。
⑥ 《木比杀妖怪》，《云南民间文学集成·福贡县民间文学集成卷》，福贡县文化局、民委，1989。
⑦ 《哈尼人为什么要造竜巴门》，《西双版纳哈尼族民间故事集成》，云南少年儿童出版社，1989。

说》提到，每年人们所祭献的大树，其实正是哈尼族的神树，因为树底下埋葬着远古的祖先。[1] 甚至在傣族的英雄史诗《厘俸》记述的大战中，战败的一方"俸改"在战场上投降时，除要放下武器，跪在地上外，还必须将"杂草"或其他东西含在口上以示投降。[2]

总之，人与偶像标记之间的这种关联，法学上称为"泛灵论"。因为鲜血、竹子、小金铛、金色花、香面树、吊草、秧标、草秆、箭竹、标杆、顶门棍、"西腊玛"、大树、杂草等偶像标记本身就有灵魂，而且出自灵魂，是祖先神赋予它们力量的，它们也同样受着祖先神圣灵魂的约束。因此，这些在直观上以一种法的感性"载体"思维形式存在的"最早法律文书"犹如其他带有神圣性质的宗教禁忌或巫术象征物一样，给见证人以特殊的法的效果。

## 第二节　从宗教禁忌到古老的"刑法"

同古老的私法权益相似，对宗教禁忌及个体巫术的信仰是"刑法"形成的最重要根源，虽然巫师（阶层）不可能像村寨头人、领袖、祭师（阶层）那样具有独立的"学理立法"的资格与能力。[3] 在早期的人类社会中，似乎还没有"刑法"的概念，而只有所谓的"刑罚"，即刑事惩罚措施。制定刑事惩罚措施的前提当然是有犯罪现象的存在，而著名社会学家涂尔干对犯罪所下的定义是：一种触犯了强烈而又明确的集体意识的行为。[4] 根据这一定义，涂尔干认为，从古至今，被各种已知社会自身认定为犯罪的

---

[1]　《祭竜的传说》，《西双版纳哈尼族民间故事集成》，云南少年儿童出版社，1989。

[2]　云南省少数民族古籍整理出版规划办公室编《厘俸》，《中国少数民族古籍丛书——云南省少数民族古籍译丛》（第13辑），云南民族出版社，1987，第88页。

[3]　详见第二章第一节的"禁忌在神话等文本中的'混淆'"。

[4]　周立民：《涂尔干的法社会学思想研究》，华东政法大学硕士学位论文，2013。

行为可以分成两个基本范畴："宗教罪行"和"人的罪行"。①

第一个"宗教罪行"，即我们所说的"渎神罪"，例如违背宗教禁忌，触犯了神圣事物或神圣符号、乱伦行为等；第二个"人的罪行"，即今天绝大多数受到刑事惩罚的罪行。不过，人类社会早期的罪行几乎都表现为"宗教罪行"，甚至杀人、放火、伤害、偷盗、欠债等"人的罪行"都属此列。也就是说，第一种类型的"犯罪"在彼时完全排斥了第二种类型的"犯罪"。随着社会的发展和进化，"渎神罪"越来越少了，"人的罪行"才逐渐占据了整个犯罪的领域。那些为了对付"宗教罪行"所举行的"禳解仪式"②，正是古老刑罚制度的来源和最早期的表现，因为在"禳解仪式"之中，参加者的内心所想与他们的严格禁欲之间没有完全的对应关系，人们被要求这样做，只是为了坚定内心的信仰、安抚"大发雷霆"的神。"神判法"逐渐得到流行的一个重要原因是这种司法审判方式要求违法者对违反某些客观神圣准则的罪行进行"赎罪"，其所在团体亦要为此承担连带赔罪责任。因此，从根本上来说，赎罪仪式所根植的情感与禳解仪式中的情感没有什么不同，二者都是法律形式主义的雏形之一。

因此，刑罚的演变主要是伴随着"犯罪"一词在实践和传承中发生的分化和变异，例如一些"不合常理"的"宗教罪行"会被逐渐淘汰、废弃；"人的罪行"则被逐渐吸收进"章程法"的组成之内。不过，为了保障私人的权益，仍然由受害人对施害者进行处置的规定，结果不是依据刑法（章程法）进行惩罚——例如"血族复仇"——而只是实现习惯法的规定。值得注意的是，即使在今天的一些西南少数民族中，在"赎罪"的要求与根据刑法进行处罚之间的区分有时仍不明确，二者甚至还可以相互替代。

---

① 〔法〕埃米尔·涂尔干：《社会分工论》，渠东译，三联书店，2000，第43页。
② 例如人们通过诅咒、发誓、群情激愤和悲伤等群体的巫术行为，倾向于把各种"破坏"表现出来。

## 一　"禳解仪式"

"禳解仪式"是对触犯宗教禁忌的"渎神行为"采取的自我补救措施。

首先，彝族神话《公鸡帽》讲述，有个妖怪想掏一对富有的夫妇的心吃，当它把妇人抓进山洞准备下手时，妇人急中生智，模仿公鸡叫，把妖怪吓跑了。从此，彝族女子便做公鸡帽，钉上银泡戴在头上，以驱妖避邪。[①] 另外一篇《银光鸡冠帽》也说彝族姑娘为了避邪克魔，缝制鸡冠帽戴上。[②]《为什么背娃娃看病要打伞》讲述，从前一个小妇人背娃娃进城看病，路上遇到一位浑身长满长毛的怪妇人来纠缠，为了摆脱长毛怪人和保护孩子，她赶忙打开雨伞遮住背上的小孩，与此同时身后发出一声怪叫，一看，怪物不见了。之后人们带婴幼儿出门看病都要用伞遮住，以避邪驱魔。[③]《叭喇与喜事》讲述，很久以前，有一种叫"红嘴猪雀"的鸟，嘴有一尺五寸长，长满了羽毛的身子像猪一样，凶猛异常，专吃良缘婚配的新娘子。有一次，有个牧童拿着一只牛角，看到"长嘴大王"飞来，吹响牛角，把它吓走了。从此，人们每逢讨亲嫁娶，路过垭口或山梁都要吹喇叭，目的是保护新娘不遭灾惹祸。[④]

其次，禳解仪式常常笼罩在一种愤怒的情绪和压抑的气氛之中，成员相互怜悯。例如《戴五色线的来历》讲述，彩虹是天上唯一的红龙，深得天神策格兹的宠爱，但因从小娇生惯养，长大后蛮横不讲理，不守天规，到人间作恶，终被斩杀，其阴魂被封为诸蛇首领。为了禳灾避祸，避免红龙报复人间，世人在红龙受

---

① 《公鸡帽》，《红河县民族民间故事》，云南民族出版社，1990。
② 《银光鸡冠帽》，《红河风情》，红河哈尼族彝族自治州文化局，1982。
③ 《为什么背娃娃看病要打伞》，《江川县民间文学集成》，云南人民出版社，1997。
④ 《叭喇与喜事》，《楚雄市民间文学集成资料》，楚雄市民委、文化局，1988。

刑的五月初五过端午节，让娃娃都戴上五色线，以示为其戴孝。① 另外一篇《撒梅人过端午节的传说》亦提到，由于相同的原因，撒梅人过端午节时，会在门外挂菖蒲和艾蒿，大人用黑线缠手，孩子缠绕五彩线避邪，一直要到六月二十四日火把节时才能将线剪断用火把烧掉。②

再次，有时人们在禳解仪式中还要发出惨痛和绝望的喊叫、呻吟，流出眼泪，甚至通过殴打自己或他人的方式，以求得神灵的宽恕或使彼此吸取深刻的教训。彝族神话《祭虫山》讲述，撒梅人居住的李子村里有一对夫妇的小女儿嫁到了官渡，一次，她的阿爸去看她，才知道小女儿早被婆家逼死了，他伤心不已，返家途中倒毙在阿拉乡三瓦村的山上，此后不久，从他坟里每天飞出成千上万的虫洗劫官渡的庄稼，遭受虫灾的官渡人在道士的指点下在葬他的那座山上建庙，并在每年七月初七以及冬月十一日举行"祭虫会"，人们通过一系列的唾骂、祷告、流眼泪、诉求以禳解虫灾。③《爬油杆》提到，彝族大凡举办婚事，为了防止周公与桃花女的阴魂前来捣乱，都有送喜神、爬油杆的禳灾避祸之举，仪式要笼罩在悲伤的气氛之中。④ 这种习俗据说来自一个悲哀的故事。很久以前，在新民、腊湾地方，有一个聪颖伶俐的彝族小伙子，名字叫周公。另外有一个活泼可爱的彝族姑娘，名叫桃花女。他们长大后逐渐产生了爱情，双双暗自约定相配成婚，可是，周公的父母坚决反对，他俩就在周公父母为他另娶新娘之夜，一起自缢于棚中，喜事变成了丧事，亲朋宾客都认为此事极端的不吉利。⑤

---

① 《戴五色线的来历》，《彝族民间故事选》，红河哈尼族彝族自治州文联，1997。
② 《撒梅人过端午节的传说》，《昆明民间故事》（第一辑），昆明市民间文学集成办公室，1987。
③ 《祭虫山》，《昆明民间故事》（第一辑），昆明民间文学集成办公室，1987。
④ 周武成：《漫话"爬油杆"》，《山茶》1993年第1期。
⑤ 《爬油杆》，《金沙江文艺》1990年第6期。又见于周武成《漫话"爬油杆"》，《山茶》1993年第1期。

最后，民族志资料显示，景颇族把纠纷神称为"拉事"，景颇语称为"鄂吉"，意为"栓牛"，本身具有双重含义：一方面它导致不同家族、村寨、山官之间的更大纠纷；另一方面，"拉事"也是纠纷解决的一种方式。① 哈尼族则称纠纷神为"哈"，认为发生在两人之间、村寨与村寨之间的纠纷都是纠纷神作祟的结果，如果双方的口舌争议发展成为争斗，发生纠纷的神灵会转化，转变为战神"苟"。② 为此，各村寨总会在大型宗教祭祀节日期间举行一系列的禳解仪式与之沟通，求得谅解。例如红河县大羊街普玛寨的"朗主主"仪式、大寨村的"普哈嗒"仪式、元阳县全福庄的"昂玛突"仪式，大都在节日的第一天下午举行阻隔"纠纷神"、"战神"，及其他"离神"、"怪神"的禳灾避祸仪式。绿春县大寨村在哈尼族"昂玛突"节日期间，在纪念昂玛寨神的时候，摩匹会在离寨神祭祀地点百米左右的地方，依次用鸡、鸭、酒、茶、米等物驱纠纷鬼，并立一棵竹子，在路下方将竹片编制的呈四方形的挡牌竖立，驱逐纠纷鬼，这是一种通过立寨门驱鬼避邪的禳解仪式。

由上可见，如果有谁触犯了神圣事物，或者违背了宗教禁忌而犯下"宗教罪行"，所有成员会被迫要求正视危险的处境，禳解仪式就成为必要的补救措施。然而，区别于此后"赎罪"或"赔罪"之要求，这只是一种要求全体成员必须参与和面对的自我惩罚措施。

## 二 "赎罪"或"赔罪"规定

在人类社会早期，统治阶层为了建立权威、保障信仰与传统等集体的行为，逐渐将"赎罪"的要求加诸触犯了"禁忌"等

① 潘骏玲：《景颇社会中"牛文化"的盛衰与生态变迁——德宏州陇川县城子镇曼冒村田野考察》，《思想战线》2007年第4期。
② 王学辉：《论少数民族习惯法文化对法起源理论的贡献》，北大法律信息网，http://article. chinalawinfo. com/ArticleFullText. aspx?ArticleId=24175。

"宗教罪行"的特别规定之上，因此，建立在"渎神罪"论断之上，"赎罪"或"赔罪"规定成为人类早期刑事惩罚制度的主要内容。

（一）如果有谁触犯了神圣事物或神圣符号，犯下刻薄、欺骗、偷盗、打劫或泄露机密等"严重罪行"，就会受到严厉的惩罚

首先，因亵渎神圣事物或神圣符号而被给予的惩罚。《白龙爱干净》讲述，古时候大诸伍地方的村民浪费龙潭水不说，还污染了龙潭，有个小伙子甚至往龙潭里撒尿，一个村妇甚至将沾满尿屎的布片拿到龙潭里去洗，白龙就停止了吐水。① 《温泉变冷泉》讲述，过去武定九厂小河口村有一个温泉，有一回一户穷人带了条狗到温泉边宰杀，洗净后煮了招待客人，第二天那里就不出热水了。② 《仙姑洞》讲述，板桥西边阿九山有个仙姑洞，曾经可借银碗、银筷。一次土司带兵强抢借出的银碗、银筷，从此银碗、银筷就借不出来了。仙姑洞此后变成一条缝，流出热腾腾的泉水，说是给人洗良心的。③ 彝族创世史诗《虎氏族》说，以前的人不知什么事情把天神惹怒了，天神一气之下打开天上的水门，把整个大地淹没了。④ 《阿赫西尼摩》讲述，在现在的人类诞生之前，世上只有竖眼人，竖眼人时代，"人间乱如麻，天下不安宁，大人骗小孩，小孩骗大人；杀猪不祭祖，杀鸡不敬神，不把青香烧，也不把烛点，道理全不要，礼节都丢光"。为了惩罚竖眼人，地神将粮食的种子收回，天神将乾坤门锁闭，世界一片黑暗陷于混乱。后经天神的许可重开乾坤门，但竖眼人仍然不知悔改，不懂礼和德，于是天神专门为他们制定了规章、礼俗和节令。可是竖眼人

---

① 《白龙爱干净》，《阿则和他的宝剑》，云南民族出版社，1985。
② 《温泉变冷泉》，《武定县民族民间文学集成》（油印本），武定县文化局、民委、民间文学集成小组，1988。
③ 《仙姑洞》，《蓝靛花——宣威民间故事》，贵州民族出版社，1992。
④ 《虎氏族》，《中国民间故事集成·云南卷》，中国 ISBN 中心，2003。

还是我行我素，无视规矩，"正月不祭龙，初一不烧香，十五不献水，六月不杀牛，腊月不杀猪，不把天地祭"。于是，天神下令处罚，六年不下雨，粮食颗粒无收。后来，竖眼人开始祭天祭龙王，才得风调雨顺，粮食丰收。过上好日子后，竖眼人又不守规矩，不敬天神了。最后天神大怒，终于发大洪水毁灭了竖眼人，只留下善良款待天神的始祖阿谱都阿木，重新创造出新人类。①

此外，据说西南少数民族家庭里的火塘和稻谷等是神灵赐予人间的神圣事物。哈尼族神话《一娘生的亲弟兄》告诉我们，"爹妈"死后会变成火塘神，天天和哈尼人在一起。因为有火塘神的保护，因此，火塘是神圣的地方。② 彝族神话《狗追稻谷的故事》讲述，古时候，有个妇人一天不小心被稻叶划破了手，便"烂谷子、烂谷子"地骂起来，话音未落，据说一阵电闪雷鸣之后，发怒的雷公劈倒了这个"多嘴的"妇人。③《狗与稻米》讲述，以前从天上传下来的稻米有鸡蛋大，人间米粮充足，后来，地上的人开始对稻米怠慢亵渎，连厕屎揩屁股都拿稻米粒揩，天神泽格只生气了，把稻米种收了回去，地上绝了粮米，人们只能在饥饿中呻吟。④《大米的传说》也讲到类似的事情：古时候，粮食曾经吃不完，但渐渐地人们变得好逸恶劳、奢侈浪费，有的人用大米铺路，有的用米粒揩屁股，主管粮食的天神非常震怒，就把人间的粮食全部收走，人因此被饿得面黄肌瘦，奄奄一息。⑤《十槽银子》讲述，寻甸塘子村古时候叫南谷，石洞中有十个大石槽堆满了银

① 云南省少数民族古籍整理出版规划办公室编《阿赫西尼摩》，施文科、李亮文演唱，《中国少数民族古籍丛书——云南省少数民族古籍译丛》（第28辑），云南民族出版社，1990，第105～106页。又见于张晓辉《论西南少数民族创世神话的规范价值——基于人类学理论的分析》，《西北民族大学学报》（哲学社会科学版）2013年第4期。

② 《一娘生的亲弟兄》，《哈尼族神话传说集成》，中国民间文艺出版社，1990。

③ 《狗追稻谷的故事》，《禄劝民间故事》，禄劝彝族苗族自治县文化局、民间文学集成办公室，1991。

④ 《狗与稻米》，《聂鲁彝族神话故事选》，陕西旅游出版社，1998。

⑤ 《大米的传说》，《云南民间文学集成·石屏故事卷》，石屏县文联，1996。

砖，但贪得无厌的张财主害死了帮他背出银砖的小本甲，还想夺取剩余的银子，这使神灵愤怒不已。当夜，整个南谷山摇地动，房倒地陷，河水断流，张财主和官兵全部葬身于洞里，石洞中的十槽银子也沉于地下。①

其次，因刻薄、欺骗而被要求赎罪。彝族神话《仙人洞》讲述，一户人家有两兄弟，哥嫂对弟弟十分苛刻，每天要弟弟上山干活，但只给他吃一个苞谷皮做的粑粑。一天，弟弟从锅里捞了一根骨头给从海龙王处讨来的小白狗吃，被哥嫂毒打后撵到半山的岩洞里。之后，哥嫂又起歹心，把弟弟和他的妻子骗到海边，趁其不备推二人下海，霸占了他们的岩洞。最后，海龙王的女儿救起弟弟，用簪子划出洪水冲走了哥嫂。②《人存良心天看诚》讲述，从前有一户人家，家里有两个儿媳，大媳妇老实，二媳妇嘴巧舌灵。一次婆婆摔伤躺在床上，端屎、端尿、洗衣、煨药等事全落在大媳妇身上。一天，大媳妇在上街回来的路上摔倒，背箩里的肉掉在牛粪上，她赶忙捡起来洗干净，背回家煮给婆婆吃。正好夜间打雷，大媳妇害怕就把手伸到窗外对天喊："雷公公，我做了欺负婆婆的事，请惩罚我。"话音一落，一声炸雷，她右手上戴上了两只金手镯。二媳妇知道这件事后，就去买了一只鸡丢进尿盆后煮给婆婆吃。夜里雷声又响，她将手伸出屋外学着大媳妇说话，随着一声炸雷，她的右手已半截不在了。③

再次，因为偷懒、打劫和偷盗要求的赔罪。《宝象河（一）》的故事告诉我们，今天横穿昆明坝子的宝象河，源于昆明西边的哦乃奔山下。据说，这条河流跟一头曾经在天上生活，但喜欢偷吃供果的懒母猪有关，其被天帝贬下凡间赎罪，下凡后，这只母猪就变成乌龙躲在哦乃奔山脚的洞里，天天喷出泉水形成了宝象

① 《十槽银子》，《寻甸民族民间故事集》，云南民族出版社，1995。
② 《仙人洞》，《昭通民族民间文学资料选编》（第一集），昭通县民委、文化局，1983。
③ 《人存良心天看诚》，《江川县民间文学集成》，云南人民出版社，1997。

河。①《属虎日祭观音》讲述，很久以前，十八罗汉常出没彝家山寨，残害生灵，后来观音菩萨前来收服十八罗汉，严格管教，使其改恶从善，成了僧人。现在彝家人九月都要到山头摆设香案，杀猪宰羊，拜祭救苦救难大慈大悲的观音菩萨。②《人与驴》提到，一头驴说它前世是人，因为当过强盗，死后就变成动物来赎罪。③

最后，因泄露机密得到的惩处。《祭月神的起源》中讲，日月神溜进三兄弟的家把不死药偷走了，三兄弟回来得知便搭天梯，领着老虎和狗去追，后来，因犯泄露天机给老婆之罪，天君策格兹就罚他们三兄弟到月亮上当苦工。④《长发妹》讲述，有个叫半坡村的山寨，因为缺水，人们只能找野菜充饥。有个叫"长发妹"的女孩偶然发现一口泉眼，遭到黄毛绿眼山神的警告："不准泄露水源的秘密，否则小命难保。"可长发妹回家后，还是把水源的秘密告诉了大家，于是，黄毛绿眼山神就准备处死她。⑤

由此可知，没有哪个血缘群体或纯政治团体组织不受神圣准则的制约，触犯了这些准则就等同于犯了渎神罪。"渎神"只会引起神灵的愤怒，招来恶魔的报复，整个社会组织也将面临灭顶之灾。

（二）在村寨内，如果有人畜发生病疫，人们就怀疑是某人"放鬼"（又称"放蛊"或下药）所致，头人或巫师会带领全体成员对"放鬼者"奋起反抗

首先，彝族《十丑歌》有"投药下毒手，魔鬼也难比"⑥的

---

① 《宝象河（一）》，《昆明山川风物传说》，云南民族出版社，1994。
② 《属虎日祭观音》，《民族民间文学资料》，南华县文化馆、民委，1986。
③ 《人与驴》，《景东县民间文学集成》，景东彝族自治县民委、文化局、文化馆，1988。
④ 《祭月神的起源》，《彝族民间故事选》，中国文联出版社，2003。
⑤ 《长发妹》，《三女找太阳——楚雄市民族民间文学集》，云南人民出版社，2001。
⑥ 《十丑歌》，《礼社江》文艺报"歌谣专版"，元江哈尼族彝族傣族自治县文化馆，1986。

唱述。《咒鬼词》对善于操纵鬼神附体而致小孩生病的"害人鬼"骂道:"害人鬼,最肮脏的东西,我把你的眼睛舂瞎,我把你的心舂出来,我把你的头舂碎,你快给我的小娃娃好掉,不然我用裤子把你的眼睛蒙起来!"① 不过,也有恶人以之为借口行歹行,神话《智杀山霸王》中提到,曾经有个山霸王为非作歹,常常诬陷良家妇女是下药婆,然后把她们抓去折磨。②

其次,民族志资料显示,藏族、彝族、哈尼族、傣族对被判为"枇杷鬼"、"撒魂鬼"的"放鬼"女子,除了抄家、把她逐出村寨外,还会处以最严重的刑罚——处死她。这里有一个真实的案例:根据刘金和《云南边疆民族地区犯罪和执法问题的探讨》一文,西双版纳州景洪市的曼井烈乡傣族女青年岩宰捧玛 1982 年从境外回归随父母居住,后因村里人畜生病,被指控为"枇杷鬼";1984 年其家中大小牲畜遭抢杀,房屋被焚烧殆尽,全家 12 口人被驱赶到国境线上。③

因此,在"宗教罪行"中最严重的恐怕莫过于"放鬼"这样的罪行了。在人们的观念中,无论"放鬼者"以何等的方式"赎罪"都会被认为是"正当的"、"必要的"、"有益的"。如果有谁消极对待这种集体性的反抗活动,就会受到社会舆论的谴责,甚至会得到与"放鬼者"同样的待遇。

## 三 "乱伦禁忌"

人类学家和考古学家所说的"血缘婚"④ 是人类婚姻史上的一

---

① 《咒鬼词》,《江川县民间文学集成》,云南人民出版社,1997。
② 《智杀山霸王》,《景东县民间文学集成》,景东彝族自治县民委、文化局、文化馆,1988。
③ 刘金和:《云南边疆民族地区犯罪和执法问题的探讨》,《云南法学通讯》1988年第 1 期。
④ 虽然摩尔根在其代表作《古代社会》中提到过这种婚姻形式,恩格斯根据夏威夷的亲属制度,也肯定了这种婚姻形式在人类历史上存在过。但是,由于它形成于文字出现之前的若干万年前,不可能有关于血缘婚存在的任何文字记载,考古材料也不能直接说明这种婚姻制度的形成。

种原始状态，如果曾经存在过的话，作为最早的婚姻制度，亦早已退出了历史的舞台。而我们在前面提到过，"乱伦禁忌"作为一种为早期社会普遍承认和接受、具有权威性的近乎难以撼动的婚姻规则，既是族群外婚制的重要依据，又是一条早已具有了法的基本特征的古老规范。① 从神话等文本中可以看来，不管是出于观念上的"故意"还是行为上的"疏忽"，由于"宗教罪行"的矛头直接指向集体的圣物，因此，在婚姻制度中，违犯乱伦禁忌这种"宗教禁忌中的有形内容"的罪行就显得尤其严重，这也意味着法律要对这种更严重的亵渎（神明）之罪加以惩处。② 因为这种罪行不但极易引起祖先神灵的愤怒，也会给团体的安全带来最致命的威胁。因此，宗教禁止血亲乱伦，这种严厉规定正是古老刑罚对人类婚姻控制的前驱。

（一）从古老私法的角度而言，妇女在男方家族中的地位主要是通过严格遵守乱伦禁忌的方式获得

莫金山、陈建强在《从瑶族石牌律看法律的起源》中认为：盘瑶石牌律中的"同姓不婚制"、"共祖不过五代不婚"、"姊妹二代不婚"③ 是由生育禁忌演变而成的习惯法。④ 彝族神话《叶廷才的传说》讲述，太周城有个叫叶廷才的读书人，一次偶然听到两个女鬼交谈她们生前之事，其中一个女鬼说："我生前不听人教诲，生活不检点，婚外情乱，是被丈夫暴打而上吊自杀的。"⑤

---

① 陈永邺、洪宜婷：《从神话看"宗教禁忌"作为"社会的法"的原因》，《思想战线》2013 年第 3 期。
② 陈永邺、洪宜婷：《从神话看"宗教禁忌"作为"社会的法"的原因》，《思想战线》2013 年第 3 期。
③ 陈永邺、洪宜婷：《从神话看"宗教禁忌"作为"社会的法"的原因》，《思想战线》2013 年第 3 期。
④ 莫金山、陈建强：《从瑶族石牌律看法律的起源》，《广西民族研究》2009 年第 2 期。
⑤ 《叶廷才的传说》，《红河县民族民间故事》，云南民族出版社，1990。又见于陈永邺、洪宜婷《从神话看"宗教禁忌"作为"社会的法"的原因》，《思想战线》2013 年第 3 期。

历史上，苗族一直有分宗开亲，同宗不婚的习惯法规定，虽然各地的苗族对同宗的理解有差别：有的地方以可识别父系血亲集团的苗姓为认定同宗的标志，例如贵州松桃、炉江（现属凯里市）一带的苗族；有的地方则以鼓社①为标志，又有"同鼓不婚"之说，如黔东南地区的台江、剑河一带的苗族；还有的地方将结拜兄弟也视为同宗。② 但无论如何，均须严格遵守这种禁规。

（二）乱伦禁忌使妇女的地位随之改变，违反者会受到最严厉的处罚

### 1. 乱伦禁忌使妇女的地位随之改变

首先，男人们只能用自己的姐妹与另一方团体的姐妹相交换。为此，人类学家列维·斯特劳斯、莫斯等认为：妇女最初是作为非经济领域婚姻交换关系中可交换的最高等级的"礼物"出现的。③ 彝族神话《三府石和碗窑泥》讲述了白王张乐进求将二公主嫁蒙嶲诏主，三公主嫁蒙舍诏主，以换取对方善意的故事。④

其次，在家庭法和家族法中，还形成出嫁的妇女须以经常祭拜男方家庭祖先神及敬奉男方父母的方式才能获得地位的规定。彝族史诗歌谣《送亲调（二）》是一首新娘出门拆轻棚送亲时唱的歌，内中有"来到山神树，洒盆吉祥水，圣洁如意水，清除祸害根。离别老家门，跨进新堂屋，明天早早起，挑水敬公婆"⑤ 等礼

---

① "鼓社"为氏族外婚制组织，一般由同宗的一个或几个村落组成。鼓社有号令宗族、制定规约、主持祭祀、执行赏罚的功能。参见李廷贵、酒素《苗族"习惯法"概论》，载胡起望、李廷贵主编《苗族研究论丛》，贵州民族出版社，1988，第352~353页。

② 苗族简史编写组《苗族简史》，贵州民族出版社，1985，第321页。又见于张晓辉《论西南少数民族创世神话的规范价值——基于人类学理论的分析》，《西北民族大学学报》（哲学社会科学版）2013年第3期。

③ 参见〔法〕马塞尔莫斯：《礼物》，汲喆译，上海人民出版社，2005。

④ 《三府石和碗窑泥》，《巍山彝族回族自治县民间故事集成》，巍山彝族回族自治县民间文学集成办公室，1988。

⑤ 《送亲调（二）》，《云南彝族歌谣集成》，云南民族出版社，1986。陈永邺、洪宜婷：《从神话看"宗教禁忌"作为"社会的法"的原因》，《思想战线》2013年第3期。

仪法规；《相亲调（二）》里则有对媳妇"腊月里，满一年，公公婆婆叫两声"① 的规定；等等。

### 2. 乱伦者会受到最严厉的处罚

首先，彝族神话《石阿尕》讲述，扎拉里村有一户姓石人家的姑娘叫玛阿尼，因未婚有孕而受到舆论的谴责，为了躲避家族的惩罚，母女俩只得搬到石洞中安身。② 《玛贺念》讲述，玛贺念生了一个男孩，取名为阿亨罗若（龙的儿子）。这个孩子长大后，常骑着飞马到昆明端米线给玛贺念吃，可他每次归来都说外面的姑娘美是美，但谁都没有阿妈美，看到儿子的邪念，一次，玛贺念在飞马蹄上染了狗血，于是，阿亨罗若到昆明端米线时沉入滇池淹死了。③ 凉山彝族地区，严禁姨表亲通婚或发生婚外性关系，违者均会被处死。姨表兄妹亲如自己的兄弟姊妹，如有私奔者，则按同家支内男女通奸罪论处。同样，同家支男女严禁通婚或发生婚外性关系，违者双方均应被处死。④ 哈尼族神话《彩虹的传说》提到，爱尼山上有户姓严的富裕人家，生有一男一女，后来，他们相恋了。严家父母为维护家规，处死了两人，爱尼人从此便有了近亲不结婚的禁规。⑤

其次，虽然乱伦者受到的处罚是最严厉的，不过，从司法的角度来看，对违反乱伦者的种种处罚还停留在对具体个案的认定上，惩罚的标准全然没有固定，有时也会不同。例如对通奸罪、强奸罪的惩处，既可当场打死当事人，也可采取只罚款的轻微方式处理。另外，还有罚其出钱宴请村中长老，同时向寨神和全村父老乡亲赔罪的处理，也有当场进行羞辱等处理方式。⑥ 历史上，

---

① 《相亲调（二）》，《南涧民间文学集成》，云南民族出版社，1987。
② 《石阿尕》，《峨山民间文学集成》，云南民族出版社，1959。
③ 《玛贺念》，《哀牢山彝族神话传说》，云南民族出版社，1990。
④ 陈金全、巴且日伙主编《凉山彝族习惯法田野调查报告》，人民出版社，2008，第50页。
⑤ 《彩虹的传说》，《哈尼族民间故事》（四），云南民族出版社，1992。
⑥ 中国科学院民族研究所云南民族调查组编《云南省傣族社会历史调查材料》（八），云南省民族研究所出版社，1963，第117页。又见于刀伟《傣族法律制度研究》，中央民族大学博士学位论文，2005。

版纳傣族的习惯法《西傣法规》还规定："百姓与百姓的妻子、百姓与头人的妻子通奸，罚三怀三罢滇；头人与百姓的妻子通奸，罚五怀五罢滇……"①

从本质上说，各种具体的刑事惩罚措施与宗教活动中对违犯乱伦禁忌的"禳解仪式"其实具有完全一致性，二者都是为了平息愤怒者的情绪，以建立安定、团结的社会秩序。不过，来自宗教禁忌的魔法或巫术手段虽然保障了妇女在家庭和社会中的地位，但也在某种程度上排除或限制了她们基于平等的自由权利：例如妇女一旦出嫁通常就无权提出离婚，须遵守"近亲回避"的原则；如果男方提出离婚，妇女一般只得服从；而婚后假如女方提出离婚，就要加倍或加数倍退还聘礼。② 此外，妇女甚至没有家庭财产继承权，没有赡养自己父母的权利，死后连名字也不能记入男方家族的连名谱系中，等等。所以，这些惩罚规定也是社会上男女性别不平等的重要原因。

总之，"没有强制力的法律是不燃烧的火，不发亮的光"。③ 由于建立在对宗教禁忌准则的遵守之上，任何亵渎神明的罪行——例如违背祖先的神圣家规、乱伦、不服从稳固的神圣权威、不尊奉膜拜仪式和规则等——都会遭到惩罚。因此，在个人的犯罪行为会危害到他邻里、家族、宗族的地方，以及会危害到村寨等地域性政治团体全体成员的地方，都会有刑法的发展。如果处罚宽大，善行担保，那么也要归功于宗教的教义。此外，在各种具体的刑事惩罚措施中：轻者会被集体排斥、舆论谴责、被剥夺各种权利、被驱逐或罚款，或以赎金抵罪；重者则受到各种私刑，甚

---

① 张晓辉、徐中起、张锡盛：《云南西部傣族法规初探》，《中外法学》1991 年第 1 期。又见于彭迪《傣族婚姻家庭习惯法刍议》，《中南民族学院学报》（哲学社会科学版）1994 年第 5 期。
② 陈金全、巴且日伙主编《凉山彝族习惯法田野调查报告》，人民出版社，2008，第 54 页。
③ 转引自〔美〕E. 博登海默《法理学——法律哲学与法律方法》，邓正来译，中国政法大学出版社，2004，第 116 页。

至引发团体之间的战争，导致"血族复仇"。

当然，"血族复仇"还与团体之外敌人之间的赔罪条约有所关联，因为对施害者个人的犯罪控告与其所在团体的赔偿责任是紧密联系在一起的。然而，那些由各方头人以共同"族际神"的名义订立的相互间的"仲裁条约"、"赔罪条约"或其他类似的"协约"正是现代司法领域的开端：因为作为达成诉讼各方和解协议的强制性法律规定，这些"条约"或"协约"相当于战后的"和解协议"，其神圣性已大为降低，世俗性则大大增强，它能使若干独立集团之间的司法诉讼取得实质性的进展。但是，这些"条约"、"协约"仍然不同于我们今天严格意义上的具有普遍适用性的法律条文，因为它们主要还是受着一系列宗教禁忌因素的约束，因此，至多只是走在通往现代"目的契约"（或现代的法律契约）道路上的"法律文书"。

## 第三节　从习俗到习惯法

所谓习惯法一般是指民间自愿设定的具有约束性的习俗、惯例。梅因说："一个特定社会从其初生时代和在其原始状态就已经采用的一些惯例，一般是一些在大体上最能适合于促进其物质和道德福利的惯例，如果它们能保持完整性，以至新的社会需要培养出新的惯行，则这个社会几乎可以肯定是向上发展的。"① 而习惯法之所以用"习惯"命名之，是因为其来自人们习俗、惯例中"共同的合法性信念"以及"共同的实践活动"，历时积久便相沿而成为习惯法。

为此，法国的布律尔认为："在还未产生文字的原始社会必然生活在习惯法制度下。"② 法人类学家霍贝尔说："法律与社会习俗

---

① 〔英〕梅因：《古代法》，沈景一译，商务印书馆，1996，第 11 页。
② 〔法〕亨利·莱维·布律尔：《法律社会学》，许钧译，上海人民出版社，1987，第 49 页。

密不可分，法律是无法从全部人类行为方式中被截然分割开来的。"① 美国当代著名人类学家鲍哈那提出："法是由专门处理法律问题的社会机构再创造的习惯。"② 日本著名法学家穗积陈重在研究世界各地的"神判法"后亦持法律多起源于习惯的观点，其名言："裁判亦有不依神托仅依古老之法之发现者。又所谓神托裁判，其实多依据惯习，顺从惯习者，神则直之，反是则曲之。惯习者，有原始社会之强制力；无论为神、为君、为民举不能完全离惯习之支配。"③ 凯尔森把习惯法作为与制定法并列的法律的两种基本类型之一，认为习惯法起源于一个被一般遵守的行为，在那里，行为人并不是有意识地在创造法律，但是他们一定认为他们的行为是符合有拘束力的规范而不是任意选择的事情。④ 也就是说，早期的人类有因模仿和创造而形成的习惯，久之，从相与成俗而成法。

实际上，早期人类的很多惯例和行为能成为习惯法，在很大程度上受着宗教势力的影响。例如，作为英美法系形成基础的英国普通法最早就是从"日耳曼习惯法"演变而来的，因为日耳曼法作为欧洲早期封建时期（公元 5~9 世纪）日耳曼国家制定的适用于日耳曼人的法律，其中之内容大多数都是日耳曼人口耳相传的部落习惯。塔西陀⑤曾在其著作中记载了许多以血亲复仇、民众审判大会等解决纠纷的"神判"案例。西南少数民族地区盘瑶石

---

① 〔美〕霍贝尔：《原始人的法》，严存生译，贵州人民出版社，1992，第 17 页。

② 转引自朱景文《现代西方法社会学》，法律出版社，1994，第 152 页。

③ 〔日〕穗积陈重：《法律进化论》，黄尊三等译，中国政法大学出版社，1999，第 15 页。

④ 〔奥〕凯尔森：《法与国家的一般理论》，沈宗灵译，中国大百科全书出版社，1996，第 129~130 页。又见于高其才《习惯法与少数民族习惯法》，《云南大学学报》（法学版）2002 年第 8 期。

⑤ 普布利乌斯·科尔奈利乌斯·塔西陀（Publius 或 Gaius Cornelius Tacitus，55 年？~117 年？），罗马帝国执政官、雄辩家、元老院元老，也是著名的历史学家，他的最主要的著作是《历史》和《编年史》，从公元 14 年奥古斯都去世，提比略继位，一直写到公元 96 年图密善逝世。

牌律中有"同姓不婚制"、"共祖不过五代不婚"、"姊妹二代不婚"的规定，也是由宗教之生育禁忌规定演变而成的习惯法。[①]

## 一  从宗教禁忌到习俗

从长期的历史发展过程来看，宗教禁忌的有形内容会在人们"共同的实践活动"中发生分化和变异，原因如下。

（一）从惯例、习惯、习俗再到习惯法，以时间的间隔来说，法的出现要迟些

作为人类行为的主要调整者，惯例、习惯或习俗此前早就存在了一定时期，而习惯法则是随着习惯、习俗、风俗的实践和传承，一些"不合常理"的禁忌内容会被逐渐淘汰、废弃，又通过一代又一代成员的模仿，主要依靠权威和传统的力量沿袭下来，这就是法律早期的实际情况。

### 1. 因为宗教生活排斥人世间的凡俗生活，宗教节日便诞生了

根据彝族神话《赶秋》有关"忌日"的讲述，人们曾经把立秋这一天定为宗教"忌日"，过去每一个人都只能在家里躲"秋"这种魔鬼，但是，后来人们慢慢地在立秋这天到大黑山里玩，找菌子、摘杨梅、弹月琴、唱调子、跳左脚舞，[②] 这一宗教禁忌节日遂发生了巨大的变化。现在，包括汉族在内的很多民族都要过的"年"也有着相似的诞生经历。由此可见，正因为"习惯法和民族的自然概念和生活习俗有着某种密切而必要的相互依存关系"[③]，在少数民族人们的"共同的实践活动"中，习惯法才会随着实践的发展表现出分化和变异的现象，这正是人们在法的一方面自然

---

① 莫金山、陈建强：《从瑶族石牌律看法律的起源》，《广西民族研究》2009 年第 2 期。

② 《赶秋》，《云南省民间文学集成·牟定县综合卷》，牟定县民间文学集成办公室，1989。

③ 这是"普赫塔"的话，参见高其才《习惯法与少数民族习惯法》，《云南大学学报》（法学版）2002 年第 4 期。

活动的结果。

## 2. 许多婚姻习惯法亦是从一系列的宗教禁忌演变而来的

首先，彝族民间传说《银花和金花》中提到一种曾经有过的"长幼有序"的婚嫁制度。从前，樟木箐一户姓黄的彝家有两个漂亮的女儿金花和银花，两姐妹长相一样，可你来我往的求亲者却只向妹妹银花提亲，黄家两夫妇只得以"大马不过河，小马咋能过江"为理由搪塞，但来来往往提亲的人仍只向银花提亲，结果黄家最终还是把银花嫁给了梳罗寨勤劳的彝族青年杨富春。① 《火把节耍大刀的来历》提到，按照彝族支系格苏人过去的婚嫁制度，再婚的妇女须先回家为丈夫守孝三年，即使贵为国王也得遵守。② 《搓日阿补征服女儿国》讲述，以前婚姻中的传统规矩是"女人娶男人"，女儿国的人们把有个叫搓日阿补的男人关在公房里，并轮流去与他同房，不过，搓日阿补利用自己神奇的野猪牙，把她们一一制伏，从而当上了女儿国的国王。从此，女儿国的女人们那可从肩头甩到背后喂奶的巨乳都变得只有碗口那么大了，女人们受风吹就怀孕的历史也结束了。搓日阿补又令女人们都出去嫁男人，嫁鸡随鸡、嫁狗随狗，从此改变了传统的婚俗制度。③

其次，受到宗教因素的影响，许多婚姻习惯法成为人们不得不遵循的指导性力量，具有一定的"约束性"。民族志资料显示，我国盘瑶石牌律中的"同姓不婚"、"共祖不过五代不婚"、"姊妹二代不婚"等习惯法，正是由乱伦禁忌等宗教禁忌的有形内容演变而来的。④ 而很多地区流行的同宗不婚、同姓不婚、严格等级内婚、不同民族不婚、姑舅表优先婚、姨表优先婚等婚姻形式均不

① 《银花和金花》，《中国民间故事集成·云南卷》，中国 ISBN 中心，2003。
② 《火把节耍大刀的来历》，《禄丰县民间故事普查资料汇编》，禄丰县委宣传部文化局、民委，1988。
③ 《搓日阿补征服女儿国》，《楚雄民族民间文学资料》（第三辑），云南省社会科学院楚雄彝族文化研究室，1982。
④ 莫金山、陈建强：《从瑶族石牌律看法律的起源》，《广西民族研究》2009 年第2 期。

同程度地体现出男女双方家庭在"迎亲嫁娶"过程中的一些受到拘束的"人情债务关系"。也就是说，在婚姻缔结关系中，债的主体是女方的父母和作为婚姻当事人的男方，婚姻当事人的女方则和聘礼一样，被作为债的标的物之一来对待。

另外，就很多少数民族地区实行的"姨表优先婚"来说，假如一个女子与舅父的儿子结婚，女子的父亲结婚时若未支付聘礼，男方就有权不付聘礼，因为这笔债务可与母亲的聘礼相抵销；若其父亲结婚时已付清聘礼，男方就有义务把相当数额的"奶母钱"支付给女方父母，婚姻缔结双方实际上均受到某种程度的约束。此外，云南永宁纳西族的"阿注婚"，佤族、藏族等部分地区流行的"公房制"①，等等，均要求男女双方相互配合，临时承担作为夫妻关系的义务，这亦是一种受到制约的男女双方必须履行性爱权利和承担相应责任的"性契约"。

因此，随着文化形态的不断转变，宗教禁忌——更多的是其中的有形内容会逐渐成为一种有它自己特性的力量，同时渐渐地远离了魔鬼迷信而独立。这种演化也使得习惯规则逐渐发展成为一种具有约束力的习惯法、传统法。

（二）如果条件发生变化，需要有新的准则解决尚未纳入制度的问题，那些受到禁忌保护、有着魅力品质的头领、智者、巫师也会通过宗教禁忌的魔法手段"合情合理"地创造出一些来，目的是使法律适应新出现的情况

例如，彝族神话《龙王和铁柱庙》讲述，白王张乐进求在朝拜铁柱庙时，以金丝鸟落于孙独逻肩上为由，召孟获的二十一世孙独逻为驸马，并授大权，以其做王位继承人。②《摔跤的来历》讲述，很早以前，汉族和撒尼小伙子结为兄弟时规定：汉族哥哥

---

① 这里的公房既是青年男女谈情说爱，也是双方发生性关系的指定场所。
② 《龙王和铁柱庙》，《弥渡民族民间故事传说集》（第一集），弥渡县民间文学集成办公室，1986。

与撒尼弟弟要以摔跤作为见面的礼节。从此，每当收割蜂蜜的时节，兄弟二人就会举行荞粑粑蘸蜂蜜宴席，邀大家一起用摔跤来庆贺团聚，抒发喜悦快乐的心情。① 通过一个个"造法"事件，这些头领、智者、巫师在团体中的职务和地位还会迅速上升。

具有典型意义的是，宗教禁忌中的"自我赌咒"和"发誓"逐渐演变成今日司法判决得以执行的有效手段之一。一些神话故事中就讲到当事人双方应用"自我赌咒"方式遵守契约承诺的案例。例如彝族神话《赌咒田》中提到，武定茂连有一个姓沙的老人，为那土司家看守田地，一直守了几十年。土司念其一生勤勤恳恳，就想赐给老人一些东西。老人不要金也不要银，就要了位于扎罐井的一丘田。老人唯恐土司日后变卦，便挑了一个吉日，牵着一头大牯牛来找土司，要土司到田里赌咒为凭。在田埂上，老人拉着牛尾巴，那土司双手抱着牛角赌咒："从今天起，这份田归沙大爹家种，如果有人来争或反悔，就给他断子绝孙，鸡猪牛羊遭大瘟。"土司刚发完毒咒，老人一刀砍下牛头，把牛血洒在旁边的两棵橄榄树上。从此，这两棵树结的橄榄都是红的。老人死后，其后人每隔三年，就要宰一头壮羊祭这份田，以示不违祖先的旨意，于是这份田便被称作"赌咒田"。② 哈尼族神话《多甲卑的传说》讲述，曾经有一对哈尼族恋人，为了实现"生死在一起"的誓言，一起逃婚流浪。③《蛇螺相争的故事》提到，曾经打得头破血流的两村人终于同心协力打造了一块分水石来分水，发誓不再为用水打架，并把蛇和田螺埋葬于分水石下，永远警示后人。④

由此可见，"自我赌咒"和"发誓"有违背后会招惹神怒的严重后果，二者都是对宗教禁忌戒规的严格遵守。神话中也有因不

---

① 《摔跤的来历》，《昆明民间故事》（第一辑），昆明市民间文学集成办公室，1987。

② 《赌咒田》，《武定县民族民间文学集成》（油印本），武定县文化局、民委、民间文学集成小组，1988。

③ 《多甲卑的传说》，《元江民族民间文学资料》（第一辑），元江哈尼族彝族傣族自治县文化馆，1981。

④ 《蛇螺相争的故事》，《绮丽的山花》，元阳县民委，1984。

遵守"誓言"而闯下大祸的这类案例。例如彝族神话故事《小鬼》中讲述，从前一个鬼头觉得自己与一户人家的弟弟有缘，便留下和他一起劳动和生活，后来帮弟弟成功迎娶到财主的女儿做妻子，还为弟弟盖起走马转角房（四合院）。弟弟之后把后妈、哥嫂接来一起住。一天，鬼头对弟弟说，小鬼帮了很多忙，要弟弟请小鬼们来家里吃饭，但不要弟弟准备，唯一的要求就是家里人不能起来看。半夜，灶房传来砧板、桌椅的响声，伴随着阵阵香味飘来，后妈忍不住大声向小鬼要吃的，受惊吓的小鬼们四处逃散，房子全给撞倒了，后妈和哥嫂也被压死在墙壁下。①

此外，"自我赌咒"和"发誓"还是早期"赎罪"的一种形式。"赎罪"，我们知道，最早是从宗教的禳解仪式中演变而来的。由于某个成员的"宗教罪行"，整个村寨的全体成员要为此承担连带的法律责任，并通过向神灵集体祷告、自我摧残（例如流泪、哭喊、拍打自己）的方式请求神灵的谅解。

当然，与现代刑法中的"监禁"等惩罚措施进行比较，"自我赌咒"、"发誓"属于一种"主观上的责任"。因为通过面对神灵所做出的"自我赌咒"和"发誓"，能使对方完全相信他所说的话（例如《赌咒田》中的土司、《多甲卑的传说》中的恋人、《蛇螺相争的故事》里的两村人）；而现代刑法中的"监禁"则是一种依据客观的法规条文进行的惩罚。但是，在今天的司法审判中，"发誓"仍然是司法审判过程中的重要一环，"自我赌咒"则早已演变成刑法的"监禁"形式，二者其实都是早期司法判决得以执行的有效手段。

## 二 从习惯规则到"习惯法"

建立于"共同的合法性信念"基础之上的习惯法，要求人们

---

① 《小鬼》，《云南民间文学集成·金平故事卷》，金平苗族瑶族傣族自治县文联，1988。

遵循长期形成的习惯规则，原因如下。

（一）各种习惯法制度源远流长，它们多取决于宗教禁忌中的有形内容

**1. "火葬"是彝、哈尼、藏、拉祜、基诺、怒、普米等少数民族地区历史悠久的习惯法制度**

首先，在宁蒗、元谋、凉山、楚雄市大过口一带的彝族人认为人死了火葬后方能化虎返祖，否则，神魂就不会有好归宿。神话故事《彝族火葬的来历》讲述，南方阿尼氏的儿子选中北方阿宏氏的姑娘，接亲那天，因上有老下有小，没人陪送姑娘，她只得一人跟公公走，二人走到一个岩洞里，天色已晚，就想在这里过夜，可是公公刚进岩洞，岩洞门就自动关上了，把媳妇隔在了外面。夜间听到媳妇在外面惨叫，公公在里面着急，等天亮后岩门自动打开，看见儿媳被蚊子咬成骨头架，公公很伤心，把儿媳的衣服、骨头埋了后要走，可听见儿媳的声音："公公，我怕。"公公就把儿媳尸骨火化后带回家，从此，彝族开始实行火葬。① 遵循这一"不叫死者害怕"的神圣禁忌②；至今彝族火葬后有的要把死者的骨灰装于袋藏入山洞内，更多的则是装于陶罐葬入家族墓地之中，古墓上还要压一三圆台墓石，不留墓志，谓之"向天坟"。③

其次，彝族的另一个民间传说《阿晋与七妹》提到"男女不能同烧同葬"的禁忌规范。④ 与彝族相似，普米族人也尊崇同样的宗教禁忌：人死后装棺，火化时需用斧头劈开棺木，使尸体落下掉入预先架好的柴房内焚化，骨灰亦装入白布袋或陶罐内，再葬入氏族墓地。而拉祜族人死后要双手搭胸，白布裹身，于山梁火

---

① 《彝族火葬的来历》，《兰坪民间故事集成》，云南民族出版社，1984。
② 因为死者是神圣的。
③ 夏之乾:《谈谈彝族的向天坟》，《民族研究》1988 年第 4 期。
④ 《阿晋与七妹》，《楚雄民族民间文学资料》（第三辑），云南省社会科学院楚雄彝族文化研究室，1982。

化，骨灰葬于地下。藏族则以塔葬为最高规格，火葬是次于塔葬的方式。怒族人死火化后，骨灰不入土，不留标志。基诺族因为害怕恶死者的鬼魂会害人才实行火葬。由此可见，人死后要实行火葬的习惯法制度主要来自宗教禁忌中的观念和信仰。

2. "婚恋习俗"是否有法的效力亦主要取决于宗教禁忌中的有形内容

首先，对于西南少数民族"婚姻习惯法"形成的原因不能一概而论。实际上，少数民族青年男女间有很多家喻户晓的"婚恋习俗"——例如苗族的"游方"活动，苗族新婚夫妇"不落夫家"习俗以及缔结婚姻时要支付"聘礼"的规定等——在历史的某一时期虽然还不是法，但在日后是否可能被提升到"习惯法"的高度执行，取决于宗教生活和凡俗生活的互斥性。按照哈尼族古规，讨妻者要分三次支付聘金给予妻者家庭，最后一次是在婚礼的当天才支付；聘金总额的多少既表示给妻者家姑娘的"身价"，又表示讨妻者付给妻者家庭的报酬；作为一种传统习俗，聘金以金银戒指首饰、钱财等物为主，不管总额多少，都要当着给妻者家人父母的面用秤象征性地称一下，表示给妻者家庭确实体面，姑娘确实"值钱"。据说民国时候，讨妻者给的聘金最少的有几块银圆，最多时有几百块银圆。佤族结婚时，男方要向女方父母支付聘礼和"奶母钱"，数额与女方母亲结婚时数额相等。聘礼又被称为"买姑娘钱"，在民国时为5元至16元半不等，在结婚时支付；"买姑娘钱"数额从一头牛到数头牛不等，可以在结婚时支付，也可以在结婚后支付，还可以由其后代支付。在举行婚礼时，男方还要携带猪、米和水酒等物送给女方家，作为举行婚礼的开支。婚后感情不好女方要离婚，结婚时男方送的聘礼须由女方的新丈夫赔偿。①

因此，由于西南少数民族地区的人们根据习惯法，并运用了

① 唐晶：《我国佤族的婚姻习惯法》，北京法学网（http://bjgy.chinacourt.org/article/detail/2011/05/id/881494.shtml）。

村寨组织化的权威力量来调整个人及团体的行为，防止、纠正并惩罚任何偏离规范的情况发生，能很好地维护社会机体的正常运行。也正因为如此，虽然习惯法也是村寨社会中男女性别不平等的重要因素，但从积极方面来看，它们是维系群体认同机制及民族生存的必需产品。作为特定社会历史发展的必然产物，与"章程法"一样具有同等的实在性和重要的地位。

（二）相较于习惯规则，习惯法具有相当的约束力，它在群体中统一而普遍适用，人们彼此知晓，权利、义务有一定的区分

**1. "一定的约束力"，是指根据"一己之利"、参加者的忠诚①及惯例的压力保证实施的力量**

首先，彝族神话《彝族花布凉鞋的来历》讲述，有位彝族英雄喜欢打猎，猎到野兽就分给大家，很受人们的喜爱（参加者的忠诚）。②《三兄弟分麂肉》提到"捕获猎物时要见者有份"，这是彝族的一条老规矩，还强调了它的不可违背性（惯例的压力）。③《花棕包落进讨饭瓢》讲述，陶二爷大年初二给自家的三姑娘三个花棕包，盖轻棚，丢花包选女婿。人山人海的草地上，三姑娘丢出的三个花棕包恰巧都落在乞丐徐平贵的讨饭瓢里，为了信守承诺，陶二爷只好给三姑娘一把砍柴刀、一斗旱谷种，把她赶出门去与徐平贵一起生活（惯例的压力）。④《牟定三月会》讲述，清朝时期，在牟定的双树这个地方，人们为了镇住出来捣乱的龙子龙孙，就发明了"赶会跳脚"（一种禁忌巫术），久而久之，这种镇恶避邪活动就成为每年三月二十八日人们都要举办的习俗（参

---

① 显然，这种"忠诚"来自成员全体对共同祖先神的祭献以及共同遵奉的信念。
② 《彝族花布凉鞋的来历》，《昭通地区民族民间文学资料选编》（第二集），昭通地区文化局、民委，1985。
③ 《三兄弟分麂肉》，《楚雄民族民间文学资料》（第二辑），云南省社会科学院楚雄彝族文化研究室，1982。
④ 《花棕包落进讨饭瓢》，《景东县民间文学集成》，景东彝族自治县民委、文化局、文化馆，1988。

加者的忠诚)。① 以上案例，都显示出"一定的约束力"的存在。

其次，正是宗教禁忌保护的重要领袖人物，如头人、祭师们的权威保证了各种习惯法能得到有效遵守和实行。例如民族志资料显示，傈僳、景颇、哈尼、苗、佤、阿昌、独龙、（德宏）傣族地区流行同宗不婚、同姓不婚、严格等级内婚、不同民族不婚、姑舅表婚优先、姨表婚优先、"公房制"、"转房婚"；拉祜族、瑶族的"从妻居"；德昂族、勐海地区哈尼族的"从夫居"②；以及藏族地区的"共妻共夫或一妻多夫"；等等，大多是由村寨头人、巫师、德高望重者的家庭首先倡导实行的。在凉山彝族地区，发生故意侵占地界的纠纷，则请各自的头人来调解，重新划分地界。③ 一般来说，作为神圣权威的代言人，这些上层人士的权威是极受敬畏的，头人还具有管辖本村内外其他"性纠纷"与民事、刑事等案件的权力：对通奸、强奸、性侵害、土地纷争等违法行为进行调解后，还可采取罚款、羞辱，甚至逐出寨门等措施对违法者进行惩罚。因此，这些习惯法不但有着时间、地点、程序上的规定，还有对双方当事人正当权益的保障及对义务履行的要求。

最后，在婚姻习惯法中，出于对某些行为或某些人的禁忌，"合八字"、"捎鸡卦"成了缔结婚姻的合法性依据。彝族史诗歌谣《说亲歌》中提到，滇东北地区彝族说亲有"合八字"的必要：若男女双方属相"八字"不合，婚姻就会不吉利。歌中唱道："能否做夫妻，不是看家财，不是看田地，八字要相宜。属龙配属鸡，才是好夫妻。属龙配属羊，姻缘百年长。属猴配属鼠，美满又幸福。属鸡

---

① 《牟定三月会》，《禄丰县民间故事普查资料汇编》，禄丰县委宣传部、文化局、民委，1988。

② 作为父权制社会"男权意志"的表征，在较为发达的勐海地区格朗和乡苏湖村公所属的13个自然村（共534户），迄今为止，即使经过创"五好"家庭活动、宣传婚姻法，也仅有10对哈尼族夫妻男方到女方家上门，而女方父母与女儿、女婿共同生活的仅有7例。张锡盛：《勐海哈尼族婚姻家庭习惯法的历史考察》，《少数民族习惯法研究》，云南大学出版社，1998，第167页。

③ 陈金全、巴且日伙主编《凉山彝族习惯法田野调查报告》，人民出版社，2008，第45页。

配属狗，争吵永不休。属兔配属牛，悲泪灾中流。属蛇配属虎，夫妻难同屋。"① 《捎鸡卦》唱述，小伙子觉得鸡卦要财物像张着血盆的老虎口，吃尽了小伙子的血和汗，也绑住了姑娘的自由。② 但是，根据规定，男女经媒人牵线定亲后，女方家定要宰一只鸡看卦，在一只鸡大腿上拴各种颜色的布条捎给男方家，男方家就要按照标示送聘礼，不能有所违背。因此，德国著名学者冯特认为："塔布（Taboo，即禁忌）是人类最古老的无形法律，它的存在通常被认为是远比神的观念和任何宗教信仰的产生还要早。"③

由此可见，宗教禁忌中的有形内容④不但占据着人类早期生活的绝大部分，也同样具有规范人们行为的效力与功能，进一步即能形成社会之法。梅因认为："毫无疑问，早期的判决，不论是国王的或是祭祀的，不论是纯粹世俗的或是幻想为神灵所启示的，在确定习惯的形式、范围以及方向上，确有很大的影响。同时，一切证据似乎都说明，最古时期的司法职能被认为是以发现现存的法律为其主要目的。"⑤ 作为人们在生产生活中逐渐养成的"共识"（共同的合法性信念），惯例、习惯或习俗正是习惯法的法理之源，它们是人们的共同行为模式或行为标准，是团体成员在实践中（共同的实践活动）共信共行的行为规范准则。

**2. 由于崇拜刻板的教条，某些习惯法即使名誉扫地、无法被容忍，也仍会被人们口是心非地遵循着**

某些神灵偶像被古老的宗教仪式一直祭献着，年复一年地享

---

① 《说亲歌》，《玉溪文博》（第 5 期），玉溪市文博学会、文博管理所，2001。
② 《捎鸡卦》，《昭通地区民族民间文学资料选》（第二集），昭通地区文化局、民委，1985。
③ 转引自〔奥〕弗洛伊德《图腾与禁忌》，文良文化译，中央编译出版社，2005，第 22 页。又见于田成有《民族禁忌：关于法律起源问题的新思考》，《民族论坛》1995 年第 3 期。
④ 详见第二章第二节之三"宗教禁忌中的有形内容"。
⑤ 〔英〕梅因：《古代法》，沈景一译，商务印书馆，1996，第 11 页。又见于焦应达《古代北方民族法律起源探析》，《内蒙古民族大学学报》（社会科学版）2010 年第 3 期。

受着人们的供品和牺牲。此外，由于没有严密的结构体系，在婚姻的债权债务关系中大多没有抽象性的条文规定，只有通则性的普通约束，对于聘礼只是要求"母亲多少、女儿多少"。彝族婚礼歌《树大分桠女大当嫁》唱出了姑娘在出嫁前，父母和哥哥知道她到婆家要受苦，但要她不要怨恨家人，因为他们也是不得已才把她嫁出去的无奈之情。①《劝女歌》是流传于云南省元江哈尼族彝族傣族自治县彝族聂苏支系聚居区的婚俗礼仪歌，歌谣的主要内容是长辈们为了维护传统的婚姻礼制，劝说出嫁的姑娘要顺从父母、顺从丈夫。歌中唱道："阿妈爱的好姑娘，阿妈爱的眼睛珠，不是拿你换肉吃，不是拿你换酒喝。水牛三岁要犁田，骡马三岁要配鞍，姑娘长到十七八，花鲜花艳正当嫁。阿妈爱的好女儿，阿妈爱的好宝贝，果再好得让人吃，花再好得让人采。好花要让好人采，好女要嫁好人家，这门亲事若不愿，将来后悔莫怨妈。"②

其实，习惯法体现出的也是社会中的这种不平等原则。亚里士多德曾经说过："惯例的正义规则起初可以用这种或那种方法加以确定。"③ 不过，作为上层建筑的重要组成部分，在马克思主义者看来，法律出于统治阶级的意志，实际上反映的是不平等阶层之间的阶级斗争关系。对于处理社会各阶层人群之间、家庭与家庭之间各种关系的少数民族"习惯法"而言，其正是这种不同阶层人群、不同性别男女之间不平等关系的体现。例如在婚姻习惯法中，通常妇女一出嫁就无权提出离婚，男方提出离婚，妇女也只得服从。④ 妇女也被剥夺了家庭财产继承权，没有赡养自己父母

① 《树大分桠女大当嫁》，《昭通地区民族民间文学资料选》（第二集），昭通地区文化局、民委，1985。

② 《劝女歌》，《玉溪文博》（第 5 期），玉溪文博学会、文博管理所，2001。

③ 〔美〕E. 博登海默：《法理学：法律哲学与法律方法》，邓正来译，中国政法大学出版社，2004，第 14 页。

④ "婚后连续生七个女孩而无男孩的男性可以再娶一妻"：勐海县勐冈寨一个哈尼族男子，1960 年结婚后生了七女，因无儿子，又于 1982 年娶了第二个妻子。见张锡盛《传统习惯法与婚姻法的冲突——云南少数民族婚姻家庭问题研究》，《民族社会学》1989 年第 1、2 期合刊。

的权利，死后连名字也不能被记入男方家族的连名谱系中，等等。

笔者提出如下观点：一个获得如此认可的宗教仪式的准则、原则或习惯规则，如果具有"与自然相符合的正当理性"，作为一个普遍或极为普遍的规则体系，也会像盖尤斯的"万民法"那样，具有"自然法"的特征。[①] 从一定程度上讲，村寨等团体中的政治领袖也扮演着"立法者"或"仲裁者"的角色。例如景颇族的习惯法由辖区范围内的最高领袖山官来负责制定，司法权也操纵在山官手中，作为等级法阶层的体现者，其他头人、长老和"董萨"也会同山官一起处理纠纷。当然，战争的特殊性会使得和平时期适用的各种习惯法规范变得异常脆弱而面临重新被制定的可能。例如彝族神话《拓东城》讲述，南诏王阁逻凤（"立法者"的角色）认为滇池一带"山河可以作屏藩，川陆可以养人民"，就让年轻王子凤迦异留驻，筑城郭，营宫殿，镇东土，定名为拓东城，严格防范外族的入侵，并以之作为南诏向东方开拓的门户。[②]《细奴逻与乌龙剑》讲述，细奴逻有一次追捕射中的猎物时，到了濮人的地界，濮人头领（司法"仲裁者"的角色）就说他犯了族规，

---

① 详见第三章第一节之一"宗教仪式的准则是最古老'私法权益'的源头"。对"自然理性"进行论述，除了古罗马法学家盖尤斯（Gaius）外，还有罗马帝国晚期的圣·奥古斯丁（St. Augustine，354～430年）、中世纪法律哲学家塞维利亚的伊西多（Isidore，卒于636年）、西方法理学著名的斯多葛派的芝诺、西塞罗、阿奎那，以及社会法学派的庞德等人。例如奥古斯丁坚信，在人类的黄金时代（a golden age），"自然法"的绝对理想已然实现。人们生活在神圣、纯洁、正义的状态之中，人人平等和自由，他们根本不知道什么是奴隶制度或任何其他人统治人的形式。所有人都享有共同的财富，并在正义原则的指引下像亲兄弟一样生活在一起。这个时期，甚至连死亡都不会光顾他们。而在斯多葛派的自然法观中，常把"自然理性"看作法的自然品格。塞米特（Semitic）思想家芝诺（Zeno，公元前350～前260年）认为整个宇宙乃是由神或一种支配性原则（ruling principle）构成的，它的实质就是理性。而西塞罗则把"自然力量"赋予法律，并认为：智者的理性和思想应当是衡量法律正义与不正义的标准，理性人的特征是按照理性给予每个人以应得的东西。西塞罗还把这种态度与法律正义等而视之，他指出：这种（自然理性的）态度最初也许仅限于家庭、亲戚朋友，然而随着文明的扩展，这种态度必定会扩大适用于同胞和政治同盟，最后还会扩展至全人类。

② 《拓东城》，《昆明山川风物传说》，云南民族出版社，1994。

要带人捉拿他。①

　　虽然习惯法不完全具有"与自然相符合的正当理性"，但是，它们的存在，还是最大限度地迫使人们解除暴力，把争议提交头人、领袖、祭师等神灵"仲裁者"裁断。

　　从功能和意义上来看，它们之所以被人们遵守，是由于采纳的群体强大，大家都有更多的生存和相处的机会。② 因此，行为规则对秩序之存在十分必要，人们在行动过程中面对大量无法全知的特殊事实和复杂环境，常常只能依据表现为"习惯法"的抽象知识建立假想的模型来理解和适应外在的环境。③ 马克斯·韦伯指出："在今天，新的法的规则（例如国际法），也通过依据一个团体或民族的惯例、习惯或习俗，作为对此适用的形式的、人的合法的章程来产生。"④

---

① 《细奴逻与乌龙剑》，《巍山彝族回族自治县民间故事集成》，巍山彝族回族自治县民间文学集成办公室，1988。
② 高其才：《习惯法与少数民族习惯法》，《云南大学学报》（法学版）2002 年第 3 期。
③ 〔英〕哈耶克：《法律、立法与自由》（第一卷），邓正来译，中国大百科全书出版社，2000，第 92 页。又见于高其才《习惯法与少数民族习惯法》，《云南大学学报》（法学版）2002 年第 3 期。
④ 〔德〕马克斯·韦伯：《经济与社会》下卷，林荣远翻译，商务印书馆，2006，第 9 页。

# 第四章　西南少数民族法律的特点

由于法律逻辑的基本概念起源于宗教，虽然宗教在认识到事物的世俗性后，就把知识的部分让给了法律科学，但是二者追求的目标仍是相同的。因此，法律仅仅是宗教思想更完善的体现而已，二者都是精神生活的最高表现形式，是各种意识的意识。由于二者的概念、用语、性质、特征及其转达的理论体系都是集体努力的结果，作为一种非个人的表现和"社会的法"，唯有它们才能为心灵提供可以适用的模式，使事物有可能被理解。伊西多谈道："（法）为各民族所共有，因为人是凭靠一种本能的直觉体认到它的，而不是通过任何人的约定而拥有它。这表现在下述几个方面：男女结合，生儿育女，共同占有所有财物，所有人的普遍自由，从空中、海洋和陆地上获得财物，归还委托或借贷的财产，用强力制止暴力。这些或诸如此类的情况不可能构成不正义，而必须被认为是与自然平等权利相符合的。"①

## 第一节　法律的神圣性、模糊性及随意性

在早期社会，宗教、禁忌、习惯能将人类自然的本性很好地展现出来。梅因说："在人类初生时代，不可以想象会有任何种类的立法机关，甚至于一个明确的立法者，法律还没有达到习惯的

---

① 转引自〔美〕E·博登海默《法理学——法律哲学与法律方法》，邓正来译，中国政法大学出版社，2004，第29～30页。

程度，它只是一种惯行，是一种'气氛'。"① 也就是说，无论民间法或习惯法，在人类社会早期是客观存在的，它们具有某种程度上的"自然理性"，既不同于今天我们可以通过有意行为创造的一些"法"，从来源上看，也肯定不是"法学家的法"，而是来自民间，是"人民的法"。

## 一　法律的神圣性

事实证明，早期法律存在的"合法性"是建立在某些特定惯例本身神圣性基础之上的。随着神灵影响的淡化、神圣程度的下降，尤其是战争期间军事领袖的出现，"立法"的世俗性和功利性逐渐增强，现代的法律才在审判中逐渐演变出由诉讼双方同时取证的原则。

（一）早期的"立法"必须以神圣的权威做基础

从前文可知，宗教保护神的观念规定了双方当事人的主观权益和义务要求，是私法合约最古老类型的源头。因此，作为永恒性的东西，神圣的权威是法律最初的源头。

**1. 在人类社会早期，信仰在观念上有了圣俗之分，神话总是试图用理智的语言来转述事实**

我们这里所说的神话中的"理智的语言"跟逻辑客观的"理智"还是有着天壤之别的，并非我们今天所说的"理智"概念。② 这是由于前面提到过的原因：神话等文本常常表现出"混淆性"，而这种人跟其他事物有所"混淆"或有所关联的思想，正是当神话的语言被用在自然上的时候，不能不有所改变的结果。

首先，宗教信仰在观念上有了圣俗之分，神圣事物被从凡俗

---

① 〔英〕梅因：《古代法》，沈景一译，商务印书馆，1984，第5页。又见于陈金钊《古代法中的法典运动》，《史学月刊》1993年第3期。
② 理智的褒义层面体现在当事人具备很深的逻辑思维能力和社会道德感，表现出来的理智行为和平时所说的感性心理相对应。其最大特点就是和自身感受好坏无关，一切皆以客观科学的知识为最高依据。

事物中隔离开来，具体表现为：出现了用以专门存放圣物的庙堂和供奉圣物的场所，禁止伤害或食用某些神圣动植物，以及保护重要人物，如头人和祭师等免受伤害，等等。[①]

其次，信仰周围的气氛完全是神秘的，任何群体都有一个属于自己的"神圣存在"，它们或是某种图腾标记，或是祖先神或大神。彝族神话《撒尼的蜘蛛图腾及传说》提及至今撒尼人仍然视蜘蛛为神。《芭蕉树》中，峨山海味村一带的邱姓人家把一棵芭蕉树奉为祖神崇拜。《祭马缨花山神》讲述当地人以村头一棵马缨花树为神圣标记。《石蚌普与四芽菜普》提到，新平、峨山一带的"石蚌普"家族以"石蚌"为保护神，"四芽菜普"家族以"四芽菜"为保护神。《尼苏夺节》中的"祖母树"，不论祭寨神或驱鬼，都要用它削成刀来驱邪除魔。《神主头的来历》提到彝族在老人去世时要用松树刻画成死者的神主头祭祀。哈尼族神话《家魂》提及，人们相信，祖先们虽然死了，但他们的灵魂永远和儿孙们在一起，随时随地都在保佑后代。所以，当自家老人去世的时候，哈尼人不惜杀猪宰牛为他们送行，请来村里的宗教主持（摩匹）为他们招魂，为他们送葬，为他们超度。[②] 在哈尼族村寨，全寨性的昂玛突活动，实际上是在祭献远古咪谷的祖灵，即村寨传统氏族——咪谷家族——的祖灵。[③] 白族神话《石母》提到，有个村落崇拜一块大石头，人们称它为石母，连取名字都要带个石字。[④]

最后，人格神的"想法"和"主张"成为人们建立社会秩序的合法性根源。彝族神话《人为什么会死》讲述以前的人是不会死的，有一次，人们杀猪宰羊为一只死猴做了七天七夜的祭奠。天神生气了，就为人间做出新的规定："人既然想死，就让他们会死。"从此，世间所有的人，不论是婴儿、小孩、年轻的和年老的

---

① 详见第二章第二节之三"宗教禁忌中的有形内容"。

② 《家魂》，未刊稿，稿存西双版纳人民广播电台。

③ 李克忠：《寨神——哈尼族文化实证研究》，云南民族出版社，1998，第295页。

④ 《石母》，《剑川民间故事选》（第一集），剑川民间文学集成办公室，1986。

都会死。① 《耳朵和眼睛》中说，古时候人的头盖骨和眼珠可随意摘取，有个仙人下凡巡视，见有的人的眼珠被老鼠偷吃后成了瞎子、有的人抠出眼珠来玩耍、有的人抠出眼珠来成天睡觉不做活，等等，就决定从此给人安上耳朵，牢牢地锁住头盖骨和眼珠。② 《土主庙的来历》说，远古的时候，玉溪太极山上有一个慈眉善目、身披袈裟的光头老者通过梦境告诉大家："我是土主神，河边沙滩地上有我的石印，你们在那里建庙祭祀我，可保四境五谷丰登、六畜兴旺。"③ 《雨神龙踏恣》提到，天神尼多为人间定下"寨中无水喝倒一滴，苞谷、高粱、荞子地缺水倒二滴，水田秧苗缺水倒三滴，栽插季节倒三滴，水田里倒七滴"的法则。傈僳族神话《阿撒》讲述，有个叫"阿撒"的人当上天王后，为人间废除了很多不合理的规定。④ 哈尼族神话《不会死的人》讲述，古时候的老人不会死，因而很痛苦，大神烟沙到人间看见这种状况，就说："从今以后，要让老人死，不要给他活着受苦受难！"这样才开了老人会死的头。⑤

从根本上来说，在氏族、家族、宗族等血缘团体内，甚至在村寨等拟血亲组织之中，人与人之间的关系都是建立在共同祭拜的"神圣存在"之基础上，这些"神圣存在"也是团体成员对外承担法律连带义务的合法性来源。例如彝族神话《撒尼的蜘蛛图腾及传说》中的蜘蛛，《芭蕉树》中的芭蕉树，《祭马缨花山神》中的马缨花树，《石蚌普与四芽菜普》里的"石蚌"和"四芽菜"，《尼苏夺节》中的"祖母树"，《神主头的来历》中用松树刻

① 《人为什么会死》，《武定县民族民间文学集成》（油印本），武定县文化局、民委、民间文学集成小组，1988。
② 《耳朵和眼睛》，《南涧民间文学选》（第一集），南涧彝族自治县民间文学集成办公室，1985。
③ 《土主庙的来历》，《玉溪市民间文学集成》，玉溪市文化局、民委、文联、群艺馆，1989。
④ 《阿撒》，《云南民间文学集成·福贡县民间文学集成卷》，福贡县文化局、民委，1989。
⑤ 《不会死的人》，未刊稿，文稿由云南省社会科学院史军超保存。

画成的神主头，以及白族神话《石母》中一块被称为"石母"的大石头。此外，彝族神话《祭马缨花山神》提到由于某种原因，村寨原来的人家都搬到干海资、花箐、龙骨一带居住。不过，大家仍约定每年三月十三日这天要回到原来的居住地相会一次，并杀鸡宰羊祭祀共同的图腾神——马缨花山神。《雨神龙踏恣》讲述，哀牢山一个山寨里有个叫龙踏恣的孤儿，在寨里众人共同扶助下才长大成人。① 其实，这种连带的义务性行为，正是庞德在《法哲学导论》（*Introduction to The Philosophy of Law*）中所说法律责任的问题，庞德认为：法律实现自行为、关系与环境而生的合理期望。②

**2. 作为人格神的代表，有资格与神灵沟通的是各团体中的先知、祭师、年长者、头人、家长、族长、村主任，甚至地方的行政长官等**

首先，这些人格神的代表一般都出生于高贵的家庭，其知识、年龄、在团体中的职务常常与某一望族或者远古的英雄祖先紧密相连。哈尼族神话《德摩诗匹》中的德摩诗匹是哈尼摩批（祭司）的始祖，从古到今的千万篇古歌都是她传下来的，因为她是许多神生下来的：天神、地神是她的父母，天神的姑娘阿奔和地神的儿子阿则也是她的母亲和父亲。③《你哈拖的来历》提到，贝玛（祭师）是三种能人之一，是属蛇日从花蛋里孵出来的，贝玛的祖先是天神之子，深得天神宠爱。④ 傣族神话故事《谈寨神勐神的由来》述说，傣族先民的第一个首领名叫沙罗，作为第一个发现能以猎物代替野生植物为食物的人，有着许多猎取动物的经验，被

---

① 《雨神龙踏恣》，《新平县民间故事集成》，云南人民出版社，1999。
② 〔美〕本杰明·N. 卡多佐：《法律的成长——法律科学的悖论》，董炯、彭冰译，法制出版社，2002，第57页。
③ 《德摩诗匹》，未刊稿，文稿由云南省社会科学院史军超保存。
④ 《你哈拖的来历》，《元江民族民间文学资料》（第五辑），元江哈尼族彝族傣族自治县文化馆，1985。

推选为猎首盘巴。① 叭桑目底是古代傣族继猎神沙罗之后，最有名望的一个首领，人们对叭桑目底的崇拜至今还在《叭桑目底造房》的传说和《甘哈叭桑目底》的歌谣中传颂着，而据史诗歌谣《巴塔麻嘎捧尚罗》记载，在远古的时候，气候已经稳定，"太阳不乱跑了，冷热不混乱了"，万物欣欣向荣。可是，人的眼睛变"绿"了，各自都想多吃多占，私欲膨胀。为争夺食物，人们相互殴斗；为争夺配偶，多男抢一女，有时又多女抢一男。"公鸡抢母鸡，公鸡在斗架；公虎抢母虎，怒吼着厮杀。"整个世界，人的舌头发青，头上喷着热气，棍棒冒着火烟，尸体躺满了山野。为了拯救人类，管理十六层的天神玛哈捧派了一个叫嘎古纳的英俊神仙下凡当了人王，他就是"叭桑目底"。②

此外，彝族神话《细奴逻下凡》讲述，细奴逻其实是火神的儿子，被王母娘娘派到凤凰山来，在凤凰、金鸡和老君的帮助下，才当上了蒙舍诏主。③《飞来城》则提到细奴逻成为蒙舍诏主乃是玉皇大帝的旨意。④《八子成龙》中提到，南诏时期有个管理腾越的大将，他的母亲就是南诏王皮逻阁的公主，他的父亲是洱海的黄龙。此外，他还有八个哥哥被父亲领到洱海边入海成龙去了。⑤《龙王和铁柱庙》提到，九子世系之孟获乃是龙的子孙，诸葛亮不敢杀害他，还封其官职。⑥《马头神人》讲述，易门县马头村曾经有一位叫"耳哈儿母不噜"的人，其父是龙王，他的能力得到神

① 《谈寨神勐神的由来》，《论傣族诗歌》，祜巴勐编，岩温扁译，中国民间文学出版社，1981，附录。又见于张晓辉《傣族早期法律初探》，《思想战线》1992年第5期。
② 《巴塔麻嘎捧尚罗》，西双版纳州民委编，岩温扁译，云南人民出版社，1989。
③ 《细奴逻下凡》，《巍山彝族回族自治县民间故事集成》，巍山彝族回族自治县民间文学集成办公室，1988。
④ 《飞来城》，《巍山彝族回族自治县民间故事集成》，巍山彝族回族自治县民间文学集成办公室，1988。
⑤ 《八子成龙》，《巍山彝族回族自治县民间故事集成》，巍山彝族回族自治县民间文学集成办公室，1988。
⑥ 《龙王和铁柱庙》，《弥渡民族民间故事传说集》（第一集），弥渡县民间文学集成办公室，1986。

仙们的赏识，在马头山仙人洞为他点备各路将帅，配好军旗，准备让他起事当皇帝。① 《阿鲁举热》讲述，一个叫阿鲁举热的主子是其母与神龙鹰或龙王生下的儿子（其父亲不详，是因为神话第六部分讲龙王也说阿鲁举热是自己的儿子，而与神龙鹰争夺）。② 《包头王》提到有一个叫包头的著名头领是紫溪山龙王庙里乌龙的儿子。③ 《万丈崖与江外十八土司》记述，普尔托土司是崖神的小孩，出世三天会说话，三月会走路，三岁便长成了壮实的小伙子。④ 傣族神话《太阳和月亮》提到，有兄弟俩先后做了大家的首领，而他们的父亲是天王派到人间的一个神。所以，每逢关门节，他们都要到天上去拜访天王。⑤ 白族的《九隆神话》讲述，洱海地方的九隆被大家推举为王，他还有九个兄长，他们的父亲是一条黄龙。九个兄长后来都得到了九隆的分封而成为大理董、杨、赵、李、段、何、施、洪、严、尹十个白族大姓的祖宗。⑥ 《白王打天下》中的白王，其生母是傅员外家的小姐，生父则是海里的龙王，另有八个兄弟被龙王爸爸接走了。⑦

其次，这些政治团体中的领袖不但具有个人魅力的品质，而且拥有合法、强大的立法权力。哈尼族神话《你哈拖的来历》还提到，贝玛（祭师）带着天神的旨意来到人间，他们不仅能吟诵各种祭祀活动的祭词，也能歌唱"开天辟地"一类的古歌及习俗歌；能用法器来镇邪驱魔，能用占卜及草药为人们诊病、治病，预测凶吉；本领大的做"仰匹"、"沟匹"，主持祭祀活动及看卦。⑧ 哈尼族神话

① 《马头神人》，《云南省民间文学集成·易门县集成卷》，云南民族出版社，1994。
② 《阿鲁举热》，《中国民间故事集成·云南卷》，中国 ISBN 中心，2003。
③ 《包头王》，《楚雄民间文学集成资料》，楚雄市民委、文化局，1988。
④ 《万丈崖与江外十八土司》，《云南民间文学集成·建水故事卷》，建水县文化馆、民委，1989。
⑤ 《太阳和月亮》，《中国少数民族神话》（上），中国民间文艺出版社，1987。
⑥ 《九隆神话》，《白族神话传说集成》，中国民间文艺出版社，1986。
⑦ 《白王打天下》，《白族民间故事传说集》，人民文学出版社，1959。
⑧ 《你哈拖的来历》，《元江民族民间文学资料》（第五辑），元江哈尼族彝族傣族自治县文化馆，1985。

《阿卡》讲述，居住在遥远北方哈尼大寨的哈尼族祖先因被敌人追杀，决定分成几路迁到别处去。分寨时，大头人召集全体哈尼人说，今后不论迁到何方，绝不能忘记自己是"阿卡"（来自北方的远处的高贵的人）。所以，至今不论是西双版纳的哈尼人，还是澜沧的哈尼人，还是泰国、缅甸、老挝的哈尼人，都称自己为"阿卡"，并为这一称呼而自豪。① 《德摩诗匹》告诉我们，德摩诗匹是一位非凡的神人，"德摩"是她的名字，"诗匹"是她的尊号，意思是"什么都知道的人"。她可以九死九生，人和鬼都听她的话，她白天管人间，夜里管鬼魂。她常教导哈尼人："说鬼话要敲竹筒，托、托、托的竹筒声就是飞进鬼门的翅膀。" 自从她说过这样的话，哈尼摩批在祭祀时就开始敲竹筒了。②

此外，彝族神话《孟获的传说》讲述，孟获会变不会死，即使杀死了，也能活回来。③ 《牧羊得刀》讲述了明朝万历十八年或十九年威震朝廷的新平县磨盘山彝族领袖普应春的故事，说他从小就有为彝家人打抱不平的理想。一次和伙伴们在山中放羊，看见一把插在崖石上的大刀，其他人都拔不出，只有普应春能拔出，而且还能砍倒十多丈远的一片森林。④ 《彝家兵马大元帅李文学的生与死》讲述，李文学一出生就不同于凡人，肚脐大得出奇。长大后他帮人放马，他割的草，马都要跪着吃。一天，主人见他睡在马厩旁，马不敢吃草，走近一看，见他鼻子里有两条小龙进进出出，觉得此人不可小视。他死的当晚，有个李家老人梦见他被封为六畜之神，从此南涧百姓把他当作神供奉。⑤ 《吴土主》详细

---

① 《阿卡》，未刊稿，文稿由云南省社会科学院史军超保存。
② 《德摩诗匹》，未刊稿，文稿由云南省社会科学院史军超保存。
③ 《孟获的传说》，《楚雄民间文学资料》（第三辑），云南省社会科学院楚雄彝族文化研究室，1982。
④ 《牧羊得刀》，《新平县民间故事集成》，云南人民出版社，1999。
⑤ 《彝家兵马大元帅李文学的生与死》，《南涧民间文学集成》，云南民族出版社，1987。

讲述了南诏王敕封白甲将军为吕合地区土主的经过。① 《南诏王世隆的传说》讲述，世隆太子七岁时左手才打开，手脉显示"好战"二字，后果然穷兵黩武，与中原王朝战争不断。② 《到石屏吃米线》讲述，彝族神奇人物黑白租小时候和村里的放牛伙伴们一起放牧，他只要在牛马周围画个圆圈，牛马就在圈里啃草不跑出去。他在伙伴的手心里各画一个通洞钱，叫大家闭上眼睛，他用臂弯一边夹上几个，就能带大家到石屏县城买米线吃和玩。③ 在《黑白租碗窑》里，李文学告诉邻近村寨的人们，谁家办红白宴事，碗不够只要报数到他所说的土洞里挑，用后报损坏数请求收回即可。④ 《智斗土司》讲述，定居于新寨、陈寨及老马街一带的彝族保保人为了对付老马街恶霸杜方的欺负，请了土司官侬士杰年幼的第七个儿子侬七来当自己的土司官。侬七定居后却要求保保人为他做春锥、推磨等杂活，每年要交给他一只活麂子。⑤ 《过年的传说》讲述，从前元江彝族有个叫方召的土司，管辖着元江所有的彝族山寨。规定每逢过年时节，各个山寨都要拿鸡鸭、猪肉、野味、高粱酒等向他上贡。上贡食物一时吃不完，他就把过年的时间按地域做了安排。从此，元江彝族从冬月至正月期间都算过年，并有各种祭祀、娱乐活动。⑥ 《金马和碧鸡的传说》讲述，从前滇王年岁渐高，选哪个爱子为王位继承人成了心病。在老臣的建议下，滇王放走了宝物金马、碧鸡，让两个王子去找寻，并规定先找到

① 《吴土主》，《楚雄民间文学集成资料》，楚雄市民委、文化局，1988。
② 《南诏王世隆的传说》，《巍山彝族回族自治县民间故事集成》，巍山彝族回族自治县民间文学集成办公室，1988。
③ 《到石屏吃米线》，《新平县民间故事集成》，云南人民出版社，1999。
④ 《黑白租碗窑》，新平彝族傣族自治县文化馆主办的《山泉报》1985 年第 2 期。
⑤ 《智斗土司》，《云南民间文学集成·麻栗坡县民间故事》（第二集），麻栗坡县民间文学集成办公室，1988。
⑥ 《过年的传说》，《礼社江》文艺报"神话传说"专版，元江哈尼族彝族傣族自治县文化馆，1986。

爱物归来者为王位继承人。① 前面提及的《阿鲁举热收妖婆》里的英雄战胜了老妖婆，使她再也不能出来作祟。②《包头王》里的头领小时候就有老虎来喂奶抚养，有孔雀来遮阴保护，力大过人，骑马射箭，百发百中。十七八岁时，用箭射对门山上的一只饿老鹰，因用力过大，竟然射穿了鹰肚子，还射到远处府衙门的大堂上。《万丈崖与江外十八土司》里的普尔托之后从崖神父亲处得到一把宝剑，他拿着这把宝剑，和其他十七勇士消灭了入侵的敌人，皇帝便封他们十八人为地方土司。而白族神话《白王打天下》中的白王拥有一把马善刀和三支神箭，他一箭打下了上关，一箭打下了下关，另一箭打下了海东，并用马善刀保护了百姓。③ 傣族神话传说《谈寨神勐神的由来》里的首领沙罗，宣布了这样的规矩："不管打得麂子，不管打得马鹿，从头到脚，从肠到肚，从心到肺，从皮到骨，都要平分，大家一起吃，大家一起饿。我是你们的盘，我就是你们的神。现在我老了，牙齿已落光，皮和骨我啃不动，要拿里肉送给我。我死后还有我的灵魂在。告诉你们吧，'魂'，就是'鬼'，'鬼'就是'神'。我会给你们拴住马鹿，我会给你们撵来麂子，我会给你们驱散灾难。现在我活着，大家听我管，到我死了，你们也要设祭台，要祭我的魂。要是你们把我忘记了，麂子马鹿会跑掉，大火会烧天。不管什么人，打得麂、鹿，捕得野猪，就是捉住松鼠，也要分给大家尝，用里肉祭鬼神。有苦大家受，有乐大家享，子孙才兴旺，谁违背我的话，我的神就要惩罚他，叫他死得成。"④

---

① 《金马和碧鸡的传说》，《昆明民间故事》（第一辑），昆明市民间文学集成办公室，1987。
② 《阿鲁举热收妖婆》，《楚雄民间文学资料》（第二辑），楚雄彝族自治州民委、文化局，1979。
③ 《白王打天下》，《白族民间故事传说集》，人民文学出版社，1959。
④ 《谈寨神勐神的由来》，《论傣族诗歌》，祜巴勐编，岩温扁译，中国民间文学出版社，1981，附录。又见于张晓辉《傣族早期法律初探》，《思想战线》1992年第5期。

　　另外，战争期间的军事首领更可以凭战乱为借口"无中生有"地创造某些"法令"出来。彝族神话《拓东城》讲述，为了防范外族的入侵，南诏王阁逻凤认为滇池一带"山河可以作屏藩，川陆可以养人民"，就让年轻王子凤迦异留驻，筑城郭，营宫殿，镇东土，并定其名为拓东城，以之作为南诏向东方开拓的门户。①《火把节的传说（三）》讲述，小伙子阿查与山官头人魔哈赛马比剑，不幸坠入深渊。姑娘诺娜因四处寻找阿查，累死在悬崖之下。据说诺娜的父母也被魔哈杀害，阿查回来后，与众乡亲一起商量复仇的办法。次日，阿查就带领乡亲们高举着上千支火把奔到魔哈家，焚烧魔哈宫殿，烧死了魔哈，不但为诺娜报了仇，也为乡亲们解了恨。②《细奴逻与乌龙剑》提到，细奴逻到了濮人的地界，濮人头领就说他犯了族规，要带人捉拿他。因捉拿细奴逻不成，濮人就在其首领的带领下转而通过烧杀细奴逻的族人进行报复。③《马坟泉》讲述，有一匹马为了替被打得半死的主人报仇，独自跑进财主家踩伤了财主及财主婆，还踩死了他家的独儿子。④《陶府木马两家的传说》讲述，陶府家和木马家隔着一座打鹰山。有年秋天，不知何故，两家结了怨仇，木马家当天夜里派出兵马把陶府家的谷子割完了，之后，陶府家就放出一群大象，要去踏平木马家。⑤ 白族神话《白王嫁女》提到，风羽罗坪山下英武部落的首领白王曾经答应将三公主许配给后山部落的黑王做妻子，但由于三公主与舍利子私订了终身，黑王就用一副铁甲封住罗坪山口，欲以淹没英武部落来进行报复。⑥

① 《拓东城》，《昆明山川风物传说》，云南民族出版社，1994。
② 《火把节的传说（三）》，《大姚县民族民间文学集成》，云南民族出版社，1991。
③ 《细奴逻与乌龙剑》，《巍山彝族回族自治县民间故事集成》，巍山彝族回族自治县民间文学集成办公室，1988。
④ 《马坟泉》，《元江民族民间文学资料》（第五辑），元江哈尼族彝族傣族自治县文化馆，1985。
⑤ 《陶府木马两家的传说》，《景东县民间文学集成》，景东彝族自治县县委文化局、文化馆，1988。
⑥ 《白王嫁女》，《姑娘龙》，洱源县民间文学集成办公室，1985。

由此可见，无论是《拓东城》中的南诏王阁逻凤，还是《火把节的传说（三）》中的小伙子阿查，或者是《细奴逻与乌龙剑》里的濮人头领等，都有通过创造"法"并依此行动进行"血族复仇"的事实，这些战争时期的"立法"在和平时期显然是不可能做出的。也就是说，在特殊的战争环境之下，有了所谓安全、保证良好纪律的口实，好战的首领会比平时的村寨头人拥有更多、更大的"立法"权威。

最后，这些团体中的领袖，亦即人格神的代表，是决定是否停战，或通过调解军事冲突，与敌人重新"结盟"重建和平秩序的权威性人物。彝族神话《火烧松明楼》讲述，古代大理洱海一带有六个诏，诏主们曾经是兄弟。其中，蒙舍诏在巍山，诏主细奴逻是大哥。为了并吞其他诏，细奴逻用松明子专门盖了松明楼，六月二十五这天，特地邀约另外五个兄弟前来松明楼祭祖协商"和平事宜"。① 虽然这只是一个阴谋，但神话故事也告诉我们，只有诏主才有这样的资格和威望。《法戛王》讲述，"从前东川罗音山下石城的首领法戛使周围的土司很害怕，安大人以'和亲'来迷惑法戛，虽然遭到法戛的妹夫高诺的极力反对，但是法戛最终还是决定把冬鸟娶回家……"② 《纳苏人的火把节》讲述，很久以前在东方的浦乌觉觉地方出了一个名叫支朵阿吾的能人，做了俄吾司木的俄么（君主）。刹哈（汉人）国的诸葛亮带兵来征讨，因为双方实力相当而相持不下，诸葛亮派使者建议和好，后来，支朵阿吾认诸葛亮做兄弟，与汉兵和解。③ 此外，《哈尼族来到西双版纳的传说》讲述，西双版纳爱尼人（哈尼族支系）的祖先最先居住在红河、元阳一带，后由女王带领来到澜沧江边，经和傣族的召片领谈判，女王同意做其臣属，才去到西岸。④ 傈僳族神话

---

① 《火烧松明楼》，《南诏故地的传说》，云南民族出版社，2002。
② 《法戛王》，《中国民间故事集成·云南卷》，中国 ISBN 中心，2003。
③ 《纳苏人的火把节》，《彝族民间故事》，云南人民出版社，1988。
④ 《哈尼族来到西双版纳的传说》，《哈尼族社会历史调查》，云南民族出版社，1982。

《木必帕》讲述，古时的傈僳族住在三塔江边，后被藏人和纳西人抓去打仗。女头领米斯玛劝说本族人停战，并带领大家迁徙到怒江峡谷居住。后来，内地的官家派来腊云、甲俄两个人管理他们，负责收捐派款，木必帕又领着大家跟腊云和甲俄斗，最后赢得了胜利。① 据说《巴塔麻嘎捧尚罗》中的叭桑目底当了人王后，除平均分配食物外，还命令男女对外相互配对成婚，结束了"谁想交配就交配"的内婚制，并制定出依据长幼伦理的村寨社会新秩序。② 有关著述记载，纳西族先民曾经在首领的带领下"官目面前摆肥肉，牛马槽前丢轻草，对着天地来起誓，和解之后从此不相争"。③

民族志资料显示，怒族跟外族发生纠纷，如果和谈成功，双方就要举行一个讲和仪式，由德高望重的人主持。此时，双方各交一瓶酒给主持人，主持人将两瓶酒倒入一个碗中，有时还加入鸡血兑成鸡血酒，然后带领双方头人对天盟誓，誓词的大意是"自此以后，永远和好，不再为敌"。誓毕，双方头人共同喝完这碗酒，并将一棵大钉钉在大树上或岩缝中，以此为凭，表示永不反悔。过去，贡山傈僳族蓄奴主来到独龙江地区不但杀人，还强抢独龙族人为奴，强迫独龙族人民上税，因此激起了独龙族人民的强烈反抗，经过谈判双方按民族习俗立石盟约：在石碑上砍了七刀——独龙族承认傈僳族蓄奴主为自己的主人，并立石为证；而独龙族每年在苞谷熟时（约8月）上税一次，每户交黄连一包，必须交，但不能多要，也不得少交。还规定：人鬼不得破坏盟誓。双方立石后杀鸡、猪各一只，并将血浇在石碑上，一起盟誓，誓词大意：独龙人若变卦，就像猪、鸡一样死；傈僳人若变卦，则像鸡、猪一样断命。④

---

① 《木必帕》，《中国民间故事集成·云南卷》，中国 ISBN 中心，2003。
② 《巴塔麻嘎捧尚罗》，西双版纳州民委编，岩温扁译，云南人民出版社，1989。
③ 和志武：《纳西东巴经选译》，云南人民出版社，1994，第137页。
④ 云南省编辑组编《云南少数民族社会历史调查资料汇编》（二），云南人民出版社，1986，第21页。

由此可见，在和平时期，安全及人们对社会秩序的要求主要通过各种神灵的"默示"得到保障和调整。但是战争的特殊性使得和平时期适用的各种准则和规范，变得异常脆弱而面临重新制定的可能。

不过，就氏族、家族、宗族等血亲集团或村寨、部落等纯政治团体而言，虽然法律的制定权和解释权似乎牢牢地掌握在领袖们的手中，个体成员的利益对于他们来说，只是法律上的客体，而不是主体，统治者看似具有不受主观权利和客观准则约束的自由权利，但是，其"立法"的合法性最终仍来自集体的神圣情感，还是要受到种种因素的约束。因为早期的法，主要依据并建立在一系列的宗教、禁忌的基础之上，体现出的是团体实质的利益，以及传统习俗、公正、适当等观念，在很大程度可以把它们看作"人民的法"。在这种法的体系里，每个团体内部的成员都坚信在神灵的监督下，违背者会遭到最不利的后果，故要求其他人，包括头人、军事领袖等也要以相应的忠诚来遵守它。因此，那些最初源自宗教与禁忌的习惯法，为了某个目的，在适用于新事物的组合过程中，会被不断挑选、铸造、修改、分门别类。在这样一个不断试错的过程中，就决定了哪些具体规则将获得再生的权利。[①] 也就是说，通过这样一个不断试错的过程，司法判决及判例法才能继续和形成。我们知道，这些判决在和平时期往往由领袖人物依据"神谕"做出，但是，新订立的带有战争性质的规范此后会大行其道，这种情况，其实是在推动着理性法的形成。同样的，领袖人物和军事首领对它们的解释亦须以不违背"集体观念"（或者说集体的神圣情感）为原则。也就是说，某种程度上，任何人都不能轻易地改变或肆无忌惮地创造或漫无边际地诠释之。

---

① 萧远：《论诉讼程序在规则演进中的作用——兼论市场经济对诉讼程序的要求》，《中国法学》2004 年第 2 期。

（二）传统的惯例法或习惯法受到宗教因素的影响，从一开始就带上了神秘的性质①

（三）"古老的法律文书"亦源自"万物有灵"的法思维形式

早在彝族神话《伏羲兄妹创人烟》中，两兄妹就有"隔山滚磨、隔河穿针"的约定。兄妹俩认定：只有这两件事都切合预期的愿望，成亲才符合天意。② 由此可见，此处的"磨"和"针"记录了兄妹双方必须履行信誉的承诺。《六诏的传说》讲述，细奴逻到十八岁那年，跟兄弟们一起赶金雀寺庙会，得知君主张乐进求告示：谁能把铁柱上的金雀拜下来，就让位于他，并将独生女许他。细奴逻一拜，金雀飞到他的肩上，于是他得了王位，建立了大蒙国，封五个兄弟各主一个诏。③ 在这里，"铁柱上的金雀"也同样规定了"发盘"与"还盘"的双方须履行约定的义务，具有法律契约的性质。"古老的法律文书"就是这样一些把天神的旨意、圣人的思想、帝王的圣旨、戒律、传统的习惯用语以类似于书面文字的形式固定下来的"古老契约"，例如上面的"磨"、"针"、"铁柱上的金雀"等。然而，"古老的法律文书"又与"最早的法律文书"紧密相连。前述可知，在"最早的法律文书"里，诸多的偶像标记，例如香面树、吊草、秧标、草秆、箭竹、标杆等，在直观上是一种法的感性"载体"的思维存在物形式。

**1. "古老的法律文书"犹如其他带有神圣性质的偶像标记一样，人与它们之间的关联，是法学上的"泛灵论"关联**

首先，它们中记载的许多关于圣人的格言及传统行为，是由神话及传说中的宗教神灵保证了其真实性的。《毕阿那》讲述，彝

---

① 此部分内容与第三章第三节"从习俗到习惯法"的内容重复，在此不再赘述。

② 《伏羲兄妹创人烟》，《禄丰县民间故事普查资料汇编》，禄丰县委宣传部、文化局、民委，1988。

③ 《六诏的传说》，《南诏故地的传说》，巍山彝族回族自治县民间文学集成办公室，1987。

家山寨有个叫普安的人能治病、能唱歌（毕摩经）的事传到玉皇大帝的耳朵里，玉皇大帝命普安上天给他唱七天七夜的歌，后来他所唱的歌被他的徒弟（也就是毕摩）一代代承传至今。因为普安是最早编唱毕摩经的人，毕摩称他为"晋安大法师"（毕阿那）。① 《仙狗的经书》讲述，彝族毕摩的经书来源于一只在世间的仙狗，它有一本最完善的经书，不论是什么事情，都可以在上面查找得知。②

其次，作为人们生活实践中的榜样和指南，在很长的时间里，"文书"中的传统格言和行为规范具有世俗司法的性质，具有法律契约的约束性。《羊皮圣旨》讲述，很久以前，皇帝视察民情经过牟定县白沙河头，受到一个老人的热情接待，之后皇帝送他一道写在羊皮上的免征税粮圣旨，从此，在很长的一段时间内，当地的民众不用再缴税纳粮了。后来，羊皮逐渐损坏，字迹也看不清，当地的民众失去了凭证，官府和土司才又开始收粮收税。③

**2. "古老的法律文书"主要由说教组成，受"神谕"的束缚，很少根据实践来修正**

首先，彝族的婚礼歌《她在等什么》具有劝诫的性质，全歌共三段，每段十一句，五字一句，唱述了男婚女嫁是天经地义的。④ 《苗例》由苗族世代相传和年代久远的警言、诫语、"发誓"、"自我赌咒"等内容组成，成为清朝时期处理苗民内部轻微刑事案件和民事案件的主要依据。

其次，作为正式转移到法律上的"文书"形式，其中有用书

① 《毕阿那》，《云南省民间文学集成·牟定县综合卷》，牟定县民间文学集成办公室，1989。
② 《仙狗的经书》，《楚雄市民间文学集成资料》，楚雄市民委、文化局，1988。
③ 《羊皮圣旨》，《云南省民间文学集成·牟定县综合卷》，牟定县民间文学集成办公室，1989。
④ 《她在等什么》，《武定县民间歌谣集成》，武定县文化局、民委、民间文学集成小组，1988。

面文字记载的许多神圣法则，主要依靠男性巫师、祭师口对口、一代一代地传授下去，这是一种以封闭的组织形式传承的典型情形。彝族神话《阿勒荣》讲述，阿勒荣从小聪明过人，过目不忘，后来在一位老奶奶的指点下，跋山涉水，历尽艰辛，来到南山拜三千八百岁的仙翁为师。仙翁讲了九个年头，阿勒荣听记了九个春秋，最后成了无所不知的圣人，彝人尊称他为"定主"（师祖的师祖）。① 《鲁大宗的传说》讲述，鲁大宗专门到大理来的倪举人处读私塾，在倪举人的熏陶下对史诗歌谣产生了浓厚的兴趣。② 哈尼族神话《阿博》提及，相传哈尼人很早以前是有文字的，那种文字叫"阿博"，但只有一对夫妇两个人知道，他们把它保存在了竹楼上。过了许多年，夫妇俩都老了，就把村里的孩子喊到竹楼上，想传给他们。③ 《贝玛吃字》提到，哈尼族的"文书"据说是在迁徙途中，过河的时候被贝玛吃掉的，贝玛吃字后，知识变得格外多，记性也格外好，天上地下的千百样事情他都知道。后来，他们通过自己的嘴巴把字书记载的知识传授给了后人。④ 《葬礼祭词的由来》讲到，有个叫得么斯匹（或帝孟石批）的人创造出摩匹的祭词，并收了四个徒弟，分别叫嗯魂、罗沙、沙打、列活。之后，他就成天躺在床上向徒弟们传授祭词，长达数万行的祭词就这样一代传一代沿袭至今。⑤ 《你哈拖的来历》提到，天神传了很多技艺给贝玛（祭师），他又将技艺传给自己的儿孙，使他们也成为贝玛。⑥

---

① 《阿勒荣》，《彝族民间故事选》，中国文联出版社，2003。
② 《鲁大宗的传说》，《禄劝民间故事》，禄劝彝族苗族自治县文化局、民间文学集成办公室，1991。
③ 《阿博》，《西双版纳哈尼族民间故事集成》，云南少年儿童出版社，1989。
④ 《贝玛吃字》，未刊稿，文稿由云南省社会科学院史军超保存。
⑤ 《葬礼祭词的由来》，《金平哈尼族民间故事》，云南民族出版社，2003。
⑥ 《你哈拖的来历》，《元江民族民间文学资料》（第五辑），元江哈尼族彝族傣族自治县文化馆，1985。

### 3. "古老的法律文书"主要服务于社会惯例的目标，有某种程度上的系统性

首先，虽然有着说教性、神秘性的特点，"古老的法律文书"中的绝大多数内容却是对社会惯例和伦理之道进行的编排。彝族民间故事《买田卖田》讲了一个案子，有一家人因为受病灾，打算把九丘田卖掉。恰好外村有个头人正在大买田产，刹则就代这家人做此笔买卖。契约上写着："张刹则卖田，九是九丘田，到底一丘不卖"当事的是石头，中间人是大树，作证的是过路人。春耕时节，头人家来种田，就起了纠纷，县官审理此案，头人拿出契书说了理由。县官看契书，发现"九是九丘田"的"是"写成了"十"字。于是，改判如下：刹则不曾卖田，头人是冒名骗田。就这样，九丘田还是归刹则村里的那家人种。①

显然，案子中的"买卖合同"具有"古老契约"的性质，是根据某些习惯原则订立的，否则，双方当事人就不可能同意以石头、大树、过路人做"主事、中间人和证人"了。虽然双方的相互承诺构成了一种约束，违反承诺会产生一项提起赔偿诉讼的权利，这也是我们今天这个时代都要遵守的法律原则，我们可以找到确立这一原则的理由——为了服务社会惯例。但是，这条原则并非一直如此，作为具有约束性的法律契约，如果内容存在两义性，例如"到底一丘不卖"这样的用词既不直观，也不具体，"是"也写成了"十"使得意思变得模糊不清，就会使"契约"失去其"有效性"，不利于维护当事人，尤其是案子里买方的实质利益。

其次，有些"古老的法律文书"是用文字写就的，也具有某种程度的系统性。《彝文传说（一）》讲述，古时候，撒苏和阿车是兄弟俩，他们一起去学彝文。撒苏把学到的字刻在木板上，阿

---

① 《买田卖田》，《楚雄民族民间文学资料》（第三辑），云南省社会科学院楚雄彝族文化研究室，1982。

车把学到的字刻在石板上。他们学了三年，都学到了一千八百个字。但在回来的路上，他们肚子饿了，就一起到松毛棚烤粑粑吃。谁知不小心，火烧着了松毛棚，等他们把大火扑灭，撒苏学字的木板都被火烧了，阿车学的字刻在石板上，不易烧化，抢救出来残缺不全的八百个字。后来，彝族阿车人就用这八百个文字述古叙今，订立契约。[1]《彝文的起源（二）》提到，天神给了彝家一套书共有十二本，每本十二行，每行十二字，道理十二种，从此彝族有了文字，会使用文字，懂得了道理。[2] 当然，这种表现于"古老契约"中的系统性还不是我们今天法律上的系统性。实际上，它们至多只是根据神圣的等级制度编排的系统，作为非规则和非纯粹的法律实践方式，是形象材料和"集体意识"（例如诸多的社会惯例、实质的宗教性原则、习俗等）推动的产物。

由此可见，作为法律风景线上占据了一席之地的"古老的法律文书"，它们表现得较为粗糙，显然还不能跟现代意义上的法律条文相比，更不是真正的"自由契约"。但作为具有约束性的实现司法目的的工具，虽然其中有着很多不真实，有时还有许多显得过于愚笨甚至带有攻击性的说辞，但不能轻易被推翻。

## 二　法律的模糊性

历史的经验告诉我们，一般人生活事务中所受的约束，多来自习惯法而非成文法。在更早些的时候，社会的伦理道德水平仍旧停留在宗教与禁忌魔法的形式主义阶段，惯例实践就通过决疑论证的非理性或有限理性化，逐渐演变出形式主义的习惯法并被有规律地呈现。因此，在西南少数民族地区，法律与伦理道德之间的界限模糊不清，古老私法中设定保护的集体或个人的主观权

---

[1] 《彝文传说（一）》，《楚雄民族民间文学资料》（第三辑），云南省社会科学院楚雄彝族文化研究室，1982。

[2] 《彝文的起源（二）》，《金沙江文艺》1982 年第 2 期。

益及对当事人应该履行的客观义务规定和区分得很少。

（一）"刑民不分"使得古老的"私法"与刑法的领域混淆在了一起

例如在处理债务纠纷时，不存在对债务人的财物采取措施的情况，而是由受害者对被告人的人身进行处置，这就使得刑法和实质法出现了相似和混淆。

**1. 债务责任不仅建立在原告对被告某种"人的罪行"的基础之上，也建立在债权人对债务人不义的"渎神罪"的论断之上**

这是因为在早期人的观念里，债权人借给债务人的东西，最终来自他所属的团体以及保护这个团体的神灵，这是我们所熟悉的法学上的"泛灵论"观点。因此，如果债务人借债不还，就有可能犯下严重的"宗教罪行"。这样的神话案例有很多。

首先，彝族民间故事《财主还愿》讲述，从前有一个财主为人奸诈、刻薄，众人都不愿去他家帮工。有一年，财主说谁到他家帮工，就一年给他一头牛。村里的孤儿王二夯去了，连做了三年工。之后，二夯向财主要三头牛，财主说二夯听错了，他说的是一年给一瓢油。二夯无奈只好拎着油回家。第二天，二夯拎着油到一家寺院敬献，受到和尚的款待，住持带他去后院观月牙井，明镜一样的井底出现许多骑马坐轿的人。住持告诉二夯这是他后代人的生活情况。此事传到财主耳里，财主叫几个长工挑了几挑油去寺里敬献，并观看了月牙井，看到的都是些跛足残手、弓腰驼背、口鼻歪斜的人，住持说这就是财主家后代人的情况。① 显然，神灵就是那个"公正"、"公平"的审判官，在神明的主持之下，作为债权人的二夯后代会得到美好生活的"补偿"；而作为欠薪水不还的财主后人因为祖上曾犯下"渎神罪"会得到可悲的报应。类似的神话案例又如在前面提到过的《水漂屋》，其中法婆一家由于做的缺德事太多，天怒人怨，有一年的六月二十四晚上，

---

① 《财主还愿》，《江川县民间文学集成》，人民出版社，1997。

雷电暴风雨齐来，大水猛涨，把法婆家的房子和人一起冲走了。①

其次，民族志资料显示，在凉山彝族地区，粮食与银子均可放债，由债权人与债务人当面议妥，没有中间人，也不另立文契。如发生债务纠纷，相同等级的当事人可通过打鸡狗诅咒的方式进行神裁，但低等级者不能与高等级者通过上述方式解决纠纷，而只能杀鸡吃血酒证明自己没有赖账。②

**2. 对内部忤逆者或欠债不还者进行抵制时，"受害者"的自助方式包括扣押债务人个人或者通过与被告达成一致的债务清偿方式加以解决**

首先，彝族民间故事《施黛姑娘》讲述，财主被施黛姑娘的姿色迷住，就以施黛的丈夫磨拉砍了他家山上的松树为由，派爪牙抢走施黛做他的小老婆。③《蛙女》讲述，地方头人巴黑想霸占蛙女，借口说长生阿爸欠他家三百两银子，想拿蛙女抵债。④《水漂屋》讲述，洛河乡把者岱村附近河边曾经住着法婆一家人，他们会使用魔法，经常变成牛马去吃别人的庄稼，并将自家儿女变成牲口赶到峨山、大营街去卖，钱到手后又恢复原身跑回来。彝族史诗歌谣《孤女想爹妈》唱述一个被卖到马头（土司的基层统治者）家做苦活抵债孤女的悲苦和忧愁，发出"谁人能帮我跳出苦海去"的呼声。⑤ 彝族史诗歌谣《还债》分三段，采用比兴的手法进行表述：第一段唱公鸡欠老鹰债，故要小鸡来述债；第二段唱老羊欠豹子债，故要小羊来还债；第三段唱父母欠官家债，故要姑娘来还债。⑥

① 《水漂屋》，《玉溪市民间文学集成》，玉溪市文化局、民委、文联、群艺馆，1989。
② 陈金全、巴且日伙主编《凉山彝族习惯法田野调查报告》，人民出版社，2008，第46页。
③ 《施黛姑娘》，《峨山民间文学集成》，云南民族出版社，1989。
④ 《蛙女》，《嶍峨风情》（续集），峨山彝族自治县民委，1986。
⑤ 《孤女想爹妈》，《云南彝族歌谣集成》，云南民族出版社，1986。
⑥ 《还债》，《武定县民间歌谣集成》，武定县文化局、民委、民间文学集成小组，1988。

其次，哈尼族神话《松米威的传说》讲述，有个财主的儿子上门提亲，扬言不嫁给他就要收回姑娘家租种的田地，爹妈无奈，只好答应了。①

显然，这是一些以债务人的儿女作为债务清偿方式的强制"扣押"或半强迫半自愿性的"协商"。由于债务责任并不是纯粹根据债务许诺的方式把"人的罪行"，而是把"宗教罪行"看得更重要。因此，"渎神罪"还包括那些对与神有关的看得见的财产状况造成损害的事实，人与这种纠集在一起的对称而又对立的权利义务关系紧密连在了一起。此外，受害者的权利或者受害者应该采取行动的义务，似乎也成了实质法权益的一部分。

（二）权威者的命令和规范性的规则之间、立法和司法之间、判决和章程之间也呈现模糊的特征

古罗马法学家盖尤斯（Gaius）说："凡依靠法律和习惯统治的国家，部分地运用了他们自己的法律，部分地应用了为整个人类共有的法律。"② 中国西南少数民族地区的习惯法，当然还不是为国家行政管理机构所应用的法，但是对于某些法律主题而言，显得杂乱、模糊，所表述的与其说是在陈述事实，毋宁说是在做预期，而且这只是一种法律事实将是什么样的预期。我们不能肯定答案会是怎样的，但笔者想，即使存在答案，也一定是模糊而不稳定的。

### 1. 法律对权利的保障和基本权益的表述显得晦涩不明

首先，在侵权法领域，在有关土地纷争的司法裁决中，一般采取偷盗控告的形式，借"宗教罪行"控告无权转让人或出售人转让或出售地产的行为属非法，以期望恶巫能出现并发挥监督约束作用。

---

① 《松米威的传说》，《元江民族民间文学资料》（第二辑），元江哈尼族彝族傣族自治县文化馆，1982。
② 转引自〔美〕E. 博登海默《法理学——法律哲学与法律方法》，邓正来译，中国政法大学出版社，2004，第20页。（Gaius, Inst. I. I. I; *Justinian's Digest* I. I. 9.）

彝族民间传说《撒沙为城，称土定名》讲述，从前南盘江上游美丽富饶，阿巴、果色、果勃三个游牧到这一带的部落，互相之间不断为抢夺草场发生战争。后来，分管天地万物的大神木私帕出来进行司法"调解"：阿巴和果勃部落首领带着自己的人分别回了路南城和宜良城；果色部落因游牧狩猎没有固定城池，木私帕就给了他们一把沙，要他们选地撒沙建城池，因沙刚好有六两，于是人们称果色部落选定的城为"六两"，后改称陆良。① 因此，在家族集团内部，家族统治者大神木私帕的司法裁决权原则上是没有限制的。不过，建立在"宗教罪行"及赎罪和取证合约基础上的类似仲裁程序，表现出了最早司法审理的端倪。因为其中有着固定形式、期限、取证规则等司法审理的原则，虽然大神木私帕在处理这一切时，根本不知道它们为何物，我们也无从知晓其具体的内容是什么。但只有在此前提下，大神才会审理关于阿巴、果色、果勃三个游牧部落有关"权益要求"的问题，并做出宣判。

其次，在有效抵抗他人身体伤害、有效实现从监护人那里取回财产、有效实现土地的继承等方面，对当事人基本权利的表述显得模糊不清、晦涩不明。例如彝族、纳西族等民族把虎当作自己的祖先，禁止猎杀，但是，因为这里的"虎"是人的祖先，是拟人化的神，就有着"主观的权利"。但是，虎的"主观权利"具体有哪些，依据的又是什么具体的"客观准则"，缺乏表述。这里所指的"客观准则"也不是像我们今天所说的因为老虎是珍稀动物，对保护生态平衡很重要而须加以保护所依据的世俗准则。此外，西南少数民族地区虽然流行"长子优先"或"幼子优先"的财产继承制度，但对妇女的财产权益不进行有效保护，例如女孩子不是家里人，出嫁的女孩子是"泼出去的水"，不但没有家庭财产继承权，甚至死后连名字也不能被记入家族的谱系之中，等

---

① 《撒沙为城，称土定名》，《昆明民间故事》（第一辑），昆明市民间文学集成办公室，1987。

等——类似的法律"空白"也缺乏相应的合法依据。在此情况下,维诺格夫所说的"自然权利或道德权利"以及阿奎那所论述的"分配正义"或者说"公平"、"正义"的法律目标又如何能得到有效实现呢?

最后,当对土地所有权益的要求成为诉诸审判的对象时,一般只要求占有者归还土地,没有对土地继承人基本权益内容的明确传达。彝族神话《红鼓地的传说》讲述,里眯作俄这个地方谷子长得相当好,罗武人先搬到这里来住。后来,桂花地方的彝族打猎来到这里,想将此地占为己有。罗武人在河里搭鱼窝,彝人就把死耗子装在鱼窝里;罗武人在山上下扣子,彝人就把死鱼放在扣子里。到了晚上彝人把羊从阿腊方问赶下来,吹牛角、放猎枪、敲锣打鼓,罗武人以为来了很多兵,就吓得丢掉一切财物跑掉了。就这样,桂花的彝族占领了罗武人的地盘。桂花的彝族种的谷子是红谷,所以下到中和、上到大河就叫红谷地。后来罗武人知道了内情,要求其归还土地(具有模糊的性质),但被拒绝。据说此后只要碰到红谷地的人,罗武人就会把他们杀掉。[1] 由此可见,法律企图把从前没有把握的东西,通过某种司法程序变成一项持久的准则,但在解释旧传统到默示新制度、创造新准则到维护旧习俗时的过渡界限上仍然是模糊不清的。

### 2. 司法审判过程含糊不清

首先,在确定法律事实引起的争议时,不能严格区分被告是属于普通违规还是严重犯罪。彝族民间故事《九兄弟》讲述,皇宫里的一根龙柱倒了,有个大力士不招自来帮忙把柱安好了。皇帝心里一惊,就下令调查大力士,有人告诉皇帝,他是九兄弟中的一个,可皇帝却不相信,命令属下用好几斗米煮饭,叫安龙柱的那个人来吃,准备若是他吃不完,就治其死罪。[2]

---

① 《红鼓地的传说》,《大姚县民族民间文学集成》,云南民族出版社,1991。
② 《九兄弟》,《彝族民间故事选》,上海文艺出版社,1981。

其次，训诫与遵从训诫之间的界限含糊不清。彝族民间故事《聪明的媳妇》讲述，一户穷人家有四个儿媳，她们都有些歌艺才能，有一次因为怠慢了客人，被公公（以不孝且不遵循长辈的罪名）告到衙门。县太爷受理此案时，不是先问事情的原委经过，而是先考这几个女人是否真能吟诗作对。四儿媳吟道："老爷堂前一蓬竹，风吹轻绿绿；刻成一支箫，百样吹得出。"县官听后赞不绝口，也不加以责备，就判了她们无罪，当庭释放。①

这些情况表明，如同家族统治者的原始权威一样，皇帝和县官，有时还有村寨里的巫师、法师，只要其权力的渊源是来自"神的默示"，就有不受主观权利和客观准则限制的自由。也正因为如此，如果有着某项主观的权利和客观的准则，这些所谓的"法官"亦不能区分是要先应用客观的准则还是须先符合主观的权益，是应要求被告履行连带的责任还是要先维护原告的基本权益，以及怎样在"合情合理"地创造法或应用法之间区分二者的界限。由于事物乃是从一种模糊、不明确的同质同种逐步过渡到一种清晰、明确的异质异种，② 法律的成长也是如此，尤其在立法和司法审判时，在确定法律事实引起的争议或者向神灵裁判机构提出问题时，"每一个合理的疑问都会涉及某些曾经不协调的主题，每一个不协调的主题也会涉及某些曾经协调的主题"③。

### 三 法律的随意性

前述可知，在西南少数民族社会，宗教仪式中的因果关系是每一个人地位"合法性"的来源，虽然一些少数民族（例如佤族、傈僳族）中头人没有"特权"，不称职者也会被村民们撤换，如果他们违反习惯法，也照样会受到惩治。但是，原因往往预设了结

---

① 《聪明的媳妇》，《嶍峨风情》续一，峨山彝族自治县民委，1986。
② 这是斯宾塞著名的有关进化过程的定义。
③ 〔美〕本杰明·卡多佐：《司法过程的性质》，苏力译，商务印书馆，1998，第77页。又见于林林《法律文化的社会"过程性"》，《比较法研究》2010年第5期。

果，在更多的少数民族地区（例如大小凉山的彝族），出生高贵的人（黑彝）天生就有着高贵的品质，拥有着天然的地位和权力，这种权力具体地体现于"地位契约"及司法裁决的案例之中。"刑不上大夫"也使得这些父权统治者的地位在理论上可以不受形式、规则的限制或约束。在神判案例中，这些头人还担当起司法审判中的"法官"，手中掌握着没有成文法典或法律规章约束的"随意司法权"。因而，建立在神意基础之上的这种"法制"（rule by law）社会显然不同于我们今天对"法治"（rule of law）社会的理解，也就是说，那是一种人治大于"法治"的社会实况。

（一）由家族或宗族长老决定的随意司法权，正是法律史初期的普遍现象

首先，在团体内部，由于缺乏"诚实"、"信用"的概念，对被告就不可能有所控告，而只是由父权制家长随意进行处置。彝族神话《一锄山》讲述，古时候，人类生活在美丽富饶的十街河畔，连天上的仙人也羡慕。一对神仙夫妇偷偷下凡来，但很快被王母娘娘发现，抓回去后被警告不准再下凡间，否则就要被处死。[1]《砍头山与塌梁山》讲述，因为天上的两个宾礼官经常喝醉酒闹事，于是被玉帝下令处死。[2] 彝族民间故事《三颗玉珠》讲述，有个"强盗"潜入皇宫偷窃玉瓶，被擒后就被立即处死了。[3]《梗子调》讲述，土司想叫聪明伶俐的阿能来吹笛子，为其父亲送葬，阿能不肯，就被土司打死了，丢到荒野，还不准其家人收尸。[4] 时政歌《管你百姓苦不苦》唱道："乡长保长凶如虎，小小甲长更恶毒；每月摊派数十回，管你百姓苦不苦。"[5]《李文学结婚

---

[1] 《一锄山》，《云南省民间文学集成·易门县集成卷》，云南民族出版社，1994。
[2] 《砍头山与塌梁山》，《云南省民间文学集成·易门县集成卷》，云南民族出版社，1994。
[3] 《三颗玉珠》，《红河文化》（第一期），红河哈尼族彝族自治州文化局，1992。
[4] 《梗子调》，《南诏故地的传说》，巍山彝族回族自治县民间文学集成办公室，1987。
[5] 《管你百姓苦不苦》，《江川县民间文学集成》，云南人民出版社，1997。

山歌》则借起义领袖李文学结婚的机会，歌颂其起义的功绩与获致的特权，其中有"山山洼洼归我管，不消交租不纳粮"的唱词。①

其次，在团体内部，采取追究人员责任的方式，允许受害者家人自己设法去对付"施害者"个人，杀死他或把他转卖出去。彝族民间故事《九尾狗》讲述，有一户姓艾的彝家生有两个儿子，弟弟帮助哥哥打死了母猴，兄弟俩各自与弟弟救下的两个姑娘成了亲。可是，忘恩负义的哥哥后来见弟媳很漂亮，就趁弟弟不备时将他推入一个深洞中，想把弟媳占为己有。后来弟弟在一群小鸟（受害者家族）的帮助下，走出深洞，回到家中和妻子团聚。羞愧难当的哥哥只好进入密林和猴子生活去了。② 为什么在此案例中，弟弟会得到一群小鸟的帮助呢？实际上，这群小鸟代表着受害者的家族。神话文本以这种方式来表述，正是当人和动物有所关联的思想被神话的语言用来做解释的时候，不能不有所改变的结果。③

此外，彝族的《仙马脚印的传说》讲述，地主的女儿与长工相爱，地主不准，两人相约逃跑。地主派人把他们抓回去后，把女儿关在绣楼，把长工投进水牢。④《若者娜》讲述，圭山这个地方有一个酋长逼着女儿若者娜嫁给东边王的儿子，因为她誓死不从，暴怒的酋长就随意将自己的女儿装进木箱里欲活埋。⑤《九子不葬祖，一女打金棺》讲述，曾经有一个父亲问长大了的儿女们在享谁的福，九子都说是在享父亲的福，唯独女儿说享自己的福。父亲很生气，就要处死女儿。九哥因为悄悄地帮助妹妹骑马远走，

---

① 《李文学结婚山歌》，《南涧民间文学集成》，云南民族出版社，1987。
② 《九尾狗》，《双柏民间文学集成》，云南民族出版社，1992。
③ 详见第二章第一节"神话等文本讲述的混淆性"。
④ 《仙马脚印的传说》，《昭通民族民间文学资料选编》（第一集），昭通县民委、文化局，1983。
⑤ 《若者娜》，《昆明民间故事》（第一辑），昆明民间文学集成办公室，1987。

便被父亲处死了。<sup>①</sup>《阿刀遇仙女》讲述，有个叫阿刀的穷孩子因为私自留下小仙女成亲，岳父恼怒，就想杀死阿刀，因此接连想出两个难题刁难他。<sup>②</sup>

再次，（在团体外）结义团体成员之间的纠纷，早先也是不得控告的，主要依靠受害者和他的所在团体通过自助的方式加以解决。例如彝族神话《春节贴对联垫松毛的传说》讲述，在元朝的时候，统治者为了便于对人们进行奴役和压迫，就把十家人划为一个受统治的单位，由一个称为家鞑子的人管理。还规定每十家人合用一把刀，不容许探亲访友，外地来人必须向家鞑子报告，否则要遭受酷刑。某年中秋节，"南人"中有一个卖月饼的货郎聚众起义，率领大家杀死了家鞑子。<sup>③</sup> 这一案例表明，对于这种团体外纠纷的解决，"不走司法诉讼程序"似乎还得到了民间习惯法的默许和鼓励。

最后，由于债务责任并非一种牵涉财富的人格责任，而是一种仅牵涉债务人人身的个人责任，有关债务的解决在有隶属关系或者有其他孝敬关系的结盟者、私人之间，就如同在兄弟姐妹之间一样，不但不可能有民事控告，亦排除了刑事控告的可能。彝族神话《鸡纵的来历》讲述，宏山石箐李应宏家因贫困欠下了财主的债。后来，妻子难产亡故，变成一只母鸡到家里来天天下蛋，李应宏则把蛋卖了还债。<sup>④</sup> 根据民族志资料，凉山彝族地区，等级地位较高的诺合可以在征得等级地位较低的曲诺同意的情况下，将他及他的整个家庭按照一定价格转让给其他诺合做隶属民以抵

① 《九子不葬祖，一女打金棺》，《中国民族民间文学集成·永平县卷》，云南民族出版社，1989。

② 《阿刀遇仙女》，《普洱民间文学集成（二）》，普洱哈尼族彝族自治县文化广播电视局、民委，1989。

③ 《春节贴对联垫松毛的传说》，《云南省民间文学集成·姚安县综合卷》，姚安县文化局、文联，1989。

④ 《鸡纵的来历》，《路南民间故事》，云南民族出版社，1996。

债、做赌注或赔人命金。① 诺合通过占有阿加的人身而占有阿加购置的少量土地、牲畜等财产；通过占有曲诺而对曲诺占有的部分土地、牲畜等财产享有最高支配权。② 如曲诺欠本主子的债无力偿还，又没有土地、奴隶作抵，则其女儿到主子家当呷西抵债。曲诺借诺合的粮食（非隶属关系的），可用土地或女儿（儿子不能）做抵押；债户到期不能还本利的，做抵押的土地或女儿即归债主所有。阿加欠别人的债无力偿还，应由主子代还，否则，应将欠债的阿加抵给债主。③ 以上处理债务的方式是由债务人所犯下的"宗教罪行"决定的，在第三章第二节的内容中，我们曾经提到：人类社会早期的罪行几乎都表现为"宗教罪行"，甚至杀人、放火、伤害、偷盗、欠债等"人的罪行"都属此列。因此，有关债务纠纷的解决并非我们今天所说的以"人的罪行"履行纯粹的民事债务赔偿责任，也就是说，彼时的债务，只能根据习惯法，以人的"生命、健康"为代价对欠债做出偿还。

显而易见，在这些案例中，其所表现出来的那种由等级地位较高者决定如何处罚的"随意司法权"，与父权家长制的统治体制息息相关，因此还具有个人特权的性质，其结果就是：少数人特权的行使可以野蛮地无视大多数人利益的存在。虽然这种情况刚开始时并未有"成文法"做出明确规定，然而，它们是一种主观获得的"私法"特权，是某种法律事务出让或继承的对象，例如对地位荣誉的继承、对土地权利的继承、对债务财产的继承等。而且，这些特权一旦为另外社会的利益人士感知，就会私底下广为传播，逐渐演变成"可怕的"司法法律法规而广泛存在于西南少数民族地区，例如存在于区域性地方政权（如南诏、大理国、

---

① 陈金全、巴且日伙主编《凉山彝族习惯法田野调查报告》，人民出版社，2008，第36页。
② 陈金全、巴且日伙主编《凉山彝族习惯法田野调查报告》，人民出版社，2008，第42页。
③ 陈金全、巴且日伙主编《凉山彝族习惯法田野调查报告》，人民出版社，2008，第47页。

西双版纳傣族的地方政权）的法制之中。

（二）通过司法调解方式保障的私人权益也不是对固定法律规则的应用

所谓的"固定法律规则"，是指客观、公正的法律规则。彼时的司法审判与裁决主要凭借"法官"的主观喜好，虽然这种解决纠纷的方式也是在"神谕"的名义下进行的。具体表现如下。

首先，在司法审判中，对具体案件的判决还没有应用到某一条普遍的"法的准则"。例如彝族民间传说《长发妹》讲述，有个白胡须老头为解救一个泄露了山神秘密的女孩，想出的"办法"是：用女孩的头发粘在一个石人头上，以代替她本人去死。① 《烧饵块的来历》讲述，昆明城里的知府因府衙失火，昭示城里人三月内不得生火煮饭。②

其次，通过调解方式强制保障的古老的私法权益，也不是对固定法律规则的应用。例如哈尼族神话《果多妈宴树的传说》提到，滇仙按照父亲加滇的指令去砍怪树，可想尽办法也没有弄倒那棵果多妈宴怪树。加滇气极了，就要亲手处死女儿，有个神仙下凡进行调解，他告诉加滇："杀人同样犯有滔天大罪。"③ 《蛇螺相争的故事》讲述，有两个哈尼族村寨曾经为了争夺灌溉梯田的山泉水打得不可开交，这时一位老人劝住双方，以螺蛇相争、两败俱伤的道理为依据，劝告双方停战讲和。④ 此外，民族志资料显示，在凉山彝族地区，头人代表兹莫判案，被判"无理"的一方须给胜诉方赔款，但赔款数目并不固定，由头人从中说合。胜诉一方得到赔款后需交"案费"给兹莫衙门作为公杂费，由司管经

---

① 《长发妹》，《三女找太阳——楚雄市民族民间文学集》，云南人民出版社，2001。
② 《烧饵块的来历》，《昆明民间故事》（第一辑），昆明市民间文学集成办公室，1987。
③ 《果多妈宴树的传说》，《西双版纳哈尼族民间故事集成》，云南少年儿童出版社，1989。
④ 《蛇螺相争的故事》，《绮丽的山花》，元阳县民委，1984。

济事务的中头人收存。① 20 世纪五六十年代，西双版纳傣族社民离婚，经队干部、双方亲戚调解，当事人在一起说清原委，分割了财产，协商了子女的抚养办法就算离婚，无须办理登记手续，其他少数民族也保有同类的调解离婚方式。②

从以上案例可以看出，一切具有赋予权益要求、客观的法的性质的准则都不存在。实际上，今天通过"自由契约"形成责任进而推动法形成的思想，在原始的私法权利里是完全陌生的。那时，有义务付出和要求的权益只有一种，就是对责任人的赔罪要求，这就是最古老的债务——赔罪债务形成的真相。在前面的章节中，我们反复对这一观点进行过论述：因为那个时候的社会经济债务，跟债务人的人身权利（例如生命权、安全权等）紧密相连，因此不能出现如今天所谓的纯粹民事赔偿问题。也就是说，那个时候的债务纠纷解决方式，首先涉及的就是如何进行刑事惩罚的问题，而"赔罪"正是一种主要的惩罚措施，故有"赔罪债务"之说。其实，古老私法合约中的其他债权债务关系，例如婚姻财产债务、家庭财产的继承权等都渊源于"赔罪债务"。而某些特殊的"判例"成为此后超越于具体个案之上的"法的准则"，是起初非理性或有限理性的宗教性质被削弱后，为世俗社会所接受。从我们今天的"法治"社会来说，无论如何，作为一个社会的概念，法的规定不应该出现这样的情况：一个人有自由，另外一些人却只有约束。③ 只有当一个人在法律许可的范围内，能够随心所欲地处置或安排他自己的人身、财富及其所有的财产时，（在此范围内）他可不受任何人专断意志的支配，而是在遵循自己的意志。只有这种情况出现时，才有真正的自由。④ 也就是说，只有在对社

---

① 陈金全、巴且日伙主编《凉山彝族习惯法田野调查报告》，人民出版社，2008，第31页。

② 张锡盛：《传统习惯法与婚姻法的冲突——云南少数民族婚姻家庭问题研究》，《民族社会学》1989年第1、2期合刊，内容有删改。

③ 〔英〕霍布豪斯：《自由主义》，朱曾汶译，商务印书馆，1996，第24页。

④ 〔英〕洛克：《政府论》，叶启芳、瞿菊农译，商务印书馆，1993，第57页。

会利益有清晰的衡量、对社会价值有客观的评判以及对社会观念有正确的理解时，公平、正义、自由的罅隙才会被填满，法律也才会在不断增长的过程中，以及在对这一过程含义的自觉意识下得到发展和完善。

总之，如果说法的"自然理性"既是人类善良的本性，也是人类集体幸福的一个必要条件。① 那么，奥古斯丁曾经说："人类堕落之时，人的本性也为原罪败坏，人类本性中善良的因素虽然没有泯灭，却变得比较脆弱，容易被邪恶的倾向挫败。此前充满爱心和正义的秩序让位于这样一种生活状况，即色、欲、贪婪，激情和权欲在其中起着明显的作用，于是死亡之灾降临人类。"② 反映人类灵魂完美、绝对善良的"自然法"就不可能实现了。卡多佐采用霍布豪斯的预设，将自由视为一个社会意义层面上的概念。此时，如果去掉所有的社会约束，任何人虽然都可能获得最大的自由。但这里就成了武力的天下，最强壮的人拥有无限自由，对弱者为所欲为。很显然，这个时候，强者的自由越多，弱者的自由就越少。③

因此，"自然法"概念中的"理性"——在霍布斯看来，原本是社会所有成员应该遵循的一项基本原则。但是，"如果一个社会缺乏适用于所有成员的约束或者所有成员都能接受的约束，那么，某些人的'特权'必定造成对另外一些人的压制……"④ 过分的"特权"会与其本意产生抵触。康德指出："人不得不运用'逻辑理性'去设计各种可行的方法和制度来应对出现的新情况，政府、

---

① 这正是孟德斯鸠的法哲学思想。
② 转引自〔美〕E. 博登海默《法理学——法律哲学与法律方法》，邓正来译，中国政法大学出版社，2004，第 28 页。
③ 张菁：《认真对待法律——解读〈法律的成长——法律科学的悖论〉》，《山东大学法律评论》2006 年第 3 期。
④ 张菁：《认真对待法律——解读〈法律的成长——法律科学的悖论〉》，《山东大学法律评论》2006 年第 3 期。

（现代）法律、财产以及国家会应运而生。"① 这里的"人法"（或称为"国家法"）就是这样产生的，而对于"人法"的研究，中世纪经院哲学最伟大的代表人物，天主教神学和哲学家圣·托马斯·阿奎那（St. Thomas Aquinas, 1226—1274）认为它应该是"一种以公共利益为目的的合乎理性的法令，是由负责治理社会的人制定和颁布的……（那些）不正义的、非理性的而且与自然法相矛盾的法律，根本就不是法律，而是对法律的歪曲"。②

## 第二节　司法的有限理性

法律需要重述的原因之一在于：在原始的司法审判过程中，村寨领袖、头人等"法官"往往追逐伪劣的理性而非真正的理性。所谓"伪劣的理性"，或者被贴着"伪劣的确定性"的标签，往往是令法律在"法官"本人的职责范围，即在与他们当地有限的管辖范围内保持一致。③ 而非这样的"理性"："它符合与公平、正义原理一样精深的真理和原则。"④ 因为在彼时，法律规定的条件可能会低一些，它不追求较高的目标；在司法个案中，也不寻求最高的标准。在这种情况下，许多法律都是建立在"似是而非"的决疑论证和扭曲事物本来面目的虚构想法之上。这种趋势是可怕的，但在西南少数民族地区，在曾经的时代，不可避免。

具体来说，在那个时代，人们可以暂时不需要法庭、律师和法官，但"宗教罪行"会遭到群体一致的谴责、审判和处罚。惩罚常常以"赎罪"或"赔罪"的形式出现，就决定了刑罚的性质

---

① 转引自〔美〕E. 博登海默《法理学——法律哲学与法律方法》，邓正来译，中国政法大学出版社，2004，第 28 页。

② 转引自〔美〕E. 博登海默《法理学——法律哲学与法律方法》，邓正来译，中国政法大学出版社，2004，第 32～33 页。

③ 〔美〕本杰明·卡多佐：《司法过程的性质》，苏力译，商务印书馆，1998，第12 页。

④ 王强力：《卡多佐法官的法律哲学》，西南政法大学硕士学位论文，2005。

主要是压迫性制裁。同时，对于大多数少数民族来说，由于每一
个人在一生的绝大部分时间都生活在父系家族首领的统治之下，
"判决"主要由头人、领袖等"法官"们以神灵的意志做出，因
此，采取的就是一种"有条件的取证判决"，显然判决结果也具有
相当的约束性和强制性。

## 一 "神判"是司法审判的主要法则

从原则上说，在西南少数民族地区，任何犯罪都是"宗教罪
行"，人们讨厌刻薄、欺骗、偷盗、打劫或泄露机密等行为，因为它
们是众神禁止的，是犯了触犯神的"渎神罪"。同时，"人的罪行"
也会依"宗教罪行"的模式来理解，或判决犯禁者"赎罪"或判决
对其施以必要的刑罚。彝族神话《三大碗酒和四十军棍》讲述，李
文学的部下安文玉为感恩私自下山偷马进献李文学，李文学见马，
不但不给予嘉奖，反而罚安文玉四十军棍。① 《叶芝勒与生统妮》讲
述，住在天上的小伙子叶芝勒与地上的美丽姑娘生统妮一见钟情，
私订终身。但生统妮的父母及哥哥等家人认为他们的行为是严重的
伤风败俗之行为，就把叶芝勒拖出寨外烧死了。②

因此，与现代的刑法相比，某些时候，在解决内部纠纷或维
护私人权益时由受害者处置的规定，例如打军棍、烧死、要求施
害者赔罪或道歉、扣留施害者个人等，只是实现由宗教与禁忌魔
法保障的权益。

（一）"神判"是西南少数民族司法判决的主要形式

**1. "法官"往往向有魅力的智者或拥有巫术力的巫师正确、
有效地询问"神灵旨意"，以之作为司法判决的依据**

例如，彝族民间故事《牛钻石缝》就是一个"法官"依据智

---

① 《三大碗酒和四十军棍》，《弥渡民族民间故事传说集》（第一集），弥渡县民间
文学集成办公室，1986。
② 《叶芝勒与生统妮》，《红河县民族民间故事》，云南民族出版社，1990。

者传达的"神意"做出裁决的案例。自幼失去父母，靠在土司家帮工度日的"憨伙子"（此处相当于智者）是一个聪颖睿智的人，一天，土司家的牛滚下箐沟摔死了，放牛娃害怕被毒打，哭了起来。"憨伙子"问明情况后，有了主意，他将摔死的牛肉剐下来，藏在通风的山洞里，把带着皮肉骨架的牛尾巴从石缝中塞出来让放牛娃拉着不放，然后跑去找土司说："你家的黄牛被石神老爷牵走了，放牛娃正在跟石神爷抢牛呢！"土司哆嗦着帮放牛娃拉牛尾巴，嘴里还念叨："石神爷哟，我们全家就靠这条牛养活呀，放了它。""憨伙子"正色道："你家的牛满山坡，你欺骗神灵，会受惩罚的。"土司吓得对着石缝跪地哀求："石神爷哟，这条牛我送给你老人家了，求你保佑我六畜兴旺。"① 《坐牢》讲述，专门整富人的机智人物刹则有一次被县太爷关进了水牢。关进去前，县太爷先称刹则的体重，饿了一天，再称刹则的体重，一点儿没减，饿了两天，刹则的体重倒增加了些，三四天后，刹则更重了，十多天后，刹则竟是红光满面。县太爷慌了，以为刹则有神灵护佑，刹则体重增长是神灵的意思，就亲自把刹则接了出来，好言抚慰，并给了他一些银子，把他送出了县衙门。② 《背衙门》则讲述，县官、土司有一天把刹则捉进县府，关进了牢房。刹则托人买了一大捆火麻，不分白天黑夜地在监牢里搓麻绳，并扬言要把县老爷住的院子背回去。县官以为刹则真有巫术神通，怕他闹出怪事，只好把他放了。③

2. 争端的双方以自愿服从一项神的宣判为基础，"神谕"是法官遵循的指导性力量，具有相当的约束性

这种情况正好表现为我们所企及、特征鲜明、最古老的司法

---

① 《牛钻石缝》，《中国民间故事集成·云南卷》，中国 ISBN 中心，2003。
② 《坐牢》，《楚雄民族民间义学资料》（第三辑），云南省社会科学院楚雄彝族文化研究室，1982。
③ 《背衙门》，云南民族民间文学楚雄调查队搜集，文稿由楚雄彝族自治州彝族文化研究所保存，上海文艺出版社，1981。

形式。例如，彝族民间故事《贾斯则与楚维晓》讲述了一件以"天王哈梅"的意志决定判决结果的案子。传说如花似玉的仙女贾斯则倾慕人间，便下凡与樵夫楚维晓结为夫妻。俄元山官与官府狼狈为奸，把贾斯则与楚维晓的婚事上奏俄木（皇帝），俄木又把此事禀报天王哈梅，据说天王最后默认了这门天地婚事，让他们相亲相爱地在一起，事情也就得到了平息。① 《鹰叼老鼠审不清》讲述了另一个依据"神意"进行的司法裁决。员外家的女儿跟一个放牛娃有私情后，肚子渐渐大了起来，员外到"包青天"那里报案。据说放牛娃是在山神的引导下变成老鼠溜进员外家的，"包青天"就在院子中心立竹竿，叫他变鼠爬竹竿，小伙子果真变成了老鼠，最后山神出现把他恢复了人形。② 此外，民族志资料显示，在景颇族的民间诉讼中，起诉人可直接到山官家送上酒一桶并申诉事由，山官决定评理后，会通知双方评理的日期。凉山的彝族，如发生债务纠纷，相同等级的当事人可通过打鸡狗诅咒的方式进行"神裁"。③

因此，"神判法"是根据神灵旨意做出的裁决，在这里，神灵旨意几乎成为"法官"遵循的唯一力量，也是决定胜诉与否的唯一标准。在这一司法审判过程中，"法官"不能在做出判决时将世俗权力施展至极致。司法审判具有决疑论证的性质，找不到先例的"法官"会发现自己彷徨地站在十字路口。当司法过程是创造性的，而非纯粹静态或宣示性的时候，每一个判决都是对具体问题的反映，是对个案的解答。原则上说，判决一旦生效，就受着习惯性力量的约束，法律主体上完全对等的民事诉讼

---

① 《贾斯则与楚维晓》，《红河文化》（第一期），红河哈尼族彝族自治州文化局，1990。
② 《鹰叼老鼠审不清》，《三女找太阳——楚雄市民族民间文学集》，云南人民出版社，2001。
③ 陈金全、巴且日伙主编《凉山彝族习惯法田野调查报告》，人民出版社，2008，第46页。

双方都要遵守这一来自"神谕"的裁决并承担和履行相应的责任和义务。

(二) 在有序的司法审判中,"法官"采取的是一种"有条件的取证判决"

### 1. 只由"正确的"一方提出证据来证明"对"或"错"

例如,彝族神话故事《周廷文打官司》讲述了这样一场官司。清道光二十五年,叭腊么村的周廷文看到彝族乡亲们一年辛苦收获的粮食十有八九被姚州高土司家收去了,就请人写状子到姚州府告状。高土司家有钱有势,与官府相互勾结,官府想压服周廷文,所以三年官司周廷文被判打屁股一千多次,屁股被打得像猪皮一般厚。① 彝族民间故事《赵家村的来历》讲述,禄丰县中村乡叭拉村北面箐中出产铜矿,禄丰城中一户姓赵的汉族有钱人家来此开采。有一次,不知何人把十多驮铜全部偷走了,县知事听信赵家的"一面之词",判叭拉村划一百亩土地赔偿赵家。② 《叭卯喜喝睹》讲述,牟定县东部有一座山,因能烧出一篮篮黑黝黝的栗炭,山官想霸占它,他拿出假契约来证明山是自己的并给了县老爷半盆银子,县老爷就把此山断给了山官。③ 《半个宝葫芦》讲述,有个老倌带领两个儿子到知府状告老三使妖术,知府相信了他们的话,第二天就抄了老三的家,把他关进了大牢。④ 《背鸡告状》讲述,刹则背着十只小鸡和剥下来的老母鸡皮到衙门告状。州官问他原委,刹则编造说州官派下来的官差不仅逼着他把带儿的母鸡杀了招待他们,过河上坎时还把刹则当马骑。州官大怒,将两个官差狠揍一顿,刹则还趁机要求老爷减免了一

---

① 《周廷文打官司》,《大姚县民族民间文学集成》,云南民族出版社,1991。

② 《赵家村的来历》,《禄丰县民间故事普查资料汇编》,禄丰县委宣传部、文化局、民委,1988。

③ 《叭卯喜喝睹》,《云南省民间文学集成·牟定县综合卷》,牟定县民间文学集成办公室,1989。

④ 《半个宝葫芦》,《南刹民间文学集成》,云南民族出版社,1987。

些租金。① 《杞生和杨土司》讲述，从前有个杨土司，势力很大，人很霸道，每年都无理要求杞村的百姓为他家准备上坟用的祭品，有个名叫杞生的人代表老百姓跟杨土司打官司。杨土司是个结巴，汉语说得不好，只会说彝话，而县官是个汉族人，只听得懂汉话，县官不耐烦，就问杞生杨土司到底说些什么，杞生胡编乱造了一通，县官就令衙役用棍棒重打杨土司，杨土司只好低头认罪。② 《三颗玉珠》讲述，有个强盗诬告一个叫吉巧的人偷盗玉珠，皇帝竟不分青红皂白，把吉巧打入死牢问罪。③

**2. 由诉讼双方中的一方通过"发誓"的手段提出某种特定的证据**

例如，彝族神话传说《彝族为什么住在山上》讲述的就是这样一个事例。从前彝族居住在坝区，明朝洪武年间，明太祖朱元璋从南京、江西、四川等地派遣了几百万人来云南与彝人争地盘，双方一起告到官府请求裁决，因为彝人拿不出地界证据，汉人"赌咒发誓"、"言之凿凿"，坝子便被汉人占去了。④ 《洗不清》讲述，刹则有一次带头到州府去告土司霸占本村百姓的羊，土司"赌咒"说没有这回事，州官就断定此案土司赢，刹则输。⑤

**3. 有时只做有限理性的司法取证**

例如，彝族民间传说《给伙伴送衣裳》讲述，刹则有一次在昆明状告北门商店里的店老板，说他的老板娘是他十年前被人拐骗去的老婆，衙门头人让他们各人说出自己的证据，刹则就说他

---

① 《背鸡告状》，《武定县民族民间文学集成》（油印本），武定县文化局、民委、民间文学集成小组，1988。
② 《杞生和杨土司》，《景东县民间文学集成》，景东彝族自治县民委、文化局、文化馆，1988。
③ 《三颗玉珠》，《红河文化》（第一期），红河哈尼族彝族自治州文化局，1992。
④ 《彝族为什么住在山上》，《禄丰县民间故事普查资料汇编》，禄丰县委宣传部、文化局、民委，1988。
⑤ 《洗不清》，《彝族民间故事选》，上海文艺出版社，1981。

老婆奶底下有一颗痣（实际是刹则偷看到的），衙门头人传老板娘来对证，果如刹则所说，就判了刹则胜诉，让店老板将老婆还给他。① 《计撵县官》讲述，刹则到省里状告县官强占他的妻子，省城派人同刹则一起到县衙门调查，见刹则的女人在那里伤心哭泣。由于有了人证，便判刹则所告属实，不几天，县官便被撤免了。② 《和那土司分家当》讲述，刹则到衙门告那土司，说那土司与他是一母所生，当年暴乱的时候，母亲顾不了小的，就把刹则藏在外村，后来他便流落在外村，现在要求那土司分一半家当给他。县官让刹则拿出证据来，刹则让县官看他俩的肚脐，那土司的肚脐有盅子大小，刹则的比那土司的还要大，又红又亮。县官就相信了，判了刹则胜诉。③ 《两只牛耳朵》讲述，清朝时，宣威刘家村有个叫朱荣的恶棍偷偷用刀砍下刘老二家牛的左耳，后以此为据跑到县衙门告刘家偷了他的小黄牛。幸亏刘老二早有防备，提前把割掉了左耳的小黄牛处置掉，另买一头大小、毛色一样的牛割去右耳提出反证。经差役验证，刘家的牛并非朱荣所说的无左耳的牛，县官就将诬告他人的朱荣捆绑起来处罚。④

由此可见，"神判法"是一种超自然、非理性的或有限理性、严格形式的古老判决。由于任何犯罪都是"宗教罪行"，"法官"依据惯例实践做出的判决，没有强制规定必须同时向当事人双方进行取证，而只是采取一种"有条件的取证判决"。因此，诉讼所依赖的各种有限理性的取证手段，正如旨在召唤神灵的力量一样，都是一种法学上的"泛灵论"直观思维形式，也是布律尔所说的

---

① 《给伙伴送衣裳》，《楚雄民族民间文学资料》（第三辑），云南省社会科学院楚雄彝族文化研究室，1982。
② 《计撵县官》，《楚雄民族民间文学资料》（第三辑），云南省社会科学院楚雄彝族文化研究室，1982。
③ 《和那土司分家当》，《楚雄民族民间文学资料》（第三辑），云南省社会科学院楚雄彝族文化研究室，1982。
④ 《两只牛耳朵》，《蓝靛花——宣威民间故事》，贵州民族出版社，1992。

"前逻辑思维"① 形式。

## 二 司法审判具有决疑论证的性质

所谓决疑论证，是指对于一项"法律原则"的归纳一般要受一项先前的或者同时的事实分析所制约。毫无疑问，每一个"神判"案例均来源于一些被视为赋予了法律义务的特例，但是，一项控告总是以受害人客观上受到的"不公"或以被指控人的一桩渎神罪恶为前提。司法仍旧停留在"人的责任"阶段，按照习惯法，当事人双方所属团体及其他相关的权力持有人亦要对受害人承受的不公或被指控人犯下的罪行负连带责任。

（一）在西南少数民族地区，司法具体个案中的"神判"法则，与今天的"判例立法"相比，形式上完全不同

1. 在西南少数民族地区，每个"神判"案例提出的问题其实都涉及一种有关法律起源与目的的哲学

前述可知，来自神的指示之"神谕"尽管非常隐蔽，实际上却是最终裁决的根由。依此，村寨头人、领袖等所谓"法官"会接受一套主张，修正另一套主张，否决其他主张，甚至把"神谕"作为"客观法律准则"留以待用。例如，傣族英雄史诗《厘俸》记述，傣族首领海罕的妻子被另一部落的首领俸改抢走，为了夺回妻子，海罕根据"神谕"发布了这样的命令："如果有人抗拒，把他消灭干净，如果投降，宽大处理不许杀，但百姓的财产不准何人去抢夺。"②

---

① 在人类学中，"前逻辑思维"，是一种原始人主要凭借的非理性、超感觉、直观的认知事物的思维方式，是相对于"逻辑思维"而言的。"逻辑思维"，是人们在认识过程中借助于概念、判断、推理等思维形式能动地反映客观现实的理性认识过程，又称理论思维，它是作为对认识思维及其结构以及起作用的规律的分析而产生和发展起来的。只有经过逻辑思维，人们才能达到对具体对象本质规定的把握，进而认识客观世界，它反映的正是人认识的高级阶段，即理性认识阶段。

② 《厘俸》，《中国少数民族古籍丛书——云南省少数民族古籍译丛》（第13辑），云南民族出版社，1987，第17~18页。

**2. 虽然以命抵命、以血还血的"血族复仇"等赎罪判决日益由赔罪的司法裁决形式所取代，但是，普遍性被淹没于特殊事例之中，原则被废黜了**

由于特例被吹捧为是至高无上的，一旦被创造出来就是最终的，"法官"的义务就只是再生产，结果就是遵循神话的先例，把任何罪行都作为"宗教罪行"看待——小到偷盗、伤人，大到投毒、害命、争夺土地——因为依此的判决便是一切、具有独一无二的意义。例如在羌族的叙事长诗《羌戈大战》中，因为戈基人偷吃了天神的神牛，并且不敬天神，天神便命令且帮助羌族的祖先打败戈基人，夺取了他们的土地。①

显然，在今天，"判例立法"是以国家或政府行政管理机构的行政诉讼、法院的判例来立法的形式，尤其以英美法系为典型。"判例"之所以能构成法律，是因为权威立法的不足。例如抽象法律条款的设定，大量习惯、习俗、惯例等生活现象不能及时与立宪法则有机结合，导致许多成文化条款呈现一法万解的现象。这种情况，既增加了社会行为代价的随机性安排，也不利于社会行为的法律代价衡定，所以才会有进行"判例立法"的必要。西南少数民族司法具体个案中的诸多"神判"判例，虽然形式上与之完全不同，但似乎是这种立法形式的雏形。

（二）在针对具体个案引起的争议事实，对当事人提出的各种事实争点或法律争点做出回应时，没有完全采取同时向当事人双方取证的诉讼控告程序

首先，前述的一些神话案例，例如《周廷文打官司》、《赵家村的来历》、《半个宝葫芦》、《彝族为什么住在山上》、《给伙伴送衣裳》、《计撵县官》、《和那土司分家当》、《两只牛耳朵》等司法诉讼判例中，"法官"采取的只是一种"有条件的取证判决"，或只规定由"正确的"一方提出证据来证明"对"或"错"，或指

① 《羌戈大战》，罗世泽整理，四川民族出版社，1983，第108～119页。

定由诉讼双方中的一方通过"发誓"的手段提出某种特定的证据来证明，或最后只是做出了有限理性的司法取证。由于这些具体情形，审判结果就不可能形成限定的习惯性规定。

其次，彝族民间故事《锅演八》也是类似的典型案例。彝家山寨有个叫锅演八的人，好吃懒做，但有点儿小本领，就是听得懂鸟语。一天，一只乌鸦飞到他门前的树上叫："锅演八，东面山上有只羊，你吃肉，我吃肠。"他到山上看，果真有只死羊，便高兴地背回家，但忘记给乌鸦留下肠子。过了几天，乌鸦又告诉他山上有头牛。他手提砍刀到山上一看，是个死人，刚要转身走，查案的官差到了，看他手里拿着刀，就把他当凶手（嫌疑人）抓走了。在县衙里，他向县官说了事情的来龙去脉，县官将信将疑，最终还是判决重打他四十大板。被打后的锅演八歪歪倒倒地在路上走着，乌鸦又追着他叫："贪心人，该打！该打！"①

从该案例来看，锅演八的自辩是为了增强裁判说理性的要求，其本身实际上是对话论证式司法裁判的一种形式。但"谁要是对什么东西进行证立，那他至少在表面上要把其他那些至少与证立活动有关的当事者接受为具有同等地位的证立伙伴……"② 站在县官的角度，他要求嫌疑人不仅能够针对可疑的案情，而且能够超越此点针对任何与案情有关的人或物提出辩护。显然，同时向动物取证是不可行的，最后导致嫌疑人仍被责罚。

因此，在单个判决形成的规则之外还看不到其他形式的法律准则，判决结果亦缺乏目的合理的性质。这是一种放弃追求普遍性而仅仅满足于一连串特殊性的法律进化路径，这些个案判决的原则也很少能被有意识地发展成为规范更多司法案例的普遍适用的"法的准则"。梅因认为："毫无疑问，早期的判决，不论是国

---

① 《锅演八》，《元江民族民间文学资料》（第六辑），元江哈尼族彝族傣族自治县文化馆，1986。

② 〔德〕罗伯特·阿列克西：《法律论证理论》，舒国滢译，中国法制出版社，2002，第239～240页。

王的或是祭祀的，不论是纯粹世俗的或是幻想为神灵所启示的，在确定习惯法的形式、范围以及方向上，确有很大的影响。"① 值得说明的是，在司法审理中，任何取证方法都应被视为手段，而非不变的准则，只有而且必须用其中的一些方法来验证另一些方法，补充和加强存在缺憾的地方，才能在需要的时候，为所依凭的法律提供最好、最有效的保障工具。然而，决疑论证的非理性或有限理性让人们仅拘泥于向宗教中的神灵顶礼膜拜，忽视了与"正义原理"一样艰深的真理和原则。缺陷得不到纠正，司法审判就只能是一系列孤立的判决，远远达不到"正义、公平和安全"等理性目标。由此可见，西南少数民族司法审判所具有的决疑论证性质，使得法律就像一个幼稚的孩童一样，其成长急需要正确的引导。

## 第三节　刑法的单纯性

前述可知，在那些个人的犯罪行为会危害到他所属邻里、家族、宗族的地方，以及会危害到政治团体全体成员的地方，都会有刑法的发展。霍贝尔在《原始人的法》一书中说："法律有牙齿，必要时会咬人。"② 涂尔干将"会咬人"的法律分为两种："一种是建立在痛苦之上，通过损害犯人的财产、名誉、生命和自由，或者剥夺犯人所享用的某些事物，至少要给犯人带来一定的损失，这种制裁被称为单纯的压制性制裁……第二种制裁并不一定会给犯人带来痛苦，它的目的只在于拨乱反正，把已经变得混乱不堪的关系重新恢复到正常状态……"③ 因此，法律的内容有两

---

① 〔英〕梅因：《古代法》，沈景一译，商务印书馆，1996，第 11 页。
② 〔美〕霍贝尔：《原始人的法》，严存生译，贵州人民出版社，1992，第 23 页。
③ 〔法〕埃米尔·涂尔干：《社会分工论》，渠东译，生活·读书·新知三联书店，2000，第 32 页。又见于李伟迪《涂尔干法律的社会团结功能评析》，《吉首大学学报》（社会科学版）2011 年第 6 期。

类：一类是有组织的压制性制裁法，另一类是纯粹的恢复性制裁
法。第一类只有刑法，第二类则包括民法、商业法、诉讼法、行
政法和宪法等。涂尔干认为，一般而言，恢复性制裁是要将事物
"恢复原貌"，而刑法这种"压制法"体现的是社会的机械团结。
两者的不同之处在于，前者并不完全属于集体意识的范围，① 而后
者却与集体意识的核心遥相呼应。

## 一 压制性制裁措施

（一）在同一团体内部，对损坏私有财物、伤人或杀人的
罪行大多只要求赔偿"命价"

所谓"命价"，即"金钱形式的损害赔偿"。值得一提的是，
即使如此，它仍然是刑法中的一种"赔罪"方式，并非我们今天
所说的"纯粹民事赔偿"。赔偿"命价"，就是指在发生私有财物
损害、伤人或杀人案件后，受害人家属向加害人或其家属索要一
定数量的金钱或财物，加害人或其家属则给付相应的金钱或财物，
双方就此达成和解的一种债务及命案的纠纷解决方式。② 例如，彝
族神话《阿衣打与五股水》讲述，有个老人骑着匹毛驴来到一个
村子。毛驴走在田埂上，一不小心，一只蹄子踩进了秧田。看秧
田的妇人一把抓住毛驴脚，要老人赔，老人赔银子也不行，这个
妇人非要老人赔那只毛驴脚，老人只好砍下毛驴脚给她。③ 这个案
例显示，早期的债务确实有"赔罪债务"的性质，跟债务人的人
身权利（例如生命权、安全权等）紧密相连。由于彼时普遍存在
的"人与动物有所关联"的思想，可以说，此案例中的"毛驴"

---

① 例如家族统治者最初有不受任何限制的"处置权"，这种独断专横常常为惯例
所不赞同。
② 杜文忠：《"赔命价"习惯的司法价值及其与现行法律的会通》，《法学》2012
年第1期。
③ 《阿衣打与五股水》，《楚雄民间文学资料》（第三辑），云南省社会科学院楚雄
彝族文化研究室，1982。

正是欠债者人身的象征。①

此外，彝族神话《五十两银子救三条命》讲述，从前有一个书生上京赶考，途中遇到一个怀有身孕的妇人，手上牵着一个孩子，边走边哭，非常悲伤，书生上前打听才知，原来她的男人犯了法，须交五十两银子才可赎命。② 而且，在处理这种团体内部债务的时候，"严禁夺财抵债，如一个人欠多人的债还不了，可通过仪式和解。如太穷不能偿还，可用一物象征性地表示偿还，不能逼迫债务人死亡"。③

民族志资料显示，在凉山彝族地区，如果杀人一方是处于无意或被判"有理"，则可以赔人命金的方式代替偿命。④ 景颇族、藏族受宗教的影响，认为灵魂不灭，生死可以轮回，生命死而复生，一般不对杀人犯判处死刑，认为即使判处死刑也不是最严重的处罚，而是要求罪犯赔偿被害者的命价。景颇族的"命价"按规定一般为八至十头牛不等，此外，还会要求按身体各部位，如头发、脑子、眼睛、耳朵、手脚、肋骨、肚子、肠子、腰、脊骨、头皮和身体分别以羊毛、玛瑙或银子、宝石、打火石、大刀、长矛、瓮罐、料珠、铁三脚架、枪、锅、首饰银泡衣服等进行赔偿。⑤ 此外，云南迪庆藏族的"命价"一般以马、牛、羊或金银首饰等贵重物品计算，少则数千元，多则万余元，而青海黄南藏族自治州部分地区的命价约为五千元，这种情况在青海海南、海北自治州也存在。⑥ 一般

---

① 详见第四章第一节之三"法律的随意性"中的（二）"通过司法调解方式保障的私人权益也不是对固定法律规则的应用"。

② 《五十两银子救三条命》，《三女找太阳——楚雄市民族民间文学集》，云南人民出版社，2001。

③ 陈金全、巴且日伙主编《凉山彝族习惯法田野调查报告》，人民出版社，2008，第41页。

④ 陈金全、巴且日伙主编《凉山彝族习惯法田野调查报告》，人民出版社，2008，第31页。

⑤ 裴佩华：《景颇族山官制社会研究》，中山大学出版社，1988，第89~95页。

⑥ 陈光国：《民主改革前西藏法律规范述要》，《中国社会科学》1987年第6期。陈光国：《藏族习惯法与藏区社会主义精神文明建设》，《现代法学》1989年第5期。

来说，平民杀死头人的命价是头人杀死平民命价的三倍多，这些都体现着严格的身份等级秩序。①

梅因说："古代社会的刑法不是'犯罪法'，而是'不法行为'法，或用英国的术语，就是'侵权行为'法。被害人用一个普通民事诉讼对不法行为人提起诉讼，如果他胜诉，就可以取得金钱形式的损害赔偿……这个特点，最有力地表现在日耳曼部落的统一法律中。他们对杀人罪也不例外有一个庞大的用金钱赔偿的制度，至于轻微损害，除少数例外，亦有一个同样庞大的金钱赔偿制度。"② 也就是说，根据习惯法，西南少数民族地区奉行以交纳赔偿金代替惩治的方式，受害者对施害者的权益要求主要是根据随后的惯例实践固定了赔偿率的。

（二）只有当一个个体的违法行为危害到他所属团体安全的时候，大家才会采取一致的行动用私刑将其处死

首先，彝族民间故事《一眼之地和一马之地的传说》讲述，撒尼人地区出了一个杀人狂魔，看见有人不顺他的眼或惹了他，他就大开杀戒。为了除掉这个杀人恶魔，一些土司头目商议出榜，谁铲除杀人狂魔，"一马之地，一眼之地"随其选一。③《老变婆的故事》讲述，以前有一家姐弟俩和妈妈住在山坳里，一天，妈妈在回家的路上被同村一个老变婆吃了，老变婆又变成妈妈的模样来到家里把和她夜里睡一头的弟弟吃了，姐姐最后在三个牧羊人的帮助下一梭镖把老变婆杀死了。④《老毛人的故事》也讲了一个类似的传说，密林深处住着母女三人，会吃人的老毛人吃了母

---

① 杜文忠：《"赔命价"习惯的司法价值及其与现行法律的会通》，《法学》2012年第1期。

② 〔英〕梅因：《古代法》，沈景一译，商务印书馆，1959，第208页。又见于杜文忠《"赔命价"习惯的司法价值及其与现行法律的会通》，《法学》2012年第1期。

③ 《一眼之地和一马之地的传说》，《路南民间故事》，云南民族出版社，1996。

④ 《老变婆的故事》，《昭通民族民间文学资料选编》（第一集），昭通县民委、文化局，1983。

亲和妹妹，大姑娘在几个过路男人的帮助下用烧红的铁钩戳死了老毛人。① 《阿牛的奇遇》讲述，南冲河岸有个新建成的南山寨，旧寨的寨主罗尼知道后，请来独眼风水先生施展种种毒辣害人的手段，想把里面的龙女、田坝、庄园抢到手。龙女以牙还牙，在穷苦人的帮助下，旧寨主罗尼和风水先生终被杀死。② 在前面提及的《蛙女》中，长生最后在好友百灵鸟和松鼠的帮忙下，将同村的仇人巴黑一家烧成灰烬。③

其次，傣族神话故事《太阳和月亮》讲述，有兄弟俩，起初哥哥岩底做了首领，但是因为他不管人们的死活，人们对他很不满，就另选岩尖为首领。不久，岩底带领天兵来攻打报复，结果被捉住烧死了。④

## 二 血族复仇也受固定形式的约束，程度上会有所不同

（一）与团体内部的处理方式不同，针对家庭、家族、宗族或村寨等团体外部的报复则要残酷和严厉得多，这个时候，刑法就直接通往"刑事惩罚"的阶段了

### 1. 受害人会在所在团体的帮助下，对施害者采取体罚、捉拿、摧残肢体、处死等方式进行报复

例如，彝族神话《美姑娘之死》讲述，从前有个汉子看上一个美姑娘，想把她娶来当小老婆。没想到，事情没有办成，美姑娘还因此而死去。主人家知道后，就把这个汉子痛打了一顿。⑤ 《金蛋》讲述，从前有个叫菊妹的姑娘，父母被财主刘彪逼死，后

---

① 《老毛人的故事》，《路南民间故事》，云南民族出版社，1996。
② 《阿牛的奇遇》，《云南民间文学集成·石屏故事卷》，石屏县文学艺术工作者联合会，1996。
③ 《蛙女》，《嶍峨风情》（续集），峨山彝族自治县民委，1986。
④ 《太阳和月亮》，《中国少数民族神话（上）》，中国民间文艺出版社，1987。
⑤ 《美姑娘之死》，《景东县民间文学集成》，景东彝族自治县民委、文化局、文化馆，1988。

来她的癞蛤蟆儿子变成鹰，把恶霸刘彪的眼睛啄瞎了。① 《石阿采
降妖》讲述，从前捕蚌附近的倒马箐岩居住着女妖扎能，她吃掉
了许多小伙子，倒马箐白骨成堆。红万村的聪明小伙石阿采决定
为民除害，最后女妖跳崖死了。② 《夫妻峰》讲述，青年苦生和姑
娘云诺常来常往，亲热无比。一个外号叫"大恶狼"的财主，想
逼云诺嫁给他的傻瓜儿子，云诺誓死不从，"大恶狼"一气之下派
一伙打手把云诺抢回家中。苦生为救出云诺，带领寨子里的小伙
子们同"大恶狼"的打手打了几次。③ 《拜梅维鲁》讲述，有个极
其残暴的山官遍选美女供自己蹂躏糟蹋。梅维鲁宁肯牺牲自己，
也要拯救那些受害的姐妹，她与山官一起饮下了毒酒。④ 在凉山彝
族地区，杀人者抵命，处死方法多为枪决或勒令服鸦片、毒药。⑤

**2. 这种报复甚至会延及被报复人所在团体，因为这也是团体
连带责任的一部分**

首先，彝族神话《烧牛肉与煮鸡蛋》讲述，很久以前，圭山
一带有个叫阿占的山官盘踞在乍龙山头的城堡里，他经常带着爪
牙到各村寨烧杀抢掠、奸淫妇女，掳掠村中男女做苦力。有一个
叫腊将的青年农民，从山上狩猎归来发现自己的村子已遭阿占血
洗，决定报仇雪恨，便联络了九村十八寨的劳苦大众，组织了声
势浩大的抗暴队伍，用火攻下城堡，杀死了阿占。⑥ 《白三少爷》
讲述，从前通海四街乡白兴寨有个白三少爷，在跟一个汉王比武
的时候，少爷的好友尼塞终用箭射死了汉王，汉王家兵扬言要杀

---

① 《金蛋》，《禄劝民间故事》，禄劝彝族苗族自治县文化局，民间文学集成办公
　室，1991。
② 《石阿采降妖》，《弥勒民族民间故事》，民族出版社，2003。
③ 《夫妻峰》，《哀牢山彝族神话传说》，云南民族出版社，1990。
④ 《拜梅维鲁》，《云南省民间文学集成·牟定县综合卷》，牟定县民间文学集成
　办公室，1989。
⑤ 陈金全、巴且日伙主编《凉山彝族习惯法田野调查报告》，人民出版社，2008，
　第31页。
⑥ 《烧牛肉与煮鸡蛋》，《昆明民间故事》（第一辑），昆明市民间文学集成办公
　室，1987。

光姓白的俣俣人，所以姓白的之后都改为姓李，只有一家搬到水磨石至今保留姓白。① 《细奴逻与乌龙剑》中提到，濮人因捉拿细奴逻不成，转而报复烧杀其族人。《格勒和他的羊》讲述，众乡亲担心格勒的安危，想办法营救他。后获悉山官外出打猎的消息，大家立刻拿上弓箭去攻打官庄，救出了格勒，又浩浩荡荡地向山官打猎的山头奔去，一举清除了家丁和山官。彝族民间故事《阿梭和星姑娘》讲述，寨子里有个心地狠毒的财主，他听说阿梭娶了个天仙般的美女，便想抢来做他的第十三房妻子。后来星姑娘用巧计将财主置于死地。财主之子白萨若为报父仇，带领家丁们将阿梭和星姑娘躲藏的山团团围住，并命家丁用火烧山，想把阿梭和星姑娘活活烧死。② 《清和桥》讲述，对歌失败的纨绔子弟李发贵带领爪牙把桥生和阿秀抓押了起来。桥生和阿秀的儿子铁山长大后，一把火烧了李发贵全家。③

其次，哈尼族神话《葫芦笙舞》讲述，很久以前，阿叔寨与徐遮寨发生纠纷，阿叔寨恃强凌弱。为反抗阿叔寨的欺凌，徐遮寨人在寨门前点起火把，又唱又跳，摇摆火把喊道："阿叔寨人你们瞧，徐遮寨摇摇。"以此表示能在人面前摇摆（跳跳舞），徐遮寨人不怕受欺凌。④ 《蛇螺相争的故事》讲述，很久以前，风景秀丽的云雾山下有两个哈尼族村寨，他们喝的是一条管里流淌的清泉，曾经亲如一家。后来，两个村寨的人口多起来了，种荞的山坡地改成梯田种稻，两村人都开沟引山泉去灌溉梯田，因争水而发生打斗，死了不少人。⑤

---

① 《白三少爷》，《通海县民间文学集成》，通海县文化局、文化馆，1999。
② 《阿梭和星姑娘》，《哀牢山彝族神话传说》，云南民族出版社，1990。
③ 《清和桥》，《峨山民间文学集成》，云南民族出版社，1989。
④ 《葫芦笙舞》，《普洱县民间舞蹈资料卷》，普洱哈尼族彝族自治县民委、文化广电局，1989。
⑤ 《蛇螺相争的故事》，《绮丽的山花》，元阳县民委，1984。

（二）由于缺乏考虑"过失"的动机，团体外部的复仇者只是针对被告"不义"的行为或客观上激起他"血族复仇"的情感而采取相应的报复措施

今天，"过失"在法律上指应注意、能注意而不注意造成了危害，它经常涉及社会利益、道德和经济之间的平衡。现代刑法规定，根据犯罪行为人在作案时心理状态的不同，可以把犯罪划分为故意犯罪和过失犯罪。① 对于过失犯罪，一般免予刑事处罚，法律有规定的才负刑事责任。但在早期的西南少数民族地区，并没有这种明确的区分，表现如下。

**1. 按照习惯法，任何一个团体及其权力持有者对隶属本集团的受害人承受的不公或被指控人的某桩"罪恶"要负连带责任**

例如，彝族神话《细奴逻与乌龙剑》提到，濮人因捉拿细奴逻不成，就转而烧杀其族人报复。《金牛》提到，茂莲和环洲的土司不和，两家经常发生诉讼和械斗，冤仇也越结越深。② 《火把节的传说（三）》讲述，小伙子阿查与山官头人魔哈赛马比剑，不幸坠入深渊。姑娘诺娜因四处寻找阿查累死在悬崖之下。据说诺娜的父母也被魔哈杀害，阿查回来后，与众乡亲一起商量复仇的办法。次日，阿查就带领乡亲们高举着上千支火把奔到魔哈家，焚烧魔哈宫殿，烧死了魔哈，不但为诺娜报了仇，也为乡亲们解了恨。③ 《马坟泉》讲述，有一匹马为了替被打得半死的主人报仇，跑进财主家踩伤了财主及财主婆，还踩死了他家的独儿子。④ 《陶府木马两家的传说》讲述，陶府家和木马家隔着一座打鹰山。有年秋天，不知何故，两家结了怨仇，木马家当天夜里派出兵马把

---

① 《故意犯罪与过失犯罪》，《法律快车刑法》，http://www.lawtime.cn/info/xin8ta/guyifanzui/最后访问日期：2017年5月31日。

② 《金牛》，《武定县民族民间文学集成》（油印本），武定县文化局、民委、民间文学集成小组，1988。

③ 《火把节的传说（三）》，《大姚县民族民间文学集成》，云南民族出版社，1991。

④ 《马坟泉》，《元江民族民间文学资料》（第五辑），元江哈尼族彝族傣族自治县文化馆，1985。

陶府家的谷子割完了，陶府家就放出一群大象，要去踏平木马家。[①] 白族神话《白王嫁女》提到，风羽罗坪山下英武部落的首领白王曾经答应将三公主许配给后山部落的黑王做妻子，但由于三公主与舍利子私订了终身，黑王就用一副铁甲封住罗坪山口，欲以淹没英武部落来进行报复。[②]

由此可见，复仇者（濮人、陶府家、阿查、铁山、马、黑王）和其所属团体要求的权益，实际上并没有把需要复仇的罪行（是否过失犯罪）同被告人（细奴逻、木马家、山官头人魔哈、李发贵、财主、英武部落）纯粹有民事赔偿义务的不合法区分开来，或者说二者的区分仅仅处在萌芽状态。

**2. 为了符合社会舆论的要求，"法官"甚至会强加所有附加的折磨给予被报复的对象**

例如，彝族民间传说《格勒和他的羊》提到，有个叫格勒的青年被山官下令捆起来关进牢里毒打。[③] 从民族志资料来看，彝族、纳西族都把虎当作自己的祖先对待，如果发现有外人伤害了象征自己祖先的动物时，会对施害者鞭笞、罚款，甚至把其投下水牢。凉山彝族地区，被判"无理"的一方若交不出罚款和赔款，即不能用钱了结官司，则要被关押在兹莫的监狱中，用不同重量的枷或铁链锁住；关押时间的长短视案情而定，被关押期间，伙食自理。[④] 此外，景颇族还有闷水、捞开水、煮米，彝族有打鸡、打牛、抱石块等附加的惩罚。霍贝尔说："法执行着维护最简单的社会之外的所有社会秩序的基本功能……在原始法律中，这种权威通常被直接赋予受侵害的个人，有时则由共同体代表社会利益

---

① 《陶府木马两家的传说》，《景东县民间文学集成》，景东彝族自治县民委、文化局、文化馆，1988。

② 《白王嫁女》，《姑娘龙》，洱源县民间文学集成办公室，1985。

③ 《格勒和他的羊》，《楚雄市民间文学集成资料》，楚雄市民委、文化局，1988。

④ 陈金全、巴且日伙主编《凉山彝族习惯法田野调查报告》，人民出版社，2008，第31页。

行使。"① 因此，这些折磨被认为符合惩处"渎神罪"的性质，亦是刑罚的一部分。

由上可知，拥有某种神圣习惯法的默契共同体或社会化团体，在一个家庭或家族中，由家长或族长负责调解争端。而通过明确"结义"行为结成的异族团体，在双方自愿共同祭献同一个"族际神"的基础上，主要依据"条约"、"协约"等类似"成文法"的方案来解决这些纠纷。然而，在古老的刑法里，单纯的压迫惩罚和刑事制裁措施，例如"赔罪"，与宗教活动中的"禳解仪式"、"赎罪仪式"在性质上是完全一致的，它们都是为了平息愤怒者的情绪，以建立和平、安全的社会秩序为目的。由于其中还没有民事赔偿义务的观念，就只要求被告"赔罪"。相比较而言，今天通过"自由契约"或"目的契约"形成责任进而推动法起源的思想，在原始的权利里是完全陌生的。在那时，有义务付出和要求的权益只有一种，就是对施害者造成损害的"赔罪"要求，这也是最古老的债务——"赔罪债务"形成的真相。实际上，私法合约中的其他债权债务关系，例如婚姻财产债务、家庭财产的继承权等都渊源于此。

总之，站在今天的理想高度，如果我们假定，西南少数民族地区的原始"法官"们在那时就已经将事先确立的某个法律概念、法律原则或司法先例作为前提，根据纯粹的逻辑推理，逐步发展至它的逻辑限度；或已经借助相关的外部资源，丰富了这些概念、原则或先例，在此被修改的前提下运用逻辑工具建构和完善法律体系。然而，判断普遍、客观的法律准则是否在此判决之前就普遍存在，有赖于对判决的结论与现存原则、先例之间的关系进行评估。基于以上分析，我们可以看出，那些神判案例事实，在这些地区的司法审判中，指引这些地区的"法官"做出舍此取彼的选择。因此，期望彼时司法审判就完全理性化、期望刑法完全改变单纯压迫性制裁的特点，无论如何都是一种奢求。

---

① 〔美〕霍贝尔：《原始人的法》，严存生译，贵州人民出版社，1992，第244页。

# 第五章  南诏、大理国古代区域性 地方政权 "国家法" 的 形成规律

南诏、大理国二者几与唐、五代十国及宋朝相始终，其疆域包括今云南全境、四川南部、贵州西部、缅甸北部、老挝及越南北部的广大地区。[①]

南诏古代区域性地方政权奠基于唐贞观二十三年（649 年）蒙舍诏（南诏）细奴逻时期，唐开元二十六年（738 年）唐王朝支持蒙舍诏皮逻阁统一 "六诏"，建立大蒙政权，皮逻阁被唐朝皇帝册封为 "云南王"，从此开始了南诏在云南长达二百余年的统治。902 年大封民权臣郑买嗣迫南诏孝哀皇帝蒙舜化贞退位，并杀死他，自立为帝，改国号为大长和（或说 "大" 为尊称，国号本名为长和）。因此，大长和（902～928 年）是五代十国时期建立于今云南地区的短暂政权。经过五代十国动乱之后，北宋王朝建立，中央政府册封云南地区的大理国首领段思平为 "云南大理国主" 和 "云南王"，大理国建立。南宋王朝继续承认大理国旧主世袭国王的地位。加起来，南诏、大理国统治云南的时间有五百六十多年，一直延续到南宋宝祐元年（1253 年）忽必烈率军从四川渡金沙江从滇西进攻大理国，大理国灭亡为止。

名义上说，唐宋两代，南诏、大理国均是隶属中央王朝的地方政权，与中原王朝保持着臣属关系，但是，二者实质上是独立

---

① 大理国时周边边界有所收缩。

王国。他们虽以遣使贡献方物等方式与唐宋政权结盟，但是，这种表面维系着臣属关系，实际自成一体的独立国家现象也曾经存在于华夏族政权与北方强敌政权之间，例如西汉与匈奴、北宋与辽、南宋与金及西夏之间的和亲、上贡与结盟关系中，迫于敌强我弱的形势，某些华夏政权甚至自称"儿皇帝"。研究表明，在这些古代区域性地方政权"国家法"形成的时候，宗教、禁忌、习俗等因素的确是被人为地整合进了成文法的章程之中而受到了某些行政机关的强制。例如三次南诏同唐王朝的战争结束之后，二者都有"结盟"关系发生，在第三次南诏与唐王朝的战争结束之后，唐僖宗还把安化公主嫁给南诏皇帝隆舜以"和亲"，这些"盟约"或者"和亲"协定皆是最早的国家法形成证据，同时，它们也或多或少地在彝族或者白族流传下来的神话传说、迁徙史诗、民间故事中得到讲述。

客观上说，南诏、大理国统治云南期间，云南的社会经济较前有所发展，形成了值得我们后人研究、较为独特的古代区域性地方政权"国家法"制度。而这种国家法制度的形成，亦有客观的历史条件和制度因素深藏其间。

## 第一节　历史条件

前述可知，在宗教、禁忌、习惯成为法律维护主要手段的（西南少数民族）地区，"立法"和"司法"本质上没有什么差别：因为在二者之中，既不存在法的客观准则，也不存在法的主观权利；它们既没有形成我们今天意义上的"实质法"，也没有"诉讼法"的内容。

可以说，在南诏、大理国相对和平的时期，国内社会秩序的维持还是主要依靠大量的传统习惯法来调整的。然而，使法在一定程度上从宗教准则、戒律和习俗的束缚和保证中解脱出来，推动法律适用的世俗性思考，从而使司法诉讼有条件尽可能利用

"客观的准则"来做出判决，以创造"国家法"形成和转变的条件，或者说这一最强大的力量，主要还是来自旧政权中某些军人推动的改革以及民族大迁徙的历史背景。

## 一　军人推动的改革

### （一）战争因素

首先，南诏政权与唐王朝之间时有战争发生，例如《旧唐书·南蛮传》、《新唐书·南蛮传》，以及《通鉴纪事本末》中均提到唐朝和南诏进行过的三次战争。第一次是唐玄宗天宝末年，779年，唐朝击败吐蕃、南诏联军。唐德宗时，剑南节度使韦皋招降南诏，与之结盟，共同打击吐蕃。第二次在829年，南诏弄栋节度王嵯巅侵犯西川，攻下成都外城。郭钊、李德裕到成都代替杜元颖，后与南诏立约互不侵扰。第三次在唐懿宗时，南诏王世隆先后攻陷邕州、交趾，占据数年，后被唐将高骈击败。之后，两国重归于好。

由于战乱频繁，就有很多与战争有关的神话传说故事流传了下来。例如彝族英雄神话传说《阿什色色和布阿诗嘎娓》讲述，阿什色色是阿司色匹地方的人，是当地最顽强、最勇敢的男子汉。万物之主恩梯古兹派他去平定北方日浦觉觉地方。阿什色色平定了日浦觉觉的动乱，将布阿诗嘎娓娶为妻带回家。恩梯古兹又传话说："布阿诗嘎娓永远不得回娘家与亲人见面，否则天下的女人从此都要嫁人。"还规定了处罚措施——谁不嫁人谁就要浑身腐臭、灾难重重。后来，布阿诗嘎娓果然违反了恩梯古兹的话，从此，天下的姑娘都要嫁人了，人间的婚嫁就这样开始。①《洛婴死的传说》提到，为了救出洛婴，老鹰与水蛇交战。老鹰知道胜败与天气等节气时间有关，因此，只有到秋天，老鹰才会成群结队

---

① 《阿什色色和布阿诗嘎娓》，《彝族民间故事》，云南人民出版社，1988。

往东飞去与蛇打仗。① 《平坡孟获大王土主》讲述，孟获大王是向阳村彝族所供奉的土主，孟获将军与百姓亲如一家，与士卒亲如兄弟。有次，他见大蟒害民，就砍了蟒胆灯，把大蟒打死，变为铁柱。后人称孟获为"铁柱大王"，谥号"十方大圣点苍昭明镇国六圣灵帝"。② 《吴土主》讲述，相传，南诏王被红盔红甲兵追赶到一座悬崖峭壁之下，无路可走。据说，在这紧急关头，忽杀出一队人马，为首的将领白盔白甲，战旗上写着"吴"字，救了南诏王一行。回到国都后，南诏王立即下诏，敕封白甲将军为吕合地区的土主。③ 《茶返寺、蒙家寨、蒙家桥的故事》提到，茶都督的后代一心想光复蒙氏政权，就在山下建了一个好结英雄的铺子，人们叫它蒙家寨。蒙家又在黑河上造了一座桥，人们叫它蒙家桥。又说大理有佛助威，巍山有道法术，还做了许多纸人纸马、黄蜡兵器，等待时机起事。④ 《金马寺的来历》提及，孟获在大理登基为王，骑着白马率军东征西战，战无不胜。攻占昆明后，为了记住白马的功劳，孟获就在昆明塑金马像册封白马等功臣，金马像所置的地方就是今天的金马寺。⑤ 《龙王和铁柱庙》讲述，三国时期，孟获与诸葛亮打仗，诸葛亮知道孟获为龙孙，不敢杀害，还封其官职。孟获建铁柱庙后，也塑诸葛亮像供奉。后来，孟获的官位传至二十一世孙独逻，白王张乐进求念及两族手足之情，率独逻朝拜铁柱庙，见金丝鸟落于孟获孙独逻肩上，即招其为驸马，授大权，使他登上王位。之后，独逻传王位给逻盛，逻盛又传给盛逻皮，盛逻皮传给皮逻阁，从而开创出南诏

① 《洛婴死的传说》，《昭通地区民族民间文学资料选编》（第二集），昭通地区文化局、民委，1985。
② 《平坡孟获大王土主》，《漾濞民间文学选》（第一集），漾濞彝族自治县文化局，1986。
③ 《吴土主》，《楚雄市民间文学集成资料》，楚雄市民委、文化局，1988。
④ 《茶返寺、蒙家寨、蒙家桥的故事》，《巍山彝族回族自治县民间故事集成》，巍山彝族回族自治县民间文学集成办公室，1988。
⑤ 《金马寺的来历》，《昆明民间故事》（第一辑），昆明民间文学集成办公室，1987。

基业。①

由此可见，在战争期间，战争首领有着重树权威、创制法律以昭告世人的资格和条件，以上的战争领袖，如恩梯古兹、老鹰首领、孟获大王、南诏王、蒙家寨里的蒙家、白王张乐进求等在"立法"上做出了许多惊人的举动。

其次，这些战争领袖往往利用掌握的军事权及行政权等权力，通过达成一致的命令或者强加的章程颁布新的法令，这在很大程度上改变了祖宗之法。白族神话《南诏景庄王世隆》讲述，南诏十一代国王世隆在位时，勇抗唐兵南征，夺回唐兵抢走的南诏青壮男女和牛羊财物。之后又重武修文，扩充疆土，为百姓修渠，还在弥渡竖起铁柱。② 著名的崇圣寺铜钟"其状如幢"、"声闻百里"、"宇内罕有"，是云南最古之铜钟，铸成时间在南诏建极十二年，即唐懿宗咸通十二年（871 年）南诏与唐王朝的战事期间建立，以铭记南诏国的丰功伟绩。历史文献记载，五代十国时期，后晋天福二年（937 年），战争领袖、大理国开国国主白族段思平联络滇东三十七部进军大理，推翻了南诏权臣杨干贞的"大义宁"政权，次年（938 年）建立"大理国"，并定下"岁岁建寺，铸佛万尊"——在各地广建佛寺，大铸佛像及钟鼎法器，这就是以佛教为国教的大理国"国家法"制度。

最后，有些时候，这些军事首领甚至通过"无中生有"的手段创造新的法律准则，这些新的法律准则之承载物，除了上面提到过的崇圣寺铜钟之外，据考古学资料证实，在今大理白族自治州弥渡县西有一个"铁柱庙"，庙中的铁柱，高 3.20 米，周长 1.05 米，上面刻有许多铭文，正是战争期间创造的"国家"法律之重要物证。而据唐刘肃所著的《大唐新语》和《新唐书·吐蕃传》载：唐中宗时，御史唐九徵击姚州叛蛮，破之，"尽刊其城垒，焚其二桥，命管

---

① 《龙王和铁柱庙》，《弥渡民族民间故事传说集》（第一集），弥渡县民间文学集成办公室，1986。

② 《南诏景庄王世隆》，《白族本主神话》，中国民间文艺出版社，1988。

记间邱均勒石于剑川，建铁碑（柱之误）于滇池，以纪功焉"。据方国瑜先生进一步考证："作为军事首领的唐九徵所铸铁柱不可能在滇池附近，而应该是在波州，即今祥云县城区。"① 铁柱上有款识一行："维建极十三年岁次壬辰四月庚子朔十四日癸丑建立。" "建极" 为南诏十一代国主景庄王世隆的纪年。建极十三年为唐懿宗咸通十三年，即公元 872 年。可知该铁柱为南诏遗物，被今天的人称为 "南诏铁柱"。有人研究后还提出，南诏的这根铁柱高达 3.20 米，一次无法铸成，要分 5 次铸造后连接起来。②

由此可见，不同于祖宗之法，由于要围绕诸如 "建国"、"建庙"、"上贡"、"纪功" 等新的主题 "立法"，国王、王公大臣，甚至叛将、敌人等相关利益者的主观权利、法律适用等规则和准则，都会被重新分配和制定。

（二）安全借口

首先，为了所谓 "保境安民" 等普遍性安全的需要，好战的 "王侯" 们不仅比和平时期的头人、巫师、祭师等 "法官" 们③拥有更广泛的立法权，而且还人为地使这种政权较长时间地保持着军事的性质。彝族神话《铁柱庙的传说》提到，毗雄江边上住着为人做好事的老两口，那年地震时，老婆婆织布用的纺锤被震落到地上后不断往上长高，乡亲们说那是镇邪钉的铁柱，能够保佑村寨的安全，就给它盖了屋子，这就是今天我们见到的铁柱庙。从此，每年正月十五各族群众都来这里集会，纪念两位老人，祈求铁柱的保佑。④《法嘎王》讲述，相传东川罗音山下有个叫法戛的彝族青年，为了让受苦的娃子们摆脱官家和土司的压迫，筑起

① 方国瑜主编《云南史料丛刊》（第二卷），第362、363页。
② 陈润圃：《南诏铁柱辨正》，《文物》1982年第6期。
③ 这些平时的 "法官" 们还包括先知等神职人员，甚至世俗政治团体中的头人、年长者等。
④ 《铁柱庙的传说》，《弥渡民族民间故事传说集》（第一集），弥渡县民间文学集成办公室，1986。

了石头城，接来了母亲、妹妹及不愿当娃子的穷苦乡亲，过上了
自由自在的生活。① 《镇龙将军段思平和赤龙王子》提到，大理国
时期，洱海边上群龙争斗，使一些地方发生灾害，百姓处于水深
火热之中。段思平看到子民饥寒交迫，为了大家的和平和安宁，
就令子为龙前往撵走在西洱河作怪的两条龙，为民除害。② 由此可
见，正因为有了"保境安民"等普遍性安全的借口，军事领袖们
才有条件给法的进一步发展和完善带来实质性的影响。

其次，军事领袖们还建造过很多新的羁押地关押战犯或违反
军事纪律者，在马克斯·韦伯的《经济与社会》一书中写有："监
狱是水井形状的洞穴，犯人在洞中蹲在污秽和害虫之中。在朱迪
亚（Judea），我们发现监狱被建在深坑里。在古代墨西哥，监狱是
由木笼子组成的，囚犯被绑在木笼子上，几乎吃不到任何东西。
在雅典，被拘押的人所受到的惩罚是佩带镣铐，这是很丢脸的事
情。在瑞士，为了让逃跑变得更困难，囚犯被置于铁箍中。在日
本，监狱被称为'地狱'。"

"羁押"这种刑罚还会逐渐成为有用的有利于维护政权和国家
统治的监狱制度，而神话一般通过被关押者极其不幸的命运来描
述这种有着近代主义特色的监狱制度。《慧生救旱盗仙水》讲述，
从前大理阳乡村的小伙子慧生找遍苍山十九峰也没有找到救旱的
水，但他的虔诚感动了苍山神（白胡子老人）。苍山神赐他羽扇和
隐身衣，他到天上偷了王母娘娘瑶池的水洒向苍山，变成十八溪，
使大理人享受到永久的灌溉水源。这被王母发现后，慧生也被监
禁了起来。③ 有时监狱就是深潭洞穴，例如《龙女（一）》提到，
曾经有个少年因残杀生灵有罪被贬在马土龙深潭监禁。④ 《三月三

① 《法嘎王》，《中国民间故事集成·云南卷》，中国 ISBN 中心，2003。
② 《镇龙将军段思平和赤龙王子》，《白族本主神话》，中国民间文艺出版社，1988。
③ 《慧生救旱盗仙水》，《白族本主传说故事》，云南民族出版社，1999。
④ 《龙女（一）》，《玉溪市民间文学集成》，玉溪市文化局、民委、文联、群艺
　 馆，1989。

的传说》讲述，唐朝时期，朝廷大将马三宝带着兵马和一个叫"癞娘娘"的女将打仗，癞娘娘打不赢马三宝，兵马被囚禁在山腰的一个大山洞内。① 而监狱的材料有时就现取材于自然。例如《石羊沟》提及，猛仰的爷爷在打猎时误伤了傈作酋长的猎鹰，被酋长捆起来吊在树上囚禁。② 由此，被拘押的人至少要受到捆绑的惩罚，《石宝灵泉》还提到，南诏时期，剑川沙溪有一位神医张宝泉，有一个庸医李神仙。庸医误把砒霜当砂糖拿去给少爷吃，少爷一命呜呼，张宝泉也受连累被捆绑着抓去打了个半死。③

很早以前，受"羁押"被置于这样的地方就已算是一种惩罚了，对轻罪的惩罚便采用这种形式，尤其对于那些所谓的卑贱小人所犯下的罪行。当然，从今日国家法的角度来看，这些简单的监狱制度还只是防范性的。但是，一旦监狱出于维护政权这个目的被建造出来，就很快具有了压制性的特征，至少部分上如此。实际上，所有以这种方式被投入监狱的人起初都只是嫌疑犯，他们通常被怀疑犯了严重的罪行，需要受到严厉的管制。所以这种管制其实已经非常接近以国家名义实施的刑罚。显然，以上那些原始的"监狱"依然未构成我们今天意义上的拘留、限制、监禁，更不是现代意义上正规的监禁制度，而是军事领袖们可以随意运用的矫正式惩罚措施。

总之，始于不同政权或不同军事集团之间的战争，过去家族集团的那种连带责任会逐渐消失，军事领袖们以各种借口进行的"立法"和"司法"活动则呈现一定程度的理性化倾向。同时，战争也使团体内的每一个成员逐渐认识到，以前一直习以为常的东西不一定永远都是神圣和适用的准则。此时，过去那些传统的宗教准则、魔法戒律、禁忌习俗规则以及先知、祭师、巫师等神职

---

① 《三月三的传说》，《禄丰县民间故事普查资料汇编》，禄丰县委宣传部、文化局、民委，1988。

② 《石羊沟》，《大理地名故事》，云南民族出版社，1991。

③ 《石宝灵泉》，《石宝山的传说》，剑川县民间文学集成办公室，1986。

人员，甚至和平时期的头人、年长者的威望陡然下降。这样，新的、世俗的、更理性的国家法律制度才有条件建立起来。

## 二　各民族的大迁徙

在民族迁徙的历史大背景下，南诏、大理国古代区域性地方政权之内的那些低等级、世俗的小头目们能获得参与制定新法律的机会和权力。

例如《秦扎阿窝的故事》讲述，远古时候，昆明城是彝族部落首领秦扎阿窝率领所有部族人员建造的。二儿媳从不设防的二儿子处获悉了破解秦扎阿窝神力的方法，并密告其父。汉族部落在秦扎阿窝演化武器和士兵的时候，杀害了秦扎阿窝，攻破了昆明城。秦扎阿窝的二儿子悲痛欲绝，带着部落的族人迁往昆明附近的禄劝、武定等地定居。由于有了秦扎阿窝死之前车之鉴，秦扎阿窝的二儿子规定："以后彝族夫妻感情再好，有些事丈夫也绝对不能让妻子知道。"[①]《二月八（一）》提到，阿窝和则则是青梅竹马的夫妻，阿窝当上滇王后把部族迁居到姑底谷（昆明），并耗巨资建造新城。儿子说："不像我们彝家的城！"他认为儿子出言不吉，便怒杀了八岁的太子苏底。汉军来犯，弟弟阿禄向他如实禀报战事，他又视其为动摇军心，再次斩杀了阿禄。[②]

## 第二节　制度因素

今天占主导地位的"国家法"观点认为：法必须作为"应用的"、"准则的"、本身逻辑上毫无矛盾和毫无漏洞的完全整体而存在。然而，正如前面章节所讨论过的那样，在那些法律起源或

---

① 《秦扎阿窝的故事》，《禄劝民间故事》，禄劝彝族苗族自治县文化局、民间文学集成办公室，1991。
② 《二月八（一）》，《昆明山川风物传说》，云南民族出版社，1994。

"自下而上" 形成的制度里，最通行的 "法的原则" 大致可以分为三类："宗教的"①、"禁忌的"②、"习俗的"③。

实际上，在南诏、大理国开国时期，"云南王"、"云南大理国主" 等君主的命令或者王公大臣等行政管理者的合法权力，④ 在刚开始时都是源于以上三类 "法的原则"，这些原则是与我们今天所说法律上的保障和限制作为的权力相适应的，尤其当国君允许他人可以不受第三者的干扰做某事，或者做他想做的事情的时候，便逐渐导致了 "授权" 与 "特权法" 等国家 "章程法" 的产生。

## 一　统治政权 "合法化" 的来源

可以说，在刚开始的时候，宗教、禁忌、习俗三类 "法的原则" 为南诏、大理国古代区域性地方政权的国家行政管理权、最高统治权以及行政行为的合法性都带来了实质性的影响。

### （一）使命令 "合法化" 的准则

以毫无限制的命令为特征的家族权力发展而来的使命令 "合法化" 的准则，是从南诏、大理国的国王和王公大臣、贵族等法的体现者默示旧的宗教戒律以及遵守传统的习俗、约定开始的。彝族神话《"盟石" 轶事》讲述，千年前，酋长张乐进求重竖诸葛亮所立的白崖铁柱，在庆典之日，铁柱顶上的金丝鸟忽然起飞，盘旋一周之后落在细奴逻的肩上。张乐进求认为这是天意，就想让位给细奴逻，但细奴逻不肯，二人相持，后细奴逻见路边一石，就挥剑发誓说："若我能为王，剑入此石！" 剑果然入石，细奴逻

---

① 它们来自神话和宗教讲述的各种神圣存在，如图腾的、祖先的和大神的。
② 它们来自各种宗教仪式仪轨之中的禁忌，例如饮食禁忌、乱伦禁忌或性禁忌、生产生活禁忌等。
③ 它们来自 "共同的合法性信念" 和 "共同的实践活动"，是具有一定有限理性的习惯法。
④ 例如他们禁止或者允许别人做某事的权力。

即为王，后人把此石称为盟石。① 显然，金丝鸟代表神灵，由它表达的"神意"乃是谁最有资格当上国王的传统习惯法，而"发誓"的宗教戒律手段进一步验证了这种不可违逆的来自"神意"的法律。白族神话《本主的耳朵为什么被拧掉》讲述，洱源县牛街本主和南大坪的本主商定过"禁止杀吃耕畜和役畜"的乡规。可是农历二月十五日南大坪本主节请客的宴席上却摆了一盘驴肉，牛街本主问明是毛驴肉后，大发脾气，一把就把南大坪本主的耳朵拧下来扔到大路边上，传说直到现在，这个石耳朵还在路边摆着。② 《喜洲》讲述，南诏时，蒙舍诏主细奴逻次子炎国晟文武双全，他在进京比武时与白家姑娘三姑认识，从此快活自在地相处。后来两人又一起在书院读书，关系更加亲密了。这三姑是大厘城白王的三公主，两人私订了婚约。学成回乡后，炎国晟请父亲到白王那里提亲，白王知道了他们之间已有婚约，于是就给他们操办婚事。按照习俗规定，细奴逻在酒席宴上赐给了大厘城一个名字——喜洲。③ 《段本主恨鸡》讲述，双鸳村段本主和上阳溪本主段宗榜在一起商量谁去庆洞村当北朝的中央本主，两人都不愿去。相持了大半夜后他们商定：如庆洞村的鸡先叫，段宗榜就去当中央本主；如双鸳村的鸡先叫，就由段本主去当。结果庆洞村的鸡先叫，段宗榜推不掉，只好去了。④

（二）君主的权力与政权"合法化"的来源

首先，虽然南诏、大理国的国家立法还多具有模糊性的特征，但是，过去父系家族、宗族等统一政治团体的统治原则⑤超出了其原始的范围，逐渐传播到具有神权世袭统治特征的国家司法体系

---

① 《"盟石"轶事》，《南诏故地的传说》，云南民族出版社，2002。
② 《本主的耳朵为什么被拧掉》，《白族神话传说集成》，中国民间文艺出版社，1986。
③ 《喜洲》，《大理地名故事》，云南民族出版社，1991。
④ 《段本主恨鸡》，《白族本主传说故事》，云南民族出版社，1999。
⑤ 这些统治原则主要就是以上三类"法的原则"——宗教、禁忌、习俗因素的影响。

之中，于是成为最高统治者（君主）的"合法"权力与公共政权
"合法化"的来源。彝族神话《麻姑冲的来历》提到，细奴逻建立
蒙舍政权后，沿用过去家族中杀猪宰羊、吹笙奏乐的方式祭奠更
高一级的麻姑山神，① 目的是借此昭示国家政权的"合法性"。

其次，"合法化"是在确定事实有争议的过程中逐渐演化而成
的，所谓"君权神授"正是重要手段。彝族神话故事《阿什色色
和布阿诗嘎娓》讲述，阿什色色是阿司色匹地方的人，是当地最
顽强、最勇敢的男子汉。他上路去说媳妇的途中遇见了万物之主
恩梯古兹，恩梯古兹派他去平定北方的日浦觉觉地方。后来，阿
什色色平定了日浦觉觉的动乱，将布阿诗嘎娓娶为妻带回了家。
又代表恩梯古兹传话："布阿诗嘎娓永远不得回娘家与亲人见面，
否则天下的女人从此都要嫁人，谁不嫁人谁就要浑身腐臭、灾难
重重。"② 《细奴逻下凡》提到，王母娘娘因为恨凤凰和金鸡，就
派火神的儿子细奴逻讨伐它们。细奴逻到凤凰山，不忍加害它们，
王母娘娘随即派火神捉拿他自己的儿子细奴逻。后细奴逻被贬到
人间吃苦，但是得到凤凰、金鸡和太上老君的救助和支持，成为
蒙舍诏主。③ 《南诏始祖细奴逻》讲述，细奴逻在没有成为蒙舍诏
主之前，有一次带儿子上山犁地，遇到一个驾五彩云的神人在犁
上敲了十三下便飞走了，据说这正是南诏王统治的代数。④ 白族神
话《白王与石鼓》提到，白王的前世是文曲星，他带着三支箭和
一个石鼓下凡：一箭开创白国，使他自己成为白王；一箭制伏黄
龙，开辟大理；一箭射穿美人石，得到皇妃。他还留下石鼓，用
它呼叫天兵助战。⑤ 在《白王的死》中还讲了，天神想叫白王当二
百七十年的国王，就送给他三十六颗头、一个小石鼓，并说好一

---

① 《麻姑冲的来历》，《南诏故地的传说》，云南民族出版社，2002。
② 《阿什色色和布阿诗嘎娓》，《彝族民间故事》，云南人民出版社，1988。
③ 《细奴逻下凡》，《巍山彝族回族自治县民间故事集成》，巍山彝族回族自治县
民间文学集成办公室，1988。
④ 《南诏始祖细奴逻》，《中国民间故事集成·云南卷》，中国 ISBN 中心，2003。
⑤ 《白王与石鼓》，《中国民间文学全书·大理卷》，知识产权出版社，2005。

旦有事就敲鼓，天神就来搭救。① 《南诏始祖细奴逻》② 提及，彝族的细奴逻是得到观音点化才成为南诏王的，他后来又成了白王女婿而兼有白岩国，再后来又统一六诏成为大南诏之王。白族人把他奉为湾桥保和寺一带的本主，并在巍宝山建庙奉他为上主。③《段思平开创大理国》叙述，段思平的母亲白姐阿妹是千年老梅树结的大果子坠地分开爬出来的仙胎，美貌过人。一天她在霞移溪边洗澡，被冲来的大木头碰了一下就怀了孕，生下段思平和他的弟弟段思良。段思平长大后学得一身好本事，连牛、马、鸡都叫"思平为王"，引起了杨干贞的注意，四处抓捕他，后得董伽罗、三十七部落和观音的救助，段思平灭了大义宁国，建立起大理国。④

## 二 "授权"与"特权法"的形成

由"宗教、禁忌、习惯和西南少数民族法律的形成"之"从宗教准则到最古老的私法权益"等章节的分析可知：通过神圣的家规、族规、村规进而"授权"的方式是家族遗产继承权以及土地所有权的合法依据。但是，种种"授权"及其所衍生的"特权法"作为南诏、大理国区域性地方政权早期国家"章程法"的重要内容而存在过。

### （一）形成过程

首先，当家族、宗族、村寨的统治原则传播到南诏、大理国的国家立法及司法中的时候，君主与王公大臣们的政治权力作为他们经过努力获得的主观权力，此时也具有了诸多的合法性。然

---

① 《白王的死》，《白族民间故事传说集》，人民文学出版社，1959。
② 这个白族神话传说，与之前虽然同名，但内容不同的彝族神话分属于两个不一样的神话体系。
③ 《南诏始祖细奴逻》，《白族本主神话》，中国民间文艺出版社，1988。
④ 《段思平开创大理国》，《白族本主传说故事》，云南民族出版社，1999。

而，有时候他们也会把其中的一部分转让出去，以"特权"的方式授予某些有功人员，例如普通官员、臣仆，甚至普通平民和一些民间团体，这些被转让出去的权力包括生命保障权、土地管辖权、财产所有权等。

例如彝族神话《碟阿风与火金石》讲述，碟阿风在龙公主和百虎的助战下，斩了色更底，又直驱太阳城，夺取了王位。于是，碟阿风昭告天下：虎为国宝，不得伤害；龙妹助战有功亦为开国元勋。彝族从此自称为"罗（虎）倮（龙）"之民。① 《左土司的由来》提到，有个叫左禾的放羊人在缅兵以象队为前阵攻打大黑山时，抽出勾镰割掉了头象的鼻子，头象痛得往回跑，后面的象也跟着往回跑，敌兵以为遭到伏击，败退回去。由于立了大功，皇帝召左禾给予嘉奖，授予他世袭土司的官职，管辖很大一块地，他的玉印有一个缺口，又"以边缺为真"。② 《阿土司》讲述，一个穿羊皮、背象鼻箩箩的土人因为在战争中立了大功，被皇帝封为南涧土司，管理当地，称"阿土司"。③ 《"海仙人"和他的宝剑》提到，红土墙彝寨南边有个龙马潭，住着"海仙人"。有一年，"海仙人"欲挑山堵陆良口子，但中途赶回家，卸下了两座山：一座是位于三宝温泉的石宝山，另一座是红土墙的扁担山。次年，烽烟四起，天下大乱，国王命差使寻访能人，访到"海仙人"。他含泪离家，为国征战，平息了战乱。国王分封他"一箭之地"，他一箭直插昆明西山之巅，于是划得了一半国土。④ 《海黑手的传说》讲述，溪流村的海霞因平定战祸保国救民有功，被皇上喜赠"一箭之地"，海霞一箭射到云南五华山的照壁上，遂与皇上平分江山，不久圣旨又到："免海氏世代皇粮，以及溪流村方圆万

---

① 《碟阿风与火金石》，《阿则和他的宝剑》，云南民族出版社，1985。
② 《左土司的由来》，《南诏故地的传说》，巍山彝族回族自治县民间文学集成办公室，1987。
③ 《阿土司》，《南涧民间文学集成》，云南民族出版社，1987。
④ 《"海仙人"和他的宝剑》，《曲靖市民间文学集成》，云南民族出版社，1990。

亩租税。"① 《纳苏人的火把节》中提到，很久以前，东方的浦乌觉觉地方出了一个名叫支朵阿吾的能人，南诏皇帝派人考他，结果考官反被他考倒了，皇帝很高兴，就封他做了俄吾司木的俄么（君主），管辖当地，他后来还跟诸葛亮打过仗。② 《龙树》中提到，从前有个叫阿才的彝族山苏农民救了一个被人追杀的人，这人是城里的一个大官，这个大官回到城里后，就请阿才进城去享福，送给他很多金银和绸缎。③ 《立度思》讲述，古时候，彝族山寨降生了一个婴儿名叫立度思，他诞生那一天，皇帝做了一个梦，天神告诉他立度思是来接替皇位的。一年时间他就长成了一个英俊可爱的小伙子，皇帝就很快找到立度思，把自己的衣冠和一面黄旗授予了他，并告诉他："你把黄旗插到哪里，哪里的地盘就属你管了。"④ 《昙华山的传说》讲述，昙华山的阿高料事如神，得到了龙父撒蚂蟥种和荨麻种等人的帮助，后来，皇帝把三姚地界划给阿高管，阿高家成了三姚地区的世袭土司。⑤ 流传于云南省个旧市的《五凤楼》神话讲述，彝族民间医生罗望闻有诊断疑难杂症的高超医术，进宫医好了娘娘的不治之症，皇帝就派工匠到云南个旧市黑岔地仿宫中的五凤楼为罗望闻建造了一座小五凤楼。⑥

其次，这些被转让出去的"特权"会以立法（例如以"章程法"的形式）得到进一步的保护，从而成为具有国家法性质的"特权法"。

例如彝族神话《护境文帝》提到，由于研和土主的德行好，道台就力奏皇帝，敕封研和土主为"护境文帝"，并赐皇袍马褂穿

---

① 《海黑手的传说》，《云南省民间文学集成·罗平县卷》，罗平县文化局、文联、民委，1990。

② 《纳苏人的火把节》，《彝族民间故事》，云南人民出版社，1988。

③ 《龙树》，《元江民族民间文学资料》（第二辑），元江哈尼族彝族傣族自治县文化馆，1982。

④ 《立度思》，《礼社江》文艺报"神话传说"专版，元江哈尼族彝族傣族自治县文化馆，1986。

⑤ 《昙华山的传说》，《大姚县民族民间文学集成》，云南民族出版社，1991。

⑥ 《五凤楼》，《红河文化》（第 2 期），红河哈尼族彝族自治州文化局，1993。

戴。从此，研和土主与别处的土主不同，特别是穿上了皇袍马褂。①《羊皮圣旨》提到，皇帝视察民情经过牟定县白沙河头，跟这里居住的一位善良的养蜂老人结为知己、拜为兄弟。之后，老人背着几张羊皮去拜见皇帝。皇帝见到旧友很高兴，最后送了他一道写在羊皮上的免征税粮圣旨。从此，在很长的一段时间内，当地的民众不用再缴税纳粮了。②《龙在田的传说》提到，龙在田因为去水溪平息战乱有功，战后皇帝嘉奖他，亲自为他更衣，看见他一身纹龙鳞状，才知他是龙子，并从此称他为"龙子"。③

《穿彝装讲白语的村庄》讲述，大理国建立时，原南诏彝族先民蒙氏派了三个族人回祖籍地探求落脚之地。三人赶路到北山土主庙住宿，梦里得到土主的指点。第二天早上，他们看见路边人户家中的马，像庙前塑的那两匹马，便把马买下。然后抓阄，二人得骑，继续往前走，另一人留下听候消息。留下的那人后来做了马店老板的女婿，随汉人习俗生活，为该村命名"马甸"。骑黑马的人一路顺风，最后进山居住，其后人就保留蒙氏彝族习俗，取村名为"摩马陆"。骑白马的人到瓜江边，过江时，马落水被水冲走，只得居住在这里，取村名为"落马处"。与白族的不同在于，他们虽口讲白族话，但身穿彝装。④

从以上分析可知，在占统治地位、商品交换并不发达的自给自足的自然经济状态下，"授权"的规模和方式，在南诏和大理国国家法律制度的整体框架内，主要表现为：特权利益集团作为法律关系的整体起先是一系列"宗教的"（也是命令的）和"禁忌的"（也是禁止的）原则，对个人由于出生、教育或者其他非纯粹

---

① 《护境文帝》，《玉溪市民间文学集成》，玉溪市文化局、民委、文联、群艺馆，1989。

② 《羊皮圣旨》，《云南省民间文学集成·牟定县综合卷》，牟定县民间文学集成办公室，1989。

③ 《龙在田的传说》，《彝族民间故事选》，中国文联出版社，2003。

④ 《穿彝装讲白语的村庄》，《巍山彝族回族自治县民间故事集成》，巍山彝族回族自治县民间文学集成办公室，1988。

经济事件而落入的境况，通过颁布具有国家章程法性质的"特权法"以合法的形式使自己拥有"与生俱有的"特权，由此与外部的臣民划清界限。而在集团内部通过"特权法"赋予个人的这种特权，其"与生俱有的"性质，非常类似于曾经出现过的"地位契约"，因为它们主要是由一系列非经济因素决定的自由的领域：作为一种强加的制度，个人从一出生起，就是这个特权团体的成员，无论今后的命运如何，都已天然地拥有了被授予的种种"特权"。然而，其与决定"地位契约"的那些宗教、禁忌和习惯因素的不同在于：这些非经济因素主要是由世俗、世袭的君主专制政治因素组成，并不完全等同于决定早期规范和秩序的那些因素。

同时，具有国家"章程法"性质的"特权法"之确立，使得纯粹具有特权同盟性质的有关"特权"利益者的"权利"受到了国家法律的保护，并使之在一定程度上与所谓的"客观法律准则"相吻合。国家政权因此满足了"特权者"对"合法"权益保障的呼吁以及对建立有序法律秩序的要求。

（二）特点

从上述分析可以看到，特权利益集团仰仗的各种"特权"，由于它们不是根据"宗教的"、"禁忌的"、"习俗的"原则确立的，其特点就是常常破坏了过去早已适用的传统法律秩序。例如彝族神话故事《南诏王世隆的传说》讲述，南诏王劝丰佑因为信佛而不信道，请印度赞陀掘多当国师，并赋予他为自己选妃的特权。[①]《木旬罗土主的传说》提到，上河甸土主叫木甸落，是南诏第五代君主阁罗凤的长子风伽异。他屡建战功，但死于其父前，没能在金殿上落位，故称"没殿落"，后人演音为"木甸罗"。此人能征善战，有威望，在其路口处特别竖有"文武百官到此下轿下马"

---

① 《南诏王世隆的传说》，《巍山彝族回族自治县民间故事集成》，巍山彝族回族自治县民间文学集成办公室，1988。

的石碑。① 《小白龙不供应彭家水》讲述，彭屯有个姑娘饮了小白龙的神水，变成美丽的姑娘，被选为皇妃，飞黄腾达的彭家国舅也因此入朝当都堂，拥有了依仗特权的势力。②

在区域性地方政权建立初期，特权利益者的"特权"俨然就是南诏、大理国社会秩序和规范重建的"合法性"因素。于是，这些"特权"及对"特权法"（保护特权的法律）的规定使得整个国家的法制都带上了浓浓的行政立法特点。表现为无论是筑城郭、营宫殿，还是类似于开采银山或金矿等我们今天所说的"行会法"、"手工业行业规范"等经济领域里的法律统统都被溶解于"行政管理"之中。例如彝族神话故事《拓东城》提到，南诏在大理崛起，逐渐东扩到滇池一带。南诏王阁逻风认为滇池一带"山河可以作屏藩，川陆可以养人民"。就给予年轻的王子风迦异留驻、筑城郭、营宫殿、镇东土的特权。③ 白族神话故事《幺龙王》讲述，南诏王为开采北衙死海里的银山，强迫两万多人去把海水抽干。但九十九天过去了，海水越抽越多。南诏王就下令："如果第一百天还无法把海水抽干，所有人都要被杀。"④

其实，在这种以"行政"替代"立法"的过程中，会有很多局外高人，甚至普通成员参与进来，他们均发挥着重要的作用。例如彝族神话《紫更色》讲述，紫更色是龙子，为了铲除欺压百姓的官家，把龙父给他的三支箭射了出去，箭落到万里外皇帝的身边。⑤ 《智斗土司》讲述，新寨、陈寨及老马街一带的彝族倮倮人想尽办法对付土司官侬七，迫使他免除百姓上交活麂子、春礁、

---

① 《木甸罗土主的传说》，《南诏故地的传说》，巍山彝族回族自治县民间文学集成办公室，1987。
② 《小白龙不供应彭家水》，《鹤庆民间故事集成》，云南人民出版社，1989。
③ 《拓东城》，《昆明山川风物传说》，云南民族出版社，1994。
④ 《幺龙王》，《龙神话传说》，云南人民出版社，1985。
⑤ 《紫更色》，《云南省民间文学集成·祥云县民间故事卷》，云南人民出版社，1989。

推磨等的故事。① 《火把节的故事》讲述，很久以前，天上的武士
更部领火和地上的大力士兰官弟及比武，更部领火被顶死。天王
得知情况后，欲放百虫吃庄稼以惩罚地上的人。地上的人就请
"兹都"鸟（一种小雀）去向天王求情，并答应在每年的六月二十
四日（更部领火死的日子）用马驮着东西和食物向天王谢罪。为
了让天王看见，人们点上了火把。从此，每年的这天，彝族都要
过火把节。② 白族神话《奶金山》提到，南诏王起先用强行拉夫的
方式，在海东山上开金矿，导致民工死伤无数。有一条小白龙得
知后，为了阻止这种不人道的行为，夜里张牙舞爪，把正在清点
金库的清平官吓瘫了。小白龙又变成一个小伙子对清平官说："这
山是王后的奶脉，关系着太子的性命。"于是，清平官跟小白龙两
人在王宫里互相配合，终于令国王放弃开矿的命令。③ 《柴村本主》
讲述，大理柴村本主四海龙王对老百姓很好，有求必应。有个农
民要求明天出太阳，他要打麦子；另一个农民要求明天下雨，他
要栽秧；又有一个农民要求明天吹北风，他的帆船要去下关；还
有一个农民要求明天吹南风，他的帆船要去上关。四海龙王都接
受了，并规定下来："早吹南，晚吹北，夜间下雨，白天打麦。"
所以，直到现在，大理的气候仍然如此。④

　　此外，一些头人、智者、祭师以及巫师也为此做出了积极的
贡献。例如彝族神话《细奴逻与乌龙剑》讲述，细奴逻使用了一
条乌梢蛇示范的战术和自己得到的乌龙剑与濮人决战取得胜利。
事后，族中的"大伙头"见他功高，就让位给他。⑤ 《飞来城》讲

① 《智斗土司》，《云南民间文学集成·麻栗坡县民间故事》（第二集），麻栗坡县
民间文学集成办公室，1988。
② 《火把节的故事》，《小凉山民族民间文学作品选》，宁蒗彝族自治县县庆筹备
委员会，1986。
③ 《奶金山》，《中国民间文学全书·大理卷》送审本，大理白族自治州白族文化
研究所，2004。
④ 《柴村本主》，《白族神话传说集成》，中国民间文艺出版社，1986。
⑤ 《细奴逻与乌龙剑》，《巍山彝族回族自治县民间故事集成》，巍山彝族回族自
治县民间文学集成办公室，1988。

述，古时细奴逻到县城北降龙山，在这里 "看地" 的老人告诉他，山前那金龙、长虫、乌龟三山是玉皇大帝将它们降伏而成的，如果将它们相连，就成 "王" 字。若有人在此建城，必为王。又得老者指点和救助，飞土成城，细奴逻即成为蒙舍诏主。① 《兴修水利泽润民生》提到，新兴（今玉溪）坝子一个姓普的彝族头人向上级官府提出疏浚西河、罗木河、玉溪河、密罗河等水道，加强河堤，修筑塘堰的建议，使本地区避免了灾难和混乱。②《亏改于》提到，有个秀才因为帮助祥云的彝族村民打赢了官司，建议这个村子改 "亏姓" 为 "于姓"，此后，这里的村民都改姓 "于" 了。③

由上述的分析可以看出，在南诏和大理国时期，通过君主授权的形式以 "特权法" 为特征而形成的国家法，完全像父亲满足自己孩子的需要和愿望那样制定，与那些来自 "宗教、禁忌、习俗" 的法律制度相比，它们绝对不是曾经存在过的。毋宁说，它们基本上是在没有受到宗教、禁忌及习惯因素限制的情况和领域里发展起来的。与今天法律形成的情况相比，彼时以 "授权" 和 "特权法" 为代表的原则，根本上说，是不同于今日我们广泛而言的 "自由权利" 或 "契约自由" 的原则的，它们主要是将国家强制权力视为有效保证的法律事务之内容。

## 三　习惯法的加入

前面提到，只要社会的伦理道德观念或水平仍旧停留在宗教与禁忌魔法的形式主义阶段，它就借助一些手段，通过非理性的

---

① 《飞来城》，《巍山彝族回族自治县民间故事集成》，巍山彝族回族自治县民间文学集成办公室，1988。
② 《兴修水利泽润民生》，《玉溪市民间文学集成》，玉溪市文化局、民委、文联、群艺馆，1989。
③ 《亏改于》，《云南省民间文学集成·祥云县民间故事卷》，云南人民出版社，1989。

决疑论证，逐渐演变为形式主义的习惯法，① 这种演变是有规律的。当然，这些"习惯法"还不是今天形式法学里具有逻辑性或系统化的法律概念。

（一）提供积极的条件加以吸收

实际上，在南诏和大理国时期，宗教因素对俗世的法官②仍具有相当大的约束力，因此，在国家的"立法"和司法审判中，想完完全全或彻底地排除宗教因素的影响是不可能的。而这些俗世的法官往往是由世袭君主专制体制之下国君信任的王公大臣或各级官吏充任，这也为习惯法向国家法的转变提供了可能，为国家法吸收习惯法创造了条件。

首先，南诏、大理国建国初期，国家法制体系往往通过"自下而上"的路径建立。在这一过程中，既有很多局外高人、普通成员，也有一些受到宗教、巫术训练的对国家法律有着一知半解的村寨头人、智者、祭师、巫师的参与和贡献。例如，在上述案例中，有《紫更色》里的龙子、《奶金山》里的小白龙、《智斗土司》里的傈傈人、《火把节的故事》中的地上人、《柴村本主》中的老百姓、《细奴逻与乌龙剑》里的"大伙头"、《飞来城》中"看地"的老人、《兴修水利泽润民生》提到的彝族头人、《亏改于》中提到的秀才等。而白族神话《大理城四方本主》讲述，河南相州人郑回，唐天宝年间在四川当西泸县令。南诏王阁罗凤慕其才学，把他掳回当王室子弟的汉文教师，后又封为首席清平。郑回和他的三个儿子为促成南诏与唐王朝的和好，做了大量工作，而且还传播了先进的汉文化，为老百姓做了许多好事。他们去世后，被大理古城先民奉为四方本主，而将汉人作为本主是白族本

---

① 例如原始契约呈现为宗教义务的形式，通过人对神的祭献仪式，以禁忌魔法的"发誓"手段加以约束，其结果就是：一方面，人满足了神对供品的需求；另一方面，神也满足了人们对安全、和平与秩序的要求。

② 这些俗世的法官往往是世袭君主专制体制之下国君信任的王公大臣、各级官吏。

主崇拜中的一种特殊现象。①

其次，在国家法的法律适用方面，在国家政权建立初期，实际上只有来自君主约束官员们的指令。② 例如白族神话《一女关的传说》讲述，北沙河涧岩峰顶上有一位女将独守险关，接到一套"兵书宝剑"，兵书上写着："剑出头落地，开刀先宰老和尚。"尽管老和尚和小和尚也用了避灾的办法，但剑一出鞘，还是结束了伤天害理的老和尚的命。后来小和尚虽然练就了一身本领，但是重走老和尚的路，继续鱼肉百姓，又被女将所阻，葬身于深渊之中。据说女将是观音显灵，专为人间除恶魔。③

显然，在以上案例中，"兵书宝剑"这一新的立法适用准则得到了基层女将，甚至当时的很多豪绅名士的支持和赞同。

最后，在创建国家法律的时候，对那些符合政治生态条件的司法早期的法律实践事务，即宗教禁忌、习俗和判例等法律事实，俗世的法官们往往通过颁布规章，或以君主的指令、命令的形式把它们放到一种井然有序的系统之中，使之被吸纳为国家法制的重要组成内容。彝族神话《土主与龙神的传说》提到，古时候，很多汉族到蒙化，怕得瘴气，建盖土主庙求当地神灵保佑。因为不管用，后来就改请龙神保佑，但需要再乞求东山总土主给予安神地盘。④《董法官捉龙》讲的是，董法官以巫术求雨，但是负责下雨的黑龙没有接到圣旨，自己不敢轻易行雨。后来，董法官想办法捉住黑龙变的小蛇，促使洪水大发，解得饥渴。⑤ 白族神话故事《美女石和草帽街》中提到，南诏王下了一道圣旨给王子，让

---

① 《大理城四方本主》，《白族神话传说集成》，中国民间文艺出版社，1986。
② 例如君王约束王公和近臣们的指令。
③ 《一女关的传说》，《姑娘龙》，洱源县民间文学集成办公室，1985。
④ 《土主与龙神的传说》，《南诏故地的传说》，巍山彝族回族自治县民间文学集成办公室，1987。
⑤ 《董法官捉龙》，《巍山彝族回族自治县民间故事集成》，巍山彝族回族自治县民间文学集成办公室，1988。

他到全国选一个绝色美女为妻。①

在第一个故事中，当地神灵象征的是"司法早期的法律实践事务"，虽然他们还不符合"政治生态条件"，而更高一级的龙神象征着"国家法"。在第二个故事中，董法官的巫术法，作为司法早期有效的法律实践事务，虽然跟"从上而下"的圣旨旨意（"国家法"）并不完全相合，却是维护社会秩序以解除饥渴需求的"习惯法律"。在第三个故事中，由"王子自己选美女为妻"在过去闻所未闻，显然是通过君主的指令或命令的形式吸收进"章程法"中的习惯法。由此也可以看出，在通常情况下，这些新的"国家法律"还只是以口头的形式存在，或只是以谚语、口号的形式出现，因此，它们都还是些残缺不全的法。

从以上分析可知，在南诏和大理这些古代区域性地方政权建立的早期，为了巩固政权的需要，世袭的君主在王公大臣们的辅助和建议下，一般都会广泛地采取尊重习惯法的态度，因此为习惯法加入国家法创造了积极的条件，提供了有效的途径。

（二）通过"随意"的方式处置和改造

随着政权的稳固和最高统治权力的上升，君主也会采取其他不同的手段，使用许多的过渡形式，或者说是采用"随意"的方式处置和改造现行的习惯法。例如彝族神话《金扇子的故事》讲述，龙王"随意"反悔，违背了先前口头所承诺的"嫁女之事"。而按照习惯法，承诺过的事情是应照着去做的。②《东山土主的传说》叙述，东山土主是南诏十二代君主隆舜，其庙建在县城去大寺的路边。明朝时，秀才雷应龙官至都察院，因其官比隆舜大，按照习惯规定，每经此地，隆舜土主都得欠身致意。曾经身为一代君主的隆舜烦恼，就托梦百姓，令百姓在土主庙前建了一堵大

---

① 《美女石和草帽街》，《白族民间故事选》，上海文艺出版社，1984。
② 《金扇子的故事》，《昆明民间故事》（第一辑），昆明市民间文学集成办公室，1987。

照壁，使其看不到路，从此免去欠身致意的烦恼。①《跳呗的起源》传说一讲述，曾经的女人会飞，可以当国王；男人的刀挂在左边，打仗非常厉害。皇帝怕大家作乱，给自己的统治带来危机，就做出"修改"：给女人围腰、塔帽，让男人把刀挂在右边。此后无论是男人、女人都不怎么厉害了，尤其是男人只能靠抬轿子、吹唢呐过日子。②白族神话《绿化王帽山》讲述，大理国时期，一次，宋太祖视察凤起西山，认为山似王帽，根据这一特点，预见王子会夺天下。于是，挥舞山鞭从山的正中划下一道口子，破此预兆。从此，此山就不再长树了。③

而通过正式的方式（颁布章程法等）向民众公布国家法律，可以更好地配合改造早已适用的传统习惯法。例如彝族神话故事《姓安姓吉的由来》讲述了普、鲁两个土司接受皇帝改姓安、吉的过程。普土司逢人就说："从此我们不再姓普了，皇帝正式赐我们姓安。"④《荷叶帽和百褶裙》讲述，皇帝亲自照荷叶帽和伞裙做了许多衣帽送给公主，给自己的外孙选配能纺会织的妻子。从此，彝族诺苏支系妇女就世代穿百褶裙、戴荷叶帽了。⑤

由此可见，通过"处置"这种新的法律手段，君主会或多或少地以颁布章程法等方式向民众正式公布新的国家法律。在国家法制的建设过程中，虽然会使得一些适用的习惯法在很大程度上"失效"，然而，这种"失效"也在一定程度上排除了习惯法中禁忌的和宗教的那些非理性因素的影响，无形之中促使"法官"按照"合理"的原则对纠纷进行尽可能公正的司法裁决。例如白族神话故事《景庄皇帝与武宣王》就讲了这样一个法官依据以上原

---

① 《东山土主的传说》，《南诏故地的传说》，巍山彝族回族自治县民间文学集成办公室，1987。

② 《跳呗的起源》，《鹤庆民间故事集成》，云南人民出版社，1989。

③ 《绿化王帽山》，《中国民间故事全书·云南洱源卷》，知识产权出版社，2005。

④ 《姓安姓吉的由来》，《大姚县民族民间文学集成》，云南民族出版社，1991。

⑤ 《荷叶帽和百褶裙》，《中国民间文学全书·大理卷》送审本，云南省大理白族文化研究所，2004。

则判案的例子。原来北邑等村景庄皇帝的本主庙和马甲邑等村武宣王的本主庙都坐南朝北，相隔半里，一前一后，好像一个被抱在另一个怀里。两个本主以此互相挖苦，景庄皇帝一生气就把庙改成今天的坐西朝东。虽然景庄皇帝贪杯，凡是卖酒的人过庙前都必须敬他一杯，但是武宣王更好骑马，还放纵马吃村民的庄稼。于是村民就请景庄皇帝控告武宣王。最后在江尾石头本主（法官）的调解下，议定武宣王要管好自己的马。从此，武宣王庙前的马旁边就多塑了一个牵马的人。① 彝族神话《李官的故事》提到，李官为民伸张正义得罪了上司，被贬为楚雄县令。在楚雄，他澄清了毕天义的生死冤案。②

　　总之，在国家法形成初期，宗教、禁忌、习俗等因素对南诏、大理国国家的行政管理权、最高统治权以及行政行为都产生了实质性的影响，"授权"与"特权法"是章程法订定的主要方式和手段。随着政权的稳固，最高统治权力的上升意味着君主可以根据需要直接排除非理性的取证手段③或直接通过普通法的章程④，"随意"处置和改造早已适用的习惯法。而要求采用排除非理性的取证手段，是与社会上合理审判的需求和民间越来越多要求"公正裁决"的呼声结合在一起的。因此，在南诏、大理国古代区域性国家政权中，最高统治者一旦坐稳了江山，就会有条件地利用统治权对国家立法进行干预或以直接下命令、指令的方式，在行政管理机构和官员们的配合下，利用手中掌握的司法大权、行政大权、立法大权（虽然这些权力的界限很多时候是模糊不分的）与社会上合理审判的要求相结合，来处置那些虽然适用，但并不完全合理的习惯法，从而创制出新的国家法律来。

---

① 《景庄皇帝与武宣王》，《中国民间故事全书·云南洱源卷》，知识产权出版社，2005。
② 《李官的故事》，《安宁民间故事》，安宁县民间故事集成办公室，1993。
③ 种种非理性的取证手段显然来自宗教或禁忌巫术的准则，采取禁忌魔法的方式进行。详见前面的章节。
④ 这些普通法的章程正是由俗世法官们制定出的新的、在相同意义上的章程法。

# 结　语

　　本论著在法律社会学的语境下探讨中国西南少数民族地区"法之起源"的问题。要说明的是，论著中套用的现代法律体系中的概念和分类，主要是为了研究上的方便。正如开头提及的那样，实际上在中国的西南少数民族地区，长期以来还没有真正形成过有关现代私法、公法、刑法、民法、法律文书、法律契约、法律债务的理念。然而，法律社会学又是一门关于法律理论及制度反思的学科，因为法律及政治制度能有效地反映人类的社会结构以及人与人之间关系的本质。基于此，笔者通过西南少数民族的神话故事、史诗歌谣、民间传说等文本从法律社会学与法史学的角度研究法之起源的问题，大量采用已被翻译成汉字的少数民族术语来尽可能"精确地报告人们的观念和制度"，力图减少比较研究中的误解和曲解，意图以此强调作为文化法律独一无二的特性。因此，就研究材料的性质而言，不同于田野调查中正在收集的口述资料，这些文本都是二手文献，是"已完成的、已出版的"。从类型而言，笔者把它们简单分成"公开出版或发表的"与"未公开出版或发表的（包括内部油印、私人收藏）"两类。当然，对于这些不同的文本资料，还可以更进一步地做出细分：例如神话故事又可分为"有关天地造人方面的神话故事"、"有关图腾膜拜方面的神话故事"、"有关英雄祖先方面的神话故事"、"有关大神信仰方面的神话故事"、"有关宗教节日仪式方面的神话故事"、"其他"，史诗歌谣又可分为"有关创世方面的史诗歌谣"、"有关祖先英雄业绩与迁徙方面的史诗歌谣"、"有关生产生活方面的史诗歌谣"、"有关婚俗等礼仪方面的史诗歌谣"、"其他",民间传说又可分为"有关神鬼方面的民间传说"、"有关动植物方面的民间传说"、"有关生活习俗和生产习惯方面的民间传说"、"其他"等。这种分类,当然也是为了研究上的便利。

笔者赞同法律的起源跟宗教、禁忌、习惯有着密切关联的观点,我们只要稍加注意就能发现,在人类社会早期的神话故事、史诗歌谣、民间传说中,法律、道德,甚至科学、艺术始终与宗教、禁忌、习惯等因素混同在一起并渗透着它们的精神,是这些学科的源头。著名的科学家爱因斯坦说:"虽然科学未能使我们立刻明白万物的起源,但这些都引导我们归向万能的神面前。"[1] 有些人认为宗教不合乎科学道理。作为一个研究科学的人,笔者深切地知道,今天的科学只能证明某种物体的存在,而不能证明某种物体不存在。牛顿提出了一些问题:难道宇宙间没有一位造物主吗?在没有物质的地方有什么呢?太阳与行星的引力从何而来呢?宇宙万物为什么井然有序呢?行星的作用是什么?动物的眼睛是根据光学原理设计的吗?也正是由于这些文本几乎记录下了所有的法律、道德、科学、艺术等事实,所以,在探讨法律起源的问题时,就有必要预先讨论它们跟宗教、禁忌、习惯之间的关系。

首先,在这些文本中,人们信仰的神圣空间和凡人生活的世俗空间常常被"混淆"在一起。简单来说,这些文本存在的价值就在于:它们既是对当前规范的解释,也是对现存仪式"正当性"、"合理性"、"合法性"的诠释。由于图腾等神圣标记被认为和氏族等人类群体有着共同的本质,文本常常把相去甚远的事物加入人类或自然的成分。因此,它们所体现的宗教思想,乃是建构了事物之间可能存在的亲缘关系。作为宗教情感最初依附的对

---

① 莲香清心:《中华半神文化:说气功》,载《道修炼系列论谈》(上),http://www.360doc.com/content/12/0626/14/7721621_220531147.shtml,最后访问日期:2017 年 5 月 15 日。

象，诸多的自然形式或自然力量被最早神圣化了。在其中，宗教仪式中的模拟仪式初看起来就像图腾膜拜的形式，随着文本之中神话历史的发展，具有人格形象的祖先神的出现，为了取悦祖先神、集合群体宣示传统，纪念仪式或欢腾仪式便替代了模拟仪式。而为了达到安全、有序、和平的目标，祭献仪式也产生了。为了保持圣俗两种不相容事物的绝对隔离，禁忌仪式又迫使人们对鬼神既敬又畏。由此可见，这些仪式虽然混淆在一起，但是它们的目的可能只有一个——规定参加者在神圣对象面前应该有怎样的行为举止。显然，在这些社会中，它们是人们的"法"，或者说它们跟"法"之间的差距是异常微小的。

　　不过，值得注意的是，由于宗教生活之两极始终对应着社会生活中的两种不同状态，这些文本更多讲述的还是各方神圣对宇宙万事万物的创造，还是对物种繁衍、星辰运行等自然规律、宇宙间其他连续的和有规则现象的解释。相反，它们对怪异、幻想、失范的现象则很少提供说明。在这些文本中，体现出的正是那些如果法律意欲在实施中得到遵从就不能忽略的习惯和信念，这些习惯和信念带上了"伦理法"的痕迹，特别突出地表现于宗教禁忌规范的有形内容之中。而在人们实际的生活里，这些禁忌规范却具有维护社会"安全、和平、稳定"以及激发、维持、重塑群体心理状态的功能，例如人们常常在各种仪式之中订立"盟约"或"协议"，通过修订旧章程以进一步规范或规定村寨、"王国"等纯政治团体之间的新型地缘关系等。因此，宗教的因素早已渗透这些少数民族立法和司法的形式之中，在这些特定的社会共同体内，惯例、习惯或习俗虽然是由那些有着"共同合法性信念"的群体一起确定的社会行为规则，但是，司法诉讼中，"公平及正义"的仲裁者形象常常与同一团体成员共同膜拜的祖先神相互借鉴与混淆使用。此后，这些惯例、习惯或习俗受到模仿而被广泛传播，处在家族、宗族等血亲组织以及村庄、社区等纯政治团体一种极为有限的权威保护之下。具体到那些十分有规则的"约定"

或社会化的"共同的实践活动"来说,其并不十分关心是否要通过法的形式或设立某种强制机关以行政命令的方式来保障它的有效性,因为它本身就具有相当的法律权威了,这正如美国的博登海默说的那样,这些惯例、习惯或习俗"对于早期社会生活中的基本法律模式的影响,甚至连权力极大的统治者都不能加以干涉"。①

其次,由于任何事物都可交替为因与果的关系,当我们在追溯法的起源时,探寻的往往就是根据实际需要构想的事实,从实用主义的角度而言,它们是与法律目的有关的事实。作为社会法,相同构造和结构单一的宗教仪式之所以能够产生如此多样的"法"的效果乃是取决于群体被集合起来这一事实。正是蕴含在"宗教力"中的因果律支配着原始法的形成而成为原始法律思想的定律之一,特别是当因果关系中的权力观念表达出社会各层级高低贵贱的等级之分时,宗教思想里的圣俗、高低、贵贱等观念,就可以从古老的"地位契约"中得到反映。此外,宗教保护神的观念也为个人及家庭、家族规定下了某些古老的主观权益和义务责任。显然,在团体内部,集体地拥有相同的名字或某种护身符,共同的财富名义上就能由祖先神、大神,甚至族际神来保护和守卫,这些神灵对人间土地、树林的占有和使用,私人财产的继承顺序,法律债务的处理等都"默示"下了一套规范和准则,尽管父系祖先神也是妇女在社会和家庭中的权益和地位不平等的根本原因。

随着社会的演化和发展,在因果关系的原则之上,那些规范和准则又被加上了原始法律的逻辑戒规,并不允许有任何矛盾之处,表现于"自然理性"中的原则常常促使领袖、头人通过周期性、定期性的祭献仪式,在解释旧传统和默示新规则之间的过渡界限上,在旧的传统可能要被废除、新的习俗还没有确立的时候

---

① 转引自〔美〕E. 博登海默:《法理学——法律哲学与法律方法》,邓正来译,中国政法大学出版社,2004,第404页。(Robert M. Maclver, *The Web of Government*, rev. ed. (New York, 1965), p.50.)

"立法"。虽然这些"立法"活动可以总结和简化获得的结论，对集体或个人的"私法"权益进行保护，或赋予其新的效力。但是，这种帮助也是临时而短暂的，原始法的体现者，也是宗教聚会的权威们，如果觉得自己的地位和威望处于不稳定或不确定的状态，就会通过某种"妥协"的方式稳固自己的威望，"妥协"使得利用宗教仪式的"立法"活动周而复始、无休无止。相比较而言，那些直接来自祖先神、大神的神圣"家规"、"族规"、"村规"要比宗教仪式的准则更有效些，例如对于不同年龄段的男子来说，参加祭祀仪式时的规格和要求会有不同。

同保护古老的私法权益相似，宗教因素，特别是宗教中的禁忌及个体巫术要素是"刑法"形成的重要之源。从根本上说，宗教赎罪仪式所根植的情感与禳解仪式中的情感没有什么不同，二者都是刑罚的原始雏形。例如"禳解仪式"是对触犯或违反神圣禁忌的"渎神行为"采取的自我补救措施，这种仪式常常笼罩在一种愤怒的情绪和悲哀、压抑的气氛之中，成员间相互怜悯，发出惨痛和绝望的喊叫、呻吟了流出眼泪，甚至通过殴打自己或他人以达到祈求神灵谅解的目的，这些仪式正是此后要求那些犯了"渎神罪"的人"赎罪"或"赔罪"，甚至对其实施抄家、放逐、鞭打、处死等刑罚的早期雏形。

习惯法之所以用"习惯"二字命名之，是因为其来自人们日常生活中的习俗、惯例。然而，习惯法与习惯二者又不完全相同，尤其对于那些来自"共同的合法性信念"以及"共同的实践活动"的习惯规则来说，它们在成为"法"以前，还不具有强制性的特征。鲍哈那认为："法与习惯有着密切的联系，只有当习惯的某些方面不能维持社会的一致性时法才开始发展。"[1] 也就是说，只有在宗教的约束下——例如宗教禁忌中那些有形内容的约束——迫使人们不得不遵循这种指导性的力量，才使之具有了"法"的特

---

[1]　转引自朱景文《现代西方法社会学》，法律出版社，1994，第 152 页。

征，才形成我们称为习惯法的东西。因此，习惯法不仅仅是一系列孤立的判决，不是只在调停纷争时才发挥出它的效力的。只有当习惯、习俗已创设明确的、有一定限制而且是重要到足以产生某种强制性权利和义务关系的目的时，才可以把它们作为"法律"看待。历史证明，习惯法是民法的重要渊源。习惯法不仅是民法渊源的原始形式，而且在不同历史时期均发挥着重要作用。在中国历史上，无论是否存在法典等法律渊源，习惯法都是重要的民法渊源。① 那些在传统中可引申出判决，并可作为司法审判依据的习惯、习俗和惯例，之所以能够冠以法律的称谓，也是因为它们对法律选择的范围不纯粹是建议性的，多少还带有一些强制的因素在内，尽管它们常常以隐喻和类比的形式出现。因此，对习惯法的研究也是对秩序原则的研究，体现出的正是法律目的古往今来的一致性。普赫塔提出，"习惯法"的存在和有效，也就是法的存在和有效的理由，② 它们与维持"安全、和平、繁荣"的秩序目的始终如一，足以为人们提供一种具有合理确定性的预期。

最后，西南少数民族地区早期法律之所以具有神圣性的特点，是因为它们建立在某些特定惯例本身神圣性的基础之上，例如"立法"以神圣的权威做基础，传统的惯例法或习惯法受到宗教因素的影响，从一开始就带上了神秘的性质，以及"万物有灵"法思维形式的影响等。西南少数民族地区早期法律之所以具有模糊性的特点，是因为早些时候，社会的伦理道德水平仍旧停留在宗教与禁忌魔法的形式主义阶段，作为"伦理法"，它们跟伦理道德之间的界限混淆不清，惯例实践常常通过决疑论证的非理性或有限理性化，逐渐演变出形式主义的特征并有规律地呈现。如表现为"刑民不分"，权威者的命令和规范性的规则之间、立法和司法

---

① 刘新国：《论习惯作为民法渊源的正当性》，中国政法大学硕士学位论文，2007。
② 转引自高其才《中国少数民族习惯法研究》，清华大学出版社，2003，第2页。（〔法〕普赫塔：《习惯法》，参见〔苏〕凯切江、费季金主编《政治学说史（中）》，法律出版社，1960，第127~128页。）

之间、判决和章程之间经常难以区分等方面。西南少数民族地区早期法律之所以具有随意性的特点，乃是由于父权家长制统治体制的个人特权性质，少数人特权的行使野蛮地无视大多数人利益的存在。例如家族或宗族长老决定的随意司法权对被告可以不进行控告，通过司法调解方式保障的私人权益也不是对固定法律规则的应用等。此外，西南少数民族地区的司法之所以具有有限理性的特点，是因为这些地区的"法官"以追逐伪劣的理性而非真正的理性为目的，凭神灵意志做出判决，往往采取的是一种"有条件的取证判决"。西南少数民族地区的刑法之所以具有单纯性的特点，而其并不完全属于集体意识的范围，是因为：压制性的制裁措施所体现的只是社会的机械团结，在同一团体内部，对损坏私有财物、伤害或杀人的罪行大多只要求赔偿"命价"，只是当一个个体的违法行为危害到他所属团体安全的时候，大家才会采取一致的行动将其处死，血族复仇也受到固定形式的约束，程度上有所不同。因此，也许只有当应用的法律客观标准已经确立，法律得以理性化后，单纯刑法的特点才会得以改变。

　　显然，宗教、禁忌、习俗等因素在国家法形成的初期仍然产生了实质性的影响。然而，随着政权的稳固，"授权"与"特权法"成为立法的主要方式和手段。最高统治权力的上升也意味着君主可以根据需要"随意"处置那些早已过时了的习惯法。简单而言，在南诏、大理国古代区域性地方政权中，国家法的形成规律就是：最高统治者通过直接下命令或以指令的方式，在行政管理机构和官员们的配合下，逐渐创制出新的法律来。

　　总之，我们的这种研究主要是一种"自下而上"的路径。对因人的宗教价值观念、宗教禁忌，社会生产生活之习惯、习俗等渠道形成的"法"进行的研究。我们意图借由三种文本的分析，在民族志资料的补充下，帮助人们了解人类初期社会法的起源、运作，根植于初民思维结构中的法律秩序要素，以及人类从自然向文化过渡时期的法的变迁情况，以揭示法律的本相。虽然本书仍存在很多的不足与需要完善的地方，但笔者认为，这一研究，还是可以适当补充和完善法律社会学有关法律形成的理论观点，以利于学界反思一些当前中国少数民族地区的政策和问题，最少能够推动有关神话故事、史诗歌谣、民间传说三类少数民族文本在民间的普及和阅读。就学术价值而言，大概就是这么多吧?!

# 主要参考文献

## 一　神话类

白庚胜总主编，段忠民主编《中国民间故事全书·云南剑川卷》，知识产权出版社，2005。

白庚胜总主编，杨诚森卷主编《中国民间故事全书·云南鹤庆卷》，知识产权出版社，2005。

白庚胜总主编，杨义龙卷主编《中国民间故事全书·云南洱源卷》，知识产权出版社，2005。

白水等记录整理《中国民间故事全书·云南云龙卷》，知识产权出版社，2005。

曹德旺、周忠枢等记录整理《中华民族故事大系》，上海文艺出版社，1995。

曹正刚、刘学高等采集整理《云南省民间文学集成·罗平县卷》，罗平县文化局、文联、民委，1990。

陈国勇主编《文山特产传说》，文山壮族苗族自治州特产局，2003。

陈家谷等记录整理：《金沙江文艺》1983年第1期。

澄江县文化局、民族事务办公室编《云南省澄江县民间文学集成卷》，澄江县文化局、民族事务办公室，1989。

楚雄市民族事务委员会、文化局编《楚雄市民间文学集成资料》，楚雄市民委、文化局，1988。

楚雄州文化局编《云南楚雄民族节日概览》，德宏民族出版社，1991。

大理市文化局编，杨宪典等搜集整理《龙神话传说》，人民出版社，1985。

大理市文化局编《白族本主神话》，中国民间文艺出版社，1988。

大理州地名办公室编《大理地名故事》，云南民族出版社，1991。

大姚县文化局编《大姚县民族民间文学集成》，云南民族出版社，1991。

刀进民采集，召罕嫩记录翻译《孟连傣族拉祜族佤族自治县民间文学集成·傣族卷》（一），孟连傣族拉祜族佤族自治县文化局、民委，1987。

邓承礼等主编《南涧民间文学集成》，云南民族出版社，1987。

段志伟、杨玉华等记录整理《民族民间文学资料》，南华县文化馆、民委，1986。

峨山彝放自治县民间文学集成办公室编《峨山民间文学集成》，云南民族出版社，1989。

峨山彝族自治县民委编《嶍峨风情》，峨山彝族自治县民委，1986。

洱源县文化局、民委、文化馆编《洱源县民族民间文学资料集成》第二集，洱源县文化局、民委、文化馆，1990。

方家荣等搜集整理《通海县民间文学集成》，通海县文化局、文化馆，1999。

方开荣、聂鲁主编《哀牢山彝族神话传说》，云南民族出版社，1990。

方正湘搜集，线永明整理《勇罕》（傣文杂志）1981 年第 1、2 期。

冯子望主编《石屏古今奇趣》，中国广播电视出版社，2003。

福贡县文化局、民委编《云南民间文学集成·福贡县民间文学集成卷》，福贡县文化局、民委，1989。

格桑顿珠主编，云南省民族事务委员会编《傈僳族文化大观》，云南民族出版社，1999。

谷德明编《中国少数民族神话》（上、下），中国民间文艺出版社，

1987。

广南县文化广播电视局、民族事务委员会编《云南省民间文学集成·广南县民间故事集》（第一集），广南县文化广播电视局、民族事务委员会，1988。

何竹文等搜集整理《安宁民间故事》，安宁县民间文学集成办公室，1993。

和志武：《纳西东巴经选译》，云南人民出版社，1994。

河口瑶族自治县文化局编《云南民间文学集成·河口县卷》，河口瑶族自治县文化局，1992。

鹤庆县民间文学集成办公室编《鹤庆民间故事集成》，云南人民出版社，1989。

胡有亮等搜集整理《南诏故地的传说》，巍山彝族回族自治县民间文学集成办公室，1987。

华宁县民委、文化局、文化馆编《云南民间文学集成·华宁县集成卷》，华宁县民委、文化局、文化馆，1989。

黄昌礼、王明富编著《八宝风情与传说》，云南民族出版社，2000。

会泽县文学艺术界联合会编《云南省民间文学集成·会泽县卷》，会泽县民委、文化局、文联，1990。

甲载阿热等记录整理《阿姆山》（第1期），红河县民委、文化馆，1987。

贾书伟、杨正阶等搜集，文斌等整理《金壶》，水富文化局、民委，1985。

简良开编著《神秘的他留人》，云南人民出版社，2005。

建水县文化局编《云南民间文学集成·建水故事卷》，建水县文化局，1989。

建水县文化局编《云南民间文学集成·建水故事卷》，建水县文化局，1989。

剑川县民间文学集成办公室编《剑川民间故事选》（第一集），剑川县民间文学集成办公室，1986。

剑川县民间文学集成办公室编《石宝山的传说》，剑川县民间文学集成办公室，1986。

金平苗族瑶族傣族文学艺术联合会编《云南民间文学集成·金平故事卷》，金平苗族瑶族傣族文学艺术联合会，1988。

金平瑶族苗族傣族自治县哈尼族学学会编《金平哈尼族民间故事》，云南民族出版社，2003。

景东彝族自治县民族事务委员会、文化局、文化馆编《景东县民间文学集成》，景东彝族自治县民族事务委员会、文化局、文化馆，1988。

景谷傣族彝族自治县民间文学集成领导小组、编辑室编《云南民间文学集成·景谷民间故事》（一），景谷傣族彝族自治县民间文学集成领导小组、编辑室，1989。

景谷傣族彝族自治县民间文学集成领导小组编辑室编《景谷民间故事》（一），景谷傣族彝族自治县民间文学集成领导小组编辑室，1989。

昆明市民间文学集成办公室编《昆明民间故事》（第一辑），昆明市民间文学集成办公室，1987。

昆明市西山区民间文学集成办公室编《西山区民间文学·综合卷》（第一辑），昆明市西山区民间文学集成办公室，1991。

李灿伟、莫菲等记录整理《哈尼族神话传说集成》，中国民间文艺出版社，1990。

李朝旺等搜集整理《彝族民间故事选》，中国文联出版社，2003。

李德佩、柴玲记录整理《云南省民间文学集成马关民间故事》（第一集），马关县民间文学集成办公室，1988。

李开明等讲述，卢朝贵等搜集整理《元阳民间文学集成》，元阳县文化局，1986。

李乔、李岗等采录整理《傣族民间故事选》，上海文艺出版社，1985。

李荣光等主编《火童——巴赛民间文学集》，中国文联出版社，1999。

李勇等搜集整理《澄江民族民间故事》，澄注县委宣传部、县委统战部、文化局，1985。

李元庆主编《中国云南红河哈尼族民歌》，云南民族出版社，1995。

李子贤编《云南少数民族神话选》，云南人民出版社，1990。

李缵绪主编《中国民族神话精编》，晨光出版社，1995。

林凡主编《普洱民间文学集成》（二），普洱哈尼族彝族自治县文化广播电视局、民委，1989。

刘德荣、李贵恩等搜集整理《云南民间文学集成·富宁县卷本》第一卷，富宁县民委、文化广播电视局，1988。

刘德荣记录整理《富宁民间故事集》（第一卷），富宁县民委、文化馆，1988。

刘德荣记录整理《云南苗族民间故事集成》，中国民间文艺出版社，1993。

刘曙等搜集整理《云南少数民族文学资料》（第二辑），云南省社会科学院民族文学所编印，1995。

龙陵县文化局编《云南民族民间文学集成·龙陵县综合资料卷》（一），龙陵县文化局，1989。

龙保贵等记录整理《南滇彝族》，建水县彝学学会，2003。

卢木罗等讲述，刘庆元、阿罗等搜集整理《哈尼族民间故事集选》，上海文艺出版社，1989。

卢治宗、梁正明等搜集整理《广南风物传说》，远方出版社，2002。

禄礼等搜集整理《红河风情》，红河哈尼族彝族自治州文化局，1982。

略斗等讲述，傅光宇等搜集记录《奕车风情》，四川民族出版社，1984。

罗栋、段侃等搜集整理《中国民间童话丛书·白族》，云南少年儿童出版社，1989。

麻栗坡县文学集成办公室编《麻栗坡县民间故事》（第一集），麻栗坡县文学集成办公室，1988。

马开尧主编《寻甸民族民间故事集》，云南民族出版社，1995。

马云祥记录，陈振中整理《云南省民间文学集成·玉溪地区回族卷》，玉溪地区文化局、民委、文联、群艺馆，1988。

勐海县民族事务委员会编《西双版纳哈尼族民间故事集成》，云南少年儿童出版社，1989。

勐腊县民委、西双版纳州民委编《西双版纳傣族民间故事集成》，云南人民出版社，1993。

孟成信抄录整理，杨荣芳翻译《傣族民间故事》（第四辑），傣文版，云南民族出版社，1986。

弥渡县民间文学集成办公室编《弥渡民族民间故事传说集》，弥渡县民间文学集成办公室，1986。

闵光武主编《玉溪市民间文学资料选》（第一辑），玉溪市群艺馆，1986。

墨江哈尼族自治县民族宗教事务局编《墨江哈尼族民间传说故事集》，墨江哈尼族自治县民族宗教事务局，1999。

聂鲁、陈振中编、新平县民宗局、新平县文化局、新平县文联组编《新平县民间故事集成》，云南人民出版社，1999。

聂鲁等记录翻译《聂鲁彝族神话故事选》，陕西旅游出版社，1998。

聂鲁等搜集整理《山泉报》第3期，新平彝族傣族自治县文化馆，1986。

宁蒗彝族自治县县庆筹备委员会编《小凉山民族民间文学作品选》，宁蒗彝族自治县县庆筹备委员会，1986。

怒江傈僳族自治州傈僳族民间故事编辑组编《傈僳族民间故事》，云南人民出版社，1984。

普开福等搜集整理《走进滇中秘境》，远方出版社，2000。

普璋开、子月、白章富等整理《红河文化》（第 1 期、第 2 期、第 4 期），红河哈尼族彝族自治州文化局，1993。

祁连休、肖莉主编《中国传说故事大辞典》，中国文联出版公司，1992。

崎松、笔锋等记录整理《玉溪民间文艺》小报，玉溪市民间文艺家协会，1996。

崎松主编《玉溪地区民间故事集成》，云南民族出版社，1990。

曲靖行署民族事务委员会等编《阿则和他的宝剑》，云南民族出版社，1985。

瑞穗、杨立新记录，奚嘉谷整理《黄坪民间故事集成》，鹤庆县黄坪乡文化站，1990。

师有福记录整理《红河群众文化》，红河哈尼族彝族自治州文化局，1989。

施中林等：《兰坪民间故事集成》，云南民族出版社，1994。

施中林等主编，兰评白族普米族自治县文化局编《兰坪民间故事集成》，云南民族出版社，1994。

宋自华等记录整理《红河民族语文古籍研究》第五辑，红河哈尼族彝族自治州民族语文古籍研究所，1986。

宋自华等记录整理《元江民族民间文学资料》（第一辑、第二辑、第五辑、第六辑），元江哈尼族彝族傣族自治县文化馆，1981、1982、1985、1986。

宋自华记录整理《礼社江》文艺报"故事专版"，元江哈尼族彝族傣族自治县文化馆，1986。

苏锡纬主编，双柏县文化局编《双柏民间文学集成》，云南民族出版，1992。

孙育鼎主编《曲靖市民间文学集成》，云南民族出版社，1990。

汤君纯主编《云南省民间文学集成·寻甸苗族故事卷》，云南民族出版社，1993。

王定明主编《昆明人物传说》，云南民族出版社，1999。

王定明主编《昆明山川风物传说》，云南民族出版社，1994。

王明富翻译整理《文山壮族苗族自治州民间故事传说集·壮族卷》，文山壮族苗族自治州壮学会、民委古籍办，2004。

王明富搜集整理《西畴县民间故事集成》（第一卷），西畴县民委、文化馆，1988。

王玉寿等搜集整理《云南民间文学集成·牟定县综合卷》，牟定县民间文学集成办公室，1989。

王召南主编《云南省民间文学集成·石屏故事卷》，石屏县文学艺术工作者联合会，1996。

王子华、马绍美主编，个旧市沙甸区委、区政府编《沙甸的昨天·今天》，云南民族出版社，1996。

巍山县民间文学集成办公室编《巍山彝族回族自治县民间故事集成》，巍山县民间文学集成办公室，1988。

巍山彝族回族自治县民间文学集成办公室编《巍山彝族回族自治县民间故事集成》，巍山彝族回族自治县民间文学集成办公室，1988。

文山州民族事务委员会、文山州文化局编，刘德荣执编《苗族民间故事》，云南人民出版社，1988。

文山州民族事务委员会、文山州文化局编，刘德荣执编《云南民族民间故事丛书·壮族民间故事》，云南人民出版社，1988。

文山壮族苗族自治州民委、文化局、文联编《文山壮族苗族自治州民间故事集》（第一集、第二集、第三集），文山壮族苗族自治州民委、文化局、文联，1984、1985、1987。

武定县文化局、民委文化馆集成办编《云南省武定县民族民间文学集成》油印本，武定县文化局、民委文化馆集成办，1987。

西双版纳傣族自治州民族事务委员会编《哈尼族古歌》，云南民族出版社，1992。

祥云县民间文学集成办公室编《祥云民间文学选》（第一集），祥云县民间文学集成办公室，1986。

祥云县民间文学集成办公室编《云南省民间文学集成·祥云县民间故事卷》，云南人民出版社，1989。

新平彝族傣族自治县民族事务委员会编《乡泉集》（第二辑），云南民族出版社，1985。

徐泽锐记录，杨鹤龄整理《黄坪民间故事集成》，鹤庆县黄坪乡文化站，1990。

宣威县民间文学集成办公室编《云南省民间文学集成·宣威县苗族卷》，宣威县民间文学集成办公室，1989。

宣威县文学艺术界联合会等编《蓝靛花——宣威民间故事》，贵州民族出版社，1992。

岩峰等：《傣族文学史》，云南民族出版社，1995。

盐津县民委、文化局编《云南省民间文学集成·盐津县故事卷》，盐津县民委、文化局，1989。

杨秉智、王立智等记录翻译《姑娘龙》，洱源县民间文学集成办公室，1985。

杨春茂：《傈僳族民间文学概论》，云南教育出版社，2002。

杨辅主编《云南民间文学集成·陆良县卷》，云南民族出版社，1993。

杨美清、李荣等搜集整理《中国民间文学全书·大理卷》送审本，大理白族自治州白族文化研究所，2004。

杨胜能编著《西双版纳风情传说趣话》，云南大学出版社，2001。

杨世钰、赵寅松主编，杨政业主编，大理自治州白族文化研究所编《大理丛书·本主篇》（上、下），云南民族出版社，2004。

杨献才等收集整理《云南民间文学集成·麻栗坡县民间故事》（第二集），麻栗坡县民间文学集成办公室，1988。

杨玉芝、宋自华等记录整理《元江史志通讯》（第1期、第2期），元江哈尼族彝族傣族自治县地方志办公室，1989。

杨渊等记录翻译整理《怒江文艺》第3期，怒江傈僳族自治州文联，1997。

杨照熙、杨泰等记录翻译整理《安宁县民间传说集成》，安宁县民间文学集成办公室，1993。

杨政业编《白族本主传说故事》，云南民族出版社，1999。

杨忠伦、刘仁勃搜集《云南民间文学集成·彝良县民间文学集成卷》（第一卷），彝良县文化馆，1989。

杨忠友、李志忠主编《江川县民间文学集成》，云南人民出版社，1997。

漾濞彝族自治县文化局编《漾濞民间文学选》（第一集），漾濞彝族自治县文化局，1986。

姚安县文化局、文联编《云南省民间文学集成·姚安县综合卷》，姚安县文化局、文联，1989。

佚名讲述，蓝明红等记录整理《阿墨江》第2期、第3期，1996、1998。

佚名讲述，劳三搜集整理《知识官》（2）哈尼文汉文对照版，云南民族出版社，1992。

佚名讲述，李广学等搜集整理《洛奇洛耶与扎斯扎依》，云南民族出版社，1999。

佚名讲述，罗世保搜集整理《杨玉科的故事》，怒江傈僳族自治州印刷厂，1993。

佚名讲述，岳小保记录翻译《傣族节日的来历》，傣文版德宏民族出版社，2001。

佚名搜集整理《安化彝族乡志》，江川县安化乡志办公室，1996。

易门县文化局编《云南省民间文学集成·易门县集成卷》，云南民族出版社，1994。

永平县民间文学集成办公室编《中国民族民间文学集成·永平县卷》，德宏民族出版社，1989。

余立梁等记录整理《包头王传奇——楚雄市民族民间文学集成》，香港天马图书公司，2000。

玉溪地区群众艺术馆编《玉溪地区民间文学资料选》第二集，玉溪地区群众艺术馆，1984。

玉溪地区文化局、民委、文联、群艺馆与华宁县文化局、民委、
文化馆编《玉溪地区民间文学集成·苗族卷》，玉溪地区文化
局、民委、文联、群艺馆与华宁县文化局、民委、文化馆，
1987。

玉溪市文化局、民委、文联、群艺馆编《玉溪市民间文学集成》，
玉溪市文化局、民委、文联、群艺馆，1989。

喻志明等搜集整理，《云南民间文学集成·金平故事卷》，云南人
民出版社，1988。

元江哈尼族彝族傣族自治县文化馆编《元江民族民间文学资料》
（第五辑），元江哈尼族彝族傣族自治县文化馆，1985。

元阳县民族事务委员会编《绮丽的山花》，元阳县民族事务委员
会，1984。

云南省红河县民族事务委员会编《红河县民族民间故事》，云南民
族出版社，1990。

云南省民间文学集成办公室编《白族神话传说集成》，中国民间文
艺出版社，1986。

赞门、干苗等讲述，车明迫、高和等搜集整理《哈尼族民间故事》
（二、四、五），哈尼文汉文对照版，云南民族出版社，1990、
1992、1993。

张华、勒擅记录整理《云南省民间文学集成·丘北县民间故事集》
（第一集），丘北县民间文学集成办公室，1988。

张绍祥主编《云南省民间文学集成·宣威民间文学集成》，云南民
族出版社，2001。

张世庆等编《杜文秀帅府秘录》，四川人民出版社，1995。

张松祥翻译整理《水花树》，洱源县文化局、文化馆、民委，
1990。

昭通市文化局、民委编《云南民间文学集成·昭通市苗族卷》，昭
通市文化局、民委，1987。

昭通县民族事务委员会、文化局编《昭通民族民间文学资料选编》（第一集），昭通县民族事务委员会、文化局，1983。

昭通县民族事务委员会、文化局编《昭通民族民间文学资料选编》，昭通县民族事务委员会、文化局，1983。

赵洪顺：《德宏傣族民间故事》，德宏民族出版社，1993。

赵呼础、李七周演唱，李期博、米娜译《斯批黑遮》，云南民族出版社，1990。

赵天喜、杨育凡等记录整理，李华龙、王立智、秦柱翻译《姑娘龙》，洱源县民间文学集成办公室，1985。

赵有洪等记录整理《禄丰县民间故事普查资料汇编》，禄丰县委宣传部、文化局、民委，1988。

赵智玲等记录翻译整理《洱源西山白族文化》，洱源县委宣传部、文体局，2000。

者厚培搜集整理《三女找太阳——楚雄市民族民间文学集》，云南人民出版社，2001。

郑凯等记录整理《呈贡民间故事》，呈贡县民间文学集成办公室，1995。

政协耿马傣族佤族自治县委员会、文史资料委员会编《耿马文史资料》第三辑，政协耿马傣族佤族自治县委员会、文史资料委员会，1992。

中共路南彝族自治县委宣传部、路南彝族自治县文化馆编《路南民间故事》，云南民族出版社，1996。

中国民间故事集成（云南卷）编辑委员会编《中国民间故事集成·云南卷》，中国 ISBN 中心，2003。

中国民间文学集成全国编辑委员会编《中国民间故事集成·云南卷》，中国 ISBN 中心，2003。

中国作家协会昆明分会编《云南民族民间故事选》，云南人民出版社，1960。

钟鹤森：《弥勒民族民间故事》，民族出版社，2003。

朱桂元等编《中国少数民族神话汇编——洪水篇》，中央民族学院
　　少数民族古籍整理出版规划领导小组办公室，1984。

朱桂元等编《中国少数民族神话汇编——开天辟地篇》，中央民族
　　学院少数民族古籍整理出版规划领导小组办公室，1984。

朱桂元等编《中国少数民族神话汇编——人类起源篇》，中央民族
　　学院少数民族古籍整理出版规划领导小组办公室，1984。

朱小和讲述，卢朝贵搜集整理《山茶》1985 年第 1 期。

庄体（王焕道）编译整理《百花园》第六册（傣文版），云南民
　　族出版社，1995。

## 二　史志类

（汉）司马迁：《史记》，三秦出版社，2008。

（明）李贤等撰《大明一统志》（影印本），三秦出版社，1990。

（明）刘文征：《滇志》，云南教育出版社，1991。

（明）宋濂：《元史》，中华书局，2005。

（明）徐光启：《农政全书》，陈焕良、罗文华校注，岳麓书社，2002。

（明）郑晓：《禹贡图一卷尚书禹贡说一卷》，齐鲁书社，2009。

（明）诸葛元声：《滇史》，云南民族学院历史系图书馆，1997。

（清）袁嘉谷：《滇绎》（影印本），民国十二年。

（宋）欧阳修、宋祁等：《新唐书》，中华书局，1975。

（唐）樊绰：《蛮书》（影印本），巴蜀书社，1998。

（唐）张九龄：《唐丞相曲江张先生文集》，上海商务印书馆，2009。

（元）李京：《云南志略辑校》，王叔武校注，云南民族出版社，1986。

（元）苏天爵：《元文类》，上海古籍出版社，1993。

（元）脱脱等：《宋史》（点校本），中华书局，1985。

郭思九等主编，云南国际华人总会、云南省民族艺术研究所编
　　《云南文化艺术词典》，云南人民出版社，1997。

国家民委《民族问题五种丛书》云南省编辑组编《云南回族社会

历史调查（三）》，云南人民出版社，1986。

红河哈尼族彝族自治州民族志编写办公室编《云南省红河哈尼族彝族自治州民族志》，云南大学出版社，1989。

景洪县人民政府编《景洪县地名志》，景洪县人民政府，1985。

据广方言馆本补用嘉业堂本校《明实录》（复制装订本），1915。

马彩萍、吴文波等调查记录《普洱县民间舞蹈资料卷》，普洱哈尼族彝族自治县民委、文化广电局，1989。

马旷源：《回族文化论集》，中国文联出版公司，1988。

《民族问题五种丛书》云南省编辑委员会编《哈尼族社会历史调查》，云南民族出版，1982。

沙甸回族史编写组编《沙甸回族史料》，沙甸区委、区政府，1989。

《山海经·海内经》电子版，http://www. tianyabook. com/shanhaijing/Index. htm。

王伯麟、杨源道记录翻译《梁河县志》，德宏民族出版社，1992。

鱼亲龙讲述，汪忍波记录，木玉璋译注《傈僳族音节文字文献资料汇编》，中国社会科学院民族研究所，1995。

云南红河哈民族彝族自治州文化局等编《哈尼族民间舞蹈》，云南人民出版社，2001。

云南省红河县志编纂委员会编《红河县志》，云南人民出版社，1991。

云南省元阳县志编纂委员会编《元阳县志》，贵州民族出版社，1990。

《中国各民族宗教与神话大词典》编审委员会编《中国各民族宗教与神话大词典》，学苑出版社，1990。

中国民族民间舞蹈集成编辑部编《中国民族民间舞蹈集成·云南卷》（上、下册），中国 ISBN 中心，1999。

周钟岳等：《新纂云南通志》，云南人民出版社，2007。

# 三 著作类

## （一）中国学者著作

白庚胜：《纳西族风俗志》，中央民族大学出版社，2001。

曹成章、张元庆：《傣族》，民族出版社，2004。

岑仲勉：《通鉴隋唐纪比事质疑》，中华书局，1964。

陈建宪：《神祇与英雄——中国古代神话的母题》，三联书店，1995。

陈金全、巴且日伙主编《凉山彝族习惯法田野调查报告》，人民出版社，2008。

陈永邺：《欢腾的盛宴——哈尼族长街宴研究》，云南大学出版社，2009。

戴庆厦主编，中央民族大学哈民学研究所编《中国哈尼学》（第1辑），民族出版社，2000。

戴庆厦主编，中央民族大学哈民学研究所编《中国哈尼学》（第2辑），民族出版社，2002。

邓启耀：《中国神话的思维结构》，重庆出版社，1996。

董建辉：《政治人类学》，厦门大学出版社，1999。

董南方：《一般法的渊源》，中国人民公安大学出版社，2004。

方国瑜：《中国西南历史地理考释·略例》，中华书局，1987。

方慧编著《中国历代民族法律典籍："二十五史"有关少数民族法律史料辑要》，民族出版社，2004。

方慧主编《云南法制史》，中国社会科学出版社，2005。

费孝通：《江村经济》，上海世纪出版集团，2005。

高其才：《中国少数民族习惯法研究》，清华大学出版社，2003。

广西壮族自治区编辑组编《广西瑶族社会历史调查》（第五册），广西民族出版社，1986。

何勤华等：《法律名词的起源》（上），北京大学出版社，2009。

黄应贵主编《见证与诠释——当代人类学家》，台北正中书局，1992。

季卫东：《法治秩序的建构》，中国政法大学出版社，1999。

江应樑：《傣族史》，四川民族出版社，1983。

李克忠：《寨神——哈尼族文化实证研究》，云南民族出版社，1998。

李期博：《哈尼族民间神祇及信仰研究》，云南民族出版社，1991。

李期博主编，红河哈尼族彝族自治州哈尼学学会编《第四届国际哈尼/阿卡文化学术讨论会论文集》，云南民族出版社，2005。

李亦园：《宗教与神话》，广西师范大学出版社，2004。

陆思贤：《神话考古》，文物出版社，1995。

马小红：《中国古代法律思想史》，法律出版社，2004。

《民族问题五种丛书》云南省编辑委员会编《佤族社会历史调查》（一），云南人民出版社，1983。

《民族问题五种丛书》云南省编辑委员会编《佤族社会历史调查》（二），云南人民出版社，1983。

《民族问题五种丛书》云南省编辑组编《云南少数民族社会历史调查资料汇编》（二），云南人民出版社，1986。

师蒂：《神话与法制——西南民族法文化研究》，云南教育出版社，1992。

史军超：《哈尼族文学史》，云南民族出版社，1998。

苏力：《法治及其本土资源》，中国政法大学出版社，1996。

王尔松：《哈尼族文化研究》，中央民族大学出版社，1994。

王明珂：《华夏边缘——历史记忆与族群认同》，中华书局，2006。

王明珂：《羌在汉藏之间——川西羌族的历史人类学研究》，中华书局，2008。

王明珂：《英雄祖先与弟兄民族》，中华书局，2009。

王明珂：《游牧民族的抉择——面对汉帝国的北亚游牧部族》，广西师范大学出版社，2008。

王文光：《百越民族发展演变史》，民族出版社，2007。

王文光：《民族史研究论稿》，云南大学出版社，2007。

王文光：《中国民族发展史》，民族出版社，2005。

王文光、龙晓燕、李晓斌：《云南近现代民族发展史纲要》，云南大学出版社，2009。

王文光、龙晓燕编著《云南民族的历史与文化概要》，云南大学出版社，2009。

王文光、薛群慧、田婉婷：《云南的民族与民族文化》，云南教育出版社，2000。

武树臣：《中国法律思想史》，法律出版社，2004。

裘佩华：《景颇族山官制社会研究》，中山大学出版社，1988。

谢选骏：《神话与民族精神》，山东文艺出版社，1997。

徐中起等编《少数民族习惯法研究》，云南大学出版社，1998。

叶舒宪：《中国神话哲学》，中国社会科学出版社，1997。

尤中：《中国西南的古代民族》，云南人民出版社，1980。

"云南各族古代史略"编写组编《云南各族古代史略》，云南人民出版社，1977。

云南省编辑委员会编《傣族社会历史调查》（西双版纳之三），云南民族出版社，1983。

曾宪义主编《中国法制史》，北京大学出版社，2004。

张文显主编《法理学》（第三版），法律出版社，2007。

张晓辉等编《中国法律在少数民族地区的实施》，云南大学出版社，1994。

张永和：《信仰与权威》，法律出版社，2006。

赵洪顺编《德宏傣族民间故事》，德宏民族出版社，1993。

中国科学院民族研究所云南民族调查组、云南省民族研究所编《云南省傣族社会历史调查材料》（八），云南省民族研究所出版社，1963。

周长龄：《法律的起源》，中国人民公安大学出版社，1997。

周相卿：《法人类学理论问题研究》，民族出版社，2009。

朱炳祥：《社会人类学》，武汉大学出版社，2004。

朱景文：《现代西方法社会学》，法律出版社，1994。

（二）外国学者著作

〔奥〕弗洛伊德：《图腾与禁忌》，文良文化译，中央编译出版社，2005。

〔奥〕凯尔森：《法与国家的一般理论》，沈宗灵译，中国大百科全书出版社，1996。

〔德〕K. 茨威格特、H. 克茨：《比较法总论》，潘汉典、米健等译，法律出版社，2003。

〔德〕恩格斯：《家庭、私有制和国家的起源》，载《马克思恩格斯选集》第4卷，人民出版社，1972。

〔德〕恩斯特·卡西尔：《符号、神话、文化》，李小兵译，东方出版社，1988。

〔德〕恩斯特·卡西尔：《人论》，甘阳译，西苑出版社，2003。

〔德〕恩斯特·卡西尔：《神话思维》，黄龙保、周振选译，中国社会科学出版社，1992。

〔德〕罗伯特·阿列克西：《法律论证理论》，舒国滢译，中国法制出版社，2002。

〔德〕马克斯·舍勒：《哲学与世界观》，曹卫东译，上海人民出版社，2003。

〔德〕马克斯·韦伯：《经济与社会》下卷，林荣远译，商务印书馆，2006。

〔德〕马克斯·韦伯：《论经济与社会中的法律》，张乃根译，中国大百科全书出版社，1998。

〔德〕马克斯·韦伯：《社会学的基本概念》，胡景北译，上海人民出版社，2005。

〔法〕埃米尔·涂尔干：《乱伦禁忌及其起源》，汲喆、付德根、渠东译，上海人民出版社，2003。

〔法〕埃米尔·涂尔干：《社会分工论》，渠东译，三联书店，2000。

〔法〕爱弥尔·涂尔干：《宗教生活的基本形式》，渠东、汲喆译，上海人民出版社，2006。

〔法〕爱弥尔·涂尔干、马塞尔·莫斯：《原始分类》，汲喆译，上
　　海人民出版社，2000。

〔法〕狄骥：《公法的变迁》，郑戈译，中国法制出版社，2010。

〔法〕亨利·莱维·布律尔：《法律社会学》，许钧译，上海人民出
　　版社，1987。

〔法〕列维·斯特劳斯：《结构人类学》第1、2卷，张祖建译，中
　　国人民大学出版社，2007。

〔法〕列维·斯特劳斯：《面具的奥秘》，知寒译，上海文艺出版
　　社，1992。

〔法〕列维·斯特劳斯：《图腾制度》，渠东译，上海人民出版社，
　　2002。

〔法〕罗兰·巴特：《神话——大众文化诠释》，许蔷蔷、许绮玲
　　译，上海人民出版社，1999。

〔法〕马塞尔·莫斯：《礼物》，汲喆译，上海人民出版社，2002。

〔法〕莫里斯·梅洛·庞蒂：《符号》，姜志辉译，商务印书馆，
　　2003。

〔美〕E. 博登海默：《法理学：法律哲学与法律方法》，邓正来译，
　　中国政法大学出版社，2004。

〔美〕伯尔曼：《法律与宗教》，梁冶平译，中国政法出版社，2003。

〔美〕博厄斯：《原始人的心智》，项龙、王星译，国际文化出版公
　　司，1989。

〔美〕戴维·利明：《神话学》，李培蓉等译，上海人民出版社，1990。

〔美〕杜赞奇：《文化、权利与国家——1900～1942年的华北农
　　村》，王福明译，江苏人民出版社，2006。

〔美〕怀特：《文化科学》，曹锦清等译，浙江人民出版社，1988。

〔美〕霍贝尔：《初民的法律》，周勇译，中国社会科学出版社，1993。

〔美〕霍贝尔：《原始人的法》，严存生译，贵州人民出版社，1992。

〔美〕本杰明.N·卡多佐：《法律的成长法律科学的悖论》，董炯、
　　彭冰译，中国法制出版社，2002。

〔美〕克利福德·格尔茨：《地方性知识》，王海龙、张家瑄译，中央编译出版社，2004。

〔美〕克利福德·格尔茨：《文化的解释》，纳日碧力戈等译，上海人民出版社，1999。

〔美〕利奇：《列维·斯特劳斯》，王庆仁译，三联书店，1985。

〔美〕鲁思·本尼迪克特：《文化模式》，王炜等译，三联书店，1988。

〔美〕罗·庞德：《通过法律的社会控制》，沈宗灵译，商务印书馆，1984。

〔美〕罗伯特.F·墨菲：《社会与文化人类学引论》，王卓君等译，商务印书馆，1991。

〔美〕摩尔根：《古代社会》，杨东莼译，商务印书馆，1977。

〔美〕史蒂夫·瓦戈：《社会变迁》，王晓黎等译，北京大学出版社，2007。

〔挪〕T.H·埃里克森：《族群性与民主义：人学透视》，王亚文译，敦煌文艺出版社，2002。

〔日〕安西光雄：《北海道に於ける法制史》，司法省調查課，1933。

〔日〕金田一京助：《アイヌ神話アイヌラツクルの伝説》，世界文庫刊行会，大正13年。

〔日〕千叶正士：《法律多元》，强世功等译，中国政法大学出版社，1997。

〔日〕千葉正士：《Legal Cultures in Human Society》，Shinzansha International，2002。

〔日〕千葉正士：《アジア法の多元的構造》，成文堂，1998。

〔日〕千葉正士：《現代．法人類学》，北望社，1969。

〔日〕穗积陈重：《法律进化论（法源论）》，陶汇曾等译，中国政法大学出版社，2003。

〔日〕穗积陈重：《法律进化论》，黄尊三等译，中国政法大学出版社，1999。

〔日〕汤浅道男等编《法人类学基础》，徐晓光、周相卿译，华夏文化艺术出版社，2001。

〔日〕西浦宏巳：《アイヌ、いま．北国の先住者たち》，新泉社，1984。

〔日〕萱野茂：《萱野茂のアイヌ神話集成》，ビクターエンタテインメント，1998。

〔日〕知里幸惠：《アイヌ神謡集》，岩波書店，2009。

〔瑞〕索绪尔：《普通语言学教程》，高名凯译，商务印书馆，1980。

〔英〕埃文思·普理查德：《努尔人》，褚建芳等译，华夏出版社，2002。

〔英〕爱德华·泰勒：《原始文化》，连树声译，广西师范大学出版社，2005。

〔英〕布尔·莫利斯：《宗教人类学》，周国黎译，今日中国出版社，1992。

〔英〕弗雷泽：《魔鬼的律师》，阎云祥、龚小夏译，东方出版社，1988。

〔英〕哈耶克：《法律、立法与自由》第一卷，邓正来译，中国大百科全书出版社，2000。

〔英〕霍布豪斯：《自由主义》，朱曾汶译，商务印书馆，1996。

〔英〕拉德克利夫·布朗：《初民社会的结构与功能》，潘蛟等译，中央民族大学出版社，1999。

〔英〕洛克：《政府论》，叶启芳、瞿菊农译，商务印书馆，1993。

〔英〕马林诺夫斯基：《巫术科学宗教与神话》，李安宅译，中国民间文艺出版社，1986。

〔英〕马林诺夫斯基：《原始社会的犯罪与习俗》，夏建中译，台北桂冠图书股份有限公司出版，1994。

〔英〕梅因：《古代法》，沈景一译，商务印书馆，1959。

〔英〕特伦斯·霍克斯：《结构主义和符号学》，瞿铁鹏译，上海译文出版社，1987。

〔英〕詹·乔·弗雷泽：《金枝》，徐育新等译，中国民间文艺出版
　　社，1987。

## 四　论文类

白兴发：《彝族禁忌的起源及演变试探》，《云南民族学院学报》
　　（哲学社会科学版）2003 年第 3 期。

陈光国：《藏族习惯法与藏区社会主义精神文明建设》，《现代法
　　学》1989 年第 5 期。

陈光国：《民主改革前西藏法律规范述要》，《中国社会科学》1987
　　年第 6 期。

陈娜、张开焱：《近三十年中国各少数民族创世神话研究述评》，
　　《内蒙古民族大学学报》（社会科学版）2010 年第 2 期。

陈伟妮：《禁忌及其对原始艺术之影响关系研究》，广西师范大学
　　硕士学位论文，2007。

陈湘文：《马克思关于法律起源和法律生成的理论演进》，《常熟理
　　工学院学报》（哲学社会科学版）2007 年第 7 期。

崔文峰：《中日创世神话的异同性比较》，《安徽文学》2009 年第
　　1 期。

杜文忠：《神判起源考略》，《思想战线》2002 年第 6 期。

段兵：《原始宗教与法律的起源》，《青海民族学院学报》（社会科
　　学版）2000 年第 3 期。

葛苑菲：《我国少数民族创世神话考略》，《新疆职业大学学报》
　　2010 年第 2 期。

根泉：《蒙古饮食禁忌探析》，内蒙古师范大学硕士学位论文，2004。

韩轶：《从禁忌到法律——法起源的社会学考察》，《法制建设》
　　2006 年第 6 期。

焦应达：《古代北方民族法律起源探析》，《内蒙古民族大学学报》
　　（社会科学版）2010 年第 3 期。

金少萍：《基诺族传统社会中的未婚青年组织》，《中南民族大学学

报》（人文社会科学版）2000 年第 1 期。

李国明：《佤族禁忌的起源及演变初探》，《楚雄师范学院学报》2006 年第 2 期。

李子贤：《从创世神话到创世史诗——中国西南地区产生创世史诗群落的阐释》，《百色学院学报》2010 年第 2 期。

莫金山、陈建强：《从瑶族石牌律看法律的起源》，《广西民族研究》2009 年第 2 期。

纳张元：《来自苍茫天地间的隔世之音——对彝族史诗"创世纪（天地人）"的一种解读》，《民族文学研究》2010 年第 2 期。

潘骏玲：《景颇社会中"牛文化"的盛衰与生态变迁——德宏州陇川县城子镇曼冒村田野考察》，《思想战线》2007 年第 4 期。

莎贝：《六月之礼——哈尼族"苦扎扎"节礼俗》，《民族食风》2001 年第 2 期。

孙西河：《浅论法的起源》，《广东技术师范学院学报》2007 年第 4 期。

覃乃昌：《我国南方少数民族创世神话创世史诗丰富与汉族没有发现创世神话创世史诗的原因——盘古神话来源问题研究之八》，《广西民族研究》2007 年第 4 期。

唐丽沙：《宗教禁忌的起源与基本特征》，《重庆科技学院学报》（社会科学版）2010 年第 9 期。

田成有：《法律的起源——从禁忌、习惯到法律的运动》，《法学研究》1994 年第 6 期。

汪合生、戴良桥：《论"誓"对中西法律文化传统的影响》，《长沙大学学报》2007 年第 1 期。

王学辉：《论少数民族习惯法文化对法起源理论的贡献》，北大法律网，http://article. chinalawinfo. com/Article_Detail. asp?ArticleID＝24175。

吴大华：《论法人类学的起源与发展》，《广西民族大学学报》（哲学社会科学版）2006 年第 6 期。

夏之乾：《谈谈彝族的向天坟》，《民族研究》1988 年第 4 期。

徐金龙：《乱伦禁忌的神话学探视——读楚云先生的〈乱伦与禁忌〉》，《广西师范学院学报》（哲学社会科学版）2004 年第 4 期。

徐晓光：《清浊阴阳化万物》，《贵州民族学院学报》（哲学社会科学版）2007 年第 1 期。

叶英萍、李春光：《论神明裁判及其影响》，《法学家》2007 年第 3 期。

袁同凯：《新疆哈萨克族黑宰部落原始文化遗迹研究——以特克斯县喀拉达拉乡田野调查为主》，《西北民族研究》1997 年第 1 期。

曾文明：《读〈乱伦禁忌及其起源〉之笔记与联想》，《华章》2009 年第 24 期。

张锡盛：《传统习惯法与婚姻法的冲突——云南少数民族婚姻家庭问题研究》，《民族社会学》1989 年第 1、2 期合刊。

张晓辉、徐中起、张锡盛：《云南西部傣族法规初探》，《中外法学》1991 年第 1 期。

〔日〕山口八郎、〔中〕刘金才：《日本与中国神话的比较》，《贵州民族学院学报》2003 年第 6 期。

**图书在版编目（CIP）数据**

法律起源与国家法的形成：以西南少数民族的神话等文本为例 / 陈永郲，洪宜婷著. -- 北京：社会科学文献出版社，2017.9

（云南大学西南边疆少数民族研究中心文库. 民族法学系列）

ISBN 978 - 7 - 5201 - 0691 - 7

Ⅰ.①法…　Ⅱ.①陈…　②洪…　Ⅲ.①法的起源 - 研究②国家法 - 形成 - 研究　Ⅳ.①D903②D911

中国版本图书馆 CIP 数据核字（2017）第 081411 号

云南大学西南边疆少数民族研究中心文库·民族法学系列

# 法律起源与国家法的形成
## ——以西南少数民族的神话等文本为例

著　　者／陈永郲　洪宜婷

出 版 人／谢寿光
项目统筹／谢蕊芬
责任编辑／任晓霞　王　莉

出　　版／社会科学文献出版社·社会学编辑部（010）59367159
　　　　　地址：北京市北三环中路甲 29 号院华龙大厦　邮编：100029
　　　　　网址：www. ssap. com. cn
发　　行／市场营销中心（010）59367081　59367018
印　　装／三河市尚艺印装有限公司

规　　格／开本：787mm × 1092mm　1/16
　　　　　印张：22.25　字数：299 千字
版　　次／2017 年 9 月第 1 版　2017 年 9 月第 1 次印刷
书　　号／ISBN 978 - 7 - 5201 - 0691 - 7
定　　价／98.00 元

本书如有印装质量问题，请与读者服务中心（010 - 59367028）联系